面向"十三五"
学前教育专业
规划教材

学前教育研究方法

茹荣芳　高庆春　陈新景　主　编

清华大学出版社
北京

内 容 简 介

本书针对学前教育专业学生和幼儿园教师在教育教学中的实际需要,对学前教育研究方法进行理论阐述和实践指导,旨在提高学前教师教育教学水平和人才培养质量。书中比较全面地介绍了学前教育研究的基本理论、一般过程、常用研究方法以及研究资料的整理与分析、研究成果的呈现等内容,并附有采用相应研究方法撰写的研究设计案例、研究论文等。本书内容新颖、系统、实用,体例编排上注重理论与实践的整合。

本书是应用型学前教育系列教材之一,可作为学前教育专业本科、专科学生的教学用书,也可供幼儿园教师继续教育使用。

图书在版编目(CIP)数据

学前教育研究方法/茹荣芳,高庆春,陈新景主编.--北京:清华大学出版社,2016(2021.8重印)
面向"十三五"学前教育专业规划教材
ISBN 978-7-302-42816-9

Ⅰ.①学… Ⅱ.①茹… ②高… ③陈… Ⅲ.①学前教育—研究方法—幼儿师范学校—教材 Ⅳ.①G612

中国版本图书馆 CIP 数据核字(2016)第 028206 号

责任编辑:张　弛
封面设计:于晓丽
责任校对:刘　静
责任印制:丛怀宇

出版发行:清华大学出版社
　　　　　网　　址:http://www.tup.com.cn,http://www.wqbook.com
　　　　　地　　址:北京清华大学学研大厦 A 座　　　　　　邮　　编:100084
　　　　　社 总 机:010-62770175　　　　　　　　　　　　邮　　购:010-62786544
　　　　　投稿与读者服务:010-62776969,c-service@tup.tsinghua.edu.cn
　　　　　质量反馈:010-62772015,zhiliang@tup.tsinghua.edu.cn
　　　　　课件下载:http://www.tup.com.cn,010-62770175-4278
印 装 者:三河市少明印务有限公司
经　　销:全国新华书店
开　　本:185mm×260mm　　　　印　张:18.5　　　　　　字　　数:443 千字
版　　次:2016 年 7 月第 1 版　　　　　　　　　　　　　　印　　次:2021 年 8 月第 8 次印刷
定　　价:48.00 元

产品编号:064837-02

序

《国家中长期教育改革和发展规划纲要（2010—2020 年）》和《幼儿园教师专业标准（试行）》颁布以来，各个高职高专院校的学前教育专业工作者都在思考并探索如何从社会发展需要出发，培养新时期高质量的幼教师资。无疑，《教师教育课程标准（试行）》和《幼儿园教师专业标准（试行）》等文件为教师培养提供了最有利的帮助和指引，而国家幼儿园教师资格考试制度的实施和推进，将更加有力地推动学前教育专业课程和教学的改革，能否培养符合国家幼儿园教师专业标准的毕业生，以及高职高专学前教育专业的毕业生通过国家幼儿园教师资格考试的情况，将会成为衡量学校教育质量的基本指标。

本系列教材正是基于上述背景，以培养学生从事学前教育必备的专业素养为目的，帮助学生掌握学前教育的基本知识和基本技能，引导学生形成正确的儿童观与教育观，注重学生在探究中发现问题、解决问题、适应社会能力的培养，注重学生获取科学知识、科学方法、科学能力的培养以及科学态度的养成。在教材编写筹备阶段，编委会就确定了以实践应用为导向的原则，在内容和体系上凸显实用特色，注重实践应用能力的培养，充分关注学生的专业能力和思维能力培养。

教材在编写过程中体现如下几个主要特点：

（1）整体结构布局体现综合性和延伸性，有机地将教学目标、教学内容、教学对象和教学策略统整起来，关注学生的兴趣和经验，给学生充分的实践空间和创新空间。有关内容以发散性的思维方式与正文中难以涵纳的内容相连接，引导学生向与之相关的各个方向和层面延伸拓展，便于学生扩大教育视野，密切关注学生的后续发展。

（2）结合当前学前教育实际，突出科学性和实用性。教材内容上避免从理论到理论的论述，切合学前教育工作的实际需要，适应高职高专学前教师教育人才培养模式和规格要求；同时，面向教育实践，教材中提供丰富的各地幼儿园和早期教育案例供学生参考分析，编入不少贴近时代的阅读及讨论材料，引发深入探讨，借以培养学生岗位职业能力。

（3）教材逻辑体系上，融知识与能力为一体，体现开放性和前瞻性。采用案例、能力拓展、项目导学等方式将教、学、做相结合，按照课程内容与幼儿园教师专业标准、教学过程与工作过程相对接的原则，突出培养学生的技能和创新创业能力。同时，体系上采用梯度式、循序渐进的问题导向学习方法，参考借鉴国家幼儿园教师资格考试纲要相关内容，便于学生联想应用，真正让教材为学生服务，以学生为中心。

教材的编者全部是长期从事学前教师教育的教师，既有丰富的教学经验又致力于学前教育的改革研究，具有一定理论高度和教学经验。本套教材的出版将为当前学前教师培养和培训注入新活力，并为学前教师教育课程体系和教材建设起到积极作用。

前　言

　　随着社会转型和现代化进程的推进，人们对学前教育质量的关注日益集中体现在如何提高幼儿教师的专业素养上。为了落实教育部推动地方本科院校的应用转型这一政策，本着服务幼儿、服务教师、服务社会的理念，石家庄学院联合齐齐哈尔高等师范专科学校组织了一批对学前教育有一定研究的学者和有实践经验的教学骨干，经过多次研讨，精心筛选和组织内容，反复查阅和梳理文献，深入幼儿园收集研究案例，开发编写了本书。

　　本书力求做到理论与实践并重，求新求实。本书既包括学前教育研究的基本理论和一般过程，如学前教育研究课题的选题、文献的收集与整理、学前教育研究的设计、研究资料的整理与分析、科研成果的呈现等；又融合教育研究的方法论和具体操作方法于一体，重点阐述教育观察法、调查法、行动研究法、叙事研究法、个案研究法和经验总结法等研究方法，内容涵盖广泛，充分体现了内容的丰富性和完整性。同时，本书易学易用，操作性强。不仅具备逻辑严密、深入浅出的教育理论表述风格，而且还列举了大量案例、图表案例，对理论知识的应用和操作方法的阐述详尽、具体，便于学前教育教师或师范生进行具体的教育研究模拟，切合学前教育研究工作的实际需要，适应高等师范院校本、专科层次学前教师教育人才培养模式和培养规格要求，从而体现了一定程度的适用性。此外，本书体例新颖，正文前有学习目标、问题导入等模块，引导学习者进行初步思考；正文中有案例等模块，拓展相关学习信息；正文后有思考与练习、实践与训练等模块，检验阅读与专业学习情况。该体例有益于学习者拓展视野，同时由于实践操作环节设计，可强化学习者研究能力的生成。

　　本书由茹荣芳教授、高庆春教授、陈新景副教授主编。具体分工如下：齐齐哈尔高等师范专科学校高庆春编写第一章、第四章、第九章，石家庄学院苗培周编写第二章、第十二章，齐齐哈尔高等师范专科学校王丹丹编写第三章、第五章，石家庄学院葛靖茹编写第六章、第十四章，石家庄学院陈新景编写第七章、第八章、第十三章，石家庄学院茹荣芳编写第十章、第十一章，全书由茹荣芳整理和统稿。

　　鉴于编者水平和认识所限，虽经编写者的共同努力，本书仍难免存在一些问题和不足，望各位同人不吝指正；另外，我们在编写过程中参阅了许多文献，有一些源于网络。我们尽可能写明各种引用资料的出处，但仍恐有所疏漏，在此一并对有关人士和单位表示衷心的感谢。

编　者

2016 年 3 月

目　录

第一章　学前教育研究概述 …………………………………… 1

　　第一节　学前教育研究的含义 …………………………… 2

　　第二节　学前教育研究的特征和原则 …………………… 9

　　第三节　学前教育研究的意义与任务 …………………… 11

第二章　学前教育研究课题的选择 ………………………… 16

　　第一节　学前教育研究的选题概述 ……………………… 17

　　第二节　学前教育研究课题的来源 ……………………… 23

　　第三节　学前教育研究课题选择的原则及步骤 ……… 25

第三章　文献的收集与整理 ………………………………… 30

　　第一节　文献研究概述 …………………………………… 31

　　第二节　文献检索的过程和方法 ………………………… 37

　　第三节　文献综述的撰写 ………………………………… 41

第四章　学前教育研究的设计 ……………………………… 46

　　第一节　学前教育研究的基本程序 ……………………… 47

　　第二节　学前教育研究方案的设计 ……………………… 49

　　第三节　研究课题的论证 ………………………………… 58

第五章　教育观察研究法 …………………………………… 64

　　第一节　学前教育观察研究概述 ………………………… 65

　　第二节　学前教育观察研究的过程 ……………………… 72

　　第三节　观察研究方法的选择和运用 …………………… 78

第六章　教育调查法 ………………………………………… 92

　　第一节　教育调查法概述 ………………………………… 93

　　第二节　问卷调查研究的设计与实施 …………………… 101

　　第三节　问卷的编制技术 ………………………………… 105

　　第四节　调查数据的编码与分析 ………………………… 111

第七章　教育实验法 ………………………………………… 113

　　第一节　教育实验法概述 ………………………………… 114

　　第二节　实验研究的变量与实验效度 …………………… 118

　　第三节　实验设计 ………………………………………… 125

第八章 教育测量法 ……………………………………………………… 135
第一节 教育测量法概述 …………………………………………… 136
第二节 标准化测验及其应用 ……………………………………… 143
第三节 学前教育研究的常用测验 ………………………………… 146
第四节 自编测验及其运用 ………………………………………… 153

第九章 教育经验总结法 ………………………………………………… 163
第一节 教育经验总结法的含义 …………………………………… 164
第二节 教育经验总结法的特点与类型 …………………………… 165
第三节 经验总结法的基本操作步骤与要求 ……………………… 167
第四节 教育经验总结法的基本要求 ……………………………… 174

第十章 行动研究 ………………………………………………………… 179
第一节 行动研究概述 ……………………………………………… 180
第二节 行动研究过程 ……………………………………………… 185
第三节 行动研究报告的撰写 ……………………………………… 195

第十一章 叙事研究法 …………………………………………………… 201
第一节 叙事研究概述 ……………………………………………… 202
第二节 叙事研究的过程 …………………………………………… 206
第三节 叙事研究的评价 …………………………………………… 214

第十二章 个案研究法 …………………………………………………… 218
第一节 个案研究概述 ……………………………………………… 219
第二节 个案研究的基本原则与方法 ……………………………… 223
第三节 个案研究的基本过程 ……………………………………… 227

第十三章 研究资料的整理与分析 ……………………………………… 233
第一节 研究资料的整理 …………………………………………… 234
第二节 研究资料的定性分析 ……………………………………… 243
第三节 研究资料的定量分析 ……………………………………… 251

第十四章 教育科研成果的呈现 ………………………………………… 266
第一节 教育研究成果的表述 ……………………………………… 267
第二节 教育研究成果的评价 ……………………………………… 273
第三节 教育研究学术规范概述 …………………………………… 276

参考文献 …………………………………………………………………… 285

第一章
学前教育研究概述

学习目标

知识目标

(1) 理解学前教育研究的含义、原则及意义；

(2) 了解学前教育研究的历史演进与发展趋势；

(3) 了解学前教育研究的特征及原则；

(4) 明晰学前教育领域教研、科研的联系与区别。

能力目标

能依据学前教育实例，分辨教研与科研。

问题导入

　　20 世纪 80 年代以后，随着教师专业化运动的兴起，幼儿教师专业发展成为国际社会关注的焦点，"教师成为研究者"成为幼儿教师专业发展的基本理念，科研兴教、向教育研究要质量已成为广大幼教工作者的共识，科研兴园也已成为幼儿园里非常"热门"的话题。一位幼儿园教师说："'科研'既能解决幼儿教育工作中存在的问题，也能提高教师素质，使幼儿园更好地发展。"但一些幼儿园教师对于搞科研还是存在困惑：以往开展课题研究，都是园里跟着总课题走，教师们跟着园里的分课题走。虽然教师们会选择跟自己工作实际相关的子课题进行研究，但离不开总课题的指挥棒，自己的特色难以发挥，没有积极性。现在提倡园本研究了，但新问题又来了：一是找不到课题或者找不到合适的课题，即便找到了，确定的课题往往被专家评价为"大而空"；不知用什么方法来做课题，更不知如何写科研论文，所以，整理出来的成果价值不高，往往忙来忙去收获甚少。深感搞科研对于教师们来说是"蜀道之难，难于上青天"！以上事实说明：幼儿园搞科研，研究的主体是幼儿园教师，研究的内容是幼儿园面临的实际问题,研究结果直接用于幼儿园实践。但许多幼儿园教师存在困惑,不知道怎样搞科研,提高幼儿园教师的研究能力势在必行。

第一节　学前教育研究的含义

一、学前教育研究的含义

所谓学前教育研究,是指以学前阶段的教育现象和问题为研究对象,运用科学的理论和方法,有计划、有目的地进行探究,进而发现学前教育现象的本质和客观规律。

学前教育研究的对象主要是 0～6 岁的婴幼儿,以及影响其发展的学前教育领域(家庭教育、社区教育、托儿所教育和幼儿园教育)等。根据此阶段婴幼儿所特有的生理和心理特点,围绕着影响婴幼儿发展的教育领域等开展研究,以促进婴幼儿身心健康发展。通过研究认识学前教育领域中未知的东西,揭示教育现象间的内在联系,发现普遍规律,形成、丰富和发展学前教育的基本理论,以指导学前教育实践。

学前教育研究属于科学研究的范围,是对学前教育这一特殊领域的科学研究活动,是研究者认识和实践的过程。它要求研究者针对教育实践中的问题,遵循教育理论和规律,运用科学的方法去分析丰富的事实材料,获得正确的认识,发现学前教育现象的本质和客观规律,以便更加有效地指导学前教育实践活动,促进学前儿童身心健康发展,促进学前教育健康发展。

案　例

科学与科学研究

科学的含义可以从 3 个方面进行诠释:其一是知识体系论。知识体系论认为科学是通过逻辑性、实证性的研究而获得的对客观事物的正确认识的系统化知识体系。科学知识既可以是实证研究的产物,也可以是逻辑思辨的结晶,但它们都必须可以由实践检验,或者在逻辑上有检验的可能。科学知识的真理性是相对的,不存在绝对正确的知识,科学总是在不断否定自我和修正自我的过程中得到发展;其二是探索活动论。探索活动论认为科学是对客观世界的规律不断认识的过程。科学本质上是一种探索活动。知识并不是科学,而是科学探索的产物,科学不在于认识真理,而在于探索真理;其三是信念论。信念论认为科学是人们在认识世界和改造世界时所保持的一种态度,它具有一种精神,即追求真理、实事求是。

科学研究是指人们在科学信念的支配下,采用一定的方法,遵循一定的规范,探究事物的性质和规律,以便发现新事物、获得新知识的活动。它是人类获取科学知识的主要途径,在人类社会活动中占有重要的地位。科学研究活动是人们探索真理的一种创造性活动,与人类其他活动相比具有客观性、创造性、系统性和继承性的本质特征。

(资料来源:吴振东 . 学前教育科研方法[M]. 北京:教育科学出版社,2012. 有改动)

二、我国学前教育研究的历史演进与发展趋势

学前教育科学研究的状况,标志着学前教育发展的水平。只有在认真地研究总结过去学前教育研究的成果、吸收其经验的基础上,对今天学前教育发展中现实问题的研究才能有所突破、有所创新,对学前教育事业的发展才能起到推动作用。

(一)我国学前教育研究的历史演进

伴随着我国学前教育的发展,学前教育研究经历了一个不断发展、引进、创新和完善的演进过程。

我国古代思想家们关于学前教育问题有许多精辟的论述。如西汉的贾谊在其《新书》中就记载了公元前11世纪周成王母注意胎教之说;魏晋南北朝时期的颜之推所著《颜氏家训》,书中的《教子篇》《勤学篇》论述了儿童家庭教育;南宋的教育家朱熹为儿童编写教材《蒙童须知》等。

近代以来,我国的学前教育研究开始吸收国外学前教育研究的先进经验和最新研究成果,并结合我国学前教育的实际不断发展和创新,总结出适应我国国情的学前教育理论和教育思想,如陈鹤琴的"活教育"理论、张雪门的"行为课程"、陶行知的"生活教育"理论、张宗麟的"社会教育"思想等。

20世纪70年代末我国开始建立专门的科学研究机构和群众性的科学研究组织,开展了一些专项课题研究。改革开放后,我国的学前教育进入了快速发展时期,学前教育研究在理论和实践方面均取得了丰硕的成果,尤其是2010年《国家中长期教育改革和发展规划纲要(2010—2020年)》出台后,学前教育得到了空前的重视,学前教育研究对推动我国学前教育科学、健康发展起到重要的作用。

1. 建立学前教育科学研究机构

学前教育科学研究机构是由专业水平高的学前教育研究人员组成,专门从事学前教育科学研究工作,针对学前教育领域中的重要问题进行探索研究。1978年7月,恢复了中央教育科学研究所,设立了"幼儿教育研究室",这是我国第一个国家级的幼儿教育研究机构。相继全国各省、自治区、直辖市及计划单列市也建立了教育研究所,设立了幼儿教育研究机构,配备了专门的学前教育研究人员。学前教育科学研究机构的建立,培养了一批研究人员,促进了全国相当一部分地区的幼儿教育科学研究的开展。

2. 成立学前教育学术团体

1979年11月3日,中国教育学会幼儿教育研究会在南京成立,并举行第一届学术会议。1992年研究会被批准成为国家下属的一级学会,更名为中国学前教育研究会,建立了5个专业指导委员会。各省市也纷纷成立幼儿教育研究会。学前教育研究会定期召开学术会议(会议主题反映当下的学前教育发展的热点问题),交流幼儿教育经验,研究幼儿教育改革与发展。学前教育研究会使学前教育研究更加有计划、有目的、有层次和有实际指导意义,对组织科研队伍、培植科研骨干、推进群众性幼教科研等都起了积极的促进作用。

1987年1月,全国幼儿教育研究会与湖南长沙师范学校联合出版了《学前教育研究》杂

志(双月刊),将学前教育研究的最新优秀成果以及学前教育的发展动态,及时地提供给广大幼教工作者们吸收和借鉴。

3. 学前教育主要研究成果

(1) 课题研究。1979年中央教科研所幼儿教育研究室通过"建国32年来幼儿教育的历史经验和教训"的课题研究,于1982年撰写了论文《回顾与展望》等。

(2) 学前教育理论与经验的总结。对我国现代教育家陈鹤琴、张雪门、陶行知、张宗麟等教育思想进行深入的研究,出版了《陈鹤琴教育文集》《张雪门幼儿教育文集》《陶行知幼儿教育的理论和实践》及《张宗麟幼儿教育论集》等。总结新中国成立后40年我国学前教育基本经验:学前教育发展必须与国民经济发展水平相适应;必须加强领导、构建科学的学前教育管理体制;必须明确幼儿园为儿童成长和为家长工作服务的双重任务;必须坚持保育与教育相结合的原则;应充分重视古今中外的学前教育理论与实践;应确保乳婴儿教育和幼儿教育两部分的衔接。

(3) 学前儿童学习"领域"研究。加强对幼儿体、智、德、美教育方面的研究。代表性的有中央教育科学研究所与各省、市协作完成的《我国幼儿形态、机能、基本体育活动能力的调查研究》《幼儿园幼儿膳食营养调查与实验研究》《幼儿园3～6岁儿童言语发展特点的教育的研究》三项课题,全国幼儿教育研究会组织完成的《幼儿一日生活的组织》,北京师范大学研究的《幼儿园德育大纲》等。

(4) 幼儿园课程研究。1983年以来开始了课程改革的实验研究,并取得了丰硕的实验成果。如"幼儿园综合性主题教育的实验"(上海市长宁区教育科学研究所与愚园路第一幼儿园合作)、"活动教育课程"(南京师范大学与南京鼓楼幼儿园协作)、"整体教育课程"(东北师范大学教育系与该校幼儿园合作)等。21世纪初,学前教育的课程改革在终身学习、以人为本、新的知识观和学习观的思想指导下,课程理论研究、实践研究取得了一定的成果,如《新(纲要)的知识观与幼儿园课程内容》(冯晓霞)、《瑞吉欧教育经验能给我国幼教改革带来什么启示》(朱家雄)、《冷静思考园本课程的热潮》(袁爱玲)、《幼儿园课程生活化》(张明红)、《自主性活动课程的实践探索》(张琼)、《"叙事性整合课程"的预成与生成》(马荣)等。

回顾我国学前教育研究的历史演进过程,我们可以看出,我国的学前教育研究经历了一个漫长的发展与创新的过程。研究领域不断扩大,研究不断深入。研究对象已经延伸到0～3岁期;研究者们运用儿童发展理论开展深入的应用研究和实验研究;研究内容涉及学前教育目标、课程目标、道德教育、教学方法、学前教育各领域的研究、学前儿童智力早期发展的研究、幼儿园与小学衔接的研究、幼儿园教师队伍建设的研究、农村学前教育的特点及发展的研究、学前教育领域信息技术运用的研究等,并取得了一定的成果。

我国学前教育研究演进过程中存在的主要问题

我国的教育研究开始是以引进西方发达国家的教育思想为主,虽然取得了一些成绩,但新中国成立初期由于照搬套用苏联经验,也带来了一定的消极因素,学前教育研究在发展过程中还存在一些问题。

(1) 观念落后。过分重视对经典著作的诠释,过多地引用专家的观点。在思维形式上,崇尚中庸、求同、整体划一，缺少创新意识，过多地强调经验，研究往往是表面的、浅层的、难以深入事物的内部结构和内在规律。

（2）各类型各层次研究尚处在较低水平。对学前教育基本事实的研究仍然停留在经验型主观臆断上，缺乏对教改实践中取得的丰富经验进行系统深入的整理和概括。学前教育基本理论的研究不够深入系统，理论对教改实践的指导不够。

（3）结合国情研究不够。我国偏重国外新名词的采用，将国外的做法直接拿来效仿，缺乏结合国情的可行性分析。例如，没有考虑我国学前教育的物资条件、班额、师资状况等，对我国传统中先进的幼教做法一概视之为旧的、过时的，一律排斥。由于理论的局限造成实践的盲目与混乱，教师忙于赶潮流，频繁应付于形式上的改革。学前教育本土化、民族化不够深入。我国是文明古国，学前教育研究要客观、实事求是地认识和分析国内外幼儿教育理论与实践，丰富中国的学前教育理论体系。

（4）学前教育研究领域行政干预过多。我国虽然幅员辽阔，但整齐划一的模式较多，以统一指令的方式推行某种新的改革的做法比较普遍，百家争鸣不够。

（5）幼儿教师的研究能力亟待培养和提高。一方面，幼儿教师在学前教育的第一线工作，最了解学前教育的需求，最清楚为了推进学前教育改革需要研究什么。教师在自己的教育实践中积累了许多教育经验，有大量教育感性认识，便于开展现场研究，同时也便于将研究成果应用于实践，并在实践中加以检验。可以说，只有广大幼儿教师积极参与学前教育研究，才使学前教育研究成为推动学前教育改革和发展的一个巨大动力；另一方面，我国幼儿教师的文化水平整体偏低，过去是以中专学历的幼儿教师为主体，现在城镇幼儿园教师的学历才刚刚达到大专为主体的水平，而且是函授毕业生占多数，这与发达国家幼儿教师的学历以大学本科和研究生为主相比，差距较大。

（6）对幼儿教师的研究培训不够，尤其是针对幼儿园实际指导不到位。

（资料来源：张燕，邢利娅．学前教育科学研究方法［M］．北京：北京师范大学出版社，2000．有改动）

（二）我国学前教育研究的发展趋势

2010年《国家中长期教育改革和发展规划纲要（2010—2020年）》出台后，我国的学前教育进入了发展的快车道，学前教育研究也随之步入了一个新的发展阶段，学前教育研究的发展将呈现一些新的态势。

（1）研究领域从幼儿园、幼儿教育机构扩展至家庭和社区，从城市幼儿园扩展到农村乡、村幼儿园，从幼儿发展扩展到幼儿园教师的专业成长。随着科学技术的迅猛发展，各学科的研究领域不断扩大，研究的深度也不断扩展，促进了理论的更新与发展。当今与儿童发展和教育有关的理论已包括心理学、教育学、社会学、精神科学、哲学、生物学、生理学、生态学、人类学、统计学、计算机科学等众多的理论。特别是近十年来，脑科学研究的新发现、新理论已经引起教育界的广泛兴趣和高度重视，这些理论对学前教育的研究确有更多、更新的指导意义。

（2）研究内容从单一走向综合，既注重学前教育理论研究，又注重学前教育实践研究，不断扩展研究的广度，在某些领域和方面进行深度研究。既注重学前教育自身内部问题的研究，又注重对学前教育外部影响的研究，重视典型经验研究和推广。更加重视对特殊儿童早期教育,对农村留守儿童教育,对农村幼儿园教师队伍建设的研究。教育研究除了重视理论研究外,更加注重应用研究,更强调研究为教育的发展和社会的需要服务,研究与实践的联系越来越紧密,在真实的现场情境中进行,研究的实际应用价值突显。将更加重视幼儿园课程研究,把国内外的优秀经验很好地理解和吸收,探索适宜的幼儿教育的课程体系,建立适合本地区或本园发展的课程模式,结合《幼儿园教育指导纲要(试行)》的要求,把研究运用到实践,将是学前教育科研人员、幼教工作者和广大幼儿园教师共同的工作任务。

(3)研究方法从侧重调查研究到以实验研究为主,广泛使用录音、录像、照相、计算机和心理测量仪器等设备,进行事实材料的收集、整理与分析,对数据、材料的分析更迅捷,研究更科学。个案研究将被一线幼儿园教师广泛采用。

(4)研究结论的获取将更加重视定量分析和定性分析兼顾,将更加具有实效性和推广性。

(5)研究者将由专职研究人员发展到各层面的幼教工作者,以中青年教师为骨干力量。

科学研究促进教师专业成长

幼儿园教师从"经验型"走向"研究型""专家型",是每一位幼儿园教师和幼儿教育工作者努力的方向和目标,进行科学研究是幼儿园教师实现目标的最佳途径,要想实现这一目标就要在教育实践中思考和研究以下问题。

(1)你能够对幼儿的身心健康和终身发展高度关注并为此热情地工作吗?

(2)你能够关心幼儿的生活经验,了解幼儿学习和发展的特点,解读幼儿的表现和变化,推测影响幼儿发展的因素,并想方设法对这些影响因素进行持续有效的干预吗?

(3)你能够反思自己所追求的教育目标是否对幼儿当前的生活及应对未来的社会有价值,平衡短期效应与长远目标的关系吗?

(4)你能够把自己的工作看作一种有吸引力的探索过程,对种种理论和方法保持开放而客观的态度,不断地学习和质疑,谨慎地实验和研究吗?

(5)你能够主动与行政部门、媒体等各方面沟通与合作,成为提升整个幼教领域的专业水平和地位的一股力量吗?

(资料来源:上海市中小学(幼儿园)课程教材改革委员会办公室,幼儿园教师成长手册[M].上海:华东师范大学出版社,2009.有改动)

三、学前教育领域的教研与科研

教研(教学研究的简称)与科研(科学研究的简称)是教育研究的重要组成部分,教研是基础,科研是指导,它们之间有联系也有区别,共同促进学前教育的发展。

从概念上讲,教研是在一定的教育科学理论的指导下,对学科教学中具体的教学现象和出现的实践问题进行微观的分析、研究。科研则是以教育理论为先导、以教育现象为对象、以科学方法为手段,遵循一定的研究程序去获取新的教育理论的创造性实践活动。

在研究对象上,教研是对已有的教育理论、教育规律在实践中的运用研究,主要是应用规律,属于实践的范畴。科研主要是对未知领域的教育理论、教育规律的一种探索验证,是一种探究性、创造性活动,是发现规律,属于理论的范畴。

在研究内容上,教研研究的是教师在教学中的实际的、具体的、真实的问题,如幼儿集中注意情况观察。科研研究的是教育教学各个领域的规律性、发展性问题。

在解决问题上,教研的内容直接来自教学实践中的问题、困惑,解决的是"怎么办"才能更好的问题,如"对新生幼儿入园焦虑应对策略的研究"。科研主要解决目前我们没有解决但又必须解决的问题,重在创新与突破,以解决实践中的瓶颈问题,如"对农村幼儿园教师专业成长的研究"。

在研究过程上,教研一般是通过开展集体研讨、评课等多种形式的教研活动进行的,对事实材料的收集是分散的、个别的,研究时间相对较短。科研通过选题、设计研究方案、进行实验研究、成果的总结与推广等活动进行,是连续的系统的研究活动。研究的时间相对较长。

在研究成果上,教研是对教学过程中局部的、微观部分的研究,其研究成果虽为教学实践服务,但应用范围往往只适应于某一地区、某一幼儿园或某一活动领域。科研侧重于教育经验的提炼、教育规律的发现、教育理论的创新,研究成果可在大范围内进行推广应用。

在研究人员上,参与教研是每一个教师的工作之一,是必须做的事,也是人人都能做到的。而科研不一定是每一个教师都必须做的,也不是所有教师都能做的。科研要求研究者具有一定的研究能力和水平。

 案 例

目前幼教教研中的问题及发展取向

1. 目前幼教教研中存在的问题

(1) 重"展示"轻"反思",重"研教"轻"研学"

"展示"给我们提供了一个讨论问题的载体,但现在是载体有了,问题却没有了,载体做得很漂亮,老师反思的时间却很短、讨论时间很短。有些教师轻反思,认为自己反思的已经很多了,但是其反思做得很肤浅,有的像流水账,没有去深究。怎么帮助教师提升反思的能力?怎么去关注教育过程,进行更深的反思?在教研中要引导教师去深入地思考,去深入地研究幼儿的学习,这样才能够提高教师的反思水平。

(2) 重"教学型"教研,轻"研究型""学习型"教研

由于不同教研类型有不同类型的功能,所以教研不能只搞一个类型,因为单一的方式难以应对教研的若干功能。

教学型教研,以教为着眼点,以课例为载体。幼儿园与中小学不同,幼儿园教研不是仅仅研究上课,幼儿园的教学型教研应该是研究幼儿在园的一日所有活动。

研究型教研,以研为着眼点,以课题为载体。研究型的教研如果不做,会导致教研没有深度。幼儿园中提出来的有些问题需要研究型的教研,这就不是一次两次所能解决的,如果没有深度教研就会太泛。另外,教师有很多模糊的知识,心理学上称为内隐学习、缄默知识、个人知识。过去比较重视显性知识学习,《纲要》等材料上面的话语,很多教师都会说,但并不一定理解,理解了也不一定能做,做了也不一定能反思。公共知识、公共话语是一回事,而

每个教师都有自己的缄默的个人话语,如何转化?过去认为缄默知识一定要显性化,那么教师的缄默知识怎么转化为显性知识?又怎样挖掘教师个人知识的独特性?这是教研要探讨的。

学习型教研,以学为着眼点,以阅读为主线。教师不仅是一名幼儿园教师,更是一名终身学习者,有自己的各种各样的问题。学习型教研主要是帮助教师提高学习能力,而主要方式是引导教师去阅读。为了培养教师的读书习惯,可以通过教研提出倡议,交流各幼儿园解决教师的实际困难的经验,推动教师买书、读书,从读书中获益。

(3)重教研内容、形式、结果,轻教研文化、制度建设

对教研的内容、形式大家比较重视,对文化、制度的建设,相对来说重视是不够的。比如,对观摩活动过分关注,导致对默默的日常教育过程不感兴趣;对结果过分关注,导致对过程中的努力不加珍惜。这样的教研导向就把教育的价值给扭曲了,也就是在建设不良的幼教文化。建设一个好的教研制度,实际上是一个文化建设的问题。而文化建设是一个漫长的、艰苦的过程,需要各方面的共同努力。

2. 幼教教研的发展取向

所谓取向,是指价值倾向。教研的取向是基于对教育本质的理解。实践—意义取向是现在教研非常强调的取向。意义取向特别强调幼教教研怎样让教师产生对教育意义的理解。理解的不仅仅是教学方案的意义,而是幼教的意义。

(1)重视研"生"、研"学"

教研活动很重要的一点是需要引导教师真正地转向重视幼儿、重视幼儿的学习和发展,而不仅仅是重教师的"教"。如果教研活动中看不到对幼儿学习的深入研究,不关心活动中幼儿怎样在学习、怎样在理解教学的内容、怎样在建构自己的知识和概念,不引导教师去思考怎样按"儿童的大纲"去支持幼儿学习、怎样让其自我建构的过程变得更有效,这样的教研取向是有问题的。

(2)重视民主、平等、合作、创新的教研文化

民主、平等、合作、创新也是基于人们对幼教本质的理解。我们的教研如果没有这样的氛围,是不能创造出民主型的教育的,一个专制的、权威的、垄断的教研绝对不可能培养出有民主、平等理念的教师。

(3)重视参与、反思、行动研究

生态的、民主的、有意义的教研活动一定不是单向的上情下达,一定是教师积极主动参与的。研究部门和研究人员要完全抱着合作参与的心态,与幼儿园一线教师共同研究、反思教师自己的问题,一起进行行动研究,这是非常重要的。教研活动在参与和反思上不能停留在比较肤浅、表面的水平上,教研的内容不应是断裂的,要把教研活动和日常教育生活很好地联系起来,增强行动研究取向。

(4)重视教研制度建设

尽管幼儿园、区域的教研一直都在搞,但很少有以教研制度建设作为专门内容的。园本教研制度建设不是一个幼儿园能完成的,也不是光靠教研的力量能完成的,而是要靠行政、基层等各方面共同的力量来完成。因此,幼儿园要探索能够保障园本教研持续地开展下去的长效机制。

(资料来源:李季湄. 新时期幼教教研有关问题的思考[J]. 学前教育:幼教版,2007(05). 有改动)

第二节　学前教育研究的特征和原则

学前教育研究的范围是婴幼儿及其学前教育领域。这一特殊领域的科学研究活动有其独有的特征,在研究过程中要遵循其特定的原则。

一、学前教育研究的特征

学前阶段是婴幼儿身体发育和心理发展极为迅速的时期,研究对象的特点使学前教育研究活动有别于其他科学研究活动,呈现出自身的特征。

1. 研究对象的特定性

学前教育研究的主要对象是婴幼儿,研究探讨的教育现象和问题的最终目的是促进学前儿童身心健康发展。0～6岁阶段婴幼儿有其发展的特殊性,身心发展尚未成熟,个体间的差异也明显存在。研究者必须掌握学前儿童不同年龄阶段身体、心理发展的特征,在研究的各个环节必须坚持以幼儿为本,充分考虑这一时期婴幼儿的独特性,尊重幼儿的权益。

2. 研究内容的复杂性

学前教育是我国教育体系中不可缺少的组成部分,与体系内外的很多因素有着必然的联系,其发展也受到很多相关因素的影响。幼儿园、家庭、社区对儿童的健康成长、对学前教育发展的影响更为深刻。学前儿童的发展是一个持续、渐进的过程,同时也表现出一定的阶段性特征。这些客观存在的事实决定了学前教育研究内容的复杂性,所涉及的知识体系更为宽泛,为此学前教育研究必须从客观事实出发,充分考虑研究内容的复杂性,从多方面、多层次、多角度进行研究。

3. 研究方法的适宜性

学前教育研究中研究的主要对象是0～6岁年龄阶段身心发展尚未成熟的婴幼儿。研究对象的特定性,决定着研究者在以学前儿童为研究对象时,应充分考虑到学前儿童的现有发展水平,适宜地选择研究方法和手段。选择适宜的研究方法是学前教育研究的关键,关系到研究的成败。以学前儿童为研究对象时研究者多选择观察法、经验总结法、个案研究,不宜采用纸笔测验或问卷调查,这样才能获得客观、实际的研究成果,实现研究的价值。

4. 研究过程的现场性

在学前教育研究中,无论是对婴幼儿动作、行为、情绪的研究,还是对影响其成长的教育环境(幼儿园、家庭、社区)的研究,不管采用何种方法都离不开教育实践情境,就是说研究的过程要在现场的实际情境中进行。因此,研究者在研究过程中既要保持一种客观的、严谨的科学态度,又要运用其自身对于生命的体验去直接地理解研究对象,与研究对象进行交流、互动与沟通。这样研究所获得的事实材料才是客观而真实的,研究的结果才能够对实际工作起到指导作用。

5. 研究结果的发展性

由于每个学前儿童在沿着相似进程发展的过程中,各自的发展速度和到达某一水平的时间不完全相同,存在着个体差异。而学前教育研究多采用个案研究,即研究者选择一个或几个研究对象进行全面考察和研究,来探讨儿童发展特征与规律。研究对象数量少,存在个体差异,因此,研究结果的代表性和普遍意义相对较弱,但研究结果同样具有很强的借鉴性和启发性,对指导学前教育实践及新理论的研究具有重要意义。

二、学前教育研究的基本原则

学前教育研究的原则是指对学前教育研究的基本规范和要求。研究者必须严格遵守学前教育研究的基本原则,确保学前教育研究的顺利开展,实现预期研究目标。教育研究一般遵循客观性原则(研究内容)、科学性原则(研究方法)、系统性原则(研究过程)、创造性原则(创造新知)等。学前教育研究既要考虑教育研究的一般原则,还要遵循以下基本原则。

1. 客观性原则

学前教育研究的过程很多情况下要在现场的实际情境中进行,丰富的研究资料来源于研究对象的真实情况,研究者要通过对研究对象的观察,与对象互动、交流以获得事实材料,不能主观臆造,靠想象、推理。学前教育研究的对象是学前儿童,应充分考虑他们的现有发展水平,适宜地选择研究方法和手段,以实事求是的态度对待研究,不能有个人偏见。这样研究所获得的事实材料才是客观而真实的,才能揭示事实真相、反映客观事实、总结教育规律、指导教育实践。

2. 实效性原则

学前教育研究的结果应对学前儿童的身心健康发展起到促进作用。幼儿园一日生活皆教育,研究者在研究过程中既要重视研究工作的科学性,又要把握研究过程对儿童的教育意义。学前教育领域宽泛、内容复杂,研究要以新的理念分析已有资料;以新角度、新方法去研究现实问题,去探索新的规律,总结新成果。对研究设计、研究成果的表述要科学规范,以便于交流、扩大成果的效益。

3. 权益性原则

学前教育研究的对象是婴幼儿,在研究过程中研究者要尊重儿童的权益,不要违背研究的道德准则。尊重被试儿童的意愿,对儿童测试应征得其父母或老师的同意,儿童有不参加测试、中途退出测试的权力。保护儿童的自尊心和隐私权,被试儿童有要求研究者对测得的有关自己的数据资料保密的权力,不将研究结果告诉未经被试儿童同意的其他人,研究者不能未经同意在研究报告中或在公开的场合披露被测试者的姓名。如果研究给被测试者身心造成损害,研究者有责任去消除一切不良的后果。

第三节　学前教育研究的意义与任务

学前教育研究是学前教育发展的基础,对学前教育科学、健康发展具有重要意义。

一、学前教育研究的意义

学前教育科学研究是一种源于教育实践,又为教育实践服务的创新性活动。学前教育研究者们通过研究来解决过去没有解决的或还没有完全解决的教育实践中的各种现实问题,在参与教育科学研究的过程中,自身素质也得到不断提高和完善。开展学前教育科学研究有内在的需要,也有外部的压力,其重要性众所周知,意义深远。

1. 科学决策、推进学前教育改革

学前教育研究是学前教育改革的原动力,因此,学前教育改革要建立在研究的基础上。《国家中长期教育改革和发展规划纲要(2010—2020年)》提出大力发展学前教育,在促进学前教育快速发展的过程中会出现很多新情况,在学前教育领域进行广泛研究的过程中会遇到很多新问题、新困难,只有从客观实际出发、针对实际问题不断加强科学研究,才能更好地把握学前教育规律、纠正学前教育偏差、减少盲目性,才能探索出符合教育发展的客观规律,才能不断地推动学前教育改革,才能够使学前教育有效地、健康地发展。

学前教育研究为国家制定学前教育文件、政策、规定奠定了坚实的基础,提供了科学的决策依据。

2. 以研促教、提高学前保教质量

学前教育研究的研究者主要是幼儿园教师、幼儿教育工作者。研究的最终目的是提高学前保教质量,促进学前儿童身心健康发展,促进幼儿园办园质量的提升。幼儿园保教质量的提高靠教师,教师综合素质的提升靠研究。幼儿园教师对教育规律的认识、教育实践水平的提高,首先来自于教育研究。幼儿园教师进行研究的过程也是自身学习提高的过程,是不断地丰富教育理论、加深对教育规律的认识、提高教育实践水平的过程,是幼儿园教师从"经验型"向"研究型""专家型"发展的最佳途径。通过研究,可以帮助教师将教育理论应用于学前教育实践;可以帮助幼儿教师掌握学前儿童各年龄阶段的身心发展特点,比较准确地了解儿童,有效地运用教育策略,科学施教;可以帮助幼儿教师按学前教育规律进行教育管理,提高保育教育的质量。

幼儿园要建立教研、科研的常态机制,做到以研促教、以教促研、以研促保教质量的提高。

3. 理论创新、完善学前教育体系

学前教育研究过程不仅是对已有教育理论运用、验证、完善的过程,也是发现新的教育规律,进行教育理论创新的过程。通过开展学前教育研究工作,总结、借鉴古今中外优秀的学前教育思想和实践经验,特别关注幼儿园一线教师的典型经验,将最新学前教育、学前儿童心理等相关理论运用到研究中。尤其重视在信息技术飞速发展并在学前教育领域得到广泛运用的今天,其对学前教育发展的影响和作用的研究。与时俱进,以科学的研究成果不断充实学前教育理论宝库,建立、丰富和完善学前教育的理论和实践体系。

学前教育理论的创新,学前教育理论体系的不断完善,使广大幼儿教育工作者研究的视野更加广阔,实践的平台更大、更丰富,推动学前教育不断向前发展。

4. 促进交流、扩大学前教育影响

学前教育研究的问题是广大学前教育工作者在长期的学前教育实践中遇到的、需要及时解决的。对问题的研究离不开交流,也可以说交流源于研究,研究促进了交流。学前教育工作者和研究者通过相互交流、提出问题,通过交流探讨,整理、分析出新问题,通过交流区别开个性问题和共性问题。对问题的研究促进了学前教育工作者间、研究者间的交流,扩大了研究及其成果乃至学前教育的影响力。

学前教育研究促进学前教育交流、扩大学前教育影响不仅仅是在国内,也体现与国际的交流,对国际的影响。通过交流使我们的学前教育理论成果、学前教育的管理经验得以传播,同时借鉴国外的先进理论和实践经验,开阔了我国学前教育研究的视野。通过交流加强学前教育国际的合作研究,促进我国学前教育研究跨上一个新的阶梯。

二、学前教育研究的任务

学前教育研究的基本任务是研究学前教育领域内存在的理论问题、现实问题,探索影响和制约学前教育发展的因素,揭示学前教育发展的客观规律,更好地指导学前教育实践,为学前教育的科学发展服务。具体可分为以下几个方面。

1. 总结学前教育的历史经验

教育发展的历史悠久,古今中外的教育家遗留的学前教育研究成果十分丰富,如我国古代的贾谊、颜之推、朱熹、王守仁等,现代教育家陶行知、陈鹤琴、张雪门、张宗麟等,国外的洛克、卢梭、福禄贝尔、杜威、蒙台梭利等。他们的教育思想和教育实践需要我们去整理、分析和研究,从中总结出成功的经验和失败的教训,更好地运用到学前教育的实践中,以指导实践、为学前教育发展服务。

2. 研究学前教育的现实问题

学前教育研究要为学前教育发展服务,重点要做好对学前教育现状的研究。要针对我国学前教育发展中的现实问题,从历史和现实两方面进行分析与研究。通过广泛调查研究,了解学前教育发展现状,掌握学前教育发展中的现实问题,深入探讨在目前大力发展学前教育、推进学前教育改革中遇到的新情况、出现的新问题。既要加强对重大理论问题和实际问题的研究,又要加强对学前教育各领域的具体问题的研究,全面把握学前教育发展现状。

3. 规划学前教育的未来发展

学前教育的发展要建立在科学研究的基础上,学前教育在面向未来的发展中离不开研究,教育研究是学前教育科学发展的基石。通过研究学前教育发展过程中的情况来预测未来学前教育的发展趋势,为学前教育决策部门及管理机构制订有关学前教育的政策、确定学前教育的发展规划和设计推动学前教育发展的可行性方案服务,为广大学前教育工作者培养全面发展的儿童服务,使学前教育更好地适应未来社会发展的需要。

4. 科学推进学前教育改革与发展

改革是学前教育发展的必由之路,学前教育研究是学前教育改革与发展的推动力。学前教育研究所获得的新认识、产生的新思想、建立的新理论,不断丰富学前教育的理论体系,为明确思路、选择最佳途径、推动学前教育的改革与发展提供依据。学前教育在改革与发展的过程中还要重视加强对国内外学前教育实践和理论的比较分析,找出学前教育发展的共同规律和趋势,汲取国外有益经验,结合我国学前教育的实际,探讨新的学前教育观点,为我国的学前教育决策和学前教育改革提供借鉴。

案　例

幼儿园教师如何开展教育科研

1. 认真回顾与总结以往的科研经验

不仅对有影响性的研究课题进行回顾,还应对自身的研究工作和所进行过的课题加以总结,在以往的科研经验基础上,不断地发现不足、拾遗补阙。

2. 从实践中发现问题,选择适度的研究课题

经常对自己日常所处的环境、所遇到的事情进行思考和反思。多问几个"为什么?""怎么会这样?""如果不这样又会是怎么样?"有思考、有反思,搞科研才不会流于形式或空洞无物。也可从自己最感兴趣的方面入手进行研究,有兴趣、有好奇心,才会乐于去寻找、愿意去发现,搞科研才不会索然无味。

在实际问题中寻找突破口——以实践为基础,实践工作中所遇到的问题是前人从未解决的还是未完全解决的? 是新问题还是老问题在新形势下的新情况?

从相关的经验中寻找不足——以经验为依托,经验是我们教育工作实践的积累,可提供大量的第一手资料。

教育理论是研究支撑点——以理论为指导,探索解决问题的依据、选择解决问题的途径和方法,使教育科研建立在科学的基础上。

在教育发展趋势中找出方向,任何的教育都是社会需要和人发展需要结合的产物,既要适应社会的进步,又要顺应人的发展。教育在一定的时期里就有一定的发展趋势,它能为科研选题提供方向。

所选题目不宜过大。求大、求全的选题思路不是幼儿园研究的方向。当然,也有大而全的课题做得比较好的,这要看其研究的能力和水平如何。一般来说,小的课题能开展得较为深入和细致,研究工作的量也较少,研究的结果较实在。不管是成功还是失败的结果,对幼儿园教育实际工作的指导都很有意义。

不要追潮流、赶时髦或追求别人没有做过的。幼儿园的教育科研不是为了做给别人看的,如果只追求所谓的"有价值的""大的""新的"课题,而不顾自己的特点和条件;如果只是为了在什么地方、哪一级别能立项,而不顾实际地选一些偏题和怪题,我们的教育科研将走向歧途,更会影响幼儿的健康和谐发展。

3. 重视研究的过程

(1) 查阅与学习相关的文献是一个过程。选题出来后,应全面查阅有关文献。首先是了解别人在该领域、该问题上现有的研究成果,他们做了什么工作,解决了什么问题,还有哪

些应进一步研究和探讨的。然后是找出与我们研究的课题相关的理论依据,以支持自己的研究、指导研究的开展。对前面这两项工作可以按领域、按年限地翻查主要索引、文摘、研究动态等概括性强的资料,并把它们按资料来源、题目、摘要加以整理。最后是将要研究的问题、自己的知识经验与所获得的资料联系起来学习、思考、分析、吸收,以便在研究中可以利用。

(2) 设计出有效的研究方案(研究计划)。研究方案的设计是我们搞研究的指南。它能引导研究者从最初设定要解决的问题,发现、收集有效的资料和数据,分析、利用这些资料和数据,到预计最后的结论和答案。一个好的研究方案是整个研究的好的开端。

(3) 研究过程中的有效管理。幼儿园的行政管理人员应思考如何把整个的研究过程纳入幼儿园的管理工作日程上来。在方案设计中,课题研究人员的组成情况、各阶段主要研究工作的安排、研究时间的保证、设备的购置和利用、投入经费的预算等都要体现出来,以求达到研究过程中的有效管理。

4. 注意对研究资料的分析与运用

(1) 研究资料的整理和分析是同步的。在实际的操作过程中,资料的整理和资料的分析这两个活动是不能截然分开的。整理只有建立在对资料有一定分析的基础上才能有效。

(2) 研究资料的整理和分析要及时。及时对研究资料进行整理和分析,能使我们对所获得的资料有一个比较系统的了解和把握。因为在研究过程中,如果对自己已掌握的资料心中有数,就能使自己的研究思路清晰、研究方向明确,不致收集无用资料而徒劳无功,也不致重复收集而浪费精力。

(3) 研究资料的整理要分门别类。把研究资料按自己的研究目的建立一个有编号(可以按资料类型、事件发生时间、事件种类进行编号)的资料库。

(4) 研究资料分析的一般思路。自下而上的分析和提取——逐层地翻阅资料,找出关键点,把对研究有用的东西摘录下来,并进行初步的解释,一直到自己需要的意义、主题找出来为止。自上而下——把与研究有关的重要概念、关键词等列出来,再从资料中找出能体现重要概念、关键词的具体事物进行分析。交叉式的互动分析和提取——自下而上又自上而下地把各种具体的、零碎的资料进行相互的、有意义的、关联性的联系和分析。

5. 注意课题的结题方式与研究成果的呈现

研究结束后,我们应对所研究的课题进行总结,把研究的成果、经验或教训拿出来与同行分享,听取专家的意见,为今后的继续研究或其他研究积累经验。

(资料来源:李麦浪. 广州市教育科学研究所. 有改动)

▟▎思考与练习

1. 什么是学前教育研究? 开展学前教育研究的意义有哪些?
2. 我国学前教育研究的趋势有什么特点?
3. 开展学前教育研究应遵循哪些基本原则? 为什么?
4. 学前教育研究的基本特征是什么?

✦ 实践与训练

在实习时,调查 3 名幼儿教师对"幼儿园教研"与"幼儿园科研"两个概念的解释,比较一下幼儿教师与你的观点的异同,并整理成书面作业。

第二章
学前教育研究课题的选择

📝 学习目标

知识目标

（1）了解学前教育研究选题的含义、意义；

（2）知道学前教育研究课题的来源及特征。

能力目标

能够根据学前教育研究选题的基本原则与要求，初步掌握选题过程，学会正确选题。

🔍 问题导入

课题的形成与选择，无论作为外部的经济技术要求，抑或作为科学本身的要求，都是研究中最复杂的一个阶段。一般来说，提出课题比解决课题更困难……所以评价和选择课题便成为研究战略的起点。

——[英]J.D 贝尔纳

俗话说："良好的开端，等于成功的一半。"任何研究都是从问题的发现开始的。没有问题就不会有研究的冲动，没有研究的冲动就不会有研究的行动，也就不会有问题的真正解决。开展教育科学研究首先要做的就是恰当地选择和确定研究课题，然后根据课题的性质和研究者所具备的条件，制订切实可行的研究计划。

选择和确定研究课题是进行教育研究的一个重要环节，是一项完整的研究工作的开端，它决定着研究工作的方向和性质，对教育研究工作起着重要的作用。有意识地发现研究问题，选择和确定恰当的研究课题是教育研究工作者所必须具备的一个基本素质。如何选择和确定研究课题并不是一件轻而易举的事情。从广义上讲，选择与确定研究课题包括两方面的含义：一是确定科学研究的方向；二是选择进行研究的问题。

第一节 学前教育研究的选题概述

一、教育科研课题选择的意义

顾名思义，教育研究选题就是研究者选择一个有待于解决、验证或回答的问题，并将之加以明确化和具体化的过程。选择和确定研究课题是开展科学研究的第一步，是教育研究的关键。选题决定了教育研究的方向和水平，是科学工作者研究水平的重要标志，对于整个研究过程和组织管理教育活动都具有十分重要的意义。

1. 选题可以反映研究的价值

选题是教育实践和教育认识进一步发展中必须解决的问题，是已知领域和未知领域的联结点。从人类认识发展来说，它反映现有实践和认识的广度和深度，又反映向未知领域探索和前进的广度和深度。著名的物理学家爱因斯坦说过，提出一个问题比解决一个问题更重要。他认为解决问题也许仅是个数学上或实验上的技能而已，而提出新的问题却需要有创造性的想象力，而且标志着科学的真正进步。在教育科研中，选题同样具有重要的价值。

教育科研的目的是要解决教育面临的各种问题。由于这些问题对教育的影响不同，在教育活动中所处的地位和作用不同，因而其价值体现也就不同。从研究者自身来说，是否善于提出问题是进行科学研究的关键，决定着研究价值的大小，决定着研究的成功与否。选题不当往往是导致研究失败的最常见原因。无数事实表明，大到国家级的科学规划，小到科研单位或研究者个人的科学研究活动，要想取得较大的成功，除了人员素质和必要的物质条件外，选题正确与否也是一个非常关键的因素。题选得好，可以突破一点，带动全盘；而选题失当，则可能心余力拙，久攻不克，或者事倍功半，劳而无获。孟子说"学贵慎始"，兵家言"慎重初战"，都说明了选题的重要性。

2. 选题引导着研究的方向

在教育实践中有许多问题需要我们去研究和解决。研究者总是根据实践和自身发展的需要从中选择问题进行研究。好的课题的提出将会对教育实践和教育科学带来极大的推动，以至揭示在一个时期内教育实践和教育理论的发展方向。

选题还影响着整个研究过程的方向。选题是对研究对象、研究范畴、研究主题的界定，整个研究工作由此发展，并围绕其进行。整个研究方案的设计、实施，成果的鉴定，又都必须紧紧围绕选题进行。显然，选题明确，整个研究活动的方向就明确。

3. 正确选题是教育研究工作者进行科学研究的基本功

独立地判断和正确地选题是衡量教育研究者水平的一个重要标志，是研究者敏锐的洞察力、对形势的判断力以及胆识的综合反映。有的基层实际工作者在长期的教育实践中积累了较丰富的资料,但往往不善于把问题转化、提炼成科研课题,导致研究成果停留在一般的经验总结阶段,不能纳入一定的理论框架。有的青年学者,缺乏问题意识,不会提问题,或者盲目跟着"热点"走,缺乏扎实的科学研究的理论基础。有的人发表了不少文章,涉及多个领域的内容,虽然面宽但显得零碎肤浅。因此,学会正确选题对于提高科学研究能力水平具有特别重要的意义。

二、教育科研课题的类型

教育是一个广阔的研究领域,蕴含着丰富的研究课题。教育科研课题从不同角度可以分为不同类型。

1. 按研究的性质分类

从研究的性质看,科研课题可分为基础性课题和应用性课题。教育规律的探索、方法论的研究、有关现象的特点的揭示、某些教育观念、教育思想的分析等都可视为基础性课题。基础性研究旨在揭示教育现象和过程的基本规律与本质联系并探索新的领域。它的目的在于补充、扩展、完善已有的教育理论,或建立新的理论和增进科学知识。这类课题一般不针对某一具体教育现象,其研究成果具有较广泛的指导意义。如"关于幼儿社会性发展的研究""幼儿主体性教学的研究"等都是基础性研究课题。针对教育的具体实践,为解决教育实践中某一个领域或某一方面的具体问题展开的研究属于应用性研究。应用性研究的目的在于改造或直接改变教育现象和过程。应用性研究的成果不一定具有普遍性,一般只致力于解决一个具体的问题而且直接发挥作用,但也可能有较广的适用范围,有较大的持续推动作用。如"××幼儿园教师队伍建设现状分析及提高措施研究""××幼儿园绘本阅读教学经验的总结及推广研究""××教学法的试验及应用研究"等。

2. 按资料来源和时间分类

从资料来源和时间看,教育科研课题可分为历史性课题与现实性课题。前者主要通过对历史资料的分析,探讨不同历史时期教育的特点,揭示教育规律,吸取历史经验和教训,如"中国学前课程百年发展变革的历史与思考""近代以来中国学前教育向外国学习的历史与经验""中国近代幼儿教师教育的历史演变研究""改革开放以来我国幼儿园课程改革的历史审视"等。后者主要通过对现实教育资料的研究,认识和解决现实教育中的问题,其中也包括建立在现实基础上的教育预测及未来教育研究,如"幼儿园安全教育的问题研究""幼儿园教育小学化研究""我国学前儿童人口预测与教育资源供给研究"等。

3. 按研究内容分类

从研究的内容看,教育科研课题又可分为综合性课题和单一性课题。综合性课题主要指同时涉及教育若干领域或若干方面内容的课题,如"××城市学前教育综合改革研究""幼儿园培训规律与管理制度研究"等。综合性课题一般要分成几个课题,组织较多的研究者协作完成。单一性课题主要是对教育的某一方面或某一现象进行探讨,如教师研究、学生学业成绩研究、教材教法研究等。

4. 按研究手段分类

从研究的手段看,教育科研课题可分为实验性课题与描述性课题。前者主要指通过实验设计来实现研究目的的课题;后者主要指通过调查研究、资料分析、逻辑推理等手段实现研究目的的课题,又称论理性课题。

5. 按课题形式分类

从课题选定形式看,教育科研课题还可分为新开课题、结转课题、委托课题、自选课题等。新开课题即当年经过反复评议、论证新列入年度计划的课题。这类课题是当前、当地教育发展和教育改革中居重要地位又是当前急待优先研究的课题。结转课题是指上一年或更早时间开设尚未完成的课题。对这类课题是否继续研究应持审慎态度,既不能轻易放弃,也不能不看实效与条件继续从事徒劳无益、事倍功半的劳动。委托课题是指有关部门委托研究的课题。这类课题属协作性质,它对于完成一些规模较大的科研项目是必需的、有益的。自选课题则是指研究人员自己选取的课题。

总之,对于教育科研课题可以进行多角度、多侧面的分类。不过各种类型的划分都只是相对的,现实教育研究中的课题往往是几种类型的综合。

三、科研选题的基本要求

虽然教育领域广大,科研课题十分丰富,但要真正选择一个既有较高价值,又适合自己的研究实际,能够取得研究成果的课题并不容易。为保证研究的质量,教育科研课题的选择应该遵循以下一些基本要求。

1. 课题必须具有价值

从事任何一项研究,都要花费研究者一定的时间、精力和资金等,因此,研究问题是否具有价值,是首先要考虑的因素。关于研究课题的价值,可以从三个方面考虑:①研究该课题是否能够增进教育理论领域的某一部分知识;②研究该课题是否会改善教育实践,或提高教育水平;③研究该课题是否会改善人(如教师或学生)的生存状况。以上这三个方面,可以归结为课题的理论和实践价值或社会与个人意义。简言之,衡量一个研究课题是否具有价值,主要看两方面:一是所选择的研究课题是否符合社会发展和教育事业发展的需要,是否有助于人们认识和了解教育问题,有利于教育改革和提高教育质量。课题要具有应用价值,要从当前教育改革和发展的实际出发,具有针对性和代表性,是被普遍关注的亟须解决的问题。二是所选择的研究课题是否适合教育科学本身发展的需要,为提出、检验、修正和发展教育理论有所贡献,具有学术价值,在理论上有所突破和建树,或对相关理论有重要的补充和完善。教育研究的实际课题有的强调应用价值,有的强调学术价值,有的二者兼而有之。但无论哪一种,都要选择那些最有意义的教育问题作为研究对象。

仔细思考上述问题,不断追问自己"研究这个课题有没有用?""有什么用?"会帮助我们判断想要研究的课题是否重要。有些初学者,常常会凭借个人爱好来夸大某个研究课题的意义。

2. 课题必须有科学性

选题的科学性表现在选题要有明确的指导思想和研究目的,使选题的立论根据充分、合理。选题的科学性具体表现在这样几个方面：①选题要在充分占有资料的基础上形成。研究者应当充分研究和分析现有的资料，了解与研究课题有关的研究成果。在综合分析这些研究成果的基础上，提出研究问题的思路和重点，明确所要解决的主要问题。任何一项研究，都是在以往研究的基础上进行的。只有比较清楚、全面地了解以前关于这个课题的研究成果，才能知道现在研究这个问题是否有意义，是否可以在以前研究的基础上提出新内容，不至简单地重复别人的研究，造成浪费。对某一方面的研究资料有比较全面的掌握，有可能在现有基础上提出新的研究方向，或把某一研究扩展到不同的情境或不同的研究对象上去，这样才能使研究的课题具有一定的新意。比如，要研究"如何建立良好的班集体"问题，就要了解这方面的研究成果，在理论和实践上已经解决了哪些问题？理论上还需要论证什么问题？在实践中还存在什么问题？这样才能找出研究的方向。②选题要有事实依据，这是选题的实践基础。研究课题应具有很强的针对性，以教育改革实践为基础。实践经验为课题的形成提供一定的依据。较强的实践经验可以保证课题选择的科学性。③选题要以教育科学基本原理为依据，这是选题的理论基础。教育科学理论将对选题起到定向、规范、选择和解释作用。没有一定的科学理论依据，选定的课题必然起点低、盲目性大。

3. 课题必须具体明确

一个好的课题必须是具体明确的。研究者要将自己所研究的问题限定在一定范围之内。选定的问题要具体化，界限清楚，不能太笼统，不着边际。问题是否具体适度往往影响整个研究过程的成败。那种大而空、笼统模糊、针对性不强的课题往往科学性差。一般来说，"小题大做"的问题会得出具体明确的、比较深入的研究成果，而"大题小做"的问题却收不到具体明确的、对理论和实践问题有指导意义的成果。在确定课题时应当以具体明确地限制在一定范围内的课题为主，避免选择大而全的、宏观性的研究问题。具体明确的问题也有利于保证研究的可行性。

4. 课题要具有独创性

创造性是科学研究的重要属性。尽管重复以前的研究问题也有一定价值，但对于一个研究者来说，探索能够得出新结果的研究问题会给你带来更大的挑战与愉悦。而且，教育的实践性质也决定了教育研究必须面对新问题、解释新问题、解决新问题。所以，选定的研究问题应是前人未曾解决或尚未完全解决的问题，通过研究应有所创新，具有新意和时代感。要做到这一点，就要把研究课题的选择放在总结和发展过去有关学科领域的理论和实践成果的基础上，没有这个基础，任何新发展、新突破都是不可能的。科学上的任何重大成果，几乎都是科学工作者在前人、别人工作成就的基础上一步步取得的，即使是被人认为非常新的，第一次开辟的新领域，也仍然有同时代的人的工作为其提供了条件。因此，要通过广泛深入地查阅文献资料和调查，搞清所要研究课题在当前国内外已达到的水平和已取得的成果，了解是否有人已经或者正在或者将要研究类似的问题。如果要选择同一问题作为研究课题，这就要对已有工作进行认真审视，从理论本身的完备性，从研究方法的科学性高度进行评判性分析，在此基础上，重新确定自己研究的着眼点。只有在原有研究成果基础上的突破和创新才具有研究的意义。

5. 课题要有可行性

研究问题的可行性是指所选课题能够被研究，研究者能够正常开展研究工作，有取得预期成果的希望。具体而言,问题研究的可行性包含以下三方面的条件。

(1) 客观条件

研究的客观条件包括与课题相关的资料、设备、时间、经费、技术、人力、理论准备等方面的条件,同时也包括进行课题研究的科学上的可能性。选择具有充分科学依据的,而不是盲目选择不具备研究可能性的问题。

(2) 主观条件

主观条件指研究者本人原有知识、能力、基础,经验、专长,所掌握的有关这个课题的材料以及对此课题的兴趣。也就是说,要权衡自己的条件寻找结合点,选择能发挥自己优势特长的课题。第一线的教育工作者,具有丰富的经验,适合于进行实践性较强的研究,而对理论性强的基础性研究问题就不一定合适。擅长理论思维的工作者就可能选择理论性较强的问题进行研究。当然在现实的教育改革背景下,更需要不同背景和不同知识结构的人进行合作研究,集体攻关,共同解决较复杂的和综合性的问题。在有不同类型的人参与的课题研究组中,就能增加完成课题的可能性,特别是对于较大规模的重要的研究课题。不同背景的研究人员在研究过程中可以优势互补,共同解决疑难问题。对于刚起步的年轻人,最好选择那些本人考虑长久,兴趣最大的课题。而在教育第一线从事实践工作的教师,最好选择与自己的实践工作有密切联系的问题。

(3) 研究时机

选题必须抓住关键性时期。什么时候提出具体的研究课题要看有关理论、研究工具及条件的发展成熟程度。提出过早,问题会攻不下来,而错过时机,也有可能与好的问题失之交臂。

在教育科学研究中经常出现以下选题不当的情况:①范围太大,无从下手;②主攻目标不十分清楚;③问题太小,范围太窄,意义不大;④在现有的条件下课题太难,资料缺乏;⑤经验感想之谈,不是科研题目。因此,正确选题并非一蹴而就,它要求研究者不仅要有科学的教育理论指导,还要坚持唯物主义观点,从实际出发,通过对事实材料的分析比较,善于发现和抓住重要问题;不仅要把握该领域理论研究的全局,还要对教育实际有深入的了解;不仅要有问题意识,还要了解和掌握选题的有关知识和方法,不断提高自己的选题能力和创新、判断、评价等综合能力。

确定选题之前,应注意以下几个问题。

① 在选定题目以前,必须初步查阅有关文献资料。在选定教育科学研究题目的前后,都应该认真查阅有关文献资料,以便了解前人对于本研究题目做过哪些研究,引用过哪些资料,用的什么方法,以避免不必要的重复,使自己的教育研究工作在前人的基础上取得新的较高一级的成果。同时,可以吸取前人的研究步骤、建立的假说和进行概括与分析的方法,以及所得出的科学结论,加以参考和借鉴,以便使自己研究的题目少走弯路,较易成功。

② 最好选择平时有一定研究兴趣和基础知识,并且积累了一些资料的选题。兴趣是最好的老师,美国心理学家斯金纳曾说过:"不被科学方法论学者正式承认的第一个原则:当你撞上一些有趣的事时,就要抛开其他一切事,抓紧去研究它。"在价值相当的情况下,让人感兴趣的问题更值得选择,这样我们就可以心甘情愿地去面对和克服研究中可能遇到的困难。

③ 课题的大小要适度,开始应以小课题研究为主。在选择研究课题时,一定要从实际

出发,选择范围大小与实际研究条件相适合的课题。而且,无论是微观课题研究还是宏观课题研究,综合课题研究还是单项课题研究,都要力求使所研究的问题清晰、具体与可操作化,提高研究成功的可能性。

④ 选择课题时要扬长避短,紧密结合本职工作,既可以提高本职工作的质量,又较容易获得成功。当然,若有条件者,也可以选择理论研究或宏观研究方面的课题。

四、教育课题的伦理要求

研究伦理是指进行研究的时候必须遵守研究的行为规范。有时候,虽然研究者具有良好的行为动机,但若不慎,其研究也可能会给参与者造成伤害。为此,研究者必须思考"我的研究是否会给任何个人或群体造成身体或心理上的伤害?"这样的问题。任何可能引起被试永久性的或严重伤害的研究都不应该进行。

人是教育的出发点也是教育的归宿,一切教育研究都与人相关,因此,必须考虑研究的伦理要求。

1. 尊重个人的意愿

基于对人权的尊重,研究者一定要征得当事人的同意。如果当事人缺乏参与研究的意愿,不可勉强。若当事人为儿童,必须要征得其法定监护人的正式同意。即使当事人同意参与研究,也有随时终止参与的自由权利。不能强制被试参加。知情同意原则是社会科学研究的重要原则。给被试说明研究的目的、内容和程序,可以预见到的风险和消极结果以及如何处理,研究可能带来的好处,参与研究的激励和报偿,自愿不参与、退出和重返研究项目的权力,对研究、参与者和研究结果进行保密和不泄密的权利和义务,参与者有机会询问有关研究的任何问题,要签订参与合约。

2. 确保个人隐私

教育研究一定要坚持匿名和保密性原则。不能公开能够判断参与者身份的个人信息;外界无法获悉某一特定个人所提供的数据。除非经过参与者同意,否则一切与参与者有关的数据或信息都应该严格保密,不得泄露,以免对参与者造成身体上或心理上不必要的伤害。

3. 遵守诚信

有些研究除非对被试采取某些欺骗,否则无法进行,如要隐瞒研究目的、研究程序等。但是,研究者必须认识到,欺骗基本上是一种不道德的行为。对于欺骗问题,如果不能设计出其他可代替的方法,研究者必须审慎地从研究的科学价值和教育意义综合判断采用某种欺骗手段的必要性。只要有可能,研究者应该尽量采用不需要欺骗的办法。如果研究不得以要采取适当的隐瞒手段使被试受到欺骗,研究者事后必须尽快向被试提供充分的解释。

4. 不危害参与者的身心健康

教育研究不能对参与者的身心造成危害,这是最重要的伦理要求。如果研究存在着导致研究对象身心不适的可能危险,研究者一定要事先告知被试,让每个被试在充分了解可能存在的研究风险的前提下自愿参与研究。

5. 客观分析与报道

研究要采用最适当的方法收集并分析研究数据或信息,不能凭借个人偏好刻意选择那些符合预期的研究资料,也不要人为地排除与预期不符的实际数据,客观诠释资料所代表的意义,并翔实报告分析结果,不能隐瞒或遗漏,做到客观呈现研究结果。

第二节 学前教育研究课题的来源

恰当地选择和确定研究课题,首先要知道从什么地方去寻找研究课题,通过什么途径才能找到我们所需要的研究课题。一般来说研究课题的来源有以下几个方面。

一、在自身教育教学实践活动中寻找研究课题

在教育改革实践中,存在着许多值得研究的问题,对这些问题进行适当的筛选、提炼,就可能成为很好的研究课题。

(1)从提高本职工作的质量上去发掘课题。每个教育工作者都有自己的工作任务与职责,应当如何完成本职工作任务与提高工作的质量呢?这里就有许多值得研究的课题。例如,幼儿园教师研究如何培养幼儿良好习惯等。从本职工作中去寻找课题,加以研究,有利于提高教育工作的科学化程度。

(2)从工作中的困难与缺点中去发掘课题。教育工作者在教育实践中会遇到各种困难,工作中也会产生这样或那样的缺点,有的还带有一定的普遍性,解决这些问题对于提高教育质量有较大的意义。例如,传统的教育教学方法不能激起幼儿学习的兴趣,总有一部分幼儿不愿学。教师就可以这样思考,是否可以从转变教育观念入手,是否可以改变原来的教学方法,促使幼儿由被动学习转为主动学习。

二、从教育实践活动的观察中去发现课题

观察教育实践活动最能发现问题。若以科学的敏感、学术的敏感来进行理论的思考,就不难发现一批极有研究价值的课题。教育现场是教育问题的原发地,是问题产生的真实土壤,进入教育现场的教师对教育现场所做的任何真切而深入的分析,都有可能滋生大量待研究的问题。可以说,真实的教育实践场景既是研究进行的主要依托,同时又是发现问题的重要所在,正是教育场景蕴含了大量甚至无穷尽的待研究问题。从实践中寻找研究课题的范围很广,可以是某一教学的具体问题,也可以是与幼儿在教育教学过程中的各种表现的有关的问题。只要肯动脑筋,具有研究的精神和钻研的态度,就可以随时发现和确定值得研究的课题。

要在教育现场中发现研究问题,首要的是要求我们具有较强的问题意识。要能够在稍纵即逝的现象中捕捉问题。这一方面需要我们在日常的教育教学实践中通过撰写教学日志、教学随笔等多种形式,积累相关的素材和经验,形成对教育教学的独到见解和认识,另一方面需要对问题具有高度的敏感性,不放过任何可以提出问题的细节和现象。

三、从教育改革与教育建设遇到的新情况中去发掘课题

在教育改革与教育事业发展中会遇到许多新情况、新问题,也就形成许多研究课题。学校或学科发展中存在问题是正常的,没有问题是不正常的,而这些问题又有许多是现有的经验或理论难以有效解释的,是现有的工作模式难以恰当解决的,在这种情况下,研究者个人或群体成为发现和解决问题的主体,就变得理所当然了。学科是教师生活的精神家园,学校是教师生活的主要空间,学科发展与学校变革直接与教师的专业发展相连。把个人的成长发展乃至个人的命运与学校或学科的发展规划及面临的问题结合在一起时,就会发现有许许多多问题有待自己去解决,就不会坐等问题的现成答案。

四、从讨论和交流中发现问题

一个人的智慧是有限的,一个人所想的问题往往也比较狭窄。在科学研究的过程中,人们有时可以通过某种形式的交往获得一些信息。因此,各种形式的交往也是发现问题的一种途径。在教师和学生、学生家长、同事、朋友等的交谈中,以及会议发言或辩论中,在广播、电视、报纸的报道中,都会涉及许多教育问题,若留意将它们记录下来并认真思考,就有可能形成教育科研的课题。

教师可以从与他人进行教育教学问题的讨论中得到启示,从而发现需要研究和探索的问题,并通过对有关问题的深入思考,进一步将有关问题发展为教育研究课题。事实上,有不少教育研究课题正是通过这种途径提出来的。

"学而不思则罔,思而不学则殆"是孔子对学思结合问题的经典论述。我们在日常阅读、交流中联系自身的教学实践去思考,结合自己的教学经验去反思,使得自己的研究焦点和关注幼儿个别差异变得清晰。

五、从理论学习和研究中发现问题

理论学习不仅可以丰富知识,同时也是寻找和发现研究课题的来源。任何一门理论知识都不是尽善尽美的,都存在一些需要完善、充实和发展的地方。因此,人们在学习某一学科的理论或阅读一些研究成果的过程中,就可以受到启发,发现值得进一步研究和思考的问题。对这些问题进行分析和提炼,就可能作为研究课题。报纸杂志上发表的研究论文是对新问题的研究成果,反映了某个学科研究的方向和进展,但往往并没有解决问题所涉及的全部内容。因此,在阅读研究论文时,既抱着学习的态度,又进行批判性的评价,便可以从中发现某些不足或值得进一步探索的问题。有些研究论文本身在后面就提出了一些值得研究的问题。

教育理论文献分析是教育科研课题的重要来源。在人类文明史上,一些思想家、哲学家、政治家、教育家对教育现象做了大量的理论探讨,提出了许多教育观点和主张。从现有的教育理论文献中,从前人构造的教育理论体系中,我们可以寻找并填补其中的空白区,可以继续他们提出来而没有解决的问题的研究,也可以对前人的理论提出疑问,经过研究提出

新的见解和主张,还可以参与学术上的争鸣、讨论。

实际上,教师应当了解一定数量的研究成果,研读、学习相关的理论论著,时时注意结合自己的工作实际进行有针对性的思考,注意把理论的论述转化为对自己工作中相关问题的解读与说明,并注意将自身已有的经验与阅读材料中的分析相联系。问题也就是在这样的转化、联系、解读中逐渐呈现并变得清晰起来。

从教育信息中选题,与教师敏锐的眼光,广泛的阅读,善于积累,并经常进行信息资料分析是分不开的。因此教师应及时掌握教育信息、教育动态,做好情报资料的收集和分析工作,提高从教育信息中发现科研课题的能力。

六、从成功的教育、教学经验总结中发掘课题

教育工作者从教育实践中积累了丰富、宝贵的教育经验,其中不少是成功的,但往往又是零碎的、不自觉的,也未经科学检验。因此,这些经验往往"自生自灭",难以推广。若运用经验总结法或实验法予以科学检验与总结,揭示教育措施与教育效果间的关系,并给以理论的抽象与概括,就使它们有了被推广的可能。

第三节 学前教育研究课题选择的原则及步骤

一、学前教育研究课题选择的基本原则

选择研究课题是一项思想性、科学性与实践性都很强的复杂劳动,关系着研究工作的难易,研究成果的价值,甚至关系到研究的成败,也反映作者的才智、眼光和学术水平。因此,课题的确立,要在选题的依据、原则、过程与方法方面进行严格的论证。一般来说,选题要遵循以下几个原则。

1. 价值性原则

研究课题的价值主要表现在实际应用和科学理论的价值两个方面。对于课题的价值不应作狭隘的、绝对化的理解。只要在某一学科的某个方面或某一点上有一定的积极意义,就有研究的价值。所以,在衡量选题的价值时,立足点要高,眼界要宽,既要了解当前的社会需要,又要有长远的战略眼光。选好了有价值的课题,研究工作就有了良好的开端和成功的基础。

就教育科研而言,要根据教育事业的发展和教育改革深化的需要来确定课题,着重研究学前教育事业发展和改革中出现的重大理论问题和实际问题,全面贯彻党和国家的教育方针,优化教育教学过程,全面提高幼儿素质,使科研真正能够为学前教育改革和教育发展服务。

2. 科学性原则

在教育科学研究的选题中,要自觉用马克思主义哲学为指导,坚持实事求是的原则,始

终把马克思主义的基本原理、原则同中国的教育实践结合起来。同时,课题研究必须建立在科学操作的基础上,研究方法要科学,研究过程要科学,数据处理的方法也必须科学合理,方能使课题研究的成果可信、可靠。

3. 创新性原则

创新性是指选题要有创见,有新意、有特色,要有一定的先进性。这就是说,选题要防止与别人雷同,要有自己的真知灼见和独特创造。如果课题本身比较陈旧或一般,研究结果就很可能平淡无奇或无所作为。这就要求选题尽可能是别人未曾涉足的研究领域,要勇于对某些错误理论进行纠正。人类的认识能力总是在实践中不断提高。因此,前人的理论学说总有不完善的地方,后人总要对前人的理论学说不断地有新的补充,有所发展。此外,可以在两门学科的交叉点上,进行边缘科学的研究或比较研究;可以选择那些具有地方特点和时代特点的课题,可以选择长期被人们忽视,看起来好像很一般却需要加以解决的课题;可以选择早已引起人们注意但又一直悬而未决,或者只解决了一部分的问题;还可以选择与众多的研究者不同的角度,从自己的特殊视点出发,对人们研究过的课题再作新的审视,翻出新意。

4. 可行性原则

在选择研究课题时,既要考虑客观需要及社会价值,考虑论题研究的必要性,又要考虑开展研究的主客观条件,考虑完成研究任务的可能性。如果论题有价值,但作者力不从心,无法完成,或无法圆满完成,也是不合适的。因此,我们要根据自己的主客观条件去选择课题。首先,要考虑自己的兴趣、爱好、志向、专业特长与优势。教育科学研究领域非常广泛,需研究的课题非常多。但每个人的兴趣、爱好、志向又往往限制在某一个或几个领域之内。在选题时,应当选择自己爱好学科中的感兴趣的课题。同时还要结合自己的专业特长和实践经验进行选题。教育科研是从已知求未知的科学实践活动,已知的多少是未知的基础,没有丰富的知识基础,就缺乏揭示教育规律的知识武器。做研究,必须扬长避短。扬长,就是发挥个人专业特长与优势;避短,就是不要去搞那些在专业上不熟悉的东西。因此,选题必须以自己所学学科专业知识为基础,重视自己熟悉的领域,同自己的教育实践相一致,这样才能有所成就。此外,还要考虑自己的能力和水平。一般来说,论题的范围大,难度也大,范围小,则难度也小。对于一线教师来说,论题宜小不宜大。其次,除了考虑上述主观条件外,还要考虑客观条件,如资料、技术、时间等客观条件。资料收集是进行课题研究的基础,如果资料缺乏,就难以展开研究。

5. 连锁性原则

毛泽东指出:"人类总是不断发展的,自然界也总是不断发展的,永远不会停止在一个水平上。人类总得不断地总结经验,才有所发现,有所发明,有所创造,有所前进。停止的论点,悲观的论点,无所作为和骄傲自满的论点,都是错误的。"连锁性原则,就是在自己研究内容定向的范围内不断地提出新问题,解决新问题。有的研究者抓住某一领域,不断地选择新题目,开展深层次研究,不断地出新成果;也有的研究者没有具体的定向,今天在这个教育范围内的某个领域选题,明天又那个领域选题。这种研究方法的结果必然产生对教育问题深入不进去的现象,成果的意义就不大。一个人的认识能力、实践经验及知识基础都是有限的。如果科研定向的面过大,选题的范围过宽,涉及多种学科,往往力所不及,结果出现选题价值不大。所以,在选题中应该抓住某一个范围,发现和选择具有连锁性的课题,有"打破砂锅问到底"的精神,层层深入地研究,才能产生具有联系性的系列成果。

6. 探索性原则

探索性原则就是要在理论和实践两方面探索真理,并不是人云亦云,而是具有科学的态度,有真理高于一切的求是态度。这在教育科学研究选题中是很重要的,不能把名家的一切结论都看作是完全科学的,不加研究地选作课题,加以发挥。选题要有严谨、科学的态度,从理论和实践统一的角度进行探索。

坚持探索性原则要正确认识和对待在探索未知的过程中出现的挫折、失败。所以,选择探索性研究课题,必须有敢于担风险的思想准备,正确地认识风险与创造的辩证统一关系。要创造就必须探索,要探索就存在失败的可能,不能总是跟在别人后面走,用别人研究的结论来回答问题,结果没有多大意义。

二、学前教育科研课题选择的一般步骤

(一)调查研究,提出问题

课题始于问题,为了提出新的问题,确定研究工作的起点,就要了解前人或他人研究的情况,就需要进行深入细致的调查研究,了解有关的研究课题发展史实,课题研究水平与今后的发展趋势,摸清进行研究的主客观条件。

调查研究的方法有查阅资料、现场调查和专家咨询三种。

1. 查阅资料

查阅资料可以考察、论证所选择的课题是否有研究价值,吸收与消化有关领域内其他人的研究成果,了解他们研究达到的程度以及目前的研究动态。这样,可以在前人研究的基础上确立自己的主攻方向,从而使研究课题具体化、深入化。查阅资料也可以帮助我们了解别人的构思或新的研究方法,引进相邻学科的新观点、新思路,从中得到启发。还可以从资料中了解别人成功或失败的经验教训,供自己比较和参考,避免走弯路。

2. 现场调查

到教育实践的第一线去调查,有利于发现问题与形成课题。在调查前要明确调查目的,拟好调查提纲,设计好调查表格,力求调查的情况真实、全面、系统、可靠。在调查中,要注意听取教育实际工作者的意见与对教育问题的分析。

3. 专家咨询

征询专家或对某方面有研究经验者的意见,可以从中受到启发,取得借鉴,有时要反复听取各方面的意见,达到集思广益的目的。

(二)资料的分析与综合

对调查所得的资料要进行归纳整理、分析综合。第一步要去伪存真,保留其中真实可靠的材料;第二步要分析各种材料之间的相互关系,找出内在联系和问题所在;第三步对收集的问题进行筛选;第四步,提出课题或项目。

（三）提出课题的设想与设计

首先，要在调查研究与资料分析综合的基础上确定课题的名称。其次，要明确课题的研究目的和意义，阐明研究课题要解决的问题及预期达到的目标，以及课题的国内（或地区）研究水平和动向。再次，提出研究所采用的方法、途径、步骤及所需的经费、设备、手段等。

（四）预实验或预调查

对一些综合性的，重大的，研究因素比较复杂，探索性比较强的教育实验研究课题，往往需要进行预实验或预调查，通过模拟研究，对提出的研究目标、采用的方法、途径、研究内容进行初步论证。

以上这四个步骤又可统称开题论证。

（五）课题确立

课题选定后，研究者向有关教育科研管理部门或教育行政部门申请填写"教育科研课题（项目）申报表"，申报表的内容有以下几项。

（1）课题名称、研究类别、研究起止时间。其中研究类别一般指基础理论研究、应用研究等。

（2）课题研究的负责人、参加者、承担单位以及合作或协作的单位与分工。

（3）课题研究的目的、意义及国内外研究水平和发展趋势。

（4）研究的内容和采用的方法、途径、手段。

（5）预期的效果、成果的形式与去向。

（6）研究的基础和准备情况。

（7）研究的步骤。

（8）经费估算与来源。

（9）课题负责人所在单位的意见。

（10）审批单位的意见。

填写时一定要实事求是，条理清晰，文理通顺，简要明白。

这里需要指出，研究者选定课题，不论是上报有关管理部门还是自行研究，都应该遵循选题的基本原则与步骤，都要重视开题论证，以提高研究的科学性，有助于研究获得预期成果。

 案 例

幼儿园课程实施现状与特征的个案研究

当看到幼儿园中许多幼儿像小学生一样坐成一排排，用笔在本上"写"着老师在黑板上写的字，背着乘法口诀；老师很注意自己事先精心准备好的教案，机械地对待课程计划，幼儿被动、消极地甚至敌意地从事着学习……诸如此类的种种情景，我开始反思自己的教育实践，也让我不断地思考：幼儿园应该是这样的吗？幼儿园和小学有区别吗？有什么区别？幼儿园应该给幼儿提供什么样的课程？

特别是在我更全面深入地学习了课程理论,跟从导师学习和研究,与导师及同行的交流,研读文献,让我更深入地思考了许多问题:幼儿到幼儿园来应该获得什么? 幼儿园该为幼儿提供哪些课程? 制定好的课程方案完成了吗? 结果怎么样? 幼儿园现在开设了许多课程—主题式、区域式、双语课程、蒙台梭利课程、奥尔夫音乐课程……这些课程的开设谁起了决定作用? 幼儿通过这些课程的学习真的达到了国家制定的幼儿教育的目标了吗?

带着这些疑问开始我的研究之旅,在看资料、实践观察、访谈的过程中,我的研究焦点逐渐落在了幼儿园课程实施上。我很希望了解幼儿园课程实施的现实状况是怎样的? 幼儿园的课程实施和中小学的课程实施相比较有什么特点? 有哪些因素影响了幼儿园的课程实施? 经过认真思考,我将"幼儿园课程实施现状与特征的个案研究"确定为我的研究课题。

思考与练习

1. 学前教育研究选题有哪些来源与途径?
2. 学前教育研究选题的基本原则与要求有哪些?
3. 学前教育研究选题的一般步骤是什么?

✦ 实践与训练

1. 根据你目前最关心的现象或结合身边的教育教学故事,提出一个可以操作的研究问题,同时将所选择的问题初步拟定为一个课题名称,并梳理选题的来源、目的、意义及初步研究构想。

2. 请从下面的叙述中提炼出一个研究课题。

我是一名刚刚分配到幼儿园里的新教师。上大学时,我学习的专业知识与教法,都是有关小学教育数学科学方面的知识;接触的教材都是小学数学和科学的教科书;参加实习时,也都是在小学进行的实习锻炼,所以对于小学生我比较熟悉和了解。现在来到幼儿园,一切对我来说都是全新的,没有任何经验,所有的一切都要从头学起,甚至有时都不知道该从何学起。

第三章
文献的收集与整理

学习目标

知识目标

(1) 理解学前教育科学研究文献的含义及其特点;

(2) 了解学前教育科学研究文献的分布;

(3) 掌握学前教育科学研究文献的查阅和整理方法。

能力目标

根据研究课题,撰写学前教育科学研究文献综述。

问题导入

科学研究开始于何处? 如何选择研究问题? 最早的社会心理学实验,可追溯到 1897 年 N. 特里普利特的有关他人在场和竞争对个人行为影响的研究,也就是现在所谓的社会促进现象。他研究了人们骑自行车的速度,发现个人单独骑自行车的速度要比一群人一起骑自行车的速度慢 20%。后来,他又以一群 10～12 岁的儿童作为实验对象,实验内容是卷线,发现团体卷线比单独工作的效率高 10%。他根据这两个实验得出结论:团体工作效率远比个人工作效率高。

虽然特里普利特的实验不很完善,但却有重要意义。1903 年心理学家 A. 迈尔进行了类似的研究,他从数量、质量上比较学生在家和在学校两种环境中的学习成绩,结果表明,学校内的团体环境对学生记忆诗歌、作文、数学等学科内容,远比在家里单独做作业有效。

学前教育专业的学生在专业知识的学习和见习、实习的过程中会遇到很多困惑和问题,而这些问题就是科学研究的开始。文献研究是科学研究前期过程中重要的工作任务之一,对研究的各个部分都能提供有益的信息,特别与研究课题的选择密切相关。如果同学们现在正在为选择什么问题来做研究而困惑,那么就从文献研究开始。

第一节 文献研究概述

一、学前教育科学研究文献概述

在教育科研过程中,文献资料占有十分重要的位置。在选题时,需要了解与课题有关的背景资料;在研究过程中,需要及时了解与课题有关研究的进展情况;而在对研究结果进行分析时,还需要用文献资料来充实论据。因此,学前教育科学研究文献的查阅是学前教育科研工作中一个重要的步骤。

(一) 学前教育科学研究文献的含义及特点

1. 文献的含义

文献是指以文字、符号或图形等方式记录人类活动或知识的一种信息载体,是人类脑力劳动成果的一种表现形式。

2. 文献的三要素

(1) 要有一定的知识,内容。

(2) 要有一定的物质载体。

(3) 要有一定的记录手段。

—— 思考 ——

空白纸张、空白磁带、空白胶卷是文献吗?

人们头脑中的知识、口头传递的知识等是文献吗?

文字、图像、符号、声频、视频是文献吗?

3. 学前教育科学研究文献的含义

学前教育科学研究文献是指记载了有关学前教育信息和知识的信息载体,包括各种手稿、书籍、报刊、录音、录像、幻灯片、软盘和光盘等,它是对人类从事学前教育科学研究活动的客观记录。

4. 学前教育科学研究文献的特点

(1) 有关学前教育科研的书籍大量出版,专业杂志日益增多,研究领域不断扩大,研究报告和论文数量成倍增加。

(2) 各种教育科学文献的内容交叉重复、相互渗透。这实际上也反映了当代科学技术发展的潮流。

(3) 文献分散,跨文化、跨语言的现象明显。翻译文献增多,记录手段和载体多样化等,也是当代学前教育科学文献的一个重要特点。

（二）学前教育科学研究文献的分类

1. 按文献的载体形式分类

（1）印刷型文献。这是以纸张为载体、主要通过印刷手段所形成的文献。它是传统的文献形式，也是目前文献的主要形式。其优点是便于阅读与传播；其缺点是存储密度太低，篇幅庞大，体积笨重，占据储藏空间太多，难以实现自动输入和自动检索。

（2）缩微型文献。这是一种印刷型的缩微复制品，是利用照相复制的方法，把文献资料的记录缩小，观光复制而成的一种文献形式，包括缩微胶卷、缩微胶片和缩微卡片。随着激光和全息照相技术的应用，又出现了超级缩微胶片和特技缩微胶片，一张全息胶片可存储20万页文献。其优点是体积小，存储密度高，传递方便，可节省95％以上的储藏空间，而成本只是印刷型文献的1/10左右。其主要缺点是不能直接阅读，必须借助缩微阅读器。

（3）电子型文献。又称机读性文献，是指采用高新技术手段将资料存储在磁盘、磁带或光盘等一些媒体中，形成多种类型的电子出版物，包括电子图书、电子期刊、各种连级信息库和光盘数据库或软盘、磁带等产品以及电传文本和电子邮件，等等。人们可以通过计算机阅读、编辑、检索和获取信息，通过网络访问计算机中心各种类型的数据库资源。电子出版物的诞生开始了人类历史上最快捷、最高效的知识生产和传播。

（4）声像型文献。又称试听文献或直感文献，这是一种以磁性材料或感光材料为存储介质，借助特殊的机械装置，直接记载声音或图像信息而产生出来的一种文献形式，包括唱片、录像带、录音带、幻灯片、电影片、电视片。其优点是存储密度高、直观、真切，给人以如闻其声、如见其形、身临其境的感觉，容易被人接受和理解。试听性文件不仅适用于呈现那些难以用文字来描述的信息，而且也是快速传播信息的一种有力工具。随着多媒体技术的发展，其应用的范围更加广阔。

2. 按加工程度分类

（1）零次文献。零次文献即曾经经历过特别事件或行为的人撰写的目击描述或使用其他方式的实况记录，是未经发表和有意识处理的最原始的资料，也可以视为第一手文献。这类教育研究文献包括未发表付印的书信、手稿、草稿和各种原始记录。历史形成的零次文献大都收藏在档案馆和博物馆内；而现实的零次文献，则分散在教育工作者和教育科研人员手里，是非常重要的教育研究情报。这些文献，大多数不是为教育研究，而是为其他目的所撰写，如日记、教师日志、给亲属和朋友的信件、自传和自述的信件等。许多非个人的文献则是由学校、政府部门、事业单位、教育学术组织等连续写下的，目的是连续记录下各种事件，以确保这类重要事件及记忆的可靠性。这类文献往往比个人文献更有结构，如历史镜头、实况录像、谈话记录、会议记录、备忘录、协议草案，以及有关的其他各种各样的材料案卷等。

（2）一次文献。这主要是指作者根据本人的研究成果或经验而创作或撰写的文献。有时也把一次文献称为原始文献，像期刊论文、科技报告、会议论文、专利说明书、技术标准以及部分学位论文等文献，都属于一次文献。这类文献直接记录事件经过和研究成果，具有较高的直接参考和借鉴使用价值，然而由于比较分散，给系统收集和查阅带来一定困难。

（3）二次文献。这是指文献工作者对一次文献进行加工、提炼和压缩之后而得到的产品，是为了便于管理和利用一次文献而编辑、出版和累积起来的工具性文献。通常二次文献要对一次文献的外部特征进行著录,如题名、作者、来源或出处;对内容进行提炼和压缩形成文献或摘要。二次文献包括文摘、索引、题录、书目。二次文献通常是由文献工作者来完成。这类文献是对一次文献的摘编、分类或合辑,具有报告性、汇编性和简明性的特点。

(4) 三次文献。这是在一次文献、二次文献的基础上,对其内容作进一步的综合分析而后撰写成的科学著作,如专著和综述性论文、专题述评、学科年度总结、年鉴、动态研究、手册、百科全书等。三次文献具有资料丰富、信息密度大、学术价值高、使用寿命长等特点,所以三次文献也称参考文献。其通常都是由专业人员撰写或编辑。

3. 按出版形式分类

(1) 图书。按照联合国教科文组织的规定,页数达到 49 页以上的印刷品称为图书,页数少于 49 页的称为小册子或传单。如果想对某一陌生领域获得初步知识,或对范围较广的问题获得一般性的知识,参考阅读有关图书较为合适。

(2) 连续性出版物。连续性出版物是连续以分册形式发行的刊物,其分册有期数、年度、月份,但没有预定的终止期。它包括定期出版物和不定期出版物,如期刊、报纸、年鉴、会议录等。

(3) 特种文献。这类出版物一般单独成册,有的不公开发行,有的还需要保密,如科技报告、专利文献、政府出版物、会议文献、学位论文、工程图纸、技术标准、产品样本等,统称为特种文献。特种文献报道及时,类型复杂多样,内容广泛新颖,从不同的角度反映了当前科学技术的发明创造、最新水平和发展动向,它独特的情报功能对于生产和科学研究具有十分重要的参考价值。

二、学前教育科学研究文献的分布

由于创造、记录与传播的方式不同,学前教育科学研究文献资料的分布极为广泛且形式多样,如图 3-1 所示。

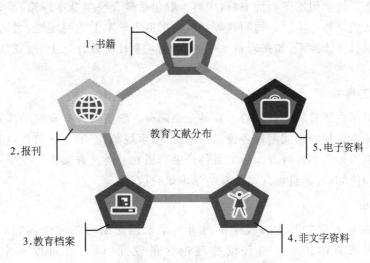

图 3-1　教育文献分布

（一）书籍

书籍是各种形式的文献中品种最多、数量最大的一个门类，主要包括教科书、专著、资料型工具书和通俗读物等。它是教育科学文献中品种最多、数量最大、历史最长的一种。

1. 名著

名著指一个时代某一学科或流派最有影响的权威性著作，是治学和研究的基础，是有志从事教育科研的教育工作者的必读书。如马克思主义经典作家的教育论著，古今中外著名教育家、哲学家的教育著作等。又如我国最早的教育专著《学记》，捷克教育家夸美纽斯的《大教学论》《母育学校》，美国教育家杜威的《民本主义与教育》、陶行知的《中国教育改造》等。

2. 专著

专著是指就学前教育领域某一学科或某一专门问题进行系统、全面、深入论述的著作（包括论文集）。在专著中作者往往系统地阐述和讨论某一问题产生和发展的历史、研究的历史进程、研究的方法与成果、不同学派的观点和争论、问题的现状及其发展趋势，并结合大量新颖的材料，反映学术研究的最新进展。专著大都是作者多年研究的心血，其中有自己独到的见解和新颖的材料，因此其参考价值大于教科书和一般性论著。而且，专著中还经常附有大量的参考文献和书目。由此可见，专著的内容对科研工作者的研究工作有着较高的参考价值，研究者应注意查阅。例如，皮亚杰的《儿童心理学》（北京：商务印书馆，1986）、朱家雄的《幼儿园课程的理论与实践》（上海：华东师范大学出版社，2010）、刘焱的《儿童游戏通论》（北京：北京师范大学出版社，2002）、虞永平的《幼儿教育观新论》（北京：北京师范大学出版社，2004）、瞿葆奎主编的26卷本《教育学文集》等。

3. 教科书

教科书是指供教学用的专业性书籍，内容一般包括教育科学基本理论、基础知识以及学科领域内的科研成果和有待讨论的问题等。教科书追求学术上的稳定性，名词术语规范，结构严谨，叙述概括，可读性强，如张岩莉主编的《学前儿童社会教育》（上海：复旦大学出版社，2012）。

4. 资料性工具书

资料性工具书主要有辞书（词典）和百科全书两种。学前教育专业性的辞书，如《幼儿教育百科辞典》，是以条目的形式阐述各种名词术语，内容规范、准确。学前教育专业的百科全书，如《学前教育百科全书》《教育国际大百科全书》，研究者通过查阅百科全书不仅可迅速获取有关的基本理论知识，而且可获得较新的学术研究信息。

5. 科普读物

学前教育的科普读物是为普及学前教育科学知识而编写的通俗读物，其内容浅显，文字通俗，较少有新的信息。科普读物理论含量较低，研究者可以从中获取实用类信息。

（二）报纸和期刊

报纸和期刊均属连续出版物。报纸和期刊出版周期短，更新速度快，内容新颖，论述深入，能及时反映研究活动的动向，是科学研究者重要的参考文献。而且报纸和期刊的数量大、种类多。

1. 报纸

报纸是以刊登新闻报道和评论为主的定期连续出版物，大多为日报或周报。由于出版迅速，报道及时，对于研究者来说是重要的科研资料来源。目前我国出版发行的有关学前教育方面的报纸有几十种，《教师报》《中国教育报》《光明日报》和《文汇报》等报纸都有教育科学版，定期刊载教育方面的理论性文章，其中不乏有关学前教育的文章。

2. 期刊

期刊是定期出版的刊物，如周刊、月刊、季刊等。由于期刊出版周期短，内容新颖，论述深入，发行量大，影响面广，反映学术界最新研究成果，而且便于借阅，是查阅文献最有效、最简便的途径。所以，它是科学研究的主要参考资料。我国现有的教育期刊有 400 多种，其中，学前教育领域或相关学科领域的期刊主要有以下 3 种类型。

（1）专业学术性杂志。这类期刊主要刊载科研工作者撰写的科研论文、各种形式的科研报告，对问题的讨论和阐述较充分、深入，理论色彩浓厚。对于与自己的研究方向有关的学术杂志，科研工作者应经常阅读，在研究活动中尤其应注意查阅内容与课题有关的篇章。目前在学前教育中较有影响的有中国学前教育研究会主办的《学前教育研究》。

（2）专业综合性杂志。专业性杂志主要是指兼容理论与实践指导的刊物，每期杂志既刊载一定数量的理论性文章或研究报告，又刊载有关教材教法方面的探讨和教育经验交流方面的文章。在我国学前教育领域有较大影响的有由中国人民大学报刊复印资料《幼儿教育导读》，浙江师范大学杭州幼儿师范学院主办的《学前教育》《幼儿教育》《幼教园地》等。此外还有一些地方或部门未公开出版的刊物，这类刊物及时反映学前教育与实践活动的动态，对研究工作也有较好的参考作用。

（3）文摘类杂志。这是一种情报索引刊物，例如中国人民大学情报资料中心编辑出版的各门学科的复印资料，它将全国各种报刊发表的文章和研究报告按学科汇总，编印成册，定期出版，内容有全文复印和篇目索引，可帮助研究者及时掌握某一特定课题的文献概况。

（三）教育档案

档案是人类在各种社会实践中直接形成，并具有保存价值的原始文献资料。其种类和内容都极为丰富，包括教育年鉴、教育法令集、教育统计、教育调查报告、学术会议论文、资料汇编、名录等。

（四）电子资源

随着计算机网络的迅速发展，从因特网上获取资料变得轻而易举，信息的交流可以超越时空的限制，网上的资料丰富多彩。从网上通信、查阅资料、传递文件以获取最新的信息，是研究必备的能力。

网络资源主要有 Google 和 IDEAS 等，IDEAS 收集了世界许多大学和研究机构的 working paper。如果查阅到一篇重要文章，最好去该作者的网页上看看。一些有名的第三机构的网站都有全文研究报告和研究文献。中国知网、谷歌学术搜索演示如图 3-2 所示。

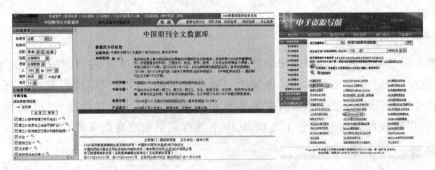

图 3-2　中国知网、谷歌学术搜索演示

总之，学前教育科学研究文献的分布是极其广泛的。从众多的文献中准确查找出符合特定内容的文献，不仅是资料查找的过程，也是分析、研究的过程。

三、文献查阅在学前教育科研中的作用

文献查阅是从各种文献中迅速准确地找出所需要的文献资料的过程。文献查阅是教育研究工作者充分利用文献资料、提高工作效率的重要方式，在学前教育工作中有着举足轻重的作用。学前教育科学研究文献查阅的作用表现在以下几个方面。

1. 有助于研究者选定课题

通过文献查阅，进行广泛的联想。从各个方面，不同角度、不同层次，对所阅读的文献资料展开广泛的联想，由此及彼，换个角度思考，碰撞新的火花、开启新的思路，并在此基础上进一步提炼出切实可行的新的研究问题。帮助研究者熟悉和了解本领域中已有的研究成果，所达到的研究水平，研究的重点、方法、经验和问题，以及哪些问题已经基本解决，还有哪

些问题有待进一步修正和补充,从而明确课题的价值及研究的突破口,便于确立自己的研究在该领域中的位置。这在很大程度上直接影响着研究工作的质量水平。

2. 为研究者提供一些可供参考的研究思路和研究方法

在进行具体研究设计时,必须从整体上把握所研究领域的发展历史与现状、已取得的成果及其水平、研究的最新动向、争论的焦点、人们忽视的地方以及其他研究者提出的建议等,了解他人对该问题的研究所达到的程度,以及所采用的方法。在总结过去相关工作的基础上,参考前任的方法手段,分析借鉴,才会少走弯路,避免无效的重复性工作,有所创新和超越。

3. 为解释研究结果提供背景资料

研究中,不仅要从自己研究所得到的具体数据出发,而且要依据一定的理论,引用他人有关的研究数据或研究成果来阐述自己的研究结果,这就需要阅读大量有关文献。对有关背景资料了解得越多,对自己研究成果的解释、分析和所下的结论就越恰当,越容易看到自己研究成果的理论价值。因为文献资料中包含国内外研究的学术思想和最新成就,可以让我们从过去和现在的有关研究成果中受到启发,为科学地论证自己的观点提供有说服力的、丰富的事实和数据资料,使研究结论建立在可靠的材料基础上。

经验加反思等于专业成长,学前教育工作者在工作中遇到的困惑和问题,都可以从已有的研究结论中寻求帮助和指导;那些还有待我们去发现和解决的新问题更需要所有学前教育工作者的进一步研究和探索。由此可见,文献研究可以培养学前教育工作者解决问题和探索未知领域的能力,从而提高整体学前教育工作者的教育科研能力。

第二节 文献检索的过程和方法

在阅读文献时,要写好"读书笔记""读书心得"和做好"文献摘录卡片"。用自己的语言写下阅读时得到的启示、体会和想法,将文献的精髓摘录下来,不仅为撰写综述时提供有用的资料,而且对于训练自己的表达能力、阅读水平都有好处,特别是将文献整理成文献摘录卡片,对撰写综述极为有利。如图 3-3 所示。

图 3-3 研究文献梳理的四个步骤

一、学前教育科学研究文献查阅的过程

要从众多的学前教育科学研究文献中准确迅速地查找出符合特定需要的文献,不仅是资料查找收集的过程,也是资料分析、整理和研究的过程。查阅学前科学研究文献一般由以下 3 个步骤组成。

(1)分析和准备阶段。分析研究课题,明确自己准备查阅课题的要求与范围,进而选定检索工具,确定检索途径。

(2)搜索阶段。搜索与所研究问题有关的教育科学文献,然后从中选择重要的和确实可用的资料分别按适当顺序阅读,并以文章摘录、资料卡片、读书笔记等方式收集资料。收集文献主要有 3 个目的:①了解他人在你所选主题上知道多少,说过什么;②明白该如何形成自己的研究问题;③指导如何设计自己的研究方案。

(3)加工阶段。剔除假材料,去掉相互重复、较陈旧的资料,保留那些全面、完整、深刻和正确阐明所要研究问题的一切资料以及含有新观点、新材料的资料,对选定材料进行分类编排,编制题目索引或目录索引。

二、学前教育科学研究文献查阅的方法

学前教育科学研究文献查阅的方法多种多样,这里仅介绍两种基本方法。

(一)检索工具查找法

检索工具查找法是利用已有的检索工具查找所需文献资料的方法。现有的检索工具可分为手工检索工具和计算机检索工具两种。

1. 手工检索工具

(1)目录卡片。所谓目录卡片就是摘录文献资料的主要信息按照一定格式制作而成的卡片,主要内容有文献的题目、作者、出处、发表年月、编号等。一般的图书馆或资料中心都对其收藏的文献制作了目录卡片,并按某种方式分类存放,便于使用。一个较完善的图书馆一般同时具备三套目录卡片,即分类目录、书名目录和著者目录,研究者可根据自己的情况选择其中一套使用,也可同时使用多套目录进行检索。

(2)资料索引。所谓资料索引是汇集了一定时间内各类文献的题目、出处和作者姓名的检索工具,其特点是分类明确统一、检索方便快捷。其主要种类有综合目录索引、报刊目录索引、专业目录索引等。目前,供学前教育研究者使用的主要是有关情报部门编辑的综合性或专业性索引(如《报刊资料索引》《中文报刊教育论文索引》等)和各种期刊每年最后一期刊登的该期刊全年目录索引。

2. 计算机检索工具

所谓计算机检索工具是由计算机程序人员编制的、储存于计算机中帮助读者查阅文献资料的软件。一般分为两种:一种是图书馆或资料中心使用的文献检索系统,它和该图书馆或资料中心的数据库连接,读者能利用它从数据库中检索出所需资料;另一种是国际互联网

各种网站上都有搜索引擎,如"百度(Baidu)""谷歌(Google)""搜狗(Sogou)"等,都有搜索引擎,读者利用搜索引擎可以从庞大的互联网中搜寻和阅读所需文献资料。计算机一般都带有"打印"或"下载"功能,能帮助读者把所需资料用打印机打印出来,或下载到磁盘上。计算机检索工具操作简便,尤其是在互联网上搜寻资料时不受地域限制,可随时修改调整检索策略,具有更大的优势。利用计算机检索工具查阅文献资料时,有两种操作方法可供使用:一种是利用电子查阅系统提供的分类目录,根据研究工作所需材料所在的学科或领域,进入相应的栏目来搜寻所需资料;另一种是利用电子查阅系统提供的搜索功能,将确定的关键词输入搜索功能的对话框,让计算机在数据库(或互联网)中进行搜寻,然后在计算机提供的搜索结果所列出的相关条目中查找或阅读所需的材料。

计算机搜索关键是要找出研究领域和主题词(检索词),如果主题词没选好,有可能找不到你所需要的文献。通常可将两三个相关领域放在一起交叉考虑,另外多选几个主题词,这样可缩小检索的范围。举例说明:假定研究课题为"幼儿园教师性格与教学行为的关系",如果用关键词"幼儿园"去检索,有关的题目会数以万计,因此需要增加些主题词,如"性格特征""课堂行为""改变态度""改变策略"等,这样检索范围可缩小到几十篇文献。

另外,上网可通过远程登录(Telnet)的功能与世界各大学的图书馆联网查阅资料、提取文本。如通过联网,远程登录到 library. wustl. edu,就可以找到世界上主要图书馆的地址,然后用文件传递协议(ftp)的程序进入图书馆。网上还有许多虚拟图书馆(virtual library),通过虚拟图书馆可直接进行在线检索,如同在图书馆查阅文献一样。

文献调查过程中,不能完全靠检索光盘数据库查找文献。对某些课题,用电子手段查阅文献目前只能查到用手工方式获得文献的 1/3 到一半左右。

所以还要请教本专业有经验的专家、教师给以指导,了解哪些期刊或文献种类对自己最为重要。同时,充分利用文献索引、文摘和书目等检索期刊。《社会科学引文索引》(SSCI)是查找相关文献最好的检索性期刊,其他有 EI、ISTP 以及美国政府四大报告(AD 报告、PB 报告、NASA 报告、DOE 报告)。

(二) 参考文献查找法

参考文献查找法又称引文查找法或追踪法,是以已掌握的教育科学文献中所列的引用文献、附录的参考文献作为线索,查找有关主题的文献。采用这种方法一般是从自己掌握的最新资料开始,根据其引文或附录的参考文献去查找过去的相关文献,再根据查到的过去的文献资料的引文和参考文献去查找更早一些的相关文献,依此类推。

这种方法的优点在于教育科学文献涉及范围比较集中,获取资料方便迅速,并可不断扩大线索。这种回溯过程往往会找出有关研究领域中重要的、丰富的原始资料。缺点在于查得的教育科学文献资料受原作者引用资料的局限性及主观随意性影响,资料往往比较杂乱,没有时代特点。因而,在使用此种方法时,一是要注意查阅比较有权威性的综述或专著;二是和其他方法结合使用以尽可能克服上述不足。

三、文献查阅的整理

1. 文献查阅的系统程序

(1) 设定指导文献检索的问题。

（2）咨询专家和指导教师。

（3）阅读概括性的二手文献，例如《教育大辞典》《国际教育百科全书》。

（4）选择原始文献聚集的专业期刊、著作、会议论文等进行阅读。

（5）用适当的关键词检索原始文献。

（6）仔细阅读相关的原始文献。

（7）根据一定的编码对原始文献进行分类。

在查阅的过程中，应先从二手文献入手，从二手文献逆流而上查找原始资料，利用时间序列以及关键词相关度检索原始文献；再利用二手文献检索原始文献的覆盖面。

2. 文献检索结果的整理

（1）用浅显的文章清晰表达他人的研究成果、理论和观点。

（2）用常见的标题和次标题帮助读者理解主题的顺序。

（3）对关于此研究问题的重要研究工作使用方面的优缺点进行叙述，帮助读者有足够的信息衡量研究结果及做出自己的结论。

（4）对主要研究重点论述、次要研究一笔带过。

（5）使用不同的词和短语来转述。

（6）只有当直接引用才能更好地表达别人的观点的时候，才能用直接引用。

案　例

常用部分信息检索咨询服务中心网址和常用的中文引擎

1. 主要电子期刊数据库/网络资源

（1）中文期刊

① 中国期刊全文数据库（CNKI）综合学术

② 万方数据库——数字化期刊数据库综合学术

③ 龙源电子期刊阅览室知识娱乐

④ 中国人民大学书报资料中心（用户名/密码：BJSFDX）

⑤ 中国台湾学术在线（TAO）

⑥ 晚清期刊全文数据库（1833—1911）

⑦ 民国时期期刊全文数据库（1911—1949）

（2）英文期刊

① *Academic Research Library*（ProQuest）综合学术

② *Academic Search Premier*（ASP）——学术期刊集成数据库（EBSCO）

（3）综述期刊

Annual Reviews

（4）OA 期刊（网上免费获取的期刊）

① *Hirewire* 免费电子期刊

② *Directory of Open Access Journals*（DOAJ）电子期刊

③ 中国科技论文在线　网络发表，学术期刊

2. 主要电子报纸数据库/网络资源

(1) 中文报纸

① 人民数据 人民日报图文版全部

② 中国重要报纸全文数据库(CNKI)

③ 中华数字书苑数字报纸库(方正阿帕比 ababi)

3. 主要电子图书数据库/网络资源

(1) 中文图书

① 超星电子图书包库站 各学科图书

② 读秀——与超星电子图书包库站配套,可检索更多图书及内容,同时提供文献传递服务

③ 书生之家(北师大镜像) 各学科图书

④ CALIS 高校教学参考书全文数据库 教学参考书全文

⑤ 瀚堂典藏古籍数据库 古籍文献,古文字

⑥ 中国基本古籍库(需安装客户端) 古籍文献

(2) 英文图书

① EBSCO 电子书(原名:NetLibrary)各学科原版外文新书

② Early English Books Online(ProQuest)英文古籍

(3) 网上读书

① Bartleby.com:Great Books Online 经典英文图书

② 起点中文网

③ 小说阅读网

④ E 书吧

⑤ Google 图书提供中外文图书信息,全文或部分全文阅读

4. 主要索引文摘数据库

① Web of Science 文献收录引用查询,可做评估工具

② 中文社会科学引文索引(CSSCI)文献收录引用(社科)

③ CSCD 中国科学引文数据库(Science China 中国科学文献服务系统)文献收录引用查询(科技)

第三节 文献综述的撰写

研究者在收集、研究并阅读了大量的学前教育科学研究文献之后,要对有关课题的研究成果进行系统全面的综合叙述和评价,以便更好地论证选题,做好研究设计等工作。这就应该了解有关学前教育科学研究文献综述的相关事项。

一、学前教育科学研究文献综述概论

学前教育科学研究文献综述是学前科学教育研究文献综合评述的简称,指在全面收集

有关学前教育科学研究文献资料的基础上,经过归纳整理、分析鉴别,对一定时期内某个学科或专题的研究成果和进展进行系统、全面的叙述和评论。

学前教育科学研究文献综述的目的是通过深入分析过去和现在的研究成果,指出目前的研究状态、应该进一步解决的问题和未来的发展方向,并依据有关科学理论、结合具体的研究条件和实际需要,对各种研究成果进行评论,提出自己的观点、意见和建议。应当指出的是,文献综述不是对以往研究成果简单地介绍与罗列,而是经过作者精心阅读后,系统地总结某一研究领域在某一阶段的进展情况,并结合本国本地区的具体情况和实际需要提出自己见解的一种科研工作。

开展学前教育科研离不开学前教育科学研究文献综述。查阅学前教育科学研究文献资料的主要目的之一是获得学前教育科学研究文献综述。学前教育科学研究文献综述的意义具体体现在以下两点:第一,通过对学前教育科学研究文献资料进行严密的分析总结、评价和发展趋势的预测,为新课题的最后确立提供强有力的论据,为研究者今后的研究工作指明方向,使研究工作更加条理化、系统化和逻辑性;第二,严密的学前教育科学研究文献综述的形成对后继的相关领域的研究者来说,节省了时间和精力,后继的研究者可在参考该文献综述的基础上,接着收集、查阅近期的文献。

二、学前教育科学研究文献综述的结构

学前教育科学研究文献综述的格式与一般研究性论文的格式有所不同。这是因为研究性论文注重研究的方法和结果,而学前教育科学研究文献综述要求向读者介绍与主题有关的详细资料、动态、进展、展望以及对以上方面的评述。因此,学前教育科学研究文献综述的格式相对多样,但总的来说,一般都包含以下 4 个部分:前言、主题、总结和参考文献,如图 3-4 所示。撰写学前教育科学研究文献综述时可按四部分拟写提纲,根据提纲进行撰写工作。

图 3-4　文献综述的格式

(1) 前言部分主要是说明研究的目的,介绍有关的概念、定义以及综述的范围,扼要说明有关主题的现状或争论焦点,使读者对全文要叙述的问题有一个初步的轮廓。这一部分应力求做到突出重点、简明扼要。引言一般 200～300 字为宜,不宜超过 500 字。

(2) 主题部分是综述的主体,其写法多样,没有固定的格式。可按年代顺序综述,也可按不同的问题进行综述,还可按不同的观点进行比较综述,不管用哪一种格式综述,都要将所收集到的文献资料归纳、整理及分析比较,阐明有关主题的历史背景、现状和发展方向以及对这些问题的评述。主题部分应特别注意代表性强、具有科学性和创造性的文献引用和评述。

（3）总结部分与研究性论文的小结有些类似,将全文主题进行扼要总结,对所综述的主题有研究的作者,最好能提出自己的见解。

（4）参考文献一律放在文后,其书写格式要按国家标准 GB 7714—1987 的规定。参考文献统一用阿拉伯数字顺序编号,一般序号宜用方括号括起。

参考文献格式要求如下。

书籍:［序号］作者　书名　版本　出版社　出版日期　第××页～第××页

期刊:［序号］作者　题目　期刊名称　年(卷)期

报纸:［序号］作者　题目　报纸名称　年月日第几版

参考文献虽然放在文末,但却是文献综述的重要组成部分。因为它不仅表示对被引用文献作者的尊重,也是引用文献的依据,而且为读者深入探讨有关问题提供了文献查找线索。因此,应认真对待。参考文献的编排应条目清楚、查找方便、内容准确无误。

三、文献综述的类型

（一）根据撰写文献综述的视野不同

1. 大综述

大综述是较为宏观地对某一个领域的研究文献的总结。

2. 小综述

小综述是较为微观的,目的主要不是为了向其他人介绍某一个领域的前沿理论,而是为了推出自己的论述和观点。它以述带论,就是说明现有的研究状况如何、不足在哪里、准备做的研究是什么、有什么创新点。所以,这种综述并不强求非常全面细致,而应该侧重介绍与自己的研究直接相关的文献。

（二）根据文献综述的信息含量不同

1. 叙述性综述

叙述性综述是围绕某一问题或专题,广泛收集相关的文献资料,对其内容进行分析、整理和综合,并以精练、概括的语言对有关的理论、观点、数据、方法、发展概况等做综合、客观描述的信息分析。

2. 评论性综述

评论性综述是在对某一问题或专题进行综合描述的基础上,从纵向或横向上做对比、分析和评论,提出作者自己的观点和见解,明确取舍的一种信息分析报告。评论性综述的主要特点是分析和评价,因此有人也将其称为分析性综述。

3. 专题研究报告

专题研究报告是就某一专题,一般是涉及国家经济、科研发展方向的重大课题,进行反映与评价,并提出发展对策、趋势预测。是一种现实性、政策性和针对性很强的情报分析研究成果,其最显著的特点是预测性。

四、撰写学前教育科学研究文献综述的基本要求

（一）撰写文献综述遵循的原则

1. 广泛性原则

广泛性原则是指学科范围广泛，不仅要收集本专题的相关文献，还要收集一定的相关交叉学科、基础学科的文献资料；二是指文献类型广泛，包括图书、期刊、学位论文等各种形式的文献资料；三是收集的时空范围广。

2. 代表性原则

撰写文献综述要注意收集有代表性的文献资料，如刊登在本学科核心期刊上的文献、由学科带头人或知名科学家撰写的文章、国家有关部门领导人的讲话等，可以代表当前的发展水平和认识程度。

3. 时间性原则

撰写文献综述要确定合理的查找时间，可以避免获取一些无用信息，减少资料筛选阶段的工作。

（二）撰写文献综述注意的问题

由于学前教育科学研究文献综述的特点，致使它的写作既不同于"读书笔记"和"读书报告"，也不同于一般的科研论文。因此，在撰写学前教育科学研究文献综述时应注意以下 5 个问题。

（1）收集文献应尽量全。掌握全面、大量的文献资料是写好综述的前提，否则，随便收集一点资料就动手撰写是不可能写出好的综述的，甚至写出的文章根本不成为综述。

（2）注意引用文献的代表性、可靠性和科学性。在收集到的文献中可能出现观点雷同，有的文献在可靠性及科学性方面存在着差异，因此在引用文献时应注意选用代表性、可靠性和科学性较好的文献。

（3）参考文献不能省略。有的科研论文可以将参考文献省略，但文献综述绝对不能省略，而且应是反应主题全貌的并且是作者直接阅读过的文献资料。

（4）要注意区别文献中的观点和文献综述者本人的观点。在历史发展部分可以比较、分析文献中的各种观点；在现状分析、趋势预测和改进建议部分可以充分发表文献综述者本人的观点。

（5）文献综述的重点是比较和评价，不是具体介绍自己的研究成果，因而，不宜将自己的研究工作放在综述之中进行自我评价。即便提到自己的研究，也应同样客观对待。

总之，一篇好的文献综述，应有较完整的文献资料和评论分析，并能准确地反映主题内容。

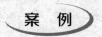

案 例

John W. Creswell 五步文献综述法

Creswell 认为,文献综述应由五部分组成:序言、主题1(关于自变量的)、主题2(关于因变量的)、主题3(关于自变量和因变量两方面阐述的研究)、总结。

(1) 序言告诉读者文献综述所涉及的几个部分,这一段是关于章节构成的陈述,相当于文献综述的总述。

(2) 综述主题1提出关于"自变量或多个自变量"的学术文献。在几个自变量中,只考虑几个小部分或只关注几个重要的单一变量。记住仅论述关于自变量的文献。这种模式可以使关于自变量的文献和因变量的文献分开分别综述,使读者读起来清晰分明。

(3) 综述主题2融合了与"因变量或多个因变量"的学术文献,虽然有多种因变量,但是只写每一个变量的小部分或仅关注单一的、重要的因变量。

(4) 综述主题3包含了自变量与因变量的关系的学术文献,这是我们研究方案中最棘手的部分。这部分应该相当短小,并且包括了与计划研究的主题最为接近的研究。或许没有关于研究主题的文献,那就要尽可能找到与主题相近的部分,或者综述在更广泛的层面上提及的与主题相关的研究。

(5) 在综述的最后提出一个总结,强调最重要的研究,抓住综述中重要的主题,指出为什么我们要对这个主题做更多的研究。其实这里不仅是要对文献综述进行总结,更重要的是找到你要从事的这个研究的基石(前人的肩膀),也就是你的研究的出发点。

▄▄ 思考与练习

1. 简述学前教育科学研究文献的含义及其特点。
2. 结合实际谈一谈文献查阅在学前教育科研中的作用。
3. 学前教育科学研究文献查阅的过程和方法是什么?

✦ 实践与训练

结合所学内容,学生自愿组成课题小组,根据自己所选课题的需要分工负责,采取不同形式的文献资料查找方法进行文献资料的查阅、收集、整理,小组研究讨论撰写出本课题的文献综述。采用小组自评、教师考评的形式进行质量评价,为各组评定分数。

第四章
学前教育研究的设计

学习目标

知识目标
(1) 理解教育研究的基本程序及意义;
(2) 掌握教育研究方案的设计内容;
(3) 了解课题论证的基本内容及要求。

能力目标
(1) 深入幼儿园保教工作实际,选择课题,论证课题;
(2) 会设计课题研究方案。

问题导入

在幼儿园的一日生活中,幼儿园教师会遇到很多这样那样的问题,多数问题容易解决,但有的问题总会困扰着教师。例如,有的幼儿有攻击性行为,对其他幼儿造成不利的影响,也对自己的身心发展不利。要解决幼儿的攻击性行为并不容易,教师要掌握幼儿攻击性行为的具体表现,分析其攻击性行为的可能性成因,探索解决这一问题的有效策略。这就要求幼儿园教师通过课题研究来解决,要进行一个科学的设计和研究过程,那么设计研究方案尤其重要,它关系到解决问题的成败。

第一节　学前教育研究的基本程序

　　学前教育研究是一项有序的、系统的、科学的、复杂的探索性工作,只有整个研究工作有序、有控、科学地进行,才能确保研究的质量、实现研究的预期目标。学前教育研究的基本程序是:确定研究课题、查阅文献资料、设计研究方案、研究课题论证、研究方案的实施、处理研究资料、概括研究结论、表述研究成果。

一、确定研究课题

　　研究课题是研究者通过对诸多研究问题进行筛选、"聚焦"后确定的。研究课题决定了研究的范围和方向,决定了研究价值的大小,是进行科学研究的基础和关键(详细内容见第二章)。

二、查阅文献资料

　　研究课题确定以后,就要根据要研究的问题查阅与之有关的文献资料。从历史与现代、国内与国外的相关资料中了解所要研究问题的基本情况,即该问题已经做过的工作和已获得的成果、解决了哪些问题、尚需进一步探讨的问题、所得出的结论及其价值等,以便了解课题研究领域的全貌,明确研究课题的依据、关键概念的内涵与外延、理论建构,避免不必要的重复,使研究成果有新的高度(详细内容见第三章)。

三、设计研究方案

　　通过查阅文献资料,研究者会对研究的课题有更加深入的理解和认识,之后研究者就要进行课题研究方案的设计。在研究方案中应明确所要研究的问题、研究范围和内容、研究对象、研究方法、研究步骤与时间安排、成果形式以及研究人员分工及研究条件与保障措施等。在研究方案中对某项具体工作还要制订更详细的工作计划(详细内容见本章第二节)。

四、研究课题论证

　　课题论证是指选题过程中或选题之后、开题之前,对所选研究课题进行评价研究的过程。立项论证是研究者在选题之后对所选课题的科学性、创新性等理论与应用价值的评价。开题论证是立项后进一步对课题研究的目的、依据、国内外研究动向以及研究方法、途径、步骤、条件和理论与实践价值作深入系统的评价。课题论证对课题研究起到了有效鉴定其研究价值、完善研究方案或计划、保证研究质量的作用(详细内容见本章第三节)。

五、研究方案的实施

课题研究方案在课题论证中得到进一步完善,然后课题研究就进入了具体计划实施,这一过程是将研究课题变成研究成果的关键环节,是用科学方法取得有关数据和研究资料的过程。因此,在实施方案前要做好思想、方法、条件的准备,在实施中做好具体研究计划、研究要素、研究过程控制,在实施结束后要做好对研究过程、研究结果及研究人员的检测评价,形成初步的判断。研究过程中某项具体研究工作计划可以根据实际研究情况进行适当的调整,实事求是地进行研究,做到计划性和灵活性的有机结合,使研究工作顺利进行。

六、处理研究资料

处理研究资料是获得研究结果的重要环节,包括收集研究资料、整理和分析研究资料。所收集到的资料主要是研究课题过程中采用观察、调查、访问等方法所获取的事实资料,这些资料就是获取研究课题最终结论所需要的事实材料或数据。因此,收集资料要严格遵守操作规程,要做到客观真实、及时准确、全面规范,确保研究资料的可靠性。在对研究资料进行收集、整理的基础上,研究者根据课题研究内容的性质选用合适的方法对研究资料进行分析研究(详细内容见第十二章)。

七、概括研究结论

概括研究结论是在对研究资料进行分析研究的基础上得出科学的研究结果的过程。因此,在概括研究结论时要进行客观的评价,该肯定的就肯定,该否定的就否定,既不能夸大事实,也不能缩小事实,决不能为了原定问题而随意扩大或缩小研究结论范围。获得的研究材料是得出结论的基础,概括研究结论时要充分考虑到当时的研究环境、具体条件或特殊情境等对研究结果的影响,应对这些情况做出明确的描述和解释,实事求是地限定结论适用的推断范围,保证研究结果的科学价值。

八、表述研究成果

概括出的研究结论,即研究成果。教育研究成果是对某种教育现象、某一教育课题或某种教育理论进行调查研究、实验或论证后所得出的新的教育观点、教育思想、教育规律、教育方法或教育理论。教育成果要通过一定的形式表达出来,被实践者了解和运用,才实现了研究的价值。表述研究成果的形式由于研究任务的不同而各异,一般采用教育科研报告、教育论文的形式(详细内容见第十三章)。

学前教育研究基本程序是按教育科学研究的进程顺序排列的,研究工作要按照顺序一步一步进行,不能违背基本过程,并完成好每一步的研究工作,为下一步研究工作奠定科学基础。每一步之间的研究既相互联系又相互制约,可以根据研究的实际情况进行适当的交叉、重复和补充。

以上研究基本程序如图 4-1 所示。

图 4-1 学前教育研究基本程序图

第二节 学前教育研究方案的设计

教育研究方案(或计划)是针对某项教育研究课题进行的总体谋划。学前教育研究方案是对学前教育领域某一研究课题的具体谋划,它使研究者对研究课题的方向和进程形成清晰的认识,以保证研究任务的顺利完成。

一、研究方案的作用

1. 明确研究思路

设计出课题的研究方案,课题的研究工作就有了整体的框架,研究者的研究工作就变得具体化。研究者就能形成明确、清晰的研究操作思路,就会心中有数、有事可为、一步一步地走向研究的预期目标。如果没有研究方案或研究方案设计得不细致、不具体、操作性差,那么研究工作就会盲目无序,研究者就会各行其是、主观臆测,就不能获得科学的研究成果,导致课题研究不能顺利进行或课题研究只能半途而废。

2. 把握研究状态

课题研究方案使研究者对课题有了更加全面、细致、深入的理解,对研究过程和操作程序有了全面的掌握,对研究各个环节的具体工作等做到了心中明晰。研究方案也明确了研究人员的职责范围、协作关系,使研究工作进入了良性状态。研究者在研究过程中可以对照研究方案检查自己的研究工作的进展情况,在研究的不同阶段,对照研究方案的内容和要求,总结阶段性成果,准确掌握研究进程和取得的研究收获,为科研管理部门对课题研究进展情况的阶段检查提供依据,为下一阶段的研究奠定基础。

3. 保障任务完成

教育研究方案是针对某项教育研究课题进行的总体谋划,它描绘出课题研究的整体框架,明确了课题研究的结构。对课题研究的背景、研究的目的及意义、研究的范围和内容、采用的研究方法、研究步骤和时间安排等做出明确的表述。已往的经验证明,具体、可行的研究方案为课题研究奠定了坚实基础,为研究工作的顺利完成、获得预期的研究成果提供了可靠的保障。

二、研究方案的基本结构与要素

1. 研究方案的基本结构

学前教育研究虽然选择研究课题的类型不同、采用的研究方法各异,但是课题研究方案的基本结构及构成要素大体是一致的。学前教育研究方案的基本结构包括以下几部分:对研究课题的表述;研究的背景、目的及意义;研究的内容;研究的方法、途径;研究对象和范围;研究步骤和时间安排;研究成果的形式;研究人员的分工;研究的条件等。

2. 研究方案的构成要素

学前教育研究要回答的基本问题是研究什么、为何研究、怎么研究、条件怎样、预计收获。对这些基本问题的回答就构成了研究方案的基本要素。

研究什么的构成要素包括课题名称,概念、变量的界定,研究的目标,研究内容,研究假设。为何研究的构成要素包括课题的现实背景和意义,国内外相关研究综述,研究依据。怎么研究的构成要素包括研究方法、途径,研究步骤,人员分工。条件怎样的构成要素包括研究经费、参考文献等。预计收获的构成要素包括预期成果。这些要素彼此联系,各要素可根据研究需要有所调整。

3. 研究方案的基本要求

研究方案中包括课题研究所必需的人、财、物、信息等,是由研究的内容、要求和客观实际的可能性构成的一个包含时间序列、人员活动序列、信息传递序列等方面综合相关的合理系统。因此,研究方案一是要明确细致,明确研究的目标及实施路径,设计好各阶段的具体研究计划。二是要具体实际,要全面考虑研究方案的基本结构和构成要素,内容要与研究课题相吻合,研究要解决现实问题。三是科学可行,要有教育理论和事实材料做基础,充分考虑研究能力和研究条件,易于操作。四是计划性和灵活性相结合,根据研究实际对预期之外的新发现、新设想,可以对原定计划进行某些调整和修改或做必要的补充。

三、研究方案的设计过程

研究方案的设计过程是对研究的整体规划过程,是研究工作的重要环节,直接关系到研究任务的顺利完成。

(一)研究方案的设计思路

学前教育研究要获得新认识、发现新规律、总结新理论,就要求研究者在研究设计时体现出研究的创新之处,做到背景新、主题新、方法新、成果新。一般研究方案的设计思路是:清晰梳理相关领域的研究背景,在对背景分析的基础上选择缺乏研究或者尚未完善的领域,提炼出新颖而富有实际意义的研究课题,把研究课题分解为具体明确的、可操作的研究任务,为完成研究任务制定符合实际条件的操作方法、途径和步骤,预设研究的结果。

(二)研究方案的内容

研究方案的基本结构和要素反映了整个研究方案的全貌,因此,在研究方案的设计过程中要按照研究方案的基本结构,认真、细致地分析,研究其构成要素,明确研究课题任务、研究对象、研究方法、研究步骤等,增强方案的指导性和可操作性,保证研究任务的完成。

学前教育研究方案的内容主要包括以下几个方面。

1. 研究课题的名称

详细内容见第二章,这里不再赘述。

2. 研究的背景、目的及意义

研究的背景、目的及意义主要阐明了研究课题是如何产生的、研究的理论价值和现实意义、预期在哪些方面能有所突破、有自己新的见解或能在教育实践中解决哪些问题。这些问题源于国内外对本课题研究历史和现状的分析,分析得越深入,就越能够突出研究课题在本领域的特点和突破点,就越能反映出研究课题的应用价值,就越具有现实意义。只有明确了本选题研究的目的和意义,才能确保课题研究工作的价值,不致偏离研究方向。

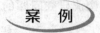

研究目的与研究目标

目的和目标在汉语中几乎是同义词,但在课题方案陈述中,两者还是有区别的。研究目的是对研究结果的概括性预测与期望,是整个研究的归宿,显得笼统而抽象(也有人写成"总目标")。教育科研要达到预想的目的,通常需要把笼统的目的加以分解,提出一系列可操作、可验证的具体目标。

设计研究目标要注意:一是统筹兼顾,既考虑课题本身的要求,又合乎课题组实际的工作条件、研究水平和时间。二是课题研究目标不等同于教育教学工作目标。课题目标在于探寻未知的教育教学规律,工作目标在于完成具体教育教学任务、培养出更多更优秀的人才,前者是为后者服务的。三是多个目标要在课题研究目的的统领之下形成体系。有一些综合性较强的课题,可按各个子课题之间的关系,分解并理出一个多层次的目标系统,形成一个完整的有机结构。

3. 研究的范围和内容

学前教育研究是学前教育领域的问题,但就具体的研究课题来讲,应明确本课题研究的范围和内容,以免研究目标的变更或方向的转移,研究范围的扩大或缩小。

(1)研究范围的界定。研究范围界定包括两个方面:对研究对象的界定和对关键概念的界定。

① 对研究对象的界定。一是对研究对象总体范围进行界定,如果研究对象总体范围不同,那么课题研究所获得的结论就会不同。例如:研究幼儿园教师队伍状况,以发达地区幼儿园教师为研究对象和以农村幼儿园教师为研究对象,其研究结论就大不一样。二是对研究对象的模糊概念进行界定。有的课题中研究对象的概念模糊,外延不确定,没有统一和明确的定义,例如"淘气孩子""优质幼儿园"等。因此,研究者要尽可能使用有参考依据的、比较权威的、被大多数人认可的说法进行定义,以确定研究对象总体范围、正确选取研究对象的样本。

② 对关键概念的界定。研究课题中有一些关键概念必须用比较明确的定义加以界定,如"儿童的合作意识""儿童的动手能力"等概念所指是什么,要给予具体的说明。如果概念说法不一,观点各异,就无法显示研究目标。如果研究采用的是实验研究,研究者还要对研究变量赋予相应的操作性定义,确定其操作指标,增强研究的目的性、科学性。

(2)研究内容的确定。研究内容是研究课题的具体体现,在研究界定的范围内,根据研究的目标,将内容结构分析清楚,明确内容的层次关系。同一个问题由于研究者研究的目的和角度不一样,研究的内容也不完全一样,要给予具体界定。应明确具体的研究内容是什么、重点和难点是什么。如"幼儿园教师队伍建设的研究",不同的研究者可能选择不同的角度进行研究,那么研究内容的侧重点、研究的难度就会有所不同。研究内容的多少与研究课题的大小有直接关系,如果是比较大的课题就要将其划分为若干子课题进行研究。每一课题都有其具体的内容和内部结构,如"某市0~3岁婴幼儿教育方案实践与研究"课题就包括形成0~3岁婴幼儿早期教育方案、0~2岁亲子教育方案、2~3岁幼儿在园教育方案、综合性活动方案、环境的创设,等等。以上各方面都可以成为一个子课题,因此要对研究对象、范围予以界定。界定时可对问题进行分解,通过分解为一个个较具体的问题,构成研究问题的层次网络,使得范围更加清楚、便于研究。

4. 研究的方法

在研究过程中选用的研究方法恰当与否,直接影响研究的水平和质量。教育研究中的每一课题都有其相对应的、最为合适的教育研究方法,研究者要依据研究的目的,研究对象的特点,研究的内容,研究的信度、效度的要求,研究的主观、客观条件进行选择。例如,对农村幼儿园保育员素质现状进行研究,就离不开调查法;研究如何提高保育员的素质,就要用到经验总结法。在教育研究中不能单独采用一种研究方法,要考虑综合运用多种方法。

学前教育研究中主要采用的方法有"观察研究""调查研究""实验研究""个案研究""经验总结法"等。在研究方案中,应明确主要采用什么研究方法,并根据所确定的研究方法结合本课题研究的实际情况,拟出较详细的操作计划。如准备如何收集数据,将使用何种技术来分析、处理数据并推导出结论。若是实验研究,要说明如何选取自变量、因变量以及控制哪些变量。

5. 研究对象

在学前教育研究中,研究对象主要是指幼儿、幼儿园、幼儿老师、幼儿家长等群体。要在这样偌大的群体中选择研究的对象,就要依据研究的目的和任务,充分考虑研究课题对被试代表性和典型性的要求,选择有代表性或典型性的总体,运用科学的抽样方法确定样本容量,以保证研究结果可以说明某一个地区、某一类情境或某一类对象的一般规律性,以使研究的结果具有普遍的指导意义。

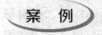

总体、样本、取样

1. 总体

总体指研究对象的全体,它是在某一性质上结合起来的许多个别事物的集体,是一定时空范围内研究对象的全部总和。我们确定的研究对象一般从其中选择有代表性的,也可以是总体的全部。例如,如果我们研究我国5岁幼儿的运动能力,那么研究对象只能从中选择一定比例的数量;如果研究某幼儿园5岁幼儿的运动能力,就可以选择该幼儿园这个年龄段的全部幼儿作为研究对象。

2. 样本

样本是从总体中抽取的、对总体有一定代表性的一部分个体。样本中所含的个体的数量称为样本容量。选择样本时要注意以下基本要求：一是要从内涵和外延上明确规定总体的界限。研究的目的、课题的性质决定总体的内涵和范围，研究的成果将推广到什么范围，就应该在什么范围内确定研究总体。二是取样必须是随机的。也就是抽样时总体中每一个体被抽中的概率是完全均等的。三是抽取的样本要具有代表性。四是所选的样本容量要合理。

3. 取样

取样是遵循一定的规则，从一个总体中抽取有代表性的一定数量的个体进行研究的过程。如"甘南县农村幼儿生活习惯养成教育的研究"这个课题中，其研究的总体是"甘南县农村幼儿"，其中组成这个总体的每一个农村幼儿为研究个体，从总体中抽出的 50 个农村幼儿为抽取的样本，样本容量就是 50。取样的方法有简单随机取样、系统随机取样、分层随机取样、整群随机取样，选用时要根据研究目的和条件确定。

6. 研究步骤和时间安排

研究的步骤和时间进程都是确保课题研究方案实施的具体保证。因此，在确定课题研究步骤时要注意符合该课题的性质，要兼顾课题要求和研究者的特长以及可能提供的研究条件。在规划时间进程时，要注意留出一定备用时间，以应付那些原先预料不到的特殊情况，做到有备无患。

研究进程一般分为 3 个阶段，即准备阶段、实施阶段和总结阶段。在研究方案中应对每一阶段要做什么、怎么做、大体上什么时间做、需要多长时间等做明确的安排，并落实到书面计划中，以利于研究者对照自查、适时调整，确保阶段任务的完成。如果是协作性课题研究，就要明确各自的分工、确定各环节的工作内容、限定完成时间、明确负责人，并经常保持沟通、交流，以提高研究效率。

7. 研究成果的形式

预先设计成果的内容和表现形式，是为了使研究者能在研究开始时就着手材料的积累，避免研究结束时才发现有些阶段性的成果已经流失。在教育研究中，由于不同类型的课题采用不同的研究方法，而不同的研究方法也就决定了研究成果的不同形式。学前教育研究的研究成果表现形式一般用研究报告（调查报告、实验报告等）和研究论文两种形式。除此以外，还有专著、教材、手册、方案等表现形式。相对较大的课题还要有阶段性成果，如公开发表论文、参加会议交流的经验材料、视频展示等。阶段成果的积累为研究最终成果积累素材。

8. 研究人员的分工

在研究计划中要明确参加课题研究人员的分工，课题负责人要根据研究工作的需要，考虑研究人员的特长及已有的研究经历来安排不同的工作、分配不同的任务，使研究人员各尽所能、各司其职、相互协调、共同努力，以保证研究工作的顺利进行、研究任务的按时完成。

9. 研究的条件

教育研究工作的开展，必须有一定财力和物力的支持与保障。在研究方案中要充分考虑研究经费状况，做好研究经费预算。要积极筹措、科学支出，满足必需的开支，如图书资料费、调研费、参加会议费、组织研讨会支出、成果发表或出版费及添置仪器设备费等。承担研究课题的单位要主动争取上级有关部门的资助和支持,要为研究者提供充足的时间,并制定切实可行的制度,为研究工作提供组织保障。

在进行研究方案的设计时,应让课题组的所有成员都参与考虑、讨论,就研究方案的各个方面充分发表意见。这一方面可以使方案更为周详;另一方面可以使课题组成员在这一过程中更为明确研究的设想和各人的任务,为研究的开展打下良好的基础。

案　例

“传统民间游戏的教育价值之研究”的研究方案

1. 问题的提出

(1) 目的和意义

传统民间游戏是指由劳动人民自发创编,在民间广泛流传的游戏。它能因陋就简,就地取材,娱乐性强,易学易玩,几乎不受时间、地点、材料、人数的限制等等,影响了几代人的成长。纵观当前幼教界,已充分认识到传统民间游戏深远的传统教育价值。但对传统民间游戏是否能适合现代教育发展,怎样对其加以改造、去芜存菁,从而发挥其现代教育价值,促进幼儿素质发展,并未引起广泛的关注。因而我园曾从现代教育观的角度对传统民间游戏进行尝试,并做了初步的对照测查,结果表明:①传统民间游戏含涵着丰富的科学、语言等认知经验,特别能启发幼儿从感性中获得直接的科学经验,发展各种能力;②运动性强,能充分锻炼体能;③集体性、创造性强,促使幼儿实现合作和竞争的不断平衡统一;④益智益趣,陶冶性情,建立自信,使幼儿身心全面和谐发展;⑤潜移默化地陶染民族文化;⑥传统民间游戏使幼儿发于自然、归于自然,但易放任自流;⑦“只有民族的才是永恒的”,在现代时尚的冲击中生存的人们,最容易对民族精华激起怀旧情感和创造热情,有利于充分调动幼儿园、家庭、社区等各种教育资源。由此可见,传统民间游戏蕴含着丰富的现代教育价值,它有利于促进幼儿素质的全面发展,有利于民族传统文化代代相传,有利于培育一代具有民族责任感和现代竞争力的“现代中国人”。创新的过程也是一个“扬弃”的过程,在面向未来、改革创新的同时,更应考虑如何发扬传统和突破传统,使我国宝贵的传统文化成为促进时代进步的新文化。鉴于以上种种,我园以发展传统民间游戏的现代教育价值为研究内容,拟定严密的计划,通过师生互动、生生互动、家园互动,诱发孩子主动去玩,边玩边改造,使孩子在无尽的快乐中启迪智慧、陶冶情感,充分发挥想象力及创造能力,激发孩子主动将探索的经验和积极态度迁移到自己的生活中,从而使各种素能得到提高。

(2) 国内外有关文献综述

王颖慧在《经典游戏与现代游戏的比较及启示》一文中对经典游戏(典型的民间游戏)和现代游戏的含义、游戏材料、游戏环境3个方面进行了分析,发掘了经典游戏的独特价值和功能。刘焱、孙畅在《击鼓传花游戏的年龄特点、发展价值及指导建议》中谈到击鼓传花游戏有利于发展幼儿的注意力、反应能力、推理假设的逻辑思维能力以及以“自我为中心”的能力,有利于动作准确性、敏捷性的发展和幼儿在人前表现自己的心理素质的完善,以点带面地阐述了民间游戏在教育价值、教育方法、教育形式等方面的所悟与尝试。以上观念为本课题提供了教育学基础。

瑞典比吉瑞在《电脑时代,还需要玩具和传统游戏吗》(黄政一编译)一文中阐述:玩具和传统游戏是刺激学前儿童大脑发育的重要媒介,是培养自信心的一种有效途径。他向家长提出忠告:为了让您的孩子健全发展,千万不要让孩子过早地沉溺于电脑,而把玩具束之高阁,把游戏撒在一边。他的论述对本课题的实施提供了心理学的启示,证实本课题的开展在我国有一定的前瞻性意义。

通过查阅大量有关文献资料,我们了解到,当前此方面的研究多针对传统民间游戏的娱乐性、开发智力、发展体能以及弘扬民族文化、陶冶民族情感等方面,而挖掘传统民间游戏的科学教育价值的研究较少,这是我们选择本课题的目的之一,见表 4-1。

表 4-1 民间游戏内容分类及要求

班别	年龄段要求	体 能	智力	科 学	娱乐
大班	能够进一步创造性地游戏,并能初步改造材料,将探索到的经验运用到生活中去	跨大步、贴烧饼、斗鸡、跳绳、跳皮筋、打方宝、闯大刀、踢瓦片、接力跑、跳格子、编花篮、背人、摇船、老鹰捉小鸡、攻城、炒黄豆、踢毽子、碎子子、一米一米三、丢杏仁、翻跟头	翻花绳、挑冰棍儿、打扑克、天下太平等	抖空竹、玩冰车、推磨磨、推铁环、抽汉奸、弹球、削尖儿、拔河、扇洋画、抛球、转铁环、夹沙包、弄手影等	编草儿、打水漂儿、吹葱笛儿、拉树叶(茎)儿等
中班	享受传统民间游戏带来的乐趣,以及强体、益智的好处,能够初步进行游戏创造,并愿意粗浅地讲述其中的道理	指天星过天河、舞龙、舞狮、丢手绢、踩高跷、城门城门几丈高、推小车、砍猪肝、背砖、打点、石头剪子布等	玩泥、堆雪人、石子棋等	弹洋画、锡拉哨儿、吹葱笛儿、码大队、竹蜻蜓、玩地牛子、大台、拍纸球、降落伞、吹汽笛、跳格子、万花筒、照虫虫、钓鱼等	贴鼻儿等
小班	对玩传统民间游戏感兴趣,萌生探索传统民间游戏中文化内蕴的愿望	指天星过天河(点豆)、外婆桥、推(拉)小车、骑大马、玩沙包等	玩沙等	玩风车、拉线耗子、捻捻转儿、吹毛毛、吹糖纸人儿、滚纸圈儿、口琴、喇叭、泥咕咕、飞沙燕儿、吹龙、哔唧唧棒儿、拨浪鼓儿、扳不倒、小汽车、打出溜、玩皮球、照镜子、吹泡泡等	抬花轿、击鼓传花、旱船等
备 注	(1) 根据幼儿的兴趣和实施情况,对以上游戏内容随时进行添加或删减。 (2) 有些游戏可在 3 个年龄段同时进行,目标体现年龄层次。 (3) 有些游戏可发挥多种教育价值。				

2. 研究假说和内容

(1) 研究假说

① 发展传统民间游戏的现代教育价值有利于提高幼儿的素质。

② 改造传统民间游戏能更好地发掘其现代教育价值。

③ 传统民间游戏能激发幼儿科学探索的精神。

(2) 研究内容

我们将整个研究按年龄段分为 3 个内容在三年中循环滚动推进,各有其侧重点:小班以社会性情感及个性培养为主;中班以体能、智力为主;大班以科学教育、思维为主综合性培养。

3. 研究时间、对象、方法及重难点

(1) 研究时间:2001.9—2004.6

(2) 研究对象:小一班、中二班、大一班3~6岁幼儿100名

(3) 研究方法。

① 行动研究法:拟订定方案→制定统计量表→前、后测并统计后评价→实施方案→检查实施结果→对原方案进行修订→再次实施→边行动边进行循环性研究→获得并解释结果。

② 文献法:收集整理有关科学方面的传统民间游戏,借鉴玩法,积累改造素材,撰写总结或论文,编写成册以便推广。

③ 观察法:教师抽样观察幼儿在玩传统民间游戏3个年龄段的表现,进行分析和评价。

④ 调查法:进行家长问卷、幼儿游戏测查。

(4) 研究重点和难点。

重点:通过传统民间游戏,激发幼儿的探索欲、求知欲,并将探索的精神、学习的方法、锻炼的能力迁移到生活中去。

难点:幼儿思维发展不完善、分析概括能力差,游戏中难以用语言有条理地总结叙述。

4. 研究步骤及预期成果

(1) 最终预期成果

通过玩传统民间游戏,诱发幼儿主动去玩,边玩边改造,使幼儿在无尽的快乐中锻炼体能、启迪智慧、陶冶情感,充分发挥想象力及创造能力,激发幼儿主动将探索的经验和积极态度迁移到自己的生活中,从而使各种素能得到提高。

(2) 具体实施步骤

第一轮:2001.9—2002.6

内容一:小班以社会性情感及个性培养为主

预期成果:幼儿对玩传统民间游戏感兴趣,萌生探索传统民间游戏中文化内蕴的愿望,培养幼儿活泼、开朗、健康、向上的个性心理品质。

内容二:中班以体能、智力为主

预期成果:享受传统民间游戏带来的乐趣,以及强体、益智的好处;幼儿能够初步进行游戏创造,并愿意粗浅地讲述其中的道理。

内容三:大班以科学教育、思维为主综合性培养

预期成果:幼儿能从民间游戏中获得直接的科学、语言等认知经验,能够进一步创造性地游戏,并能初步改造材料,将探索到的经验运用到生活中去;感受在民间游戏中合作与竞争的乐趣,陶冶性情,增强自信。

① 前测。

a. 对家长进行问卷调查,了解家长对旧时儿戏的了解及玩旧时儿戏对幼儿发展有什么好处的认识。

b. 收集各类旧时儿戏进行归类。

c. 对实验班及对照班进行体能、智力、思维等测试与观察。

② 测后评价、分析。

③ 拟定具体研究策略。

策略建议:a. 拟定传统民间游戏日程安排;b. 为幼儿提供玩游戏的场地、材料,保证游

戏时间;c.收集幼儿游戏中的创造表现,整理成册。

④观察、记录幼儿在玩传统民间游戏中个性表现、认知体验、体能发展、创造性的表现。各年龄班各有其观察的侧重点。

⑤测后评价分析。

⑥阶段统计、评价、总结。

第二、三轮在第一轮的基础上去芜存菁,边行动、边研究、边改进。

5.成果形式

(1)撰写研究报告、论文。

(2)收集和整理幼儿玩的有创意的旧时儿戏、照片资料等,编撰成册。

6.课题保证

(1)人员保障

课题组人员具有学前教育大专学历,且有丰富的教育教学经验,60%为幼儿园教学骨干,50%的课题组成员有过科研经验。幼儿园领导亲自参与和指导课题的实施。研究班幼儿在各自的本班游戏研究中玩过民间游戏,并有一定的兴趣。

(2)经费保障

在研究材料、提供人员保障等各方面得到园领导的无条件支持。

(3)测试工具

根据研究需要,自拟家长问卷、测查量表进行前后测查,保证本研究科学有序地开展。

附1:家长问卷。

各位家长:

你们好,我园有以下一些关于旧时民间游戏的疑惑和问题需要您的帮助,请您认真填写或选择相应答案。谢谢合作!

儿童姓名 _____ 年龄 _____

(1)家长玩过或见过的传统民间游戏的种类,写上游戏名称。

(2)你的孩子玩过传统民间游戏没有:有 没有

(3)你认为传统民间游戏对自己、对孩子有什么好处?

①没有好处;②开发智力;③锻炼身体;④愉悦身心;⑤科学教育;⑥陶冶性情;⑦培养自信;⑧增强合作与集体意识;⑨增强竞争力;⑩其他:_____

(4)孩子玩传统民间游戏时您持什么教育态度?

①旁观,任其自由玩耍;②和孩子一起单纯地玩;③旁观,但适当启发孩子;④边玩边启发孩子;⑤其他_____

附2:幼儿传统民间游戏观察记录表(表4-2)。

表4-2 幼儿传统民间游戏观察记录

幼儿姓名	游戏名称	游戏表现	游戏迁移	简评
××				
××				
备注				

(资料来源:徐州八一中心幼儿园.山东学前教育网.有改动)

第三节　研究课题的论证

　　教育科研是一项有序的系统工程,需要有很强的计划性。因此,在研究选题过程中或选题之后、开题之前,要对所选课题进行论证,进一步鉴别研究的价值、分析研究条件、完善研究方案、预测研究成果及其社会效益,以保证研究工作的顺利进行,取得预期研究成果。

　　课题论证一般要进行两次,即立项论证和开题论证。立项论证是研究者在选题之后对所选课题的科学性、创新性等理论与应用价值的评价。开题论证是立项后进一步对课题研究的目的、依据、国内外研究动向以及研究方法、途径、步骤、条件和理论与实践价值做深入系统的评价,描绘整个课题的研究蓝图。通常情况下,集体承担的、大型的、级别较高的课题都需要在立项的基础上再做开题论证。

一、课题论证的准备

　　课题论证主要是通过召开研究课题开题论证会来进行。要保证论证的质量,就必须认真做好各项准备工作,一般要做以下几方面的工作:一是召开课题组研究人员会议,课题组组长组织课题组成员就课题研究方案的每项内容进行深入研讨,在此基础上撰写课题开题论证报告,并准备好课题研究方案。二是邀请本课题研究领域的专家、课题主管部门负责同志及有关人员,并将准备好的课题研究方案交给他们提前审阅。三是确定好论证会会议记录人,做好会场布置、录音、摄像等准备工作。

二、课程论证的内容与过程

1. 课题论证的内容

　　(1) 课题研究的目的、意义、对象和范围。具体为:为什么选择这个题目、通过这项研究要达到什么目的。所选课题对解决幼儿园、本地区的学前教育工作实际存在的问题或回答教育理论问题有什么意义,对教育改革和发展会有什么贡献。研究对象的总体范围、取样方法、样本大小。研究的特色或突破点,本课题所依据的有创新的指导思想或原则的论述。

　　(2) 与本课题有关的国内外研究的现状,国内外在这一研究中已取得了哪些成果。

　　(3) 本课题研究的内容、途径和方法。明确研究内容的结构、重点和难点。从总体上设计研究途径和方法,并论证是否可行。

　　(4) 完成课题研究任务的条件分析。这一课题研究涉及哪些客观条件,是否都能得到满足,研究者自身是否有足够的知识、能力、信心。

　　(5) 课题研究实施的步骤设计。具体研究计划是否细致,各部分的联系如何,方案的总体思路是什么。

　　(6) 成果预测。研究过程可能出现哪些问题,有哪些对策,结果可能出现哪些情况,是否会带来不良后果等。包括阶段成果和最终成果。

2. 课题开题论证的过程

（1）课题负责人或课题承担单位主管科研工作负责人主持会议，介绍邀请的专家及参加会议的人员。课题主管部门负责人宣读研究课题立项批准书、课题任务下达书，宣布课题论证程序。

（2）课题组长进行开题报告（课题论证内容的各个方面）陈述。

（3）专家进行提问，课题组长、课题组成员进行回答，集体研讨。专家就听取的论证报告内容和自己先前审阅报告时的问题和想法，向课题组全体成员质疑，课题组成员说明自己的想法、回答专家的问题。

（4）专家组集体讨论，然后与课题组全体成员交流意见和建议。专家以实事求是的科学态度对课题进行论证，恪守职业道德，充分发表自己的意见。在确定研究有明显价值的前提下，论证双方认真讨论、研究方案。

（5）课题组听取建议和意见，完善研究方案。课题组全体成员虚心听取专家的意见和修改建议，并根据论证结论完善研究方案和各环节的具体计划。

（6）专家组给出结论。

三、课题论证报告的撰写

课题论证报告一般有表格式和说明式两种，下面以说明式为例说明论证报告的撰写及要求。

1. 课题名称

课题名称是对课题研究内容的高度概括，应力求文字简洁而又能展示课题的面貌，最好能体现研究的对象、范围、内容和方法，让人一看就明白研究什么和怎样研究，既揭示课题、又揭示课题的论点。在表述时，要反映"背景"和"主题"之间的逻辑关系，在背景的衬托下看出我们提出的核心问题新在何处。

主题要有新意，这是课题价值的关键。所谓新意，就是我们的研究与他人研究的不同之处。我们的研究在领域、方向、假设、角度、方法、对象（地域特点等）、可靠度、精确性等方面，至少要有所不同。主题的新意铺展于行文，凝聚于课题的名称，并在研究目标与假设中辨明方向。课题名称中往往包含"实践""探索""研究"等涉及研究方法的词汇。一般理解为：含有"实践"的，则课题多以活动为载体而展开；有"探索"的，则需要研究者有所创新；单写"研究"的，则课题采用的是思辨性方法，或是多种方法的组合。题目名称一般不宜过长。

2. 论述研究的目的、意义、内容和范围

课题研究的目的、意义是课题论证开始，论述要实事求是。

（1）课题研究的目的和意义

首先，用精练概括的文字勾画出研究的基本轮廓，交代研究课题产生的基本背景，以使评审者（专家）对课题有概括性的了解。要清晰表述国内外相关研究现状，清楚交代本课题目前有无人员在研究。如果有，是什么地方、什么人在研究，研究进展情况如何，取得什么结论等；如果没有，有无类似课题在研究。此内容的交代既是向评审人员（专家）表明自己对研究动态的了解情况，说明研究的理论依据，同时又为今后的研究提供经验和借鉴。

其次,在此阐述背景的基础上用总括性句式直截了当地点出研究目的,指出研究中要解决的问题。研究的价值不能夸大,否则会给研究带来困难,影响研究信誉。要清晰表述本课题与学前教育发展与改革的联系;结合自己当前的幼儿园保教工作实际,提出实践中需要解决的现实问题,问题的解决对现在、将来的指导意义。对实践的反映越深刻、越迅速,课题的实践依据越充分,其指导意义就越大,价值也就越高。

　　最后,要从理论与实践两个方面进一步说明研究价值表现,指出研究本课题的紧迫性。说明理论价值(如课题的研究能更深刻、更精确地揭示事物的本质与规律,能完善、突破或者校正某一教育理论)和实践价值(可找到解决问题的新思路、新方法、新技术和新模式)。

　　(2)研究内容与范围

　　研究内容要回答课题究竟研究什么的问题,即区分"做什么和不做什么"的问题。基本要求是依据研究目标,把主题展开为具有内在联系的问题结构并确定重点,提出解决这些重点问题的实施构想,从而把大问题细化为几个具体而又关联的便于操作的子问题,用陈述句表述明白。如"对农村儿童卫生习惯的研究"的研究内容:一是调查农村儿童在饮食、个人卫生习惯上的特点;二是不同性别的农村儿童卫生习惯的比较;三是不同年龄阶段的农村儿童卫生习惯的比较;四是分类调查分析造成农村儿童卫生习惯不良的因素;五是矫正农村儿童不良卫生习惯的有效策略。

 案　例

研究综述的撰写

　　综述的"综",即综合,意思是要"综合性"地叙述某一领域在一定时期内的研究概况;而"述"除了"叙述"之外,更重要的是"评述",即研究者自己的见解。综述时需要理清别人已有的相关研究的材料、方法、观点、结论、成果、水平、动向等,还要评述相关研究的问题和欠缺。在某一个领域,假如他人的研究已经很先进、很完美,我们只能在别人的后面重复,无法有所充实、完善、纠正、突破和创新,那就没有再研究的必要。

　　撰写综述时注意:一要紧扣主题。综述应与课题直接相关。二要高度概括。对引文要精心梳理、避免繁复。三要考究原文。慎用对原始文献的解释或转述。四要有所选择。选择出自政府、专业机构,有影响、有价值、正式出版的文献。五要内容翔实。对相关观点和成果的叙述要全面客观,内容精练而不干瘪,选择精要而不偏颇。六要有述有评。引述不可扭曲别人的观点,但可阐述自己的看法,指出存在的问题。

　　如课题"对学前儿童运动素质的研究",其中"国内外研究现状评述"的要点如下:一是国外研究现状;二是国内研究现状;三是对样本幼儿园的调查;四是存在的问题。上述评述从国外开始,反观国内,再回归到研究的幼儿园。在宏大的背景之下,对现状进行聚焦式的梳理,全面地"综合"了他人的研究和实践情况,在聚焦的过程中发现了"存在的问题"。

3. 选择好研究方法、确定好步骤

　　根据研究课题的性质、特征和内容,选择正确的研究方法。在确定研究方法的基础上,进一步设计出研究步骤,说明阶段的划分,交代每一阶段具体要完成的任务、成果和时间安

排。如果课题属于教育实验研究类,那么必须具体写出实验计划,如何收集数据,将使用何种技术来分析、处理数据并推导出结论。还要说明如何选取自变量、因变量以及控制哪些变量。

课题研究任务在时间顺序上的计划安排一般分为准备、实施和总结三阶段。如研究过程较长,则实施阶段还可再分为几个小的阶段。各阶段时间安排一般需留有余地。准备阶段包括调查和前测、理论学习、制订研究方案、建立研究机构、确立研究对象等。实施阶段包括研究内容的操作、研究方案的调整完善和过程的管理等。要明确如何将自己设计的研究内容和方法落实于具体教育实践,从哪个角度切入研究,进行操作。同时要明确如何记载整个研究过程的相关材料。总结阶段包括对材料进行统计分析和加工,寻找规律,提炼研究成果,设计出预期成果的形式,写出结题报告,发表教育论文等。

研究方法的选择

研究方法可分为两类:一是收集研究数据资料的方法,如调查法、观察法、测量法、文献法等。这些方法旨在获得对象的客观资料,而不给予对象人为的影响。二是旨在改变和影响变量的方法,如实验法、行动研究法。这些方法是通过施加某些干预而获得某些期望的结果。

研究方法的选择要与研究任务有内在关联,要融入具体的研究过程,使研究具体可行。孤立地看,方法其实并没有好坏之分,而联系到任务,却有是否合适的区别。也就是说,同一种方法,对于匹配的任务,就是可行的好方法;对于不匹配的任务,就是不好的方法。因此,研究者要熟悉和理解教育科研的各种基本方法,再从完成任务的需要出发选择方法。如"学前儿童运动游戏方法及其支持策略研究",若要考察研究现状和进展,选用文献法;若要验证一个假设,可用实验法;若要了解当前学前儿童游戏方法和教师支持策略的现实状况,就用调查法。当然,由于教育现象丰富多彩、问题错综复杂,所用的方法也可能是多种方法的组合。

另外,工具性材料如问卷、观察记录表、测验题等可作为方案的补充。

4. 分析完成课题的条件

在这一部分的撰写时,应详细说明课题申请者以及课题组全体成员所具备的学术水平、研究基础和条件,介绍他们过去在本课题所涉及的领域中做过的研究工作、发表的论文和出版的论著,以及积累的研究经验和受到过的学术培训,说明课题组的特色和优势。此外,还要交代本课题的物质准备、资料占有情况和课题组成员所在单位的支持程度。写明研究经费的预算情况,预算应本着从本园的实际出发、厉行节约的原则,使出现在论证报告中的支出预算合理。

说明研究人员分工。研究人员分工要符合各成员的水平、能力、岗位和特长,每项工作都要落实到人,明确目标和时限。当然,分工的同时也要注意研讨与合作,利用集体的力量克服研究过程中的各种困难。综合性强、涉及面广的课题还可建立领导小组,下设子课题组并明确负责人,必要时聘请课题研究顾问。

说明主要参考文献。参考文献在一定程度上也能反映出研究者的视野与底蕴。因背景分析时已有文献综述，故是否要在研究方案后面列出参考文献，可视具体情形而定。

5. 交代课题成果的形式

课题论证中要交代课题研究最终的成果形式。主要常见的成果形式有报告、论文、专著、教材、手册、软件、课件、建议、方案、规划等，其中研究报告和论文是学前教育研究成果最主要的两种表现形式。

预期成果就是研究正式展开之前希望得到的收获，包括问题解决的程度、可能产生的效益、成果应达到的水平和表现方式。成果的表现方式是成果的物化形态，研究者可根据实际情况选择不同的载体。

思考与练习

1. 开展学前教育研究如何促进教师专业成长？
2. 课题研究方案的设计包括哪些内容、基本要求是什么？
3. 假如你是一位幼儿园教师，你将如何进行学前教育研究？

实践与训练

说明：课题的选择、研究方案的设计与开题论证工作是学前教育科研工作的重要环节。此环节中，需要同学们完成许多课题研究的文字处理工作，也就是论证报告、文献综述、课题研究方案等文字材料的撰写工作。这些任务的工作量很大，单独靠每一个同学难以在有限的时间内完成，因此采取任务驱动式教学方式，以小组为单位合作完成当为最佳方法。

1. 课题研究方案的设计训练

范例：参见本章范例"传统民间游戏的教育价值之研究"的研究方案。

实训目标：

(1) 提高学生对学前教育研究课题的综合设计能力。

(2) 掌握课题研究方案的基本结构，学会撰写课题研究方案。

内容与要求：

(1) 以 10 人左右为一课题研究小组，在前期大量工作的基础上，参照研究方案范例，对所确定的课题工作进行整体设计，通过研究讨论形成课题的研究方案。

(2) 在教师指导下，由学生自行组织课题研究方案设计汇报会，各课题组宣读课题研究方案，进行自评、互评和师评。

实训考核：

采用小组自评、他组互评、教师考评等多形式的质量评价，为各组评定分数。

2. 课题论证报告的撰写训练

范例：参见本章范例"山东省农村留守幼儿依恋状况调查及教育干预研究"开题报告。

实训目标：

(1) 提高学生对学前教育研究课题的分析、选择的能力。

（2）掌握研究课题论证报告的基本结构，学会撰写论证报告。

内容与要求：

（1）以 10 人左右为一组自愿组成课题小组，根据在教育见、实习过程中发现的幼儿教育方面感兴趣的问题，在课题的确立、文献资料的查阅等工作基础上，研究讨论撰写出课题的开题报告。

（2）在教师指导下，学生自行组织开题会，各课题组宣读开题报告，进行自评、互评和师评。

实训考核：

采用小组自评、他组互评、教师考评等多形式的质量评价，为各组评定分数。

第五章
教育观察研究法

学习目标

知识目标

(1) 理解学前教育观察研究的含义及其特点;

(2) 了解观察研究的各种方法,认识各种方法的优势与局限性。

能力目标

(1) 理解掌握并运用观察研究的具体方法;

(2) 掌握观察法实施的阶段,会根据观察目的设计观察记录表并会撰写观察记录。

问题导入

月月老师是学前教育专业三年级的学生,她在课余时间里在一所幼儿舞蹈学校担任舞蹈教师。欣欣 5 岁,在舞蹈特长班里是一个聪明、乖巧、漂亮的小姑娘。她不但舞蹈跳得好,还特别懂事、听话,月月老师非常喜欢她。经常在下课后抱抱她、亲亲她。可是这几天,月月老师发现欣欣上课的时候一点都不认真,还对新来的小朋友很不友好,老师说她这样做不对,她还伸出舌头,对老师吐口水。欣欣的家长也发现了欣欣这几日的变化,但和欣欣谈话时,孩子不像以前那样听妈妈的话,还和妈妈顶嘴,因而家长非常苦恼。后来,月月老师和同组的老师根据欣欣出现的行为决定对欣欣进行个案研究。她们开始关注这个孩子,查阅了大量的相关资料,制订了研究计划,还经常单独与欣欣做游戏、谈话,并对她进行日常观察和记录,同时给家长以专业的建议和指导。经过一段时间的努力,欣欣的问题不见了,月月老师的研究能力也大大提高了。

第一节 学前教育观察研究概述

一、观察研究的含义及特点

（一）观察研究的含义

观察研究是研究者根据一定的研究目的，凭借自己的感官和借助其他辅助工具，在自然条件下，对研究对象进行有目的、有计划的观察，收集、分析研究对象感性资料进行研究的一种方法。这是一种非常简便易行且能可靠地获得资料的常用方法，教育观察法是教育科学研究最基本、最普遍的方法，贯穿于教育科学研究的全过程，并在研究中起着十分重要的作用。图 5-1 给出了观察会用到的一些媒体。

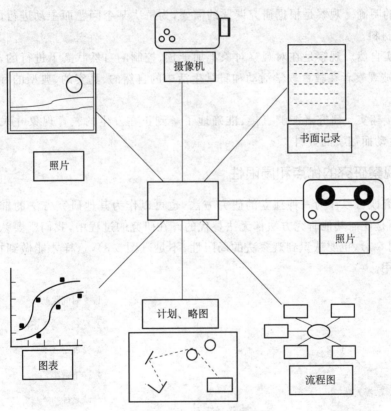

图 5-1 记录观察的不同媒体

(二)观察研究的特点

案 例

行为可以在自然的情景中观察到。

行为发生的时候,可以被记录下来或编码。

记录行为的观察者是客观的、无偏向的。

行为用清晰、明确的术语来描述,无须或几乎不需要观察者的介入。

(资料来源:Michael Ramsay et al. ,2002)

教育观察由于对观察对象原本的现象和行为不加以人为控制,所以更能客观、真实地呈现所要观察的内容。同时,教育观察是根据事先设计好的观察计划来获取准确、可靠、详细的资料。这些特点都不同于随意的日常观察,克服了日常观察的随意性和不稳定性,可获得比较可靠的信息,更具有计划性和客观性、系统性等特点。具体表现在以下 3 个方面。

(1) 目的明确。观察是根据研究课题的需要,为解决某个问题而主动进行的,目的在于获得直接的材料。

(2) 真实自然。观察是在对观察对象不加干预、控制的自然状态下进行的,从而使研究者能够研究被观察者在教育教学活动和日常生活中的自然的、真实的、典型的和一般的心理与行为表现。

(3) 直接翔实。研究者能够直接、准确地了解到正在发生的教育现象并采取某种措施获得真实、生动而翔实的资料。

(三)观察研究的优点和局限性

观察研究既可以作为一种独立的研究方法,也可以作为其他研究方法的辅助手段。但是,它的作用是任何其他研究方法都无法替代的。在研究的过程中,我们既要认识到观察法的优点(见图 5-2),也要认识到观察法的局限性(不足)(图 5-3),这样才能做到扬长避短,从而发挥其作用。

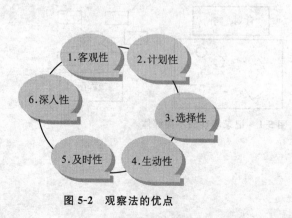

图 5-2 观察法的优点

1.受时间限制
2.受观察对象限制
3.受观察者本身限制
4.样本数小
5.缺乏控制
6.难以用数量表示
7.不适于大范围进行
8.需要获准进入

图 5-3 观察法的不足

1. 优点

（1）能通过观察直接获得资料，不需其他中间环节。因此，观察的资料比较真实。

（2）在自然状态下的观察，能获得生动的资料。

（3）观察具有及时性的优点，它能捕捉到正在发生的现象。

（4）观察能收集到一些其他研究方法无法收集到的材料。

2. 局限性

（1）观察记录所能呈现的只是现象和结果，即说明"有什么"和"是什么"的问题，不能判断"为什么"之类的因果问题。

（2）由于研究者知识、经验、情感等方面的背景不同，使得观察记录容易受主观因素的影响，这是需要认真加以预防与克服的。

（3）由于观察研究的取样范围及容量较小，其代表性不够高。而观察时间和情景处在不断变化中，也影响到观察资料的代表性。

二、观察研究的类型

1. 依据观察者是否参与被观察对象的活动，可分为参与观察与非参与观察

（1）参与观察。参与观察指观察者参与到被观察者的活动中，作为被观察者的一员来进行观察。参与观察一般是非机构化观察，是实地研究的一种主要方法，也是乡野研究最常使用的一种方法。参与观察受研究者主观影响较小，能获得关于研究对象的最丰富、最真实的资料。

（2）非参与观察。非参与观察是指观察者置身于被观察活动或团体之外，以局外人的身份对研究对象进行观察。最理想的状态是观察对象没有感到观察者的存在或意识到自己被观察。非参与观察经常用于研究儿童的行为。这种观察方法克服了参与观察中观察者对研究对象正常活动的干扰，保证了研究资料的客观性和真实性。

2. 依据对观察对象控制性强弱或观察提纲的详细程度，可分为结构性观察与非结构性观察

（1）结构性观察。结构性观察是指严格地界定研究问题和观察的各个项目，依据观察计划进行观察，并采用标准化的工具进行记录的观察。结构性观察一般是非参与观察。

（2）非结构性观察。非结构性观察是指对研究问题和观察的项目不做严格的界定，对观察的结果也不采用标准化记录方式的观察。非结构性观察一般是依据现象发生、发展和变化的自然观察。

3. 依据观察的现象是正在发生的还是发生之后的，分为直接观察和间接观察

（1）直接观察。直接观察是通过对正在发生、发展和变化的社会现象或行为进行观察和记录来收集资料的方法。结构性观察、非结构性观察、参与观察、非参与观察、自然观察、实验观察一般都是直接观察。

（2）间接观察。间接观察是通过对社会现象或行为发生以后所留下的各种痕迹的观察和记录，收集反映和推断此前发生各种现象和行为资料的方法，比如课桌文化的观察、考古研究等。间接观察不会对观察对象的行为有所影响，可以收集到反映对象真实行为的资料，但由于没有直接观察到行为和现象的发生，所搜到资料的效度和信度不能保证。

4. 依据观察地点和组织条件，可分为实验观察和自然观察等

（1）实验观察。实验观察是在对观察的情景和条件进行严格控制的前提下，对研究对象进行观察并记录观察结果的一种研究方法。实验观察兼具观察法和实验法的优缺点，既具有科学研究所要求的客观、精确和可反复验证、真实、完整、全面的优点，也具有观察范围、观察结论应用的局限性。

（2）自然观察。在自然环境中，对自然状态下的研究对象进行观察并收集资料的方法。自然观察不用对观察对象进行严格的控制，而是深入到现实生活中对实际发生的社会现象进行观察。自然观察是研究者喜欢并经常使用的一种研究方法，因为它更接近真实的生活，更具有灵活性。

三、观察研究儿童的意义

（一）观察研究的意义

在教育研究的各个领域中，观察研究的运用范围极广，几乎适用于各个领域的各种课题。可以说，科学的研究始于观察，观察是研究的基础。通过观察，能测量出许多其他方法无法测量的行为。

（1）观察是获取原始资料最基本的方法。

观察就是对教育现象发生发展的具体过程进行细致的系统记录，使研究者获得最原始的资料，是其他一切科学研究的基础。例如，皮亚杰在对儿童进行液体守恒定律实验的同时，加上观察、谈话。他在儿童面前呈现两个相同的玻璃瓶，放上同样数量的水，然后把其中一瓶水倒在高一点、窄一点的瓶子里，另一瓶水倒在矮一点、粗一点的瓶子里，再问这两瓶水是否一样多？3 岁的小朋友说不一样多，因为这瓶水高，那瓶水矮；6 岁的小朋友说一样多，因为这瓶水高，可是窄一点；那瓶水矮，可是粗一点。这说明 6 岁儿童已经从二维角度看问题，具有补偿性。6 岁的孩子又补充说明，"把这两瓶水倒回原来的瓶子里，水还是一样高，这两瓶水就是原来的两瓶水"，这就是可逆性与同一性。可逆性、同一性、补偿性是思维守恒性的 3 个主要特征。皮亚杰正是通过观察和谈话证实了 6 岁儿童的思维已经具有守恒性。

（2）观察是课题选择和形成的重要来源，是发现问题、提出问题的前提。

在教育科学领域中有许多有待研究的新问题，研究者只要善于洞察和捕捉、进行深入思考，就能透过现象、发现和提出新问题。例如，有些教师通过对新入小学一年级学生学习生活行为表现的观察，提出了"幼小衔接"的研究课题。

（3）观察是验证理论的重要手段。

教育科研结果的有效性与教育科学理论的正确性，可以通过多种方法进行验证。观察是检验科研结果可靠性和科学性的重要途径，尤其是某些暂时难以通过测量或实验进行验证的项目，其更需要观察。

由此可见，观察法简便易行，不必使用特殊设计的复杂仪器设备，不需要特殊条件，不妨碍观察对象的日常学习与生活，也不会产生不良后果，观察者不一定要有很高的专业理论素养,所获得的资料可信度较高。所有这一切,使得广大教育工作者尤其是新教师乐于利用教育观察法开展教育科学研究。

(二)观察研究儿童的意义

观察的质量以及在观察基础上进行的儿童发展评价,在很大程度上依赖幼教工作者的观察技巧。若要使观察进行得有意义、符合儿童的个体需要并为将来的活动设计提供信息,就应始终进行最高质量的观察。

观察儿童的一个基本目的就是加深成人对儿童需要的了解与理解,因为所有儿童都有自己的特点,要满足儿童的个体需要,就必须认识到儿童之间的差异并承认儿童有权利得到尊重。例如:在户外观察一群儿童的游戏时,你突然发现一名儿童没有参加游戏,你会怎么做?可以肯定的是,如果对儿童进行了观察,就有可能发现儿童在做什么以及他为什么这么做。在这个过程中,你经历了以下几个程序:观察、评价、决策。这一过程正是学前专业人员、幼儿老师和家长为什么观察儿童的主要原因,他们希望更深入地了解儿童。观察与评价是丰富个人知识、理解儿童的关键所在。在学前教育研究中,观察法具有特别重要的意义。

(1)由于幼儿认知能力的不足,他们还不能理解在科学研究中做出各种反应的意义,很少受到观察过程、观察者的影响,所以在观察过程中能更真实、自然地活动,跟日常活动一样,因而使得观察所得资料比较真实可靠。

(2)观察研究可以弥补幼儿理解能力和反应方式等的局限,能测出许多其他研究方法无法测量的行为。

(3)观察研究还有助于学前教育工作者进一步理解和发展有关儿童教育方面的理论观点。

总之,观察可以加深我们对儿童发展阶段的理解。观察儿童能够帮助我们更加清醒地意识到儿童的个体需要。我们要观察儿童的重要原因之一,就是要看看他们的发展是否遵循了一般的发展模式。幼教工作者和其他专业人员在与儿童一起工作较长时间后,能够在经验的基础上积累和提炼丰富的知识,能够敏感并准确地观察和评价儿童的学习与发展,进而设计出适宜的活动。图5-4和图5-5中通过观察儿童,我们评估他们的需要、拓展他们的经验、促进他们的学习。

图 5-4　观察儿童搭建单元积木

图 5-5 观察幼儿在区角活动中的互动情况

三、观察研究的条件

为了保证观察研究的实现,观察必须满足下面的条件。

1. 系统、有逻辑

为了确保观察资料的真实性、准确性和客观性,观察者应使用一些逻辑性强的、结构化的表格,而非采用一种偶然的、甚至是本能的随意观察方法。观察者还应事先考虑好每次观察应包含的信息(时间、顺序、过程、对象、仪器、记录方法与表格等)。在观察计划中,应事先设定观察目的、明确观察内容,确定观察方法、观察设备和记录手段。还应根据观察目的和人力、经费确定对象、范围和数量。

2. 选择科学的观察方法

因具体的观察内容和相关的客观条件各不相同,所以观察者要结合具体情况,选择最有利于获得真实信息的、最简捷的观察方法,从而经济、有效地获得科学的结论。

3. 真实、准确

在观察过程中,应真实记录所发生的事情和看到的行为,不能对所发生的事情进行主观猜测和想象;应准确记录事件发生的顺序和时间,观察必须客观,描述观察到的现象时,不能含有任何可能会影响信息准确性的价值判断,这一点非常关键。

4. 保密并得到许可

保密性是观察儿童的一个必要方面。有关儿童的全部记录都应该放在安全、可靠的地方,存放的资料不应该向其他人公开。另外,有必要对被观察的儿童及观察背景采取匿名的方式。如果保密性没有得到保证,那么儿童的权利就将受到损害,满足儿童的个体需要也将无从谈起。有关儿童的信息一般只能和儿童的父母及其法定监护人分享,除非涉及儿童保护的问题。观察者可以考虑采用不同的媒体来记录自己的观察,但在采用这一方法前,应该就保密性问题和研究团队进行探讨,因为录像和录音都会使被观察的儿童和场所全部展现在观察者眼前。

很多观察研究者会以儿童姓氏的第一个字母来指代儿童,或者采用类似字母 A 指代儿童的方法,有时也用 TC(Targel child,译作目标儿童)来表示。同样,观察记录没必要提及机构的名称,对机构做简单描述就足够了,例如某幼儿园小班。

观察研究应该在获得托幼机构的主管人员、负责人、班级教师或相关工作人员的允许后,再进入机构进行观察。

如果观察研究能满足上述要求,那么对观察资料的收集便具备了切实的依据,同时,也能为儿童的发展与进步设计和提供适宜的活动。

四、观察研究促进幼儿教师专业发展

专业发展的内容之一就是要提高有关专业的意识和反应水平,即对儿童的决策意识和反应水平。所以作为学前教育专业的学生必须始终保持最新的教育思想和理念,了解专业要求的变化,这些将有助于幼儿教师的专业发展。

(一)更加关注幼儿

观察儿童的过程会使幼儿教师集中精力关注儿童,也可能是集中精力关注儿童发展的某一方面或者某种技能。通过观察,幼儿教师很可能开始询问自己已经观察到什么和看到什么的问题。当幼儿教师开始努力寻找这些问题的答案时,其专业认识和能力也将得到提升。

(二)深入理解幼儿

之所以要开展观察研究,原因是要满足儿童的需要,因为每个儿童都是独特的个体。通过观察儿童,能够了解他们已经达到了什么发展水平,更好地理解他们为何做某事,强化我们关于儿童发展的知识,从儿童的视角去看事物;通过观察儿童,能够更加了解他们的特点,比如某个儿童的大声喊叫,可能不是偶然的淘气或大发脾气,而是为了引起成人的关注和爱,某个幼儿的咬人行为并非他具有攻击性,而是用这一方式来表达他的需要。如果我们没有通过观察来判定幼儿的反常行为,就可能永远也不会理解这些行为产生的真正原因。

案 例

某幼儿教师想观察一名 2 岁 3 个月大的幼儿的语言发展情况。由于工作任务繁重,直到下午 4:30 左右几名幼儿离园回家以后,她才利用闲余时间来做这项观察。这时,所要观察的这名幼儿正在图书区专心致志地听另一名成人读故事。她吮着拇指,蜷着身子坐在垫子上。为了实施自己的观察计划,该幼儿教师试着和这名幼儿进行对话,但该幼儿没有对这名教师的提问做出任何回应,于是,这名教师只能放弃了观察该幼儿的想法。

分析：

如果该幼儿教师能深入理解幼儿,她就应该知道一天中离园这个时段是幼儿比较劳累的时候。即使他对幼儿的了解不够,他也应该通过观察该幼儿明显的身体姿势和吮手指的动作判断出幼儿已经很累了。如果这项观察很重要,那么教师应该把观察时间选在一个幼儿反应比较积极的时间,比如上午间食的时间。

通过上面的案例,我们发现儿童想让我们和他们一起观察、一起体验。如果仔细观察儿童的整个活动过程,我们就不会过于急切地对幼儿的某种行为迅速地做出判断,从而对幼儿的发展水平做出结论。

总之,观察过程能够展现幼教工作者的素质,它呈现了有关儿童发展和进步的最可靠的信息。观察应该激发幼教工作者不断地反思,更加愿意学习。因此,学会观察和正确运用观察对学前教育专业学生的专业提升具有重要的意义。

第二节 学前教育观察研究的过程

一、观察研究的步骤

(一) 观察的准备工作

1. 确定观察目的和目标

实施观察之前,确定观察的目的和目标很重要。这样可以保证观察到的信息有贯穿主题的始终,并且能有效地用于评价儿童的发展和设计适宜的活动。

目的是对你将要观察什么和完成什么的表述,是观察的全部意图。目标应该比较宽泛,能够呈现你想要了解得更多的儿童发展领域。

例如:

目的:观察一名 3 岁幼儿与家长的互动情况。

目标:观察一名 3 岁幼儿与家长互动时的语言发展状况,主要关注词汇方面。

在制定观察目的和目标时,可以参照儿童发展里程碑的内容,或是有关儿童发展的理论书籍,了解不同年龄阶段儿童的表现和应该达到的发展水平,这会帮助研究者更准确地确定观察目的和目标。比如,观察目的是一位幼儿教师与一名儿童的谈话,目标可以确定为观察儿童理解教师的问题并能付诸实际行动的能力。

0～3 岁儿童全身动作发展顺序见表 5-1。

表 5-1 三岁前儿童全身动作发展顺序

顺序	动作项目	年龄（月）	顺序	动作项目	年龄（月）
1	稍微抬头	2.1	25	蹲坐自如	16.5
2	头转动自如	2.6	26	行走自如	16.9
3	抬头及肩	3.7	27	扶物过障碍棒	19.4
4	翻身一半	4.3	28	能跑但不稳	20.5
5	扶坐竖直	4.7	29	双手扶栏杆上楼	23.0
6	手肘支床胸离床面	4.8	30	双手扶栏杆下楼	23.2
7	仰卧翻身	5.5	31	扶双手双脚稍微跳起	23.7
8	独坐前倾	5.8	32	扶一手双脚稍微跳起	24.2
9	扶腋下站	6.1	33	独自双脚稍微跳起	25.4
10	独坐片刻	6.6	34	能跑	25.7
11	蠕动打转	7.2	35	扶双手举足站不稳	25.8
12	扶双手站	7.2	36	一手扶栏杆下楼	25.8
13	俯卧翻身	7.3	37	独自过障碍棒	26.0
14	独坐自如	7.3	38	一手扶栏杆上楼	26.2
15	给助力能爬	8.1	39	扶双手双脚跳起	26.7
16	从卧位坐起	9.3	40	扶一手单足站不稳	26.9
17	独自能爬	9.4	41	扶一手双脚跳起	29.2
18	扶一手站	10.0	42	扶双手单足站好	29.3
19	扶两手走	10.1	43	独自双脚跳起	30.5
20	扶物能蹲	11.2	44	扶双手单脚跳稍微跳起	30.3
21	扶一手走	11.3	45	手臂举起有抛掷姿势的抛掷	30.9
22	独站片刻	12.4	46	扶一手单足站好	32.3
23	独站自如	15.4	47	独自单足站不稳	34.1
24	独走几步	15.6	48	扶一手单脚稍微跳起	34.3

（资料来源：李惠桐. 三岁前儿童智能发育调查[J]. 心理科学通讯，1982(01).）

2. 做好观察计划

观察者需要精心组织，虽然这可以在实施过程中完成，但很多工作可以在实施观察之前就计划好。这并不意味着不给自发的观察留有空间，而是如果幼教工作者没有随身带书写工具，将会失去自发观察的机会。以观察的时间为例，什么时间是观察儿童的最佳时间呢？在幼儿园度过了一天即将回家时，幼儿可能会变得疲惫。幼儿在感到疲惫时通常会大哭大闹，此时他们对看护者的反应也和精力充沛时不一样。选择一天当中哪个时间段进行观察是个非常重要的问题，时间的选择将对观察的有效性产生重要影响，所以要有所计划。

3. 观察的格式化

很多专业工作者都提到自己同时进行观察和记录存在困难。所以，有时先观察然后马上记录可能会更好。观察记录是确保观察到的事实材料准确客观的重要一环。为了使观察记录全面、系统和准确，就要编制观察记录表。一份好的观察记录表至少具有两方面的功能:一是实施功能。观察可依据记录表合理分配注意力,按要求实施。观察者不致遗漏重要内容或注意与研究课题无关的内容;二是记录功能。观察者系统地记录下观察资料,便于研究者进一步的分析与整理。观察记录是录音或录像所不能代替的。后者只是观察者研究查询的杂乱的、最原始的资料,没有实施记录功能。观察者应该从实际出发,依据不同的研究目的和观察类型,编制出有"个性"的观察记录表。例如,若采用时间取样观察法,则应在特定时间内观察对象可能有的行为事件做尽可能全面的预计,并设计在记录表内。

4. 保密性与使用许可

保密性是观察儿童的一个必要方面。如果保密性没有得到保证,那么儿童的权利就将受其损害,满足儿童的个体需要也将无从谈起。有关儿童的信息一般只能和儿童的父母及其法定监护人分享,除非涉及儿童保护的问题。检验保密性的一个可靠方法就是让其他人阅读观察记录,然后看能否辨别出被观察儿童及其背景。

观察人员在进入观察环境之前首先要与有关部门和观察单位取得联系,获得许可方能进入观察现场。在与观察对象接触的过程中,不能因为自身的介入而影响到观察对象的正常活动。

(二) 观察的实施

1. 观察者在场景中的位置

在观察过程中,观察者应时刻保持小心谨慎并敏感地关注目标儿童及其周围事物,这一点非常重要。有时候,这一点并不像表面看起来那么简单,儿童天生富有好奇心,经常会跑过来询问成人在做什么。一些人发现,观察时最好是坐(或站)在一个不容易被儿童看到的位置,有些人则不急于记录所观察到的情况,而是等到儿童熟悉了观察者的存在并对观察者的活动失去兴趣后再进行记录。

2. 参与观察

在参与儿童活动的同时展开观察可能存在一定困难。首先,虽然观察者的注意力可能能够集中在幼儿身上,但对活动的参与会妨碍数据的记录。另外,如果投入地参与儿童的活动,可能会遗漏一些重要的信息。例如,在换尿布时观察婴儿能提供许多关于成人和儿童互动的有用信息,但是,当观察者给婴儿擦屁股时,他们可能看不到婴儿的面部表情,而这些表情、动作却是社会互动的重要组成部分。家长和幼儿教师在所有的时间都在注视并观察儿童,其中的许多行为都是凭借本能完成的,不可能完整地记录下所有的观察资料。此类观察的结果通常只是一些简单的评论,如"看,他在努力地站起来"或者"不用他人帮忙,他就能写自己的名字"。这样的观察经常是无计划的、自发的,但可以包含在有关儿童发展的整体观察记录之中。家长所做的非正式的评价也是非常有价值的,不应该被忽视。

3. 分组观察

当观察的对象较多需要分组时,分工要明确、标准要统一、抓住观察的重点。在整个观察过程中,要保持积极地思考和高度的注意。

整个观察过程如图 5-6 所示。

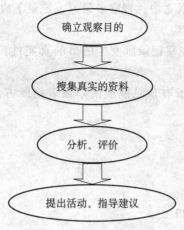

图 5-6 观察过程流程图

(三) 做好观察记录

观察记录要记录幼儿一个完整的活动过程,是一个完整时间的记录。客观的记录是指把实际发生的事件用描述性的、客观的语言记录下来,避免解释性或者判断性的语言。

1. 观察记录的格式

运用一种通过观察格式展开观察是一种好办法,这样可以保证所有重要和必要的信息都包括在内。做观察记录时,通常需要考虑以下必要信息。

(1) 观察的日期——时间是一个关键变量,知道前一次观察是在什么时间进行的,对于后续的评价工作非常重要。

(2) 观察者的名字——要说明是谁实施的观察,以备万一需要时使用。

(3) 观察中用来指代儿童的名字——是在整个观察过程中用来识别儿童的名字或是首字母。为了尊重儿童的隐私权,只要求记录儿童名字的第一个首字母或是化名就行。

(4) 儿童的准确年龄和性别——必须记录下儿童的准确年龄,无论是用年和月的形式,还是用月和周的形式,这样就能将其发展状况与普遍认可的发展常模或发展里程碑进行比较和评价。因此,记清楚被观察儿童的确切年龄至关重要,要精确。而且早制定目标时,1 岁和 1 岁 10 个月儿童的目标是不同的。

(5) 观察的起止时间——这一记录很重要,因为它能了解幼儿的活动共持续了多长时间。

(6) 采用的观察方法——这一记录有助于将来判断这种方法是否是适合这种情景的最佳方法。

(7) 观察的目的——这应该宽泛、集中地表述想要了解儿童什么。

(8) 观察的目标——必须是能够达到的、并且是可以测量的。

(9) 涉及的成人和儿童数量——儿童和成人的数量是观察包括的另一种重要信息。它能够提供观察的总体背景,将有助于分析与评价观察的数据。

(10) 对场景的简单描述——为了保密起见,没必要提及名字,但有必要简单描述一下场景,这样可以将观察置于背景之中。观察者最好也记录下成人的角色和作用,因为成人的角色会影响到儿童的行为和反应。

(11)署名——用来确认观察记录所发生的事的真实性。这样能增强观察的可信度和真实性。

通过调查发现,把需要的所有信息制成清单或表格既方便使用又可以节省时间,如下所示。

案　例

儿童姓名:Y

观察日期:2012 年 12 月 25 日

儿童的准确年龄:4 岁 1 个月

儿童性别:男

观察开始时间:上午 10:00

观察结束时间:上午 10:10

使用方法:描述(或叙述)

儿童人数:3

成人人数:1

观察目的:观察一名 4 岁 1 个月大的儿童在沙池中游戏的情况,重点关注其身体发育情况和社会性发展。

观察目标:评价 Y 幼儿的手眼协调能力和人际交往能力。

简要描述观察背景:Y 正和两名儿童在沙池中玩。沙池位于某淘气堡的游戏区内。有一名成人和儿童在一起。

观察证明人:某人

观察记录:

Y 幼儿来到沙池里玩,他先是站在沙盘边看另外两个幼儿用桶和塑料铲装沙子,然后他向另外两名幼儿走去。他站在这两个幼儿的对面,用右手拿起一个塑料桶放在沙子上,接着,又倾斜着身子用右手拿起一把塑料铲。他弯下腰,用右手拿起铲子并把它往塑料桶里装沙子,然后他抬头看了看那两个玩沙的幼儿。

"你们的沙子用大车运走吗?"他问道。

"我们用船运。"一个孩子回答道。

Y 看看沙池里面的道具,起身去找了一个船形状的装沙工具然后扔到了两名幼儿的沙子上。Y 开始用铲子在沙子上挖,然后他用右手握着满满一铲沙往自己的桶里装。每次装沙子的时候都有一些撒落在外面,但 Y 仍很认真地用右手握着铲子继续挖沙子并将沙子放在桶里。Y 抬头看了看家长说:"我的都装满了。"

家长回答他:"你做得真好,你的桶都满了。"

Y 转向看他身边的幼儿,说:"你的沙子没有我的多。"

那个幼儿看着 Y 说:"我的沙子都运走了。"

"Y,你可以和他们一起装沙子,然后运走。"家长对他说。

"好。"Y说,同时把铲子放在沙子上,用一只手使劲把桶提起来,放在那两名幼儿前面的沙滩上。他看了看那两名幼儿,他们仍在继续低头装沙,于是Y对家长说:"我不想在这玩了。""可以呀。"成人说,Y把铲子和桶放回去,然后和家长离开了沙池。

此次观察的结论:

信息可能提供了关于Y儿童身体发展的丰富资料。描述中多次提到了家长的干预,儿童对语言的运用以及家长对游戏的支持,四岁儿童应该能使用工具(如铲子)而不让东西溢出。通过观察发现,Y可能没有太多的机会练习使用铲子运沙子,或者他的兴趣不稳定,或者他想加入到另外两个幼儿的活动中所以心不在焉,或者由于家长的过多干预,他更需要从成人或同伴那里得到鼓励。

建议:

鼓励幼儿多出去玩,利用串珠、编制等活动发展幼儿的手眼协调能力,家长多给予支持和鼓励。

2. 观察记录的语言

观察记录要避免主观和态度词汇。表5-2呈现了常见的不合适词汇和合适的表达。

表5-2 观察记录语言

要避免的观察记录词汇	合适的词汇
这个孩子喜欢……	他经常玩……
认真完成了……	他用……分钟做……
他用了很长时间在……	他反复了三次
看起来像(好像)……	他说……(问过幼儿之后)
我认为……	几乎每天他都……
我感到……	我看到……
我想知道……	每隔一两天……
他把……做得很好	
他在……又缺陷(问题)	
很难……	

(资料来源:Gronlund and Engel. 2001,97)

对Y在画画时的观察记录

观察目的:观察Y的想象力和美术语言的发展

Y用右手握住一支红色的水彩笔,拿着笔在嘴唇边碰了碰,然后在绘画纸上画了一个圆。之后他又换了一支绿颜色的笔,把红色的笔放在桌子上,没有扣笔盖,他拿着绿色的笔在纸上随意画了几条线。他试着画一朵小花。

分析:虽然观察者做了详细的记录,但从记录中无法获得有关Y想象力和语言运用能力的信息,我们能获得的信息是Y用右手画画。另外,观察者假设Y是在画一朵花,这是观察者给出的判断,并不一定是幼儿的想法。

第三节　观察研究方法的选择和运用

观察需要一定的结构、计划或格式,所有这些都是为了让实践更加完美。观察和记录的格式或方法有许多不同的种类,然而没有一种方法是完美的,这需要了解每一种观察方法的优势和相对的局限性。熟练的观察者会评价不同的方法,并根据观察情形和周围环境成功地选择最适宜的方法和格式。

综合运用不同的方法来观察儿童将有助于促进幼儿教师专业化水平的提高,并使幼教工作者更加认真细致、一丝不苟地做好观察研究。在一段时间内综合运用多种方法持续观察儿童是一种优秀的观察实践,这种做法能帮助幼儿教师更全面地了解儿童,因为某些方法能更敏感、更有效地揭示儿童某些领域的发展。如果已经掌握了描述性观察这一方法,就应该更细致地了解其他观察法。作为一名学前教育工作者,要学会根据不同观察内容和目标综合运用其他观察法,获得关于各种观察法的长处与不足的第一手资料。例如在记录具体的身体技能发展时,观察表格要比叙述记录更为有效。

同样,书写观察记录的方法或形式也有很多种。描述/叙事观察法、图表观察法、检查清单观察法、取样观察法是 4 种主要的观察方法。

图 5-7 是对每种常用的观察方法进行的描述说明。学前专业学生有必要对每种方法都进行一定的练习,这样就可以充分利用所收集到的信息,满足儿童的个体需要。

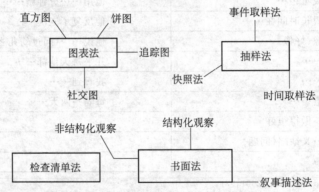

图 5-7　常用的记录观察法的不同媒体

一、描述/叙事观察法

描述观察法主要用于日常生活中对幼儿自然行为的观察记录,在平时的细致观察中,用描述和记叙性的语言记录观察对象的动作、对话、活动和行为,从中得出对幼儿个体或群体的认识。这类观察主要有日记描述法和事件描述法。

(一)日记描述法

1. 日记描述法的含义

日记描述法是最早研究儿童行为的主要方法,又称“婴儿传记法”,即研究者对同一个或同一组儿童长期跟踪、进行反复观察,以日记的形式描述性地记录儿童的行为表现,有时被称作儿童个体发展日志。目前,许多幼儿园利用日记的形式建立家园之间的联系。这种方式让家长参与到儿童的发展与评价中。对于婴幼儿而言,可以通过日记记录下儿童发展的关键日常信息;对于大点的幼儿,日记可以记录他们的社会性互动及取得的进步。日记描述法常用于对某一儿童的个案研究。

案 例

下面是对一个婴儿的日记观察记录

婴儿概况

婴儿Y于2008年11月25日早上9点12分出生于齐齐哈尔一厂医院。她的妈妈怀孕37周,剖腹生下Y,Y出生时6斤6两,身长51cm,出生时Y一切正常,在第7天出院回到家中。

第一次观察

时间:2008年1月25日 年龄:8周

环境:家中

目的:评估Y的发展

目标:用日记记录Y的发展阶段,作为Y个案发展研究的一部分。

记录:Y需要换尿不湿了,妈妈把他放在了他的小床上。他双臂放在身体的两侧,头在中间。当妈妈给他换尿不湿时,他的头需要妈妈用手支撑才不向后坠。当妈妈把他翻过身来,他试图抬起头看着妈妈。此时的他很安静,眼睛看着妈妈的脸,小嘴咬咬着,妈妈准备给他喂母乳,当妈妈的乳房接近时,Y很快地吸吮着,吃得很好,并用小手抓着妈妈的衣服。吃完后,Y看着妈妈微笑着。

结论:

Y对妈妈的微笑动作有所回应。

Y俯卧时能抬头、转头。

评价:

Y发展达到了2个月婴幼儿发展里程碑的水平。

2. 日记描述法的优缺点

(1)优点

① 记录简便。

② 可以记录长期而详细的资料,能详细完整地描绘儿童的发展。

③ 将来可用于比较。

④ 可以作为儿童一生中某个具体时段的发展记录。

⑤ 真实性高。

⑥ 资料可以反复利用。

(2)局限性

① 观察带有主观倾向性。

② 观察对象的局限性。

③ 耗费时间、精力,必须持续一段时间,因而有时会因人员问题以及环境中的其他变化

而使观察难以进行。

（二）事件描述法

事件描述法是详细、完整地记录被观察者在自然状态下所发生的行为，然后对所收集到的原始资料进行分析研究的方法。也就是说，观察者对所要研究的现象从头到尾进行全面的观察，同时做好叙述性记录。例如，用文字详细描述幼儿的争吵行为。

这类方法主要包括：对事先计划好的活动或任务的结构化记录、非结构化记录、快照式观察。

1. 结构化记录

为某个具体的缘由而进行观察时通常采用这种记录方法，如表 5-3 所示。

表 5-3   比较观察记录两名 12 个月婴儿的身体发育情况

观察者姓名	儿童 A	儿童 B
身体发育情况	年龄：12 个月	年龄：12 个月
能自己站起来		
能拿住一个茶杯		
能迅速地爬行或移动		
能瞄准并捡起小的物体放入容器中		

（1）优点

① 将关注点集中在一项具体的观察活动。

② 能够获得有关儿童在某一具体技能发展的大量数据。

（2）缺点

① 因为观察情景是预先设计好的，所以幼儿的行为会受到情景的影响而与原本的行为表现不一致，影响收集资料的准确性。

② 资料的收集会受到现实环境的限制。

2. 非结构化记录

非结构化记录是指没有预定目的地去观察一位或一群儿童时所做的记录。这类记录是自发的，常常是因为突然发生了有趣的或是出人意料的事情，觉得有意思而记录下来，也称为逸事记录。这种记录是教师常用的一种方法，它是着重记录观察者认为有价值、有意义的任何可以表现儿童个性或某方面发展的行为背景。它与日记描述法不同，它不限于仅记录儿童显著的新行为和言语发展。这样的记录，要作评价是比较困难的，但它会启发研究者今后去做某一方面计划性的观察。因此，在口袋里放一个体积小巧的笔记本和一支笔，随时做点非结构化记录，是个很好的科研习惯。

（1）优点

① 观察比较灵活，适应性较强；

② 简便易行，最为常用；

③ 无须事先做计划，自发完成。

（2）缺点

收集数据较分散、不易于做定量分析和严格的比较研究。

3. 快照式观察

顾名思义,快照式观察指在某一具体时间获得的"即时性印象"。这是一种灵活的方法,既可以用来观察一名或一群儿童,也可以用来评价有计划的活动。例如,你可能想评价活动区的利用情况,那么就可以用图表或者书面描述,甚至是拍照(在征得家长同意的情况下)的方式记录下某一具体时间儿童在做什么,如图5-8所示。

图5-8 幼儿尝试用易拉罐搭建高楼

案 例

日期:2011年9月3日

开始时间:上午10:10

结束时间:上午10:15

儿童数量:全班幼儿

年龄:33个月~36个月

目的:观察并记录儿童在不同活动区的活动

目标:设计活动区活动规则,制定进区计划和活动人数标准

环境:鼠宝宝班级教室

观察记录:

J、B、C三位小朋友在美工区做手工,副班老师在故事区和W、D、L三位小朋友读故事《西游记》;K、W2、X、Y、T几位小朋友在建构区搭积木,他们正在搭建一座大桥;Z、S、F、Q四位小朋友在休息室的表演区进行歌舞表演,他们自己选择曲目、服装和乐器,两个小朋友打击乐器,两个小朋友进行表演,玩得很开心。T2、C在科学区探索着小球沿轨道行驶的奥秘,他们一次次的尝试在不同位置放小球,探究小球滚动的速度,一直到活动区活动结束。G、H、L2、T2几位小朋友在娃娃家。

评价:几乎所有儿童都参与到了活动区的活动。

建议:目前活动区域的利用情况很好,无须改变现有的活动内容。

(1) 优点

① 可以是自发的,不需要经常做计划。

② 提供了可以随后再进行评价的开放性数据。

③ 既可以用于个体观察，也可以用于群体观察。

④ 既可以用于结构性观察，也可以用于非结构性（自然主义的）观察。

（2）缺点

① 只能实际地记录很短一段时间内的数据。

② 很难集中注意力，因为儿童可能会问你在干什么。但如果儿童习惯了观察者的参与，这一问题就不存在了。

③ 之后书写观察到的情况时，可能会漏掉一些事情和信息。

二、图表观察法

这种类型包括：直方图、饼图、社会关系网图（sociogram）、追踪观察法。

（一）直方图和饼图

1. 直方图的含义

直方图是以图画的形式将儿童从事某项活动的能力记录下来，这些图表是用图示的形式呈现及说明收集到的信息，直方图可用来记录对一个大的群体或全班儿童的观察结果，如表 5-4 所示，要对全班 30 名幼儿运用身体技能（如把球作为一个目标来踢）方面的情况进行评价。这种方法还可以用来记录诸如儿童一天当中受到了哪些方面照顾之类的信息，如儿童在进食、睡觉、醒着、游戏等活动时各用了多长时间。直方图可以在个人计算机上运用 Excel 程序制作出来。

表 5-4　幼儿的接球情况直方图

（纵轴：儿童数量，从 1 到 9；横轴：接球情况，分别为 3/3、2/3、1/3、0/3）

2. 饼图的含义

饼图是用图片的方式来显示一段时间或一群儿童分成不同类别后在一个圆（360°）中所占的百分比。饼图既可记录每一项活动所花费的时间占总时间的百分比，也可以直接在饼图上记录活动内容。很多时候，尤其在时间分段比较少时，直方图表示的结果也可以用饼图的形式表现出来，如图 5-9 所示。

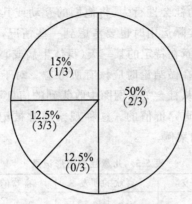

图 5-9 幼儿的接球情况饼图

试一试

观察日期:1994 年 7 月 3 日

开始时间:上午 10:45

结束时间:上午 11:00

成人数目:

儿童数目:

儿童姓名:TC

年龄:

目的:观察一位儿童在自由选择游戏时段的情况。

目标:观察并记录该儿童在不同活动上的注意力集中时间。

环境:幼儿园中的一块安静的地方,那里布置好了几样不同的活动。

观察记录:

饼图显示每项活动上所花时间的百分比。

3. 饼图和直方图的优缺点

(1) 优点

① 饼图能涵盖任何一段时间和数量。

② 直方图能够记录若干儿童的信息。

③ 易于阅读和解释。

(2) 缺点

① 可能要求观察者能够熟练使用信息交流技术。

② 并非所有人都能轻松地理解图表中的数据,因此,这一方法可能需要一些书面的解释。

③ 需要清晰的目的和结果。

(二) 社会关系网图

1. 社会关系网图的含义

社会关系网图记录的是单个幼儿与他人的社会性接触,或是一个群体中儿童间的友谊发展情况。观察并记录儿童的社会性行为,将他们的互动或其他交往的表现用作图的方式表示出来。这种观察方法在实际运用时也要考虑到一些情况,否则容易受到主观判断的歪曲。比如,某个很受欢迎的儿童在特定的某一天(身体生病或心情不好),自己独自玩而没有和其他儿童在一起玩。这时,在做结论时应该有所考虑。对于社会关系网图是否能真正达到观察目的仍有不同观点,但从社会关系网图中收集到的信息对儿童社会互动的评价、儿童友谊的发展和交往原因是有研究价值的。这种观察通常被记录在事先设计好的表格中,表5-5是一个社会关系网图的案例。

表5-5　儿童社交图形记录

儿童的姓名	喜欢的朋友	喜欢的朋友	喜欢的朋友	喜欢的朋友
A	D	B	C	F
B	C	E	B	D
C	B	E	F	D
D	C	F	E	B
E	C	F	B	D
F	B	D	E	C

从表5-4中可以得出很多推论,哪些儿童是受到欢迎的、哪些儿童是不受欢迎的,为什么会有这样的选择,儿童选择朋友的原因。当然,在做这些假设和推论时也要考虑到儿童在人际交往上的特点和友谊的不稳定性。

2. 社会关系网图的优缺点

(1)优点

① 适合观察较大的儿童群体。

② 简单、可直接使用。

(2)缺点

① 不能自发进行,需要事先做好计划。

② 对数据的解释具有开放性,所得结论容易出现偏差。

③ 受时间、地点、观察对象数量的限制。

(三)追踪观察法

1. 追踪观察法的含义

追踪观察法是追踪一个儿童很长一段时间,观察他去过哪些地方、做些什么。观察并记录个别儿童或儿童群体在某个限定区域(如教室、活动区、户外或花园)内一段时间的活动。在幼儿的区角活动中运用这种观察方法能让观察者了解到观察对象的专注情况,是不是在不停地换区角,从而进行有效指导。下面是追踪图运用的一个实例。

案　例

观察日期:2015年6月22日

开始时间:上午9:10

结束时间:上午9:23

儿童数目：全班儿童

成人数目：1

目标儿童：DD

年龄：5周岁

目的：观察一位5岁的儿童在区角活动的选择和时间

目标：追踪儿童选择的区域、儿童的兴趣和专注力

图5-10中箭头说明的是这名儿童在活动区的活动轨迹，从中看出，该儿童没有选择阅读区和娃娃家。因此，可从中推断出该儿童的兴趣、偏好，为儿童提供帮助。

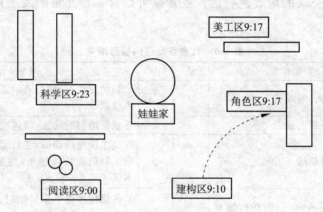

图 5-10　儿童区角活动追踪观察

注：箭头表示儿童的活动路线；时间表示儿童离开该活动区域的时间。

2. 追踪观察法的优缺点

（1）优点

① 可以观察到所提供的区域或活动能否满足儿童的需要。

② 可以提供儿童活动的完整轨迹。

③ 简单、方便、易于操作。

（2）缺点

① 使用的是封闭性数据。

② 因为是图示记录，在之后的整理解释会很困难。

三、检查清单观察法

（一）检查清单观察法的含义

检查清单观察法是事先将儿童发展的"里程碑"编成代码，列成检查清单，而后去观察和记录一位儿童发展的某个特定方面，是学校和托幼机构在记录儿童进步时经常使用的方法。当儿童最初入幼儿园时，教师想了解儿童的能力如何，通常会采用这种方法。

如果有关人员想对有特殊需要儿童的发展进程实行矫治，就可能会采用到目前广泛施行的"Portage教育方案"。该方案就包括用检查清单法观察有特殊需要的儿童。"Portage教育方案"是指父母和照料者为有特殊需要的儿童制订矫治计划时，将发展"里程碑"

细化为具体的达标步骤,并在进入下一矫治环节前,了解儿童前一环节的目标达成情况。英格兰和威尔士政府启动的旨在评估学生对基础学科掌握情况的 SATS 准成绩考试,就是检查清单法的一个实例。其他国家和机构也有类似的体系用以保证达成其教育或社会性目标。

与描述/叙事法一样,这种观察方法得到了儿童保教专业人员的广泛应用。一些地方教育部门提供了形式表格供当地所有托幼机构使用。这种表格应用起来快捷、方便,并且可以在一段时期内使用。它们既可以用来记录结构化的活动,也可以在自然的环境下记录常规活动和事件。表格可以用来记录一名儿童的发展,表 5-6 给出的检查清单采用的是社会性发展常模,是根据公认的量表进行的。或者也可以对一群儿童的发展情况进行比较,如表 5-6 所示。

表 5-6　社会性发展的检查清单

儿童发展的"常模"	是	否	评　语
1. 温和亲切,信任别人,亲近别人	√		Y 和朋友在一起时,和朋友坐在一起并和他轻声说话
2. 在家务活动上乐于帮助成人	√		愿意帮助别的儿童,愉快地答应别人的请求
3. 努力保持周围环境整洁		√	在美术区角活动后,老师要求他把掉在地上的废纸屑扔进垃圾桶里,他捡了几下,就跑到积木区了
4. 生动地进行想象游戏,包括创造性游戏和创造人物	√		Y 在建构区待了很长的时间,他拿起一块积木当小汽车,然后在搭建的大桥上来回行驶,嘴里还发出嘟嘟嘀嘀的声音。
5. 参加主动的想象游戏,包括创造性玩耍和创造人物	√		Y 在角色区穿上了小兔子衣服,并学着小兔子蹦蹦跳的样子来到了另一个小朋友面前,说:"我来你家做客了。"手里还拿着纸壳做的"蛋糕"
6. 理解分享玩具	√		在美工区,D 小鹏走向 Y,问他能不能用他手里的工具,Y 点头并把手里的剪刀递给了 D,Y 开始拿胶水粘手里的剪纸

表 5-7　运用检查清单法在幼儿园观察群体儿童的实例

活　　动	儿童 A	儿童 B	儿童 C	儿童 D	儿童 E
单脚站 3 秒	√	√	√	√	
单脚跳	√		√		
抓住大球	√		√		√
在原地双脚跳	√	√	√	√	√

检查清单观察法运用实例

观察日期:2000 年 9 月 10～17 日　　观察儿童:1 人

儿童姓名:Y　　　　　　　　　　　年龄:4 岁 3 个月

观察目的：观察一位 4 岁儿童的社会性发展水平是否达到了"常模"中的发展水平。

观察目标：观察并记录一位 4 岁 3 个月儿童的社会性发展成就，参照 Mary Sheriden (1995) 制定的常模。

背景：在一所公立幼儿园实习，承担日常的保教工作。

（二）检查清单观察法的优缺点

1. 优点

① 运用起来快捷、方便。

② 可以用来比较儿童个体和群体的发展水平。

③ 可以重复使用，前后比较儿童的发展。

④ 不受时间的限制。

2. 缺点

① 所收集的数据是封闭的。

② 研究的范围局限于儿童发展的某一方面。

③ 受清单格式的限制，收集到的数据和信息有限。

④ 需要事先做好计划、设计好表格和清单。

四、取样观察法

取样观察法是根据一定的标准，抽取一定的幼儿行为进行观察、记录和研究，从而获得对幼儿行为的进一步认识、理解的方法。这一方法包括时间取样法和事件取样法。

（一）时间取样法

1. 时间取样法的含义

时间取样法是在一定时期内选取特定时间进行观察的方法。时间取样法可以用来记录儿童个体或群体。这种记录不是连续的，而是有一定规律的时间间隔，如在一天或适宜的时间段内每隔 15min 记录一次。时间取样法可用来考察儿童的特定活动或行为，可以在事先准备好的表格上记录，也可以采取书面描述的方式进行。例如，观察某幼儿美术教师 10min 内的师幼互动活动，其余时间和其余事件不予观察。时间取样法易于观察到具有代表性、普遍发生的行为，借以了解到行为发生的频率和趋势。一般来说，对于 15min 内不易出现的行为不太适用于此方法，如幼儿的内在行为。

2. 时间取样观察法运用实例

 案　例

儿童美术活动课时间取样

观察目的：观察一小群儿童，特别观察其中一位幼儿，记录他在任务上花费多长时间，有多专注。

观察目标:观察一位 5 岁幼儿画画时在没有成人干预的情况下的专注力。

具体观察记录如表 5-8 所示。

表 5-8　儿童美术活动课的时间取样观察记录

时　　间	有任务专心	有任务不专心	无任务安静	无任务分心
11:00	√			
11:01			√	
11:02			√	
11:03	√			
11:04			√	
11:05	√			
11:06			√	
11:07	√			
11:08			√	
11:09			√	
11:10			√	
11:11	√			
11:12	√			
11:13			√	
11:14	√			
11:15			√	

书面描述时间取样

如果观察一个儿童在听故事时的注意力,可以计划每分钟观察一下这个儿童,记录下他在做什么。

目标儿童:TC

上午 10:00 坐在地毯上看着成人。

上午 10:01 注意听成人给儿童群体读故事。

上午 10:02 举起右手回答有关故事的提问。

上午 10:03 用右手的食指捅她前边的儿童。

上午 10:04 成人把她移到地毯的另外一个地方。

上午 10:05 又一次举手回答有关故事的提问。成人提问,她回应。

1 岁双胞胎一日活动安排

儿童数目:2

儿童姓名:Aidan　　　　　　年龄:1 岁 2 个月

　　　　　Marc　　　　　　　　　1 岁 2 个月

环境:整幢房子。

目的:考察 1 岁双胞胎全天的保教计划。

目标:记录一天中在社会性照料和玩耍上的时间,精确到分钟。

观察记录：

上午	9:00～9:10	在游戏屋中玩耍
	9:10～9:15	换尿布
	9:15～9:30	在游戏屋中玩耍
	9:30～9:40	点心时间
	9:40～10:15	在游戏屋中玩耍
	10:15～10:30	洗脸,换上外出服装
	10:30～12:00	外出去花园
中午	12:00～12:15	看电视
	12:15～12:45	午餐
下午	12:45～1:10	在花园里玩耍
	1:10～1:20	清洗和换尿布
	1:20～3:05	睡觉、休息
	3:05～3:10	换尿布
	3:10～3:30	点心时间
	3:30～4:30	在游戏屋中玩耍

结论:双胞胎一天的时间大部分用于玩耍和外出共计235min。这个年龄的孩子需要午睡105min。除了一小段时间用来看电视(15min),一天中余下的时间都用于清洗和进餐共95min。

评价:这个家庭的一日照料程序与 Patricia Geraghty(1988)推荐的日程安排非常相似,她曾在论及计划儿童的一日活动时说:"为年幼儿童制定的一日照料程序的核心是玩耍,与专门用于常规活动(如清洗、午餐、点心和休息时间等)的时间相平衡。"

建议:为了评估儿童一日常规活动的质量,有必要对玩耍做更详细的书面/叙事性观察。

3. 时间取样法的优缺点

(1) 优点

① 可以在较长一段时间内持续观察。

② 收集到的是开放性数据。

③ 记录起来简易。

④ 对儿童个体和群体都适用。

(2) 缺点

① 仅适用于研究经常发生的行为。

② 到了该记录的时间可能忘记,因此,需要较强的计时技能。

③ 所取得的资料很难解释因果关系。

④ 如果记录需要持续一天或一学期以上,可能需要其他成人帮忙。

⑤ 如果一些有价值的信息发生在要记录的时间样本之外,就可能会遗漏这些信息。

(二)事件取样法

1. 事件取样法的含义

事件取样法常用于观察有反社会行为倾向的儿童,如脾气暴躁、攻击他人等。事件取样观察的目的是记录下所有事件,记录事件发生之前和之后的现象,从而发现事件发生的规律和模式,制定出有效的策略来为矫正儿童的反社会行为提供帮助和指导。

2. 事件取样观察法的运用实例

案　例

观察日期:2015 年 5 月 20 日　　　　时间:全天

成人数量:2

儿童数量:全班

儿童姓名:YZ　　　　　　　　年龄:5 岁 4 个月

环境:小班教室

目的:观察 YZ 全天在教室的行为(表 5-9)。

表 5-9　幼儿攻击行为的观察记录

时间	事　　件	之前发生的事	之后发生的事	评　　论
9:10	YZ 抢了小朋友的玩具	YZ 在凳子上看书	另一个小朋友玩具被抢了,找老师	YZ 应该礼貌地道歉,但他没有此意
9:30	YZ 拽了前面小朋友的头发	继续在凳子上,无所事事	老师走了过来,YZ 坐在凳子上,低着头	教师提醒 YZ 要礼貌,不要碰到别人
14:35	另一个小朋友推了他一下,他哭了	儿童正在如厕	YZ 哭了几声后,趁小朋友不注意,使劲推了他一下,那个小朋友也哭了	的确是另一个小朋友先推他的
15:06	突然大喊,说自己的纸片玩具不见了	如厕完喝水	几个小朋友过来看,教师帮忙找到了玩具	YZ 通过喊叫引起老师和同伴的注意

目标:记录所有反社会行为事件。

识别事件之前发生了些什么。记录事件之后发生了些什么。

结论:

如果别人侵犯到 YZ,他的反应是非常迅速的。他试图不询问他人意见就拿走他想要的东西。但在一天之中,YZ 不是一个总主动挑起事端的儿童。

评价:

对于 5 岁的 YZ,当他遇到阻碍或事情的发展让他不称心时,他仍然倾向于使用"武力"、喊叫来解决,而非语言。

建议:

鼓励 YZ 以他人能接受的方式来表达自己的感受,事件发生后,教师要倾听双方的解释。

奖励 YZ 正确的行为。

3. 事件取样法的优缺点

(1) 优点

① 简单、便于使用。

② 收集到的是开放性数据。

③ 能够展现某一具体领域或技能的发展。

（2）缺点

① 需要预先准备表格，因而不是自发的。

② 可能需要从其他成人那里获得一些补充性信息。

事实上，无论使用哪种方法记录观察资料，都必须提供相同的关键信息，无论是将信息记录在图表中还是用文字进行描述，都需要明确儿童的准确年龄以及你的观察目的和目标。即使收集了所有这些信息，仍然需要认真思考你给出的结论和建议。

开展观察总是要有目的，完成观察后，必须做出评价和建议。所作出的评价应建立在对儿童发展认识的基础上。如果对儿童在某个年龄阶段能够发展到什么水平存在疑问，可以通过查找儿童发展的里程碑：从出生到 6 岁寻找理论依据。但是同一年龄的儿童可能具有不同的经验，处于不同的发展阶段，观察的是儿童现在能够做什么，在此基础上能做什么。最后的建议应该是为了促进儿童的发展。

思考与练习

1. 观察研究的含义及其特点是什么？

2. 结合实际谈一谈观察研究对学前教育科学研究的意义。

3. 观察研究的常用方法有哪些？

实践与训练

1. 自选一项研究课题，设计一份完整的观察计划，并在教育见习中加以实施。

2. 分别观察 2 岁、3 岁、4 岁儿童完成一幅拼图的情况。对儿童的能力作个比较，注意儿童技能水平的变化，并根据观察记录制订一个行动计划，以促进儿童技能的发展。

3. 设计一系列不同年龄阶段儿童进行观察的计划，尝试对每个观察任务中儿童发展的不同方面进行观察。

第六章
教育调查法

 学习目标

知识目标

（1）理解教育调查的含义与内容；

（2）了解教育调查法的特点，掌握教育调查法的具体类型，明晰教育调查法的一般过程；

（3）了解问卷调查研究的结构、步骤和基本要求，掌握问卷的编制技术及调查数据的编码与分析技术。

能力目标

（1）能围绕调查主题选择恰当的调查类型，编制一份调查问卷，对问卷进行发放与回收；

（2）利用编码与分析技术对调查问卷收集的调查数据进行整理与分析，总结出调查结论。

问题导入

如何了解某地民办幼儿教师专业发展程度？

幼儿园教师队伍及其素质是教育质量的决定性因素，占据七成多的民办幼儿园教师的质量对我国学前教育事业的可持续发展提出了巨大的挑战。民办幼儿园的质量直接影响着我国幼儿教育整体的质量，而制约民办幼儿园质量的关键因素之一是教师专业发展水平。教师专业发展，主要包含3个方面，即教师的专业知识、专业技能和专业情意。在民办幼儿园强劲的发展势头下，民办幼儿园教师的基本职业现状究竟如何？民办幼儿园教师队伍专业发展的真实情况如何？这就需要围绕教师专业发展的相关情况开展调查研究。

作为教育科研重要方法之一的教育调查研究，对教师或研究人

员及时了解教育教学现状、发现教育教学问题、探索教育教学趋势和开展教育科研工作都具有非常重要的现实意义。本章就来学习教育调查研究方法。

第一节　教育调查法概述

调查研究是社会学研究中应用最广泛的一种研究方法,它是人们了解和研究社会的有效途径、是认识社会的重要手段。教育调查法是指在教育理论与教育思想的指导下,通过问卷、访谈、座谈、观察与测验等手段,基于自然状态下,以现实存在的教育问题为研究对象,有目的、有计划、系统地了解、掌握学前教育教学的真实情况,对收集到的资料进行整理与分析,客观地描述教育教学的现状与教育教学现象的一种研究方法。

一、教育调查法的特点

（一）间接性

教育调查法是一种间接的研究方法,即调查者收集资料时可以不必在教育现场对调查对象及其行为进行观察,而是通过很多途径,不受现场条件和时间的限制,从几个侧面对调查内容进行了解。例如,"某地区幼儿园语言教学的现状调查",调查者就可以通过访谈、问卷等方法对该地区的幼儿教师、学生家长、教育行政管理人员等相关人员收集资料,进而对该地区的幼儿园语言教学现状进行分析与研究。同时,实际中有很多现象是很难或无法在短时间内被全部直接观察到的,需要用间接的方法去收集资料,如通过观察法可以观察到幼儿在某活动中的行为表现,但对幼儿当时的心理、态度及其产生的原因等方面却不可得知,要通过向幼儿、家长及教师进行更加全面、客观的了解。

（二）多样性

教育调查法由于不受时间与空间的限制,就可以随研究内容、研究对象及研究设计的不同而变化。调查方法种类丰富,常见的调查法包含文献法、历史法、问卷法、访谈法和测验法等。调研途径也是多种多样的,既可以通过细致的访问、座谈等方式深入研究某些事物与现象,又可以采用问卷、测验等手段进行区域性的大范围的调查研究,还可以将多种调查方法结合起来。例如,针对"学前教育家长满意度的调查研究",可以通过对具有代表性且性质不同的幼教机构的家长进行满意度问卷调查,了解家长对不同性质的学前教育机构的满意度,发现当前存在的问题;通过选取部分家长进行重点观察和访谈调研,深入探究家长产生不满的原因;同时,通过选取教师进行访谈,进而从社会宏观环境、政府相关政策和机构自身限制等视角,分析学前教育中家长满意度所面临的重重困难及问题。基于此,为幼儿营造良好的学前教育环境、促进其健康发展、提升学前教育质量提供有效可行的策略和解决措施。

（三）广泛性

教育调查研究可以适用于学前教育教学领域中多种不同类型的课题,应用范围广泛。如学前儿童生活习惯现状可以运用调查研究,教师教学策略可以运用调查研究,家长教养方式与儿童性格养成的关系研究也可以运用调查研究。教育调查法可以不受时间、空间的限制，可以跨越地域的限制，如"河北省大专院校学前教育专业课程设置的研究"，就可以利用发放电子问卷的方式，收集相关数据。同时，教育调查法也可以不受调查对象数量的限制，结合不同的选题选择恰当的抽样方法来控制调查对象的数量。例如，调查学前儿童兴趣爱好与年龄间的关系时可以增加样本的数量，不局限于观察法、访谈法和实验法等方法的人数限制。

（四）严密性

教育调查法通过运用多种方式和途径，有计划、有目的地了解教育教学活动中的现实问题，必然将按照系统的程序与步骤来开展，包含调查对象的选择、调查计划的制订、调查工作的实施、调查结果的分析与处理等内容。为了保证调查结果的准确性和科学性，调查时必须将可能遇到的突发情况和对调查结果可能会产生影响的各个因素进行合理的预见，使得调查过程都建立在科学论证的基础上。例如，为了调查某地区农村家庭学前教育投资的现状，就需要考虑选择多大的样本数量及构成样本群体的年龄、收入、学历等多种因素，结合调查对象和调查方法来制订调查计划，进而通过对调查结果的分析与处理，了解该地区农村家庭学前教育投资的基本情况，发现存在的问题并探索解决问题的策略。

（五）自然性

教育调查法是一种在自然状态下进行的研究方法，在自然进程中收集资料，不同于实验法，要对研究对象进行主动干预和操纵。因为调查法所收集的是在自然状态下教育实际情况的资料，所以更适合于指导学前教育实践。

二、教育调查法的类型

教育调查法类型多样，根据不同的分类方法可以分为不同的类型。学前儿童发展与教育领域的调查研究，根据调查性质和目的的不同，可分为现状调查、关系调查、原因调查和发展变化调查；根据调查范围的不同，分为普遍调查、抽样调查和个案调查；根据调查手段划分的不同，可分为问卷调查、座谈会调查、测验调查和访谈调查。

（一）按调查性质和目的划分的类型

1. 现状调查

现状调查旨在了解儿童发展中某些特征或某些方面发展的现状及在学前教育教学中的某些现象和某些问题的基本现状。例如，"4～6岁幼儿自我认知积极偏向发展特点的调查研究""3～6岁幼儿合作学习的水平与特点的调查研究""幼儿对动画形象的性别角色认同特点的调查研究""3～6岁幼儿社会自我概念发展特点的调查研究""大班幼儿语言发展特点的调查研究""某地区幼儿教师需求现状的调查研究"和"某地区幼儿教师职业认同感特点的调查研究"等。通过现状调查，我们可以有效地掌握调查对象的实然状态，发现实际中存在的问题，为今后有针对性地实施教育影响，探索为达成学前教育教学应然状态的改进策略和措施提供坚实的基础，以便于促进儿童发展，改进未来的学前教育教学工作。

例如,为考察"幼儿教师教学监控能力的现状"[①],围绕"计划与准备性、反馈与评价性、控制与调节性、课后反省性"四个维度,对抽取的 250 名幼儿教师开展问卷调查,得出结论如下:从总体水平来看,多数幼儿教师的教学监控能力处于中等偏上水平,但也有少数幼儿教师教学监控能力总体水平较低;在教学监控能力的 4 个因子中,评价与反馈性的得分最高,控制与调节性的得分最低;在教龄、文化程度、职称等个体特征变量上,幼儿教师的教学监控能力水平均存在不同程度的差异。

2. 关系调查

关系调查是通过调查两个变量的情况,探讨其相互联系的性质和程度的一种调查研究。例如,"亲子关系与幼儿抗挫折能力的相关研究""4～5 岁幼儿社会规则认知与同伴关系的关系""农村留守幼儿的情绪理解能力与侵犯性和同伴关系的关系""父母婚姻质量、亲子依恋与幼儿焦虑的关系研究""幼儿运动能力与幼儿园运动环境质量关系的研究""幼儿教师教学观与教学行为关系研究""幼儿教师工作能力、应对策略与职业倦怠的关系研究"和"教师介入幼儿同伴冲突的策略与教师人格特质的关系研究"等选题。通过相关调查,获取两个变量间的数据资料,计算其相关系数,进而根据相关系数的数值(正值、负值或零),来分析、判断研究其中两个变量间存在的关系。

例如,探讨"农村留守幼儿的情绪理解能力与侵犯性、同伴关系"三者之间存在的内在关系时,利用访谈法和问卷法对当地近 200 名幼儿的情绪理解能力、侵犯性和同伴关系进行了调查,发现留守幼儿与非留守幼儿的情绪理解能力和侵犯性、同伴关系间的相关系数为 0.01,呈现显著差异;情绪理解能力、侵犯性和同伴关系三者间,两两关系系数则为 0.05,也呈现相关显著;生气和伤心情绪的理解能力对同伴关系有显著预测力($\beta \geqslant 0.20$);生气情绪的理解能力对侵犯性有显著预测力($\beta = 0.33$);侵犯性在对生气的理解能力和同伴关系间起中介作用,中介效应与直接效应的比值为 26.13%。根据调查结果可知,留守幼儿的情绪理解能力、同伴关系低于非留守幼儿、侵犯性高于非留守幼儿;留守幼儿的情绪理解能力、侵犯性、同伴关系间关系密切;生气和伤心的理解能力对同伴关系有正向预测作用,生气的理解能力对侵犯性有负向预测作用;侵犯性在对生气的理解能力和同伴关系间起着部分中介作用。[②]

3. 原因调查

原因调查旨在探寻归纳出儿童的某种特征或某种教育教学现象形成的原因。例如,"幼儿交往主动性困难原因的调查研究""幼儿退缩行为原因的调查研究"和"私立幼儿园教师频繁流动的原因调查研究"等。通过罗列与研究内容有关的可能因素,然后核实、筛选,对调查资料进行分类、整理与比较,找出形成该特征或现象的不同成因。然而,单独使用原因调查法是不能够说明事物之间存在因果关系的。当研究者不能够或不便通过实验研究来确定某特征或某现象形成的原因时,可以通过选用具有某一特征的调查对象和不具有该特征的调查对象形成对照组,探究形成其特征的可能性成因,即通过对两组调查对象展开对比,分析他们之间存在的显著不同,将其作为某特征形成的可能原因。这将为开展有针对性地从事

① 刘云艳,等. 幼儿教师教学监控能力现状调查[J]. 学前教育研究学,2008(10).
② 展宁宁. 农村留守幼儿的情绪理解能力与侵犯性和同伴关系的关系[J]. 社会心理科学,2014(10).

假设验证的实验研究、确定其因果关系提供基础。

例如,郑美玲等曾对"108名独生与非独生幼儿的性格特征"作了调查,发现在"对别人和自己的态度"与"对劳动和劳动成果的态度"方面,独生幼儿与非独生幼儿存在差异。为了探讨可能的原因,他们围绕"家庭周围环境风气""父母文化修养""幼儿思维物质生活条件""幼儿的文化生活条件""父母对幼儿的态度""父母对幼儿的要求是否严格"和"父母教养方法是否正确"7个项目进行调查。调查者发现,其中,"幼儿思维物质生活条件""父母对幼儿的态度""父母对幼儿的要求是否严格"和"父母教养方法是否正确"4项有显著差异。故认为,独生幼儿与非独生幼儿存在性格差异的可能原因在于独生幼儿家长较多地考虑提供物质生活,对子女爱抚关怀多,对幼儿的不良特征缺乏良好的教育方法等。[①]

4. 发展变化调查

发展变化调查又称为跟踪调查,是指探讨儿童的某种特征随着时间推移而产生的发展变化,有助于我们了解不同年龄阶段儿童在某些方面的发展特点和规律。例如,"3～6岁幼儿控制自己行为能力发展特点的调查研究""幼儿体质发展水平的调查研究""3～6岁幼儿人格发展特点的调查研究"和"幼儿口头语言和书面语言发展关键期的调查研究"等。开展发展变化调查研究,可采用纵向追踪研究和横向研究。其中,纵向追踪研究即是对不同年龄阶段的同一组被试的同一特征用同一标准进行反复的测量,分析其发展的平均水平或发展趋势,研究周期性较长;横向研究则是指同时对不同年龄阶段的多组被试的同一特征用同一标准进行测量,分析其发展差异或发展曲线。纵向研究与横向研究均有利弊,研究者需根据目的和条件来选择。若综合使用两种方式,且结果一致,则可有效增强结论的说服力和推广性。

例如,对"3～6岁外来务工人员子女同伴交往能力发展特点"的调查研究,通过对当地8所幼儿园近600名幼儿进行纵向和横向研究发现,同年龄段中,流动儿童同伴交往能力发展滞后于本地儿童,但两者不存在显著差异;不同年龄段流动儿童同伴交往能力呈V字形发展态势;流动儿童比本地儿童更具亲社会性,但社交障碍更多,其语言能力也相对滞后;流动男孩在社交主动性、亲社会性上的发展优于女孩,而流动女孩在语言与非语言能力上发展得更好,且其社交障碍随年龄的增长而减少。[②]

(二)按调查范围划分的类型

1. 普遍调查

普遍调查又称全面调查,简称普查法。它是对研究选题范围内涵盖的所有研究对象都实施调查,从而获得当前调查对象的全部情况。普遍调查的范围既可以是单位性的,又可以是地区性的,还可以是全国性的。强调研究对象的全体性,将为重大方针、政策的制定提供必要的支撑。运用普遍调查,不会受到取样误差的影响,能够收集到较为全面的资料,能全面、准确地反映出研究的现象、问题和发展变化的情况等内容。但由于调查范围广,调查对象多,所需耗费的时间、财力、物力和人力均较大,其调查成本较高。同时,由于调查范围过

① 郑美玲,等.幼儿教育科学研究方法浅说[M].上海:上海市教育科学研究,1987:140～153.
② 王晓芬,等.3～6岁外来务工人员子女同伴交往能力的发展特点[J].学前教育研究,2012(09).

大,往往只能采用调查问卷等书面方式来开展,难以获取生动的材料,易出现调查所得到的材料较为浅显或简单,致使问题无法获得深入了解或仅仅是得到片面了解。

例如,调查"我国流动儿童生存和发展"的情况时,就是对 2010 年第六次全国人口普查的数据进行概括与分析,总结我国流动儿童的人口学特征、迁移特征和受教育状况等关系流动儿童生存和发展的基本情况,发现流动儿童的学前教育和高中教育亟待解决的问题,以期能为流动儿童各方面问题的解决提供基本的依据。[①]

2. 抽样调查

抽样调查是指从被调查对象的总体范围中,用科学的取样方法抽取其中一部分对象作为样本进行调查,并根据样本特征来推断或说明总体特征的一种调查方法,包括随机抽样调查和非随机抽样调查。其中,重点调查法和典型调查法均是按照研究者的主观意识来抽取调查总体中的单位,属于非随机抽样调查。例如,调查某地区幼儿教育情况时,选用幼儿人数比率较高的区县进行调查,采用的就是重点调查法;当以优秀教师或优秀幼儿园为典型开展有目的、有计划的调查时,将其经验总结后进行推广,指导其他同业的工作,采用的就是典型调查法。随机抽样调查则是使总体中的每个单位都具有同等的被抽取到的机会或概率,从而有效地推断总体的情况。抽样调查适用于总体样本过大、时间或经费不允许进行普查等情况。由于抽样调查相对于典型调查又具有较好的代表性,因此,在教育调查中抽样调查是最常用的一种调查方式,具有经济适用、速度快、范围广、准确性高等特点。

例如,为调查"河北省 3～6 岁幼儿身体形态现状",分析不同年龄段及城、乡幼儿身体形态间的差别,利用分层整群的随机抽样方法对石家庄市、沧州市、承德市城乡 1 600 名健康的 3～6 岁幼儿进行形态测查。按照随机原则抽取男女各 800 名,城乡幼儿各 800 名,对幼儿样本出生时的身长、出生时的体重进行问卷调查,进而统计其结果,推测出河北省 3～6 岁幼儿身体形态的总体状况。[②]

3. 个案调查

个案调查是对被调查的教育对象或教育现象进行分析的基础上,有意识地选取单一对象或现象采用多种方法收集完整的资料展开细致深入研究的一种方法。其中,单一对象既可以是单一个体,也可以是单一集体,即将一个集体作为一个整体对象来看待。个案调查的意义体现在通过深入实际、解剖麻雀,有效地对某一对象或现象进行具体、细致的研究,帮助研究者详细观察事物的发展过程,了解现象产生的原因,并理清各因素间存在的多种联系。但是,由于个案调查取样单一,代表性较差,不适用于推广经验类的相关研究。

例如,为探讨"幼儿绘画认知能力发展特征",对一个幼儿从出生到 5 岁所有的绘画作品生成的过程进行个案调查,发现该幼儿绘画认知能力发展具有如下的特点:"画所知"能力略早于"画所见"能力,但画画的"知""见"能力是交替并进,相互促进的;幼儿绘画认知的心理结构最早表现为无具体内容的结构,其次是图式结构,而后提升到一般结构;如果从 0 岁开始给予孩子丰富的感觉刺激以及绘画表现刺激,孩子"画所知"和"画所见"能力的出现时间

① 段成荣,等. 我国流动儿童生存和发展:问题与对策——基于 2010 年第六次全国人口普查数据的分析[J]. 南方人口,2013(04).

② 于岚,等. 河北省 3～6 岁幼儿身体形态现状的抽样调查[J]. 中国临床康复,2006(12).

比罗恩菲德和吕凯等理论家提出的年龄要早至少 2 年。①

（三）按调查手段划分的类型

1. 问卷调查

问卷调查是一种利用书面形式进行收集资料的常用的调查方法,研究者通过将研究课题设计成若干具体的问题,编制成书面问卷,要求被调查者进行书面回答,进而对收集的数据进行统计分析,得出相应结论的调查方法。问卷调查法具有操作简单易行,易获得真实信息,资料收集和处理较容易,调查成本较低,能在较短时间进行大范围的资料收集等优点。同时,问卷调查法也存在问卷设计较为复杂,回收率、有效率和问卷信效度难以保证,缺乏人员沟通致使调查难以深入等多方面的局限性。

2. 座谈会调查

座谈会调查是由熟知情况和富有实战经验的研究者来主持会议,根据事先准备的调查提纲向参会者提出问题、展开讨论,以此获得调查资料的一种方法。它的特点是研究者与调查对象可以直接对话,通过讨论相互启发与核实,易于获得真实的资料。座谈调查法应注意:调查者要事先拟定好详细的调查提纲,发给每一位参会者,以便大家能够事先做好准备,同时,调查者必须具有较高的调查能力,善于发现、提出问题;参会人员必须是与调查课题相关的人员且具有一定的代表性,这样才能保证与会者既能畅所欲言又能提供可靠、有效的资料;参加人数要适当,一般以 3～8 人为宜。

3. 测验调查

测验调查是指研究者以某些规则或标准,利用测验量表来收集数据资料,进行统计分析后,将所调查或观察对象的属性以数量化的形式表明的过程。例如,对幼儿智力、语言等方面做调查,了解幼儿掌握知识、技能的情况等。具有可在短时间内了解许多人的一个或多个特点,且能从数量上比较个人之间的差异等优点,同时,存在目前所使用的测验量表还不够完善、信度和效度低等缺点。

4. 访谈调查

访谈调查又称访谈法或访问法,是指通过与调查对象的交谈来收集相关资料的一种方法。访谈调查是研究性的谈话,即一种有目的、有计划、有准备的谈话,针对性很强,谈话的内容紧紧围绕着研究的主题展开,通过询问来引导被访者回答,以此来了解调查对象的行为与态度,从而完成调查目的。它的特点是研究者与被访者之间面对面谈话,能使研究者获得及时的信息反馈,适时掌控内容的深入发展与变化;收集资料真实性较高;调查适用面广;尤其适用于个案研究。访谈调查局限性也很明显。①效率低下,费时费力;②易于受调查对象的主观因素的影响,确定得到信息的真伪难度较大。

三、教育调查法的研究过程

研究是以提出问题作为开端,以问题的解决作为终结。在此过程中,研究者通过收集实

---

① 丁月华. 幼儿绘画认知能力发展特征的个案透视[J]. 学前教育研究,2007(11).

证性的资料,不断循环推动,以说明和解释问题,如图 6-1 所示。

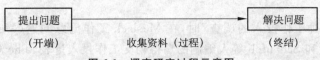

图 6-1 调查研究过程示意图

根据人们认识客观事物逻辑顺序的一般规律,可以将教育调查的具体步骤划分为确定调查选题、选择调查对象、编制调查工具、制订调查计划、实施调查研究、整理分析资料和撰写调查报告 7 个部分。在此过程中,每个步骤都具有其自身特定的活动与要求,研究者应根据具体情况进行恰当的调整,它们构成一个相互联系的循环,如图 6-2 所示。

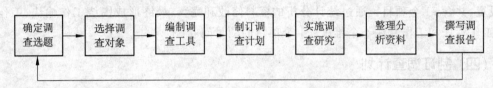

图 6-2 调查研究一般步骤示意图

(一)确定调查选题

选题是论文写作的第一步,是具有方向性意义的重要环节。俗话说"题好文一半",选题是否恰当直接影响着论文的质量、关系着论文的价值、决定着论文的成败。恰当的选题可以规划文章的方向和规模,能够决定论文的价值和效用,有效地保证写作的顺利进行,并有利于调动调查者的主观能动性。在确定调查的选题时,研究者应遵循必要性、科学性、创造性、经济性、发展性与可行性的原则。选题来源有多种渠道,常见的方式有在社会生产实践中提出问题;在日常生活中寻找问题;在实践实验过程中发现问题;从个人研究兴趣出发探究问题;结合文献综述研究进展选择问题;从学术争论中确定问题;依托学科交叉、跨学科和学科发展的前沿问题去发现问题。

通过对学前教育领域中现实问题和发展趋势的探讨,来选择调查的课题。收集、查阅相关文献资料,确定课题的地位,并获得如何进行研究的思路和方法。根据对研究目的和研究问题的初步探索,提出研究假设。

(二)选择调查对象

确定调查对象是课题研究得以实施的首要环节。调查对象既可以是个人又可以是一个群体,调查对象选择的恰当与否会直接影响到调查结果。例如,"某区域内 3～5 岁幼儿学习习惯的调查",调查对象就既可以是某区域内全部的 3～5 岁的幼儿,也可以是部分具有代表性的 3～5 岁的幼儿样本。不同的调查选题,需采用不同的方法来抽取调查对象,但需保证所选取的调查对象具有较强的代表性。

(三)编制调查工具

在教育调查法中,调查工具主要是指调查问卷、访谈提纲或测量量表等,它是有效获得调查结论的基础。编制调查工具大体分为三步:第一,编制调查提纲;第二,根据调查提纲的内容进一步确定每个维度上所包含的具体问题,设计并编制出调查问卷、访谈提纲或测量量表;第三,通过试发、试做,以确保调查工具的信度与效度,并修改、完善成最终的调查工具。

例如,"幼儿教师工作投入的调查"时,在 Maslach 工作倦怠问卷(Maslach Burnout Inventory,MBI)测量和 Schaufeli 等人编制的乌得勒支工作投入量表(The Utrecht Work Engagement Scale,UWES)的基础上,结合统计数据和理论构想,总结出 11 个维度设计初始问卷,即工作愉悦、工作价值、工作专注、充满活力、工作态度、充分准备、情感倾注、额外工作、工作认同、工作质量以及其他。然后,邀请幼儿教师、心理学专家、心理系研究生以及汉语言文学专业的研究生对项目进行评价,将初试问卷修改为 8 个维度,即工作愉悦、工作价值、工作专注、充满活力、工作态度、准备充分、情感倾注和额外工作。进而,围绕 8 个维度进行问题设置,共含 71 个项目。通过统计分析的资料修改和完善,最终形成围绕工作愉快、工作价值、工作责任和工作专注 4 个维度、21 个项目的测量问卷。[①]

(四)制订调查计划

调查计划是指调查工作及其过程的程序安排,包括确定调查课题与调查目的、选择调查范围与对象、规定调查的具体内容、选择调查的手段与方法、确定调查实施步骤与日程安排、合理进行调查的组织与分工、明确调查报告完成的日期等内容。在此过程中,明确每个阶段的工作任务和要求,确定研究的组织形式,列出研究人员之间的分工责任与培训,确定研究进度的安排以及研究经费的预算等。这些都将为教育调查的实施奠定基础,对教育调查效果起至关重要的作用。

(五)实施调查研究

实施调查研究是整个调查过程中最关键的阶段,它按照设计的内容和要求系统、客观、准确地对调查对象进行调查,收集有关资料。为获取真实可靠的信息,调查人员需做好前期相应的准备。例如,熟悉调查对象的基本信息、特点及他们的生活环境;有效地对调查的过程进行监控,注意调查对象回答的真实性、准确性与完整性,以确保所收集资料的质量。

(六)整理分析资料

整理分析资料需对收集到的资料的真实性、准确性和完整性进行审查,并通过分类、整理、加工,将调查获得的原始资料加以简化、系统化、条理化,运用统计的方法研究现象的数量关系,揭示事物发展的规律、水平与问题,探寻问题产生的原因,归纳出理性的认识结论。资料呈现的表述通常包含两类:一是叙述性资料,即用文字的形式对资料加以整理;二是数据性资料,即用统计表、列表法和图示法对资料加以表述。

(七)撰写调查报告

将调查研究的过程与结论等内容以文字的形式进行系统的归纳、总结,并进一步提出相关的建议与措施。

---

① 王彦峰,等. 幼儿教师工作投入问卷的编制[J]. 心理发展与教育,2010(05).

第二节 问卷调查研究的设计与实施

问卷调查最早由英国的高尔顿创立，是调查研究的一种形式。它是指研究者用严格设计的问卷来统一收集研究对象数据资料的一种研究方法。研究者把所有的研究问题按一定的规则和顺序进行排列，编制成书面问题，要求研究对象做出填答或选择，通过对问题答案的回收、整理与分析，获得相关的信息。问卷调查研究是教育调查研究中最基本、最常用的形式。由于幼儿还不具备文字语言能力，在学前教育领域与儿童发展的研究中，为了解儿童的表现或能力，往往是通过对家长、老师等熟悉儿童的成人进行问卷调查。

一、问卷调查的特点

1. 高效性

问卷调查之所以被广泛使用，最大的优点是它的简便易行。它通过格式化的问卷使调查者能够从调查对象中快速获取信息的方法，能够在短时间内调查大量的被试，可以节省人力、物力、经费和时间，具有较高的效率。同时，问卷资料便于进行计算机处理，能有效地节省分析的时间与费用。

2. 客观性

问卷调查通常采用匿名形式，有利于调查对象毫无顾忌地表达个人的真实情况与想法，尤其是问卷中涉及较为敏感或隐私的问题时，匿名的调查形式有助于获取较为真实、客观的资料。

3. 统一性

问卷调查对所有的调查对象都是以同一问卷进行提问，为便于调查对象做出回答，往往会给出一定范围内的多个答案，供调查对象选择。这既有利于调查者对某种社会同质性调查对象的平均趋势与一般情况进行比较分析，又可以对某种社会异质性的被调查者的情况进行比较分析。

4. 广泛性

问卷调查不受人数限制，在一定的时间内，可以对大量的调查对象进行广泛的、大样本的调查。

二、问卷调查的设计

问卷设计是问卷调查的核心工作。问卷是问卷调查研究的工具，研究工具的好坏将直接影响研究的质量与效果。判定优秀调查问卷依托 4 个标准，即紧扣研究主题、适合调查对象、问题数量恰当、结构完整。

（一）问卷的结构

问卷结构一般指问卷形式、调查内容、题目顺序和空间安排等。从形式上看，通常一份完整的问卷包括标题、卷首语、问题与答案的设置和结束语4个部分。

1. 标题

标题是调查内容的概述，通常应包含时间、区域、范围、内容等要素。拟定标题时要力求简练精确、清晰易懂，既要与调查研究内容一致，又要注重其对被调查者的影响。例如，"教育均衡视野下我国幼儿教师配置的调查问卷""H 省 3～6 岁幼儿科学探究的能力特点的调查问卷"和"城市 1～2 岁幼儿的依恋调查问卷"等。

2. 卷首语

卷首语包含 3 个重要的组成部分，即问卷说明、指导语和感谢语。其中，问卷说明主要是向被调查者说明调查者的身份、调查的内容、目的和意义等，若是邮寄或电子问卷，还需注明最迟填写、寄回问卷的截止期限；指导语主要是指导被调查者填写问卷的一组说明或注意事项，需简明易懂，有时还附有样例，该部分有时与说明部分合在一起；感谢语则是用简短而有情感的语言来表达对被调查者的尊重和真挚的感谢，如图 6-3 所示。

幼儿教师工作现状调查问卷

亲爱的老师：

　　您好！本调查旨在了解当前幼儿教师的工作情况，感谢您在百忙之中参与调查，问卷采用不记名方式进行填写，答案无所谓对错与好坏，所收集的资料仅供研究之用，敬请放心。您回答的结果是本研究能否完成的关键，请您认真阅读填题说明，并根据您对每一问题的实际想法，逐题填写或选择。问卷中问题有两种形式：填空和选择。请在适当的位置上填写有关资料或在相应项目的□里打√。填写这份问卷约需 30 分钟。多谢您的真诚合作！

调查人员或组织机构名称
年　月　日

图 6-3　调查问卷卷首语示意图

3. 问题与答案的设置

问题和答案的设置是构成问卷的主体部分。问题是问卷的核心内容，编制的问题要简单明了，要适应被调查者的文化程度和理解能力，符合研究的目的和要求。从回答形式上看，问题可以分为封闭式和开放式两种。封闭式问题由问卷提供答案选项，调查对象只能从中选择一个或几个作为答案。开放式问题不提供答案选项，调查对象可以自由回答问题而没有任何限制。开放式问题常能提供更为丰富的研究材料，但对其答案进行归类和统计是比较麻烦的，其对调查对象的要求也较高。

4. 结束语

对被调查者的配合再次表示感谢，提醒被调查者不要出现漏填、错填的情况。例如，"问卷到此结束，请您再核对一遍是否有漏答的问题，最后，衷心地感谢您的配合！"

（二）问卷设计的步骤

调查问卷的设计一般包含明确调查目的、确定问卷内容、编制调查问卷、征求意见修改问卷、试用修改确定问卷和发放回收问卷 6 个步骤,如图 6-4 所示。其中,由于时间、人力等方面的制约,征求意见修改问卷和试用修改确定问卷两个步骤有时可能会有所省略。

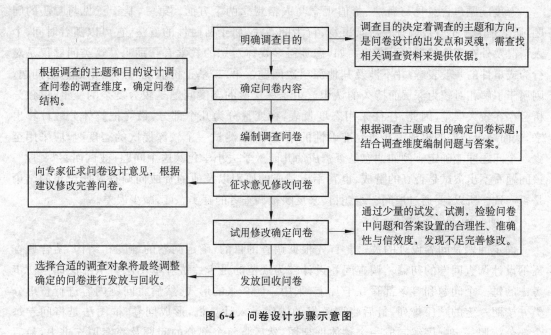

图 6-4　问卷设计步骤示意图

1. 明确调查目的

在进行问卷调查的过程中,调查目的是首先要考虑的问题,因为调查目的是问卷设计的灵魂,是问卷调查的出发点和中心,它决定着调查的各个方面,如调查对象的选择、调查范围的确定、调查内容的设计、调查结果的分析等。因此,在进行问卷调查开始阶段,首先应该明确调查目的。

2. 确定问卷内容

通常,问卷调查多用于了解被调查者的基本情况、行为方式、态度倾向等方面的问题。除此之外,问卷调查还可以测试被调查者的心理特质、某领域内的常识与能力等相关内容。为更加全面、客观地了解掌握不同群体对问题的态度和选择,问卷主体一般由 3 个部分构成,即个人基本资料、行为问题和态度问题。

(1) 个人基本资料

通常,问卷主体部分前都会请被调查者填写一部分个人的基本资料。根据选择的调查对象不同,其问题也会具有相应的变化。如果被调查者是儿童,那么往往需要填写年龄、性别、所在班级、居住区域、父母职业、父母受教育程度等;如果被调查者是家长,则常需要填写年龄、职业、与学生的关系、受教育程度、家庭情况等;如果被调查者是教师、园长或相关管理人员,往往需要填写年龄、教龄、受教育程度、职称等内容。

(2) 行为问题

行为问题旨在了解被调查者的实际行为,包括过去的行为和现在的行为。例如,"今年你参加了几个课外兴趣班?""你是否有每天看书的习惯?""你每天看多长时间的动画片?""你每天花多长时间陪孩子一起阅读?"等。此类问题,可能会随着年龄、性别、文化程度的不同而存在差异。

（3）态度问题

态度问题包含意见与看法、价值观念与人格观念两个方面。第一，基于意见与看法的问题，通常是为了了解被调查者对某事物、行为的看法，属于暂时性的看法，它可以随着时间、个人情况及外在环境的变化而变化。如"您觉得多媒体对您的教学有帮助吗？"这类问题仅是对行为或事件的一般表态，并不涉及其他深层次问题。第二，基于价值观念与人格观念的问题，则属于了解相对较为深层而持久的认识。由于深层次的态度问题是较为复杂的变量，单独分析会存在较大误差，因此，往往采用态度量表，将变量分为几个部分，最终把整体分数计算出来，从而减少误差的出现。从研究准确性的角度来说，测试一个较深层次的态度时，应采用至少4个问题才能确定。例如，"您是否赞成幼儿园教学去小学化？"这个问题，被试回答"赞成"。该问题看不出被试是否真的赞成，也看不出赞成的原因以及他的赞成同调查者所设想的结论是否一致。所以，要通过追问一组题目，来反映被调查者的真实态度，减少误差。

3. 编制调查问卷

确定问题是问卷设计的关键。首先根据调查的目的，确定问卷的维度和结构，结合调查提纲设计调查问卷的初稿。调查问卷设计较为规范的是卡片法和框图法。卡片法即把初步考虑的每一个问题和答案都写在卡片上，采用一题一张的形式，然后将问题内容进行整理分类并按照一定的顺序排列，最后将调整好的顺序录入计算机，形成问卷；框图法是将问卷每个部分按照一定顺序编制成一个整体框架图，然后将每个部分的问题及答案填充进去，最后通过修改、调整形成问卷。问卷题目数量应控制在70题内，如问题较难回答，需相应地减少题目的数量。同时，被调查者完成问卷的时间大约在30min，若时间过短，调查的内容往往过于浅显；反之，则易使被调查者产生厌烦心理，影响问卷调查的效果。

4. 征求意见修改问卷

征求意见修改问卷是为保证问卷设计的合理性和信效度。一般是利用3~10份设计好的问卷，将其分发给相关专家、专业人员、专业学生及其具有代表性的被调查者，由他们测量并分析问卷内容的质量，结合其经验与认识对问卷的修改提出合理化建议。

5. 试用修改确定问卷

经过征求意见修改后，形成初试问卷，以后必须经过试用和修改这两个环节，才能用于正式调查。尤其是重要项目的调查研究都需在正式问卷形成、发放前进行预测，以检验问卷维度是否科学、问卷内容是否合理、问卷题目措辞是否清晰易懂、题目数量是否恰当、题目顺序安排是否合理以及信效度是否符合要求等。试用问卷份数需视调查本身来决定，一般是30~100份，即在正式调查的总体中抽取一个小样本进行测试，以便了解问题是否清晰、全面；问卷内容和形式是否正确；填答是否完整；调查要求是否能够得到满足；问卷的编码、录入、汇总过程是否准确等。若试测的问卷回收率低于60%，说明问卷设计中存在较大的问题；若填答内容错误多，需检查问题的用语是否正确、清晰，含义是否明确具体；若填答方式错误较多，需检查问题形式是否过于复杂或指导语不明确等；若问卷中某几个问题普遍未作答，要分析原因，加以改进；甚至可以配合预试访谈，更加深入地了解问卷中存在的问题。如果第一次预测后需要大幅度的修改，则需要做第二次预试。事实上，有时需要多次的预试和修正，才能完成正式研究用的问卷。

6. 发放回收问卷

问卷的发放、回收对问卷调查的质量也有至关重要的作用。

（1）问卷的发放

问卷可以由调查者本人亲自到现场发放，也可以委托他人发放，两者各有优缺点。委托他人出面发放问卷会比较方便，但若调查者能亲自到场发放，能亲自做解释，这对于提高问卷的填写质量和回收率是有利的。

（2）问卷的回收

问卷回收时要当场粗略地检查填写的质量，检查是否有漏填和明显的错误，以便能及时纠正，保证问卷有较高的效率。因为问卷收回后，无效问卷多，就会影响调查质量。这项工作最好由调查者本人亲自在场指导，或必须向委托人提出明确的要求。问卷回收率超过70%，可作为研究结论；50%～70%的回收率，可采纳建议；30%～50%的回收率，仅可作为参考；30%以下的回收率，则数据无效。

（三）问卷设计的基本要求

1. 主题明确

题目应与研究的目的、假设直接相关，与调查主题无关的、可有可无的题目都需删去。避免使用具有诱导性的问题，避免出现含义模糊、模棱两可的问题，避免可能会给被调查者带来社会压力、心理压力的问题，避免涉及被调查者个人隐私的问题。

2. 通俗易懂

题目表述要清楚，避免使用模糊的词句或专业性很强的术语，以免被调查者不理解或误解。所提问题应尽可能采用中性的词语，避免采用明显具有否定性的、贬义的语句。

3. 题目设置合理

单一题目只能包含一个问题，题目应简短。问卷中题目的排列顺序应符合被调查者的思维习惯。一般先易后难，先简后繁，先具体后抽象，相同主题的问题和相同形式的问题应排列在一起。

4. 控制问卷长度

回答问卷时间一般不超过 30min，问题数量一般不超过 70 个。

5. 便于结果统计

对于调查问卷，应考虑易于编码、录入、汇总和数据处理，便于统计问卷结果。

遵循以上要求，目的就是为了使被调查者更明确调查的问题，愿意积极、真实地配合问卷调查的过程，保证问卷调查的有效性。

第三节　问卷的编制技术

问卷的编制离不开问题和答案两个重要因素。问卷设计的科学是研究成功的关键。要设计理想的问卷，总体原则是：立足于调查目的，使问卷易于回答。问卷可以分为结构型问卷、非结构型问卷和综合问卷三种类型,不同类型的问卷编制的结构、问题与答案的类型也会随之改变。

一、编制形式

问卷编制形式主要有封闭型、开放型和混合型三种类型,每种形式各有优劣,如表 6-1 所示。

表 6-1 问卷的三种类型

编制形式	设计要点	优点	缺点
封闭型	提出问题与选项,供被调查者自由选择	结构明确,答案标准化,容易获得被调查者的配合,且便于资料的整理和分析	缺乏灵活性,容易造成强迫回答,问题编制难度较大
开放型	只提出问题,不提供答案,由被调查者自由回答,常用于描述性、探索性的研究	制作容易,问题简单、直接,不受提供答案范围的限制,可自由发挥,易于作定性分析	费时,易带有主观性,回答率难以保证,不利于进行资料的统计、分析
混合型	提出问题与选项,当没有符合情况的选项时,由被调查者补充作答	综合了开放型回答和封闭型回答的优点,同时,避免了两者的缺点	被调查者补充作答内容过多时,易造成统计困难

(一)封闭型

封闭型是指要按照标准化测验的要求设计题目和答案,答案要准确、符合实际、便于选择。根据答案形式不同可分为是否式、选择式、排序式、等级式、定距式和作图式等多种类型。封闭式问题是按照课题分析,提出假设,概念具体化、寻找变项,确定指标和围绕指标编制问题 5 个步骤生成的。例如,探寻"少数幼儿为什么讨厌去幼儿园"这种现象,提出"幼儿在园中人际关系问题、幼儿对父母的依赖性与分离焦虑、幼儿园活动不好"等合理假设,进而提取具体化概念,即"人际关系、依赖性、分离焦虑、活动",基于上述变项,确定出"与教师的关系、与同学的关系、与家长的关系、幼儿园环境适应性、教学活动开展的趣味性"等多种指标。最后,根据指标编制出"你喜欢所任教的教师吗?""你喜欢与同学相处吗?""你在幼儿园都学习什么内容了?"等问题。

1. 是否式

是否式,也可称为二项选择式,包含两项可供选择的答案。例如,

你认为幼儿长时间看动画片对其自身发展有害吗?(   )

A. 是   B. 否

2. 选择式

选择式,即有两种或两种以上的答案可供自由选择,其包含单项选择和多项选择两种形式。例如,

① 我国的学前教育科研任务主要由(   )来完成的。

A. 园内的科研负责老师   B. 全园的老师

C. 园内有兴趣的老师   D. 园外专家

② 您的孩子犯错后,您通常会怎么处理?(　　)

A. 说理   B. 不理睬,随他去

C. 责骂   D. 惩罚

E. 打

3. 排序式

排序式,即列出若干项答案,由被调查者根据一定依据对事物的特性进行排序,可分为全排序和选择排序两种。例如,

为"调查学前教育专业学生学科倾向性",出如下题目:请将下列你最喜欢的课程依次排序_____

教育学、心理学、音乐、钢琴、手工、游戏设计、幼儿文学、学前卫生学

4. 等级式

等级式,即将答案按照强度或程度分成若干等级依次排列,也可列出对某种事物的倾向或态度的两个对立概念,在其中分几个级别,由被调查者选择符合自己实际倾向的选项。例如,

您认为幼儿的膳食结构合理、营养均衡对促进儿童发展特别是智力发展的作用(　　)。

A. 非常重要   B. 比较重要

C. 一般   D. 不太重要

E. 一点不重要

5. 定距式

定距式,是指选择答案不是一个固定的数值,而是一个区间。例如,

你每天看动画片的时间是(　　)。

A. 15min 以下   B. 15min～30min

C. 31min～45min   D. 46min～60min

E. 60min 以上

6. 作图式

作图式,是指答案是以图画的形式来呈现。幼儿由于认识的文字量不足和其注意力容易分散的特性,作图式对于帮助幼儿理解、作答具有较好的效果。例如,

你的家庭是哪一种形式?

(　　)   (　　)   (　　)   (　　)

(二)开放型

开放型,即在问卷设计时,只提出问题,事先不列出答案,由被调查者自由回答。例如,

为调查学前教育实践中对知识、能力和素质的要求,有效地调整专业培养目标、课程设置和教学方法改革,可提出如下的问题:"您认为在幼儿教师人才培养方面应该注意哪些问题?""根据从事幼儿教师这一工作的经验,您认为当前学前教育实践中出现了哪些新的发展趋势,高校应该增加哪些符合时间需要的新课程?"

(三) 混合型

混合型,也称为综合型、半封闭半开放型。混合型是指既列出答案,又为被调查者自由回答留出余地,主要包含两种形式:其一,有时调查者不能将答案全部列出时,为全面、真实地了解被调查者的想法,而在选择答案中列出"其他"的选择项,让被调查者补充填写;其二,为了解被调查者选择答案的动机、理由,而在列出的答案中追加开放型问题,以弥补封闭型问卷的不足。例如,

① 您希望您的孩子在学前教育阶段接受什么样的教育?(   )

A. 小学化的学前教育,侧重教授知识,为孩子上小学打基础

B. 知识与技能兼顾的学前教育,学习知识的同时,让孩子发展一些技能

C. 以游戏为基础,按照孩子身心发展规律,从多方面促进幼儿情感、态度、知识等能力的发展

D. 其他

② 您认为以下哪些属于幼儿创新教育?(   )

A. 科学教育,对教师开展科学培训,在幼儿的日常教学中,科学知识的教育比重较大,带领孩子发明创造

B. 实况模拟教育,如让幼儿假扮成医生、商人、经理来做职业体验

C. 素质教育,改善教学模式,课堂上提倡培养幼儿的动手能力和自主思考能力

D. 兴趣特长教育,鼓励孩子参加各种各样的兴趣班培训,如美术、钢琴、武术等

二、题目呈现形式

(一) 题目排序的基本要求

问卷中问题的排序及其相互之间的内在联系,会对被调查者回答的准确性、甚至调查的顺利开展产生重要的影响。一般来说,问题的排序需符合以下的原则。

1. 熟悉、简单的问题在前

被调查者熟悉的、简单易懂的问题应放在前面,相对较为生疏、较难回答的问题放在后面。问卷采用容易回答的问题作为开头,答题者感觉良好就愿意继续做下去,最终完成问卷。而复杂的、敏感性的问题,如被调查者的态度和看法,则应放在靠后的位置。

2. 感兴趣的问题在前

将易于引起被调查对象兴趣的问题放在前面,可以有效地吸引被调查者的注意力,引发他们继续作答,有助于问卷调查保质保量地顺利开展。反之,则易导致调查难以进行或质量相对较低。

3. 开放式问题在后

由于开放式问题需要被调查者花费较多时间思考与回答,所以,为了避免给被调查者留下填写问卷需要花费很多时间与精力的错觉,帮助调查顺利地开展,问卷中,通常将开放式问题放在问卷的结尾部分。

4. 行为问题在前,态度问题在后

行为问题主要是关于客观的、已发生的、具体的事实,易于回答。而态度问题由于涉及被调查者的主观情感,可能会引起被调查者在潜意识中的敏感、防卫等心理,影响问卷资料的质量。

5. 问题排序逻辑化

整个问卷需注意按照自然的、具有逻辑性的、谈话式的方式来排序。从时间框架上看,尽量将询问同类的问题排列在一起,以免破坏回答者的思路和注意力,避免被调查者产生不安的情绪,便于顺利获得调查资料。

(二)题目表述的注意事项

1. 概念清晰,避免采用抽象概念

问题应明确具体,不可让人读不懂,不可模棱两可,产生歧义。同时,不宜采用抽象的概念,应将问卷中的抽象概念具体化,尽可能使问题简化,方便调查对象能够看得懂问题,明白问题问的是什么,保证被调查者对问题的理解与研究者设计的原意相一致。例如,"您是否经常陪孩子进行绘本阅读?"其中,题目中"经常"就是一个笼统的概念,每个人对时间的感知能力均不同,易造成歧义。应将题目表述修改为"您一周/一个月陪孩子进行绘本阅读的次数是多少?"

2. 主题单一,避免一题多问

题目表述应只有单一中心主题,即最好采用一问一答式问题形式,避免一题多问。否则,在回答问题时,易造成被调查者忽略其中一个,致使信息获得不全;同时,也可能造成由于被调查者只赞成其中一个观点,而无法进行作答,形成无效问卷。例如,"您班中单亲的幼儿是否缺乏自信,而且易伴随攻击性行为?"其中,幼儿缺乏自信和产生攻击性行为两者之间并不存在必然联系。因此,应将该题目分解成为两个独立的问题。

3. 措辞规范,避免双重、多重否定

单一问题中表达应准确,防止出现语法错误,尽可能契合被调查者的接受、理解水平。同时,问题中还需要避免双重否定或多重否定,以减少被调查者混淆、误解题目的含义,致使收集到错误信息。例如,"你是否反对在校学习过程中,不开展顶岗实习训练?"该问题就应修改成"你是否赞成在校学习过程中开展顶岗实习训练?"

4. 答案详尽,避免重复性及界限重叠

问题答案若属于类别项目时,必须列举完整、无遗漏并且相互之间没有交叉、相近、同属性的题项。例如,

你父母的职业是什么?（　　　）

A. 公务员　　　　　　　　　　　B. 事业单位工作人员

C. 工人 D. 个体

E. 领导干部。

上述表述中,我们不难发现各题项中不仅存在相互重叠,而且还出现未能详尽列出所有可能性答案。若被调查者的父母是某医院中的领导,那么他既是领导干部,又是事业单位工作人员;而若其父母是农民,那么他就无法选择。而且,答案还需避免出现界限重叠的情况。

您的教龄是( )。

A. 1 年以下   B. 1～3 年   C. 3～5 年   D. 5～10 年

E. 10～15 年   F. 15～20 年   G. 20 年以上

该表述就是题项间界限重叠的问题,此时,若教龄为 3 年的教师,就会在 B 和 C 两个选项中产生歧义。

5. 语言中性,避免诱导性、社会认可性问题

语言表达、意义诱导性是指在题目表述中对答案的暗示性和倾向性明显,即调查者在题目设计时,为被调查者提供了线索、暗示或引导,使得被调查者做出调查者所预期、所期望的反应,导致答案的真实性、客观性受到重要的影响。例如,"教育理论基础课程对学生发展具有重要意义,你是否认为应该增加教育理论基础课程的授课时数?"此提问方式就隐含了调查者的感情色彩,具有较强的引导性,限制了回答范围。同时,题项也要避免被调查者为了使个人的答案符合社会认可,具有可接受性,而不去选择违背社会规范或受人指责的答案。例如,"你是否有过考试作弊的行为?"这类问题就易造成被调查者不愿真实表达个人的看法,应修改为

你对考试作弊的态度是( )。

A. 深恶痛绝   B. 一旦发现,坚决处理

C. 反对这类行为   D. 无所谓

E. 根据实际情况来判断

6. 数量适中,时间合理

问卷要适当控制题目数量与答卷所用的时间。一般而言,问卷需保证能在半小时内完成,时间越长,问卷的回收率、真实性及信效度就相应降低。而题目设置过少又将导致信息收集过少、测量误差较大等问题,因此,数量应控制在 70 题以内,以 30～50 题为宜。

三、幼儿问卷的注意事项

前面阐述的问卷适用于成人或有阅读能力的儿童,当调查对象为幼儿时,只要设计恰当、配合语言指导,问卷调查同样也能适用。根据相关报告指出,有人曾用脸谱等级法对 5 岁幼儿进行关于玩具选择性的问卷调查[1],即调查者向每个幼儿单独呈现一系列脸谱(图 6-5),逐一向幼儿提问喜欢何种玩具,要求幼儿用脸谱来表示其喜欢的程度。结果显示

---

[1] 巴津与安德森. 儿童发展:儿童判断力的功能性测试. 1973(44):529～537.

出：幼儿能在理解指示语的基础上，根据实际情况做出相应的回答。此研究表明，5岁幼儿已具有参与问卷调查的能力。

图 6-5　脸谱量表

幼儿由于阅读能力、识字能力、理解能力存在不足，因此，在做问卷调查时，应尽可能采用教师问卷、家长问卷来询问幼儿的行为表现、情感态度的方式，若为提高问卷调查的准确性、可靠性与真实性，了解幼儿真实的情况与感受，宜采用调查者对幼儿——解释作答的方式。在题目表述方式中，应多采用图画代替文字表述的方式，提高幼儿的兴趣和注意力，帮助幼儿理解含义。同时，题目的数量和答题的时间都应相应地减少。

第四节　调查数据的编码与分析

问卷调查的每道题目都能给我们提供信息。将回收的调查问卷进行整理、分析，得出问卷中所包含的信息，是问卷调查中不可缺少的流程，为后期研究开展的关键环节。因此，调查数据的编码、统计与分析是问卷调查法得以应用所必须具备的技能。尤其是问卷题目数量较多，发放数量较大时，为了充分利用问卷中的调查数据，提高问卷的录入效率及分析效果，需要对问卷中的数据进行科学的编码，利用计算机进行整理与统计。在此基础上，通过数据分析软件对数据进行处理与分析，如 Excel 和 SPSS，进而揭示问卷所涵盖的信息。

一、调查数据编码技术

（一）封闭式问题答案的编码技术

封闭式问题在问题编制时，列出若干项答案供调查对象进行选择。该过程就相当于编码过程，即每一个问题的不同答案代码已经确定，也称为事先编码。因此，封闭式问题的调查问卷回收后，按照"选项 A 对应 1；B 对应 2；C 对应 3；D 对应 4"的方式直接录入计算机。

（二）开放式问题答案的编码技术

开放式问题的答案具有多样性和复杂性的特点。调查结束后，无法直接编码录入，就需要进行事后编码，工作量相对较大且无法预知代码的数量。例如，"你的零用钱主要用来干什么？""'存起来'对应编码 1；'买零食'对应编码 2；'买玩具'对应编码 3；'买衣服'对应编码 4；'父母代替保管'对应编码 5……以此类推，所有答案的编码已完成。"而当出现答案类似的情况时，还需考虑是合并为一类，还是分为两个不同的答案。总之，开放式问题都需要调查者进行"再编码"，以便于数据处理速度、效率和质量的提升。具体步骤如下：第一，录入答案。让调查人员将全部答案录入计算机，然后实施编码；第二，用不同方法对录入答案进行排序、归类，记录答案出现的频数（表 6-2）；第三，根据调查目的对答案进行进一步归纳，形成类别数量适当的

"编码表"(表6-3);第四,调查人员根据"编码表"中的编码对答案进行"再编码"(表6-4);第五,将问卷的文字答案转化为数字形式呈现,极大地方便了录入人员的录入、统计。

表6-2　Q1.请问你喜欢阅读的读物有哪些?

读　物	次　数	读　物	次　数
漫画杂志	5	各学科辅导类图书	8
《绘本故事》	4	文学著作	15
《心灵鸡汤系列丛书》	10	……	…

表6-3　编码表

Q1. 合并原因	编　码	Q4. 合并原因	编　码
报纸杂志	1	文学著作	3
专业用书	2	……	…

表6-4　调查问卷对照表

读　物	编　码	读　物	编　码
漫画杂志	1	英语课程辅导类图书	2
《绘本故事》	3	文学著作	3
《心灵鸡汤系列丛书》	3	读者	1
数学课程辅导类图书	2	……	…

二、数据的分析技术

目前,调查数据的统计分析工具多采用 SPSS 数据分析软件。进行简单的统计分析也可采用 Excel 软件。

思考与练习

1. 教育调查法有哪些类型?
2. 什么是问卷调查法?它有哪些特点?
3. 简要说明调查问卷的结构。
4. 调查问卷中问题与答案的设计各有哪些基本要求?
5. 调查问卷的发放与回收应注意哪些环节?
6. 简述封闭式问题与开放式问题答案的编码技术。

实践与训练

1. 以"学前教育专业设置及其培养目标确定"为主题的问卷,设计调查维度。
2. 以"幼儿教师职业幸福感"为调查主题,设计一份调查问卷。

第七章
教育实验法

✐ **学习目标**

知识目标

(1) 理解实验法的含义与特点；

(2) 掌握实验研究的基本过程；

(3) 掌握实验研究的变量及其实验效度；

(4) 掌握实验设计的种类及其步骤。

能力目标

(1) 能分析实验研究的变量；

(2) 会进行实验设计。

🔍 **问题导入**

幼儿园中班的李老师很重视幼儿阅读能力的培养，同时要求幼儿家长在家也要重视孩子的阅读。最近班上八九个孩子说，爸爸、妈妈给他们买了点读笔，在家他们可以自己阅读，不用父母了，还有的家长问用点读笔阅读好不好，李老师对用点读笔阅读的效果也不清楚，很难给出一个合理的答案。能否通过一种方法，证明幼儿使用点读笔阅读的效果好于传统的成人陪伴阅读，或者二者的效果一样呢？

李老师如果想得到一个非经验的准确答案，可以采用实验法进行该问题的研究。为了进行科学的实验研究，李老师就要对本章内容进行系统的学习与掌握。

第一节　教育实验法概述

在心理学研究中实验法被强调运用而逐渐发展起来,为近代科学研究的科学化、精确化、数量化提供了有效途径,因而其被公认为科学化水平最高的一种研究方法。该方法是研究者必须了解掌握并能够运用的一门必备的研究技术。

一、实验法的含义与特点

(一) 实验法的含义

实验法是研究者根据某种理论及其假设,有意地严格控制或特别创设某些条件,促使一定的现象产生、发展,并对该现象进行有目的、有计划的观察、记录、测定与分析,以揭示事物间的因果关系,得出科学结论的研究方法。例如"班杜拉、麦克唐纳德的模仿学习的实验研究"。该研究假设榜样行为可以迅速提高儿童的道德判断水平。研究者首先用道德判断故事测量儿童现有的道德判断发展水平,根据测验结果将其分成水平相当的3个组。然后对这3组儿童进行了不同的实验处理。在第一组,当儿童做出道德判断比初测稍有进展,则给予表扬与鼓励;在第二组,先提供一个高于儿童道德水平的成人做榜样进行道德故事评价,然后儿童再进行道德评价,并对儿童的评价进行表扬、鼓励。第三组与第二组类似,只是不对儿童进行表扬鼓励。结果发现初测水平相当的3个组的儿童对后来的12个成对故事的评价,第二组、第三组的成绩远远超过第一组,而且第三组成绩又稍高于第三组。结论:第二、三组儿童的道德评价水平的提高是由于成人的榜样起到了积极作用,而表扬的作用在此并不十分显著。在该实验研究中研究者通过初测形成等组的方式排出了儿童已有道德判断水平的差异性对研究结果的影响,确保研究结果(儿童道德判断水平的变化)是不同操纵因子(3个组分别进行的实验处理)造成的,既很好地突出了实验因子的作用,又论证了实验因子与结果的因果关系。

案　例

实验法的起源:现代英语的"实验"一词为 experiment,它来源于拉丁语 experimentum,是指人的某种尝试性活动。在现代英语中,try 这个词也有实验的意思,但在比较正规的场合下通常写作 experiment,可见"实验"一词的最原始的含义是指具有尝试性的活动。

19 世纪末 20 世纪初,在欧洲和美国产生了一种称作实验教育学派的教学实验活动,这是一种完全在实证主义精神影响下的实验活动,它所创立的科学主义的实验模式是教学实验历史发展中一座新的里程碑。

这种科学主义的实验模式是通过把物理、化学中所使用的实验方法引入教学实验中形成的。物理、化学中所使用的研究方法是一种定量的研究方法,因此把这种方法引入教学实验中是有条件的,它的基本条件之一是必须具有能够对实验结果做出比较可信的测量,当然也就要求有能够进行数学计算的测量工具,同时也要求有计算这些结果的数学工具。19 世纪末期,科学尤其是实验科学的发展已经给科学主义的教学实验模式的产生准备了条件,但是,即使是这样,实验教育学派的产生仍然有一个过程。

20世纪的头5年,是实验教育学的产生阶段。这里所说的产生,意味着实验心理学中运用的实验方法在教学研究领域得到了独立的运用,或者说教学实验开始采用实验心理学中的测量、统计与实验设计方法。

(资料来源:王策三.教学实验论[M].北京:人民教育出版社,2000:77,79)

(二)实验法的特点

1. 以理论及其假设为前提

实验就是指验证某种说法或做法的尝试性活动,因此实验研究的首要环节就是在一定的理论指导下形成研究假设,实验的设计与实施过程等都是围绕假设的验证而展开,就是说研究假设决定了整个实验研究的方向、范围,为数据的收集、分析整理提供框架,从这种意义上讲研究假设则成为实验研究的灵魂、核心。

2. 有意识的控制条件

对实验条件的控制是实验法的主要特点,也是实验研究区别于自然观察法、调查法的根本特点。实验研究的研究者不是被动地等待研究现象的自然出现,而是主动地控制某些条件或创设一定的条件来获取有关研究资料。即研究者要操纵自变量,诱发、改变、创造所要研究的某种现象(因变量)并对之进行科学客观的测量;严格控制无关变量(干扰变量),排除自然状态下各种无关因素对研究结果产生的影响,确保能准确探讨事物间的因果关系。总之,研究者的目的性与主动性在实验研究中可以得到最大的发挥,不仅容易取得可靠度大的研究成果,而且还可以了解在其他条件下无法研究的各种情况。

3. 能揭示事物的因果关系

实验法是确立良好因果关系的最好方法。观察法和调查法虽然也可以得出事物之间存在关联的结论,但是不能很好地对"谁是因,谁是果"做出准确的判断。实验研究的目的就是确认事物之间的因果关系。其在实验之前就已经对自变量(实验变量)与因变量(结果变量)的关系进行了判断并形成假设,在实验假设指导下通过消除无关变量的干扰,操纵研究变量观测在其作用下出现的变化,从而得出条件与反应结果之间的因果关系。

4. 可以重复验证

可以重复验证被视为现代科学研究的重要指标。重复验证程度越高则代表研究的结论越准确可靠。实验可以重复验证,是因为实验从提出假设到实验设计再到实施等环节都有明确的必须遵守的程序规则,因此不同的研究者只要仿照已有研究,选取相同或相似的研究对象,而且在相似的控制条件下就可以得出相似的研究结果。

二、实验研究的局限性

实验研究很好地契合了现代对科学、真理的认知,提高了研究的准确性与精密度,并能很好地揭示事物之间的因果关系。但是任何事物都同时存在两面性,在承认实验研究优点的同时要看到其实验研究的局限性。基于研究的实用性及其可推广性,实验研究的局限性则凸显出来。

1. 实验情景≠真实的生活情景

实验研究需要有意识地严格控制或创设一定的条件,简化或纯化实验环境,以准确说明事物间的因果关系,从而使实验的环境与真实的情景差距拉大,引来人们对实验研究的质疑:实验研究获得的结论能否适用于真实的情景? 该研究成果能否进行广泛的推广?

2. 实验研究取样的代表性

任何实验研究都不可能对符合研究的所有对象进行研究,通常会采用随机抽样和随机分组的方式选取部分研究对象(样本)代表所选的研究总体。从统计学上讲,随机性越好,样本越能代表总体,来自样本的研究结果则可推广到研究总体中。但是,在实际的研究中,研究者只能在给定研究对象中进行,致使研究样本的选取缺乏随机性,即使使用随机方式,样本也不能从一些大的总体中随机选取,更谈不上从研究总体中真正随机选取,因而从逻辑上讲研究结果的推广仍有争议。

3. 实验研究的控制性

为验证事物间的因果关系,研究者会进行严格的人为控制,以消除不必要的干扰因素,但是学前教育实验研究的对象是具有主动性的活生生的人,而且环境也具有复杂性和多变性,实施严格的控制很难,因此影响实验的效度。

三、实验法的类型

1. 实验室实验、自然实验

根据实验的场地,可以将实验分为实验室实验和自然实验。

实验室实验即在实验室内,在人为地创造严格控制下的环境中进行的实验。如儿童的反应时测验,可以在实验室内借助反应时的仪器来进行,控制噪声等外部环境对儿童反应时的影响。实验室研究由于实验背景和实验变量容易控制,因而能比较确切清晰地显示自变量与结果变量的关系、自变量对结果变量的影响。当然,实验研究的内容也因此受到限制,一般其仅适合被试量较小、涉及实验因子较少、问题单纯的研究。

自然实验即在自然情景中改变某些条件,对被试产生一定的影响,从而研究其变化发展规律。如在教学过程中,研究两种不同教学方法对 5 年级学生数学成绩的影响。我们可以在正常的教学活动中,选取 5 年级的两个数学成绩相当的自然班,由同一个教师采用不同的教学方法分别进行一定时间的数学教学,最后测查两个班的学习成绩,进行分析比较,得出研究结果。该研究只是控制了自然班学生的数学成绩相同,而对学生的性别、智力等其他可能影响学生数学成绩的因素并没有进行严格控制,即实验比较接近真实的教育教学情境。自然实验是教育实验研究的一种最常用的方法。

2. 探索性实验、验证性实验

根据实验的任务不同,可以将实验分为探索性实验和验证性实验。

探索性实验旨在探索一个新的教育规律或解决实践中的新问题而进行的开创性的实验,也就是说研究者在未知的情况下,通过实验探明产生某种现象的原因,在实验的过程中获得对问题的理解,以此建构科学理论。

验证性实验是指在研究课题明确,已有具体研究假设和研究方案,由研究者根据设计的步骤严格进行操作,以检验一个已知结果的正确性。该研究主要是验证、修订并完善科学规律,使研究结果更具有普遍性。另外验证性实验也可以很好地促使研究者掌握实验操作、数据处理等基本的实验操作要领及技能。

3. 前实验、准实验、真实验

根据实验控制的程度和实验的效度,可以将实验分为前实验、准实验、真实验三种。前实验是指缺乏对无关变量的控制,实验的内外效度较差的实验。准实验是指被试能够随机选择和分配,能够对无关变量进行完全控制,实验的内外效度都很高的实验。准实验介于前实验和真实验之间,是指被试不能进行随机选择或分配,不能严格控制产生误差的来源和因素影响的实验。由于教育现象非常复杂,对影响研究结果的无关变量进行完全的严格控制是很难做到的,即真实验是很难实现的。

4. 单因素实验、多因素实验

根据自变量的数量,可以将实验分为单因素实验和多因素实验。

单因素实验是指实验只操纵一个实验因子(自变量),以考察实验效果的实验。单因素实验是教育研究中一种常见的类型。一线教师为了解决教育教学实践中的某一具体问题以提高教育教学质量,如"某一教学改革对学生成绩的影响"等问题,通常会进行对比实验,首先对两个实验班进行等组(成绩相等),然后一个班作为实验班进行教学改革(实验处理),另一个班则为对照班,不进行实验处理,沿用原来的教学方法。通过比较两个班的成绩,就可以验证教育改革的成效。

多因素实验是指研究者至少操纵两个及其以上的实验因子(自变量),每个因子至少又分为两个水平,考察因子产生的效果以及因子间的相互作用。该实验研究具有很大难度,常用于复杂的课题研究,而且对研究者要求也比较高,所以一线的教师很少使用。

四、实验研究的基本过程

实验研究的基本过程包括准备、实施与总结 3 个阶段。

(一) 准备阶段

1. 选定研究课题

问题是实验研究的起点,研究者要能够从教育教学实践或理论中发现亟待解决的问题,并透过现象抓住问题的实质,论证研究问题的科学性、研究价值及可行性,形成最终的研究课题。

2. 形成实验假设

实验假设是研究课题的进一步具体化,是研究者事先对研究的自变量与因变量的关系进行了推论与判断,它使得研究问题的方向、范围以及应该收集处理的资料数据及统计越加明确、具体。后继的实验过程就是对实验假设的验证,因此研究假设的好坏决定了实验的成败。一般来讲,好的假设应该具有以下特点。

（1）建立假设要有科学依据，而非主观臆断。

（2）假设就是判断变量间的因果关系。

（3）能用简洁明了的陈述句描述假设。例如：观察学习可以提高幼儿的助人行为。

（4）假设可以被检验。

3. 进行实验设计

实验设计是进行研究的详细计划或方案。它是提高实验科学水平和有效性的必要保证。进行实验设计时一定要遵循设计的程序：明确研究对象，确定研究变量、控制实验条件，选取实验设计模式，制定研究程序（指导语、实验材料呈现、环境布置）及研究资料的收集及统计方法等。实验设计的详细内容后面单独介绍。

4. 实验材料的准备

实验前要将实验所需要的实验仪器、内容材料、测量工具，人员（观测人员、操作实验处理人员）的培训等准备到位。

（二）实施阶段

实施阶段就是将研究设计方案进行物质化与具体化的过程：选取研究对象进行分组，严格控制干扰变量，对实验变量进行操纵，观察、测量结果变量。

（三）总结阶段

对收集到的数据资料进行统计分析，得出研究结果，并撰写研究论文或实验报告，以便于研究成果的验证与推广应用。

第二节　实验研究的变量与实验效度

研究变量是指研究者感兴趣而且可以发生变化的现象或事件。实验研究就是通过验证研究假设、研究变量之间的因果关系。为了提高实验的科学性和有效性，研究者应当对变量的性质及种类进行必要的了解和掌握。

一、实验研究的变量及其控制

（一）实验研究中变量的种类

变量是实验研究中的主要构成要素，根据变量在实验研究中扮演的角色不同，可以分为自变量、因变量和无关变量。

1. 自变量

自变量是指由研究者主动选择并操纵控制，对被试的反应产生影响的因素或事件，也称为刺激变量、原因变量或实验处理。如教学中采用新的教学方法来看学生的数学成绩是否提高，其中新的教学方法就是自变量。影响学生发展的外部因素如教学方法、教学内容、教学组织形式、课程结构、师生关系等均可以根据研究的目的，作为教学实验研究中的自变量。

一般来讲,教育实验研究中的自变量应具备以下特点。

(1)自变量应该具有可操作性。上述列举的那些因素都是能被研究者操纵或改变、对研究对象施加影响的,属于有效的自变量。

(2)自变量要具体明确。自变量通常用一个核心词或重要的概念来表达,其内涵属性越清晰、规定性越强、就越有利于研究者的操纵与控制。为了增强自变量的可控性,研究者会基于自己的研究对其特征或条件进行更加具体化的界定。

(3)一个实验中的自变量不宜过多。自变量越多,实验研究就越复杂,难度也越大。

2. 因变量

因变量是指由自变量引起的被试的反应变化,它是研究中要观测的变量,也被称为结果变量。因变量的变化取决于自变量的变化。在教育教学研究中学生的学习成绩、各项能力素质、行为习惯等通常可以根据研究需要被选为因变量,其具体的衡量指标有测验分数、等级评定、正确率、反应的速度、频率等。

实验研究中就是通过对因变量的测量与统计来揭示自变量与因变量之间是否存在因果关系,因此最好能够选用一定的测量方法、测量工具使因变量可以量化。好的因变量应该具备以下特征。

(1)客观性。因变量的所选指标不应以研究者的主观意志为转移,必须具有准确性与可靠性,如测量长度的尺子一样,多少是一尺有很强的规定性。

(2)敏感性。因变量的所选指标应该对自变量的变化有很好的识别能力,即对其微弱的变化能够很好地反映出来。

(3)稳定性。运用所选的指标进行重复测量时,能够得到较一致的测量结果。

(4)经济性。所选用的测量指标必须满足容易观测、数据转换简便、省时省力的要求。

3. 无关变量

无关变量是除了自变量之外对因变量产生影响的事件或因素,而且是研究者不感兴趣且不进行研究的影响因素,其也被称为额外变量、干扰变量,如探讨幼儿课程的设置对幼儿学习效果的影响研究。该实验研究中自变量是幼儿课程设置,因变量是幼儿学习效果。幼儿的已有经验、智力水平、学习兴趣、性别、教师的教学水平等这些变量也会对幼儿的学习效果产生影响,这些就是无关变量。根据来源可以将教育实验研究中的无关变量分为三种。

(1)来自研究对象方面的无关变量

研究对象本身的很多因素都可能对研究结果(机体反应)产生影响,这些因素被称为机体变量或被试变量。如被试的已有经验、能力、人格、年龄、性别、态度、情绪、期望、疲劳等会在实验前就已经具备或在实验的过程中产生,对研究的结果有重要影响。

(2)来自研究者方面的无关变量

在实验研究中,研究者经验、能力、对实验的态度、人格、情绪、期望等都会对研究对象的反应产生影响。

（3）来自研究设计的无关变量

实验研究设计中的被试是否有代表性、实验的处理顺序、测量中的误差、测量工具编制不科学等因素，也会影响实验的效果。

基于上述实验研究中的变量角色、性质的不同，实验研究中变量的结构关系如图 7-1 所示。

图 7-1　实验研究中的基本结构

——练一练——

请写出下列实验研究的各个变量。

（1）幼儿使用点读笔自主阅读与传统伴读效果的比较研究。

（2）布质书和纸质书对 2～3 岁幼儿阅读效果的影响。

（3）探究式教学对小学生数学成绩的影响。

（4）观察学习对幼儿助人行为的影响。

（二）实验研究中变量的控制

1. 自变量与因变量的控制

自变量与因变量的控制主要是使自变量具有可操作性，因变量具有可测量性。在教育实验中，通常会给自变量与因变量下可操作性的定义。操作性的定义是一种规定，它使被确定的需要定义的变量和条件的操作或特征更具体化。这样的界定使自变量、因变量明确具体，不容易引起歧义，方便进行实验的操作控制，为今后他人重复验证、借鉴及研究的推广提供重要的指标。

案　例

例如在《幼儿使用点读笔自主阅读与传统伴读效果的比较研究》中，研究者对"点读笔自主阅读""成人陪伴阅读"这两个自变量，以及"阅读效果"这一因变量进行了操作性界定。

"点读笔自主阅读"界定为由被试使用点读笔进行图画书自主阅读。被试阅读图画书的过程中，主试只在一旁摄像记录，不对被试做其他任何指导和干预。

"成人陪伴阅读"界定为由主试以传统的分享阅读方式与被试一起阅读提供的图画书材料，阅读过程中，主试将图画书呈现的文字内容口头讲述给被试，不对图画书的细节内容做分析解释。

"阅读效果"界定为幼儿在主题认知、内容记忆和故事理解 3 个方面的成绩得分。主题认知是测试幼儿是否能准确说明故事的主要人物和主要内容，以此来考察幼儿对故事主题的认知状况。内容记忆是请被试根据问题说出所记住的场景和人物，这些内容在图画书中都有直接的描述。故事理解是请被试回答主试的问题，这些问题的答案并没有直接呈现在图画书中,而是需要被试在理解故事的基础上进行回答。基于此又将其转化为可以测量的若干指标。界定结合 Morrow(1985)对故事结构的划分标准和 Paris(2003)对故事内容的划分标准,根据图画书的故事内容进行阅读效果测验题的编写。其形式包括问答和排图,共 20 题,共计 50 分。每答对一问记 1 分,答错或不回答记 0 分。主题认知题满分 12 分,内容记忆题满分 24 分,故事理解题满分 14 分。

2. 无关变量的控制

实验研究中无关变量控制得越好,研究的可信赖程度则越高,因此研究者要运用一定的方式与手段对这些无关变量进行严格的控制,净化实验过程,排除其对研究结果(因变量)的影响,确保因变量的变化源于自变量。无关变量的控制方法有如下 5 种。

(1) 随机法

随机法就是研究者运用随机的方式而不受研究的主观意图影响,使研究总体中的每个个体有均等的机会被选择和分配到实验组或控制组,或被随机指派到接受某种实验处理等,以有效控制可能由被试间的差异所造成的影响。随机法是控制无关变量的最佳方法,因为根据概率原则,每个被试所具备的各种条件和备选机会是均等的。下面介绍几种常用的随机方法。

① 简单随机抽样。其一般可采用抽签法、摇码或查随机数表等方法抽取样本。其实施步骤为:取得所有被研究对象——对研究总体(对象)编号——利用抽签法、随机号码表等方法选取所需样本。如我们可以对研究总体中的每个人进行编号,用简单随机抽号方法选择 80 人为被试,并采用抽签的方式将其分配到实验组和控制组,每组分别为 40 人。

② 等距抽样。其要求先将总体中的个体按照空间、时间或某些与研究无关的特征排列起来,然后等间隔地从中抽取样本。抽样的间隔是总体的人数除以要选取的样本数所得的商。其实施步骤为:取得总体样本并排队编号——计算抽样的间隔距离——在抽样距离间隔数中随机抽取一个样本单位——按照间隔数依次抽取其他样本单位。在研究总体的数量较多时可以采用这种抽样方法。如样本总体有 1 200 人,需要从中选取 60 人作为样本进行研究,计算得到抽样的间距为 20。研究者可以随机地选取第一样本单位(如编号为 5 的个体),之后就可以每隔 20 个人依次选出其余的样本单位,从而产生研究样本。

③ 分层抽样。分层抽样也叫分类抽样,适用于总体量大而且差异程度较大的情况。先将总体按照某一特征进行分类或分层,然后在各类或每一层中再采用随机方法进行抽样。如在幼儿使用点读笔自主阅读与传统伴读效果的比较研究中,研究者可以根据幼儿的性别进行分层抽样。即先将幼儿分为男、女两类并分别进行编号,从两类中随机地选取人数相同的被试,然后还可以随机地将等量的男生、女生分配到不同的组内,接受实验的处理。

(2) 排除法

排除法就是消除或隔离无关变量对实验结果的影响。例如,在发现式教学法与讲授式教学法对学生学业成绩的影响研究中,智力因素是一个无关变量,研究者可以只选高智力的学生作为被试。噪声也会对教学及学生学习效果产生影响,可以选在安静的教学环境中进行。

(3) 恒定法

恒定法是指将无关变量作为常量进行控制,使其对实验研究的影响保持恒常不变。如在《布质书和纸质书对 2～3 岁幼儿阅读效果的影响》中,研究者以《苹果的故事》为阅读材料,这样使阅读故事的难易、长短等无关变量保持恒定不变。再如在探究教学与讲授式教学对学生学业成绩的影响研究中,可以由同一个教师来运用这两种教学方法对实验班与控制班进行教学,确保教师的因素保持恒定不变,使之成为常量。

(4)平衡法

平衡法就是指无关变量对实验组与控制组的影响都是相等的,从而使其对研究结果的影响忽略不计。如在《布质书和纸质书对2～3岁幼儿阅读效果的影响》研究中。研究者实验前把布质书和纸质书同时呈现给被试,要求被试只根据封面挑选一本自己喜欢的书。在之后的正式阅读过程中,随机选择每种书,被试的一半采用其所选材质的书作为阅读材料,另一半采用另一本作为阅读材料,以平衡由于被试本身的阅读经验所引起的差异。又如幼儿使用点读笔自主阅读与传统伴读效果的比较研究中,先对被试进行识字水平的测试,确保两组(用点读笔自主阅读的实验组与传统伴读的控制组)被试的识字量水平一致。

(5)统计处理法

统计处理法就是采用统计的方法对获取的研究数据进行处理,以消除无关变量的影响。如将通过测量获得的数据最高分或最低分去掉,或者将实验组与控制组的数据分别进行平均。

为了将无关变量的影响控制到最小,研究者要根据研究的具体情况从上述无关变量的控制方法中进行单独选用或同时选取其中的几种方法。如《布质书和纸质书对2～3岁幼儿阅读效果的影响》中就运用了平衡法、恒定法。

二、实验效度

实验效度是指实验的有效性和真实性程度,其反映实验设计质量的高低。实验效度包括内部效度和外部效度。

(一)实验内部效度

实验的内部效度,也叫内在效度,是指实验结果的可靠性,其揭示自变量的变化在多大程度上取决于因变量,即能否真实地反应因果关系。实验中若能有效地控制实验条件,能准确、合理地对因果关系进行推论,说明内部效度高,否则内部效度则低。因此在教育实验研究中,要合理地进行实验设计,实施过程中对实验变量进行严格的控制,尤其要有效地控制无关变量。

影响内部效度的因素主要是研究中的无关变量,需要研究者引起高度注意,归结起来主要表现在以下几个方面。

(1)实验过程中的偶发事件。教育实验研究均会持续较长的一段时间,期间会发生一些意想不到的事情,影响被试的反应。如在两种不同的教学方法对学生数学成绩影响的实验研究中,其中的某些学生参加了校外数学辅导,就可能会成为导致学生成绩提高的全部或部分原因。

(2)被试的身心成熟程度。随着实验研究的进程,如为期一年的实验研究中被试的身体、生理、认知、人格等都会有所发展,那么实验的结果有可能受到被试某一方面成熟的影响。幼儿的身心发展速度在某些方面要快些，因此在学前教育研究中应该引起注意。

（3）被试选择的差异性。在实验研究中实验组与控制组的被试不是用随机法进行选择，会使两组的被试存在差异，可能会导致研究结果的歪曲。

（4）被试的流失。实验研究中被试中途停止参与实验研究，导致研究结果的偏差。

（5）测验效应。教育实验一般都会在实验前进行前测，经过实验处理后再进行后测。前测与后测所用的工具材料相同且时间间隔较短，那么由前测导致的记忆效应、练习效应等会对后测产生影响。

（6）统计回归效应。在使用前后测成绩对被试进行评估时，前测中得分高或低的被试在后测中的得分会在一定程度上趋向于后测的平均分数，这种现象被称为统计回归效应。导致回归效应的原因可能是在前测中被试的成绩受到对测验题目的猜测、技能与能力、疲劳等因素影响表现较低或较高，当后测中这些影响因素不再发生作用时，他们的测验分数就会回归到平均水平。

（7）测量工具或手段使用的前后不一致。前后测中运用的工具或手段不同，会导致测量的内容指标有所差别，也不能确保测量的是同一属性或特征，从而使得前后测得的分数不具有可比性，影响测量的内部效度。

（二）实验的外部效度

外部效度是指研究结果能推广到其他个体、群体、情景和时期的程度。如果研究的结果能够大范围地推广至与研究对象同类的事物和现象中去，则研究的外部效度就高，否则外部效度就低。影响外部效度的因素有：被试取样不具有代表性、测验的敏感性、实验安排的副效应（顺序效应、实验者效应、霍桑效应、安慰剂效应）等。

当我们想把一个研究结果应用到自己的研究中去的时候，一定要注意如下几点。

（1）研究对象的不同因子类别导致的差异。例如初任教师评估研究试图把特定的教学策略与二年级和五年级的数学和阅读成绩联系起来。研究者们发现有些教学策略与两个年级和两个科目的成绩有着显著相关，但大部分教学策略却没有。具体的研究则发现，学业反馈与两个年级水平和两个科目呈正相关，然而学业监督与二年级学生的阅读成绩有负相关，与二年级的数学成绩有正相关。对于五年级的学生来说，学业监督与两科的成绩之间的相关几乎是零。可见一种教学策略对不同年级、不同学科或不同特征的被试的效果是不同的，因此在推广一个研究成果的时候，要充分考虑研究对象的不同类别特征的影响。

（2）生态效度。生态效度是指估计实验结果可以推广到当地情景的程度。生态效度取决于实验中的环境条件和我们想要应用研究结果的环境的相似性程度，二者的情景越相似，生态效度就越高，反之就低，我们就不能应用该研究结果。

（3）总体效度。总体效度是基于研究样本获得的研究结果可以多大程度上推广到抽取样本的总体当中。可以通过评估研究中所用样本、抽取样本的可获得总体以及研究可推广到的更大目标总体之间的相似性，以确定总体效度。具体来讲，这三者存在联系的证据越多，该研究的推广就越具有信心。

每个实验都要考虑效度问题。一般来讲，内在效度越好则研究的推广价值越高，越能体现研究价值,它是外在效度的先决条件。但是内部效度高的研究结果,其外部效度不一定高,有时候当保证了一种效度,另一种效度则会被削弱,因此在实验研究中要采取折中的方式,对外在效度与内在效度进行平衡,即在保证研究结果的可靠性的同时,使之获得尽可能大的推广能力。

 案 例

实验中的副效应

顺序效应:是指由于实验处理按照某种固定顺序进行,而对实验结果产生了影响。顺序效应发生的前提是,被试在实验中要接受两次以上的实验处理。例如,幼儿要完成两套题的测验,以考察做两套题的效果,如果每个班都是先做 A 套,再做 B 套,那么顺序效应就可能产生了。如果是 A 套效果好,那么有可能是因为 A 套每次先测,幼儿头脑清醒,无疲劳因素。如果是 B 套效果好,那么有可能是由于 B 套每次都后做,先做的 A 套对他产生了积极的影响,即发生了"练习效应"。可见如果实验处理总是按照一定的固定顺序,其实验结果往往夹杂有顺序效应的影响,因此在实验中,我们必须对顺序效应进行控制。

实验者效应:也称期望效应,是指实验主试情感的某种偏向对实验结果产生了干扰。例如,罗森塔尔和雅各布森做过的实验。他们对小学生做了一次所谓的潜力测验,实际上是一般的智力测验。然后随机地各班抽取 20% 的学生,告诉老师这些学生是最有发展潜力的学生,并要求教师注意观察。8 个月后,又对全体学生进行测查,发现那 20% 的学生果然较其他学生进步幅度大。之所以出现这样的结果,是由于教师受了心理学家的暗示,对这些学生产生了莫大的期望,学生受到了教师感情的激励而向老师期望的目标发展。学前教育的实验研究就经常渗入了实验者期望效应。如实验班的教师往往希望实验成功,对实验对象抱有极大的期望,这样实验结果就混杂了期望效应。避免实验者效应的主要做法是:实验者在实验中始终抱中立态度,不带任何情感偏向。

被试效应也称为霍桑效应,指实验对象情感上的变化对实验结果产生了影响。1924 年美国芝加哥西方电力公司的霍桑工厂曾开展了一项研究。课题是寻求可以增加劳动生产率的条件。但是研究小组认为,照明条件是需要改善的条件之一,于是他们假设:通过实验,确定照明性质和强度的最佳标准,以改进生产条件,提高劳动效率。于是实验设计了 A、B 程序,以形成对照组。每个程序都设计实验组与控制组。

A 程序:实验组:照明条件从 2lx 到 70lx;控制组:照明条件维持原强度不变。

B 程序:实验组:照明条件从 24lx 降低到了 3lx;控制组:照明条件定在 10lx。

实验结果出乎意料的是,无论 A 程序还是 B 程序,无论实验组与控制组,两组工人的生产率都有所增加。进一步的研究发现,增产是由于工人们参加了实验,觉得厂方在关心他们,而这种感觉在控制组的工人中也同时存在,因此导致上述实验结果。

霍桑效应在教学实验中也常有反映。如实验班幼儿的学习积极性往往可能高于对照班,这样获得的研究结果是实验因子和霍桑效应共同产生的结果。

安慰剂效应:其在医学领域常出现,如一个病人总怀疑自己有病,觉得这儿不舒服、那儿不舒服,一个权威医生诊断后,开了一种药,并称这种药吃了,保证药到病除。过两天后,这个病人果然感觉病状完全消失了。其实,医生所开的药是维生素类药,这就是安慰剂效应。安慰剂效应也是一种被试效应,与霍桑效应的不同在于:霍桑效应是被试的情感变化影响实验的结果,而安慰剂效应是由被试认知上的变化而导致实验结果的变化。

（资料来源：刘电芝. 现代学前教育研究方法[M]. 重庆：西南师范大学出版社,2004:250-253）

第三节　实 验 设 计

一、实验设计的含义

（一）实验设计的定义

实验研究是有目的有计划的研究活动。在实验实施之前,研究者在确定研究课题、形成假设的基础上,对各种研究变量所采用的方法、手段、材料以及研究程序等进行周密细致的设计安排,形成的实验计划方案,称为实验设计。实验设计是实验研究的质量保证。

（二）良好实验设计的基本特征

1. 充分严格的实验控制

充分严格的实验控制是指对研究中的无关变量要进行足够有效的控制,确实保证研究的结果来自对因变量的控制。

2. 可操作性

研究者一定要有明确具体的设计目的,设计模式要有利于操作实施。具体来讲:首先,实验设计的语言描述要清楚明了,不能过于抽象概括。其次,研究的程序与步骤要具体明确。不仅要明确研究变量,还要对其下操作性定义,增强其可操控性;也要对研究模式、方法手段、指导语、实验情景及实施过程的顺序等进行详细的计划安排。

3. 可比较性

实验的效果是用比较方式进行确定的,比较的对象必须要有可比性,这是实验研究的一个基本要求。教育实验研究一般都要设置实验组、对照组,平衡或消除无关变量的影响,并进行前测与后测,保证实验组与控制组的可比性、实验前与实验后的可比性。另外复杂的实验研究需要进行组间或组内比较,以比较不同实验因子的效应及其交互作用。

4. 无受到污染的数据

数据反映实验的效应,因此要防止数据受不规范科学的测量或测量误差的影响,也要保证数据不受抽样的代表性差及变量混淆（两个及以上变量的影响不能被区别）的影响。

5. 可行性

实验设计本身不是目的,必须考虑其可行性,能否使实验顺利实施。实验设计时要在保证研究假设价值的基础上,考虑研究的人力、财力、时间、仪器设备、资料、测量工具、被试等条件是否能够满足实验需要,另外也要考虑研究的规模,太小的研究规模在统计学上没有意义,缺乏代表性。在实验研究中被试样本(实验组)一般是 30 人及以上。当然太大的样本也会为实验带来困扰,所以样本的大小可以根据研究的实际情况来定,使其既有代表性又有可行性。

二、实验设计的种类

实验设计中主要考虑被试、自变量的操作与控制和因变量的测量这 3 个方面的确定和安排。由于这 3 个方面采用的方式方法的不同,形成了不同的实验设计类型。为了方便阐述,在介绍几种常用的设计实验类型之前,先对设计中所涉及关键因素及名词进行简单的介绍。

被试、自变量的处理、因变量的测量这 3 个主要的实验因素分别用字母符号来代替。

S:表示被试;X:表示实验处理;—:表示无实验处理;O:表示因变量测量;G:表示实验组、控制组;R:表示随机抽取被试或随机分组。

实验组是指进行实验处理的组。控制组是指不进行实验处理的组。实验组和控制组用 G 表示。

前测是在实验处理之前对被试进行的测量或测验,用 O_1 表示。

后测是在实验处理之后对被试进行的测量或测验,用 O_2 表示。

等组设计也叫平衡设计,是指为了使参与研究的各组被试具有可比性,在实验处理之前,采用一定的方式使各组被试在重要的条件上几乎相等。等组用 M 来表示。

(一) 单组实验设计

1. 单组后测设计

单组后测设计是指实验中只有一组被试,对其进行实验处理后,对因变量进行观测,说明实验的效应。该设计模式表示为:

$$G \quad X \quad O$$

例如,"开展幼儿足球运动的可能性"研究中,采用分层随机抽样方法从长沙市一级一类、一级二类、二级一类、二级二类幼儿园中各随机抽取 2 所幼儿园,并从每所幼儿园又随机抽取中、大班幼儿各 20 名,共计 320 名(G)。每周开展 2 次,一次课时 40min,共 32 个课时的训练(X)。培训结束后通过家长问卷及教师填写《幼儿运动素质评价表》,了解幼儿运动后的情绪、食欲、睡眠及参与足球运动的积极性、主动性、独立性、创造性等,得出结论在幼儿园中班、大班开展幼儿足球运动完全是可行的(O)。

该研究虽然不够严谨,无法排除无关变量的干扰,但是有一定现实意义:初步探索尝试了在幼儿园开展足球运动的可行性,为改进幼儿的体育活动提供了一条途径。当然该研究缺乏对照组和前测比较,很难充分说明自变量与因变量之间的关系。

2. 单组前后测设计

单组前后测设计是指实验中只有一个实验组,在实验处理的前后分别进行前测、后测,通过比较前测与后测是否存在差异,来说明实验效应。该设计模式可以表示为:

$$G \quad O_1 \quad X \quad O_2$$

例如,"幼儿音乐教师研究节奏练习对幼儿唱歌能力的影响"中,选取自己的一个教学班幼儿为被试,先用一首歌曲测试幼儿唱歌的水平(O_1),然后进行一学期的节奏练习,每天10min(X),之后用同一首歌或与选择其难度相当的另外一首歌曲来测量幼儿的唱歌水平(O_2)。比较前后测的成绩差异,说明节奏练习对幼儿唱歌能力的影响。

该设计比单组后测实验有所进步,通过前后测比较来说明因果关系。但是它不能说明前后测的差异只是来自变量的影响,不能很好地排除无关变量的影响。

3. 单组多因子实验设计

单组多因子实验设计是对一个实验组,先后施加两种或两种以上的实验处理,并且在每种实验处理前后均进行前测和后测,然后比较各种不同实验处理的效果。其设计模式表示为:

$$G \quad O_1 \quad X_1 \quad O_2 \quad | \quad O_3 \quad X_2 \quad O_4$$

在上述的表达式中的竖线表示时间间隔。在研究设计中,一定的时间间隔非常重要,其保证两种不同的实验处理之间不会产生相互影响。

例如,"两种运动器材对儿童运动量的比较"研究中,研究者以心率、血压作为运动量的测量指标,对实验组进行心率、血压的前测,然后运用第一种器材进行锻炼,之后进行心率、血压的后测。间隔2周后,对第二种器材运动效果用同样的设计,最后比较这两种运动器材的运动效果。

(二) 等组实验设计

等组实验设计是教育实验研究中最常用的基本设计形式。它通常会有两个及其以上等质的实验组和控制组构成,其中的实验组接受实验处理,控制组不接受实验处理,最后进行结果的比较。

1. 等组的方法

等组实验设计中,等组保证各组的同质,可以很好地控制成熟、被试选择、偶然事件等无关变量的影响,有效地提高了研究的内部效度,因此等组是一个非常重要的步骤,等组的方法有以下两种。

(1)随机控制

随机控制是实现等组最常用的方法,是指运用随机的方式将被试分配到各组。随机分配的方法有抽签法、摸球法、捻阄法,也可以用随机数码表按需要抽取人数进行分派。

(2)测量控制法

测量控制法就是对被试进行测验,按照分数的高低排序,之后把对象比较均匀地分配到各组。需要注意的是等组需要的测验应该和研究的因变量有关,这样可以保证因变量的变化不是由于被试原来水平的高或低导致的影响,即很好地控制了研究中重要的干扰变量的影响。如观察学习对幼儿助人行为影响的研究,可以根据对幼儿助人行为的测验分数进行等组。根据测验分数均匀搭配的方式有以下3种。

① 蛇形排列法。

示例1:若将被试分配到两组中可以采用的方式(注:数字代表的是以分数排列的顺序位置)如下。

A组:1 4 5 8 9 12…
B组:2 3 6 7 10 11…

示例2：若将被试分配到三组可以采用的方式如下。

A组：1　6　7　12…

B组：2　5　8　11…

C组：3　4　9　10…

② 计算法。就是对各组的平均数及标准差进行计算，如果各组差异甚大，就要通过对被试进行组间的调整，直到各组的状态接近相等。

③ 配对法。配对法也叫匹配法，是指对影响因变量的几个主要无关变量进行测试，然后把测试相同的被试根据实验的组数配成对子（如实验中有两组，就可以2人配对），并将配成对的被试分到不同的组里。如，采用两种阅读方法对幼儿阅读效果的研究，在实验前，对幼儿的识字量这一影响阅读效果的主要无关变量进行测验，根据测验的分数进行配对，然后将配对的幼儿随机分到不同的组里。

2. 等组设计的类型

根据在等组设计中的测量安排及被试组的数量不同，将其分为以下3种。

（1）仅有后测的等组设计

仅有后测的等组设计是先对被试进行等组，然后对实验组进行实验处理，控制组不进行实验处理，实验组的实验处理之后，同时对2组进行测验，比较两组的测量结果，说明实验处理（自变量操纵）的结果。其基本的设计模式表示为：

$$M \begin{array}{cccc} G_1 & X & O_1 \\ G_2 & — & O_2 \end{array}$$

例如，"观察学习对幼儿助人行为影响"的研究中，可以经过等组之后，对实验组的幼儿通过观察学习榜样的助人行为（实验处理），而对照组不进行干预处理，之后对2组同时进行测验，比较测验的结果。

当自变量的水平较多时，上述实验设计可以有多个组，其仅有后测的等组设计可以表示为：

$$\begin{array}{cccc} & G_1 & X_1 & O_1 \\ & G_2 & X_2 & O_2 \\ M & G_3 & X_3 & O_3 \\ & G_4 & X_4 & O_4 \\ & & \cdots \end{array}$$

例如，三种不同的教学方法对学生学习成绩的影响。教学方法这个自变量就分为3个不同的水平，表示为 X_1、X_2、X_3。

（2）前后测的等组实验设计

前后测的等组实验设计对于等组的实验组与控制组均进行前测与后测，但是控制组不进行任何干预，然后比较两组前后测差异的大小。该设计模式表示为：

$$M \begin{array}{ccccc} G_1 & O_1 & X & O_2 \\ G_2 & O_3 & — & O_4 \end{array}$$

前后测等组实验设计与等组后测设计的不同之处是应用了前测。运用前测可以检验随机分组是否存在差异或误差，实现真实意义上的等组及可比性。需要注意的是前测的增加也会使得被试从中获得经验，对实验的处理干预有所察觉、引起其心理变化等，从而影响后测的成绩,影响实验研究的内在效度。因此在使用前后测等组实验设计时,若认为可能存在前测效应对研究产生影响,即使前后测的时间间隔较长也难以避免,而且实施前测的成本较高,可以采用等组后测设计。除非研究者认为不会产生前测效应,确实需要验证实验是否等组而且对前后测的结果变化感兴趣,可以采用该设计方法。

 案 例

"图画书指导阅读对幼儿挑战行为的改善"研究

被试的等组:在研究中采用随机法和测量法进行等组。选取上海市某幼儿园42名具有挑战行为的幼儿作为候选被试,其中男童28名、女童14名。研究者根据自制的"幼儿社会行为观察表"对这42名幼儿进行了为期两天的密集跟踪观察(涉及课堂、游戏、学校日常生活),最终确定36名具有挑战行为幼儿作为被试,其中男童26名、女童10名。然后将被试随机分为对照组与干预组,每组各18人,其中男童各13人、女童各5人。统计表明,在基线期两组挑战行为幼儿社会合宜行为的得分均较低,平均得分为1.92 ± 0.79,非社会合宜行为的得分均较高(8.08 ± 0.79),且两种行为在基线期的组间差异不显著,$F(1,34)=0.40,P=0.53$。

实验处理:对实验组挑战行为幼儿的干预则采取团体辅导与个别辅导相结合的方式,其中又以团体辅导为主。干预组在固定时间(每天早晨的活动课)看规定的图画书,时间为20min,其中儿童自己阅读理解时间为10min,之后5min由老师进行讲解,以帮助幼儿更好地理解图画书故事内容,最后5min由教师指导幼儿对图画书进行角色表演,以加深教育效果。这些活动的目的皆为幼儿能够更好地理解图画书故事而设。进行为期2周的基于图画书阅读的干预训练,对照组被试遵循幼儿园既定的日常生活和学习安排,不做任何干预处理。

本研究的前测与后测采用自编的"幼儿社会行为观察表"筛查挑战行为儿童,并依此来评估干预效果。

(3) 多重处理设计

多重处理设计是前后测等组设计和后测等组设计的综合体,其目的为了克服前后测等组设计中的前测效应,能够将前测效应从中分离出来,增进实验的内在效度。由于其是所罗门(R. L. Solomon)在1949年提出的,也被称为所罗门四组设计。

这种设计包含两个实验组和两个控制组,4个组的被试通过随机方式获得,其中的两个组接受前测,而另外两个组不接受前测。在实验处理之后,4个组都接受后测。该设计模式表达为:

$$RG_1=O_1XO_2$$
$$RG_2=O_3-O_4$$
$$RG_3=XO_5$$
$$RG_4=-O_6$$

该实验效果的测定分析复杂。如果经过数据处理$O_2>O_4$、$O_5>O_6$,说明实验组的观测值总大于控制组,实验处理的效应显著。如果$O_2-O_1>O_4-O_3$,$O_5>O_6$,则实验处理也有效。如果$O_2>O_5$、$O_4>O_6$,则说明存在前测效应。如果$O_2>O_5$、$O_4=O_6$,说明实验效应不明显,而且实验效应可能是前测与实验处理共同产生的作用,也就是说是二者的交互作用引起的实验效应。

所罗门四组设计是内在效度较高的一种理想设计，不仅可以将前测效应分离出来，也可以进行多重比较，但是由于该设计增加了实验的难度，耗费的时间、精力、财力较大，而且四组同质的被试也很难获得。

案 例

如前例"图画书指导阅读对幼儿挑战行为的改善"的研究，可以在前后测的处理基础上加以完善。运用随机的方式选择四组等组的幼儿被试。实验处理如下：

RG_1　幼儿挑战行为前测（O_1）　图画书阅读指导（X）　幼儿挑战行为后测（O_2）

RG_2　幼儿挑战行为前测（O_3）　　　　—　　　　　幼儿挑战行为后测（O_4）

RG_3　　　　　　　　　　　　图画书阅读指导（X）　幼儿挑战行为后测（O_5）

RG_4　　　　　　　　　　　　　　　—　　　　　　幼儿挑战行为后测（O_6）

（三）轮组设计

轮组设计也叫循环设计，是把各种实验处理在各组以不同的顺序轮换施行，然后根据每种实验处理变化的总和来确定实验效应。其设计的基本模式表示为：

第一轮实验　　　　　　　　第二轮实验

G_1　　X_1　　O_1　　　　X_2　　O_2

G_2　　X_2　　O_3　　　　X_1　　O_4

轮组设计可以很好地控制由于实验处理的顺序不同而带来的影响，即顺序效应。为了消除顺序效应，有几个实验因子（实验处理），其实验组就应该有几个。另外根据实验的需要，实验组和实验的处理可以增加。采用该研究设计需要特别注意的是每个实验处理都要在每个组实行，而且实行的顺序安排不同。

轮组设计的优点为：实验设计不必等组，因为各组都进行了不同的实验处理，即使组间的被试有差异，这种差异也分配给了每一种实验处理，对实验结果的影响会均衡抵消。因此在教育实验研究中在不可能实施等组的情况下可以采用轮组实验设计。另外设计中各因子的实验次数增多，增加了研究结果的可靠性。

轮组设计的缺点是：每个因子要有多次处理，工作量增加，实验的周期延长。

轮组实验统计方法有如下两种。

（1）实验因子 X_1 的结果（O_1+O_4）与实验因子 X_2 的结果（O_2+O_3）进行效果比较，如图 7-2 所示。

图 7-2　X_1 与 X_2 的结果比较

（2）对每一轮实验因子的结果进行比较，例如：第一轮的 O_1 与 O_3，第二轮的 O_3 与 O_4，经过比较如果发现 $O_1>O_3$、$O_4>O_2$，则说明经过 X_1 这一实验处理的效应比 X_2 这一实验处理的效应好。反之说明经过 X_2 这一实验处理的效应比 X_1 这一实验处理的效应好。

案 例

图片与活动幻灯片这两种直观教学对幼儿学习的效果影响研究。选择甲和乙两个班为研究对象。首先甲班进行图片教学,而乙班进行活动幻灯教学,并分别进行幼儿学习结果测试。然后甲班进行幻灯教学,乙班进行图片教学,再分别测试幼儿学习结果。最后,对两次图片教学、两次活动幻灯教学的测验成绩分别相加并进行比较,哪种教学的总成绩高于另一种,即表明其教学效果好。

(四)多因素设计

影响教育效果或学生发展的因素非常多,许多时候并不是一因与一果的简单对应关系,而是多因一果的关系。为了研究多个因子(因素)对研究结果的影响,就有了多因素设计。多因素设计简称为因素设计,是指实验中包含两个或两个以上的自变量(因素)的实验设计。根据实验因子的数量,有两因素设计、三因素设计,以此类推。

两因素设计是多因素设计的基本模式。在以前的研究设计中,研究者希望知道某种教学方法对小学生数学成绩的影响,该方法作为实验处理,其他的因素为无关变量加以控制。如果研究者还想知道性别的不同,采用该方法的学习效果是否应一样,研究者就可以把性别作为一个研究变量,设计为有两个实验处理(因子)的多因素设计。由于其实验因子的数量是两个,具体可以称为两因素设计。当然根据实验因子的数量,除了两因素设计外,还有三因素设计、四因素设计,以此类推。

多因素设计至少有 2 个自变量(实验因子),每个自变量最少是两个水平的。这种只有两个自变量,每个自变量有两种水平的设计,叫 2×2 因素设计。其中阿拉伯数字的个数为自变量的数目,数字值代表每个自变量的水平。那么 2×3 因素设计,表示有 2 个自变量,自变量的水平依次是 2 水平、3 水平。2×3×4 的因素设计,表示有 3 个自变量,自变量的水平依次是 2 水平、3 水平和 4 水平。

2×2 因素设计是最简单的因素设计。如果一个实验因子(自变量)的 2 个水平为 A_1 和 A_2,另一个实验因子(自变量)的 2 个水平为 B_1 和 B_2,那么两个因子进行结合就可以有 4 种不同的实验处理。其具体的模式设计表达为:

$$A_1B_1 \quad A_1B_2 \quad A_2B_1 \quad A_2B_2$$

例如,2×2 因素设计。研究问题是"两种不同的数学教学方式对学优生和学困生学习的影响"。具体的实验处理安排如表 7-1 所示。

表 7-1　2×2 因素设计

自变量2 ＼ 自变量1	学优生	学困生
教学方法1	$n=25$ 人	$n=25$ 人
教学方法2	$n=25$ 人	$n=25$ 人

又如,2×2×2 因素设计。研究年龄、情境、移情对幼儿助人行为的影响。具体的实验

处理安排如表 7-2 所示。

表 7-2　　2×2×2 因素设计

自变量 1	自变量 2	自变量 3	
		幼儿的年龄	
移情	情境	中班（平均年龄 5 岁 3 个月）	大班（平均年龄 6 岁 5 个月）
移情干预	冲突情境	移情干预、冲突情境的中班	移情干预、冲突情境的大班
	无冲突情境	移情干预、无冲突情境的中班	移情干预、无冲突情境的大班
无移情干预	冲突情境	无移情干预、冲突情境的中班	无移情干预、冲突情境的大班
	无冲突情境	无移情干预、无冲突情境的中班	无移情干预、无冲突情境的大班

　　多因素设计可以同时考察多个自变量，可以分析各因子对实验效果的独立作用，也可以分析因子间的交互作用。如按照实例 2 的因素设计进行实验，其中部分研究结果为：方差分析显示，年龄的主效应不显著，$F_{(1104)} = 3.34$，$P > 0.5$；移情训练的主效应，$F_{(1104)} = 9.49$，$P < 0.05$；情境的主效应达到边缘显著，$F_{(1104)} = 2.94$，$P = 0.09$。年龄、移情训练和情境两两因素之间，及三者之间不存在交互作用。

三、实验设计的一般步骤

　　完整的实验设计就是在提出问题和理论假设的基础上，对研究对象、内容、研究过程中采用的方法、程序及统计方法的选择等方面做出详细有序的规划和方案。鉴于前面对实验设计的具体方面做了详细介绍，在此仅作设计步骤的一般介绍。

　　（1）提出研究假设。

　　（2）确定实验处理：明确要操纵的自变量，自变量的处理水平；实验组与控制组。

　　（3）研究对象（被试）的确定：明确研究的总体、样本及其大小、实验的单位，选择抽样的方法。

　　（4）确定因变量及适当的因变量的测量方式及工具。

　　（5）确定实验中的无关变量，选择控制的方法，设计无关变量的控制过程，对无关变量的控制程度的检测。

　　（6）选择适合的研究设计模式。

　　（7）明确实验结果的统计方式及统计假设。

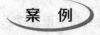

观察学习对幼儿提问的影响

　　1. 实验假设

　　观察学习对幼儿提问行为和策略有积极影响。

　　2. 实验被试

　　随机选取 69 名幼儿园大班儿童。实验班 36 人，控制班 33 人。

　　3. 研究变量

　　（1）自变量——观察学习。分为通过视频观看观察学习材料与进行预试两个条件，分别在实验班和控制班实施。

（2）因变量——每个任务分别计分：未猜出答案及 2min 内不反应，记为 0 分；猜对答案，得 1 分；满分为 5 分。根据《问题类型编码表》和《问题策略编码表》进行编码。在问题类型编码中，同一任务中所有提问记为一次提问。若几个问题属于外在感知类（物品颜色、形状及图片的可见信息）则归为外在感知类，同属于内在属性类（物体品类概念、功用等内在属性）则归为内在属性类，既有外在感知类又有内在属性类则归为混合类。在问题策略编码表中，将幼儿提问策略分为五类：一是无策略（直接猜测）；二是逐一排查策略；三是两阶段整体策略；四是不完全整体策略；五是混乱型策略。

4. 实验控制（无关变量）

（1）随机选取幼儿园大班儿童。控制班的幼儿年龄范围 5 岁 2 个月～6 岁 1 个月，平均年龄 5 岁 6 个月；实验班的幼儿年龄范围 5 岁 2 个月～6 岁 2 个月，平均年龄 5 岁 7 个月。

（2）两个班用同样的实测任务及步骤。

（3）记录被试的提问及回答，并全程录音，以检验记录的完整性。

（4）实验组与控制组出示 4 张图片进行游戏的指导语及规则相同。

（5）《问题编码表》《问题策略编码表》均有严格的分类标准，保证准确计分。

（6）对观测者进行问题类型和提问策略的编码培训。

5. 实验步骤

（1）控制组研究步骤。控制组为不看视频组，分为预试和正式实测两个阶段。

预试阶段分为两步。第一步，主试出示 4 张图片，请被试逐一指认图片上的物体。若被试不认识图片上的物品，主试帮其辨认。第二步，主试说："今天我们来玩一个猜图片的游戏。你面前有 4 张图片，我盒子里也藏着一张，跟这 4 张中的一张是一样的，现在请你把这张图片找出来。有问题你可以问我，不过你不能直接问答案，最多可以问 3 个问题。"停顿三秒，询问被试是否明白。若被试表示不明白，主试再次讲解指导语，直至被试表示明白为止。记录被试的反应。

当被试问完两个问题后，主试会提示他可以问一个问题。若被试已问完 3 个问题，主试会让被试选出答案。若被试问到的问题直接指向图片的名称（如"是苹果吗？"），此时主试会询问被试是在直接猜测答案还是在问问题，若被试回答是问问题，主试应该告诉他："你的问题不能是直接问答案。你想想还有什么其他的问题可以帮助你找出答案。"若被试做出了相应反应，明白游戏规则，则继续进行；若被试在 2min 内不反应，则放弃该被试。

正式实测阶段：依次完成 5 个任务。每个任务中，主试对被试提出的问题都给予如实回答，若有的问题无法回答，就说："不知道。"比如目标物为"银白色的车"，如被试问道："我家里有吗？"主试确实不知道该被试家里有没有，就如实回答："不知道。"每个任务无论反应正确与否，都继续进行下一个任务，直到 5 个任务全部完成。记录被试的提问及回答，并全程录音，以检验记录的完整性。

（2）实验组研究步骤。实验组为看视频组，分为观察学习与正式施测。

观察学习阶段：第一步，主试让被试在电脑上依次观看三段观察学习材料，三段材料按拉丁方设计呈现，中间间隔 10s。第二步，主试拿出 4 张测查图片，指导语同控制组的预测。

正式施测同控制组。

6. 实验结果分析

（1）观察学习对幼儿有无提问的影响。

（2）观察学习对幼儿提问类型的影响。

（3）观察学习对各策略学习的影响。

（4）观察学习对问题解决的影响。

思考与练习

一、名词解释

实验法　自变量　因变量　无关变量　操作性定义

二、问答题

1. 实验法的特点有哪些？实验法的局限性有哪些？

2. 无关变量的控制有哪些常用方法？

3. 一个好的实验设计的标准有哪些？

4. 实验设计的步骤有哪些？

实践与训练

1. 查找一个关于学前教育的实验研究报告，运用实验法的相关知识，判断其实验研究类型，分析其实验中涉及的各种变量，并从实验设计的角度评价该实验的效度。

2. 撰写一个学前教育实验设计方案。

第八章
教育测量法

学习目标

知识目标
(1) 理解测量的含义与性质；
(2) 掌握测验的类型、标准化测验及其应用；
(3) 熟悉学前教育研究的常用测验；
(4) 掌握自编测验的编制及其应注意的问题。

能力目标
(1) 提高科学测量的能力水平；
(2) 可以自行编制测验。

问题导入

　　蓝天幼儿园进行了为期两年的教育教学改革，老师们看到孩子们的变化都很欣喜，他们整理了一些孩子们变化的个案，觉得还是不能客观全面地说明问题，如何拿出有力的证据证明教育教学的成效及孩子的发展和变化呢？

　　再者，幼儿园的孩子们兴趣十分广泛，对很多事情充满好奇，看到其他小朋友学这学那，也非常想学习。提高孩子的整体素质是家长们的心愿，但是过多地参加兴趣班又不现实，而且有的兴趣班并不适合所有的孩子。现实也是这样，孩子常基于好奇上了一个兴趣班，没几节课就半途而废，这很不利于孩子的长期发展。家长常会为发现孩子的潜在素质及兴趣伤脑筋，希望能够获得幼儿教师、幼儿园的帮助，对孩子的潜在素质进行鉴别和开发。幼儿教师、幼儿园如果有能力做到这一点，就可以实现幼儿、家长、教师、幼儿园的多方共赢，这是大家希望的最好结果。

为了解决上述的问题,作为培养幼儿的专门机构和幼儿教师,就要掌握一门重要的测量技术,以对幼儿的能力素质进行科学的测量与鉴定,即进行定量分析。本章将详细地介绍学前儿童教育的测量知识。

第一节　教育测量法概述

测量是对事物的属性进行量化,它使我们对事物的描述更加精确、细致、直观,使人们更容易地理解、认识事物的属性、特征,因此测量法是对事物进行定量分析的重要科学研究手段。在学前教育研究中,运用测量法可以获得教育教学质量及幼儿的心理活动结果的定量分析研究的数据资料。

一、测量的含义与性质

(一) 测量的含义

测量是指根据一定的法则,使用测量工具对事物的属性进行数量化的操作过程。即根据一定的理论、标准,运用一定的操作程序,对事物的属性赋值或分派数字。

"一定的规则"是指测量都要建立在科学的规则和科学理论基础上,运用科学的方法和程序进行测量,如温度计用于测量温度是根据热胀冷缩的原理。当然测量依据的规则,有的比较完善,但有的还不成熟,比较粗糙,这样影响了测量结果的准确性和可靠性。也就是说基于不成熟、不完善的理论开发的测量工具的可靠性和准确性较差。

测量长度的工具有皮尺、木尺、卷尺;测量温度的工具有温度计等。教育、心理测量的工具被称为量表或测验,如人格测验、智力测验。

"数量化"就是确定测量的事物属性的数量。数量不仅指事物属性的符号,而且指一种有序的量。数量有 4 种特征:区分性、序列性、等距性和可加性。

任何事物都存在一定的数和量,因此都是可以被测量的。在学前教育中,教育教学效果通过对幼儿的知识、技能、心理素质发展等方面的变化进行测量加以反映,这就是教育测量。进行教育测量,必须满足以下条件。

(1) 测量的对象,即测量的客体,可以是某个事物、现象。

(2) 测量的内容,即测量客体的属性或特征。测量的内容可以分为外显和内隐的属性,幼儿的身高、体重是外显属性,幼儿的智力、能力、动机、人格是内隐属性。

(3) 测量的规则,即测量的方法或指标。它保证测量进行规范、标准化的操作,是对事物属性指派数字或赋值的依据。

(4) 测量工具(量具)。

(5) 测量的结果,即对事物的属性用数量进行描述。

(二) 测量的水平

测量工具是指具有参照点和单位的数量连续体,即测量用的"尺子"。参照点是指测量时量的起点(零点),如测量长度的尺子上的零点;海拔高度以海平面为零点。两个测量结果的可比性就在于它们具有相同的参照点,否则就不具有可比性。单位是指计量事物的标准量名称,如长度的单位有 m、dm、cm 等,重量单位有 kg、斤、两等。

教育、心理测量的工具被称为量表。它通常用文字、图形、操作等方式来测量个体心理的特征或属性。根据量表的属性和测量水平,可以将其分为四种水平。

1. 命名量表

命名量表只是用数字代表事物或事物的类别,其是最简单的量表。如,用数字给参赛者编号;用数字来代表不同的文化水平(1＝小学、2＝初中、3＝高中、4＝大学)。要注意其中的数字只是事物的符号、代码,它不具有数量的意义,不能比较大小,不能进行加减乘除的数学运算。给参赛者的编号不能说 3 号参赛者小于 8 号参赛者。

对命名量表的数据统计分析方法有:次数、众数、百分比和卡方检验。

2. 顺序量表

顺序量表不仅可以表示事物的类别,还可以表明类别的大小、等级和程度。各种比赛的排名就是顺序量表的典型应用,如选手的比赛名次 1、2、3、4…可以说 1 的水平高于 2 的水平,2 的水平高于 3 的水平,依次类推。

注意:顺序量表的数字只表示等级、大小和顺序,不能表示事物特征的具体数量,不能进行加减乘除的数学运算。

对顺序量表的数据统计分析方法有:中位数、百分比和等级相关分析。

3. 等距量表

等距量表除了具有上述两个量表的特征(类别、等级顺序)外,还具有相等的单位。等距量表的数字具有数量的意义,可以反映数量的大小,也可以进行加减运算,但是不能说明倍数关系,即不能进行乘除运算。如智力测验,幼儿的得分分别是 90、100、110,可以说前两个的分数差异和后两个的分数差异相同,但是不能说智商是 150 的人是智商为 75 的人的 2 倍。

对等距量表的数据分析方法有:平均数、标准差、T 检验和 F 检验等。

4. 比率量表

比率量表除具有类别、等级、等距量表的特征以外,还具有绝对的零点(绝对零点的意义表示"无",如无重量、无长度)。运用比率量表可以比较测量对象的差别程度,也可以算出比例。如测定的物体长度,10cm 和 20cm 的长度表示两个物体长度相差 10cm,也可以算出后者是前者的 2 倍。

对比率量表的数据分析方法与等距量表的方法相同,另外还可以计算几何平均数等。

为了更清楚地说明这四种水平的量表的区别和内在联系,见表 8-1。可知四种不同水平的量表所含的信息多少有所不同,后一类量表不仅包含了前一类量表所具备的特点、功能、特征及使用统计方法方面的条件,而且提供的信息更多。量表提供的信息量的多少决定了量表的层次和水平,比率量表是最高层次的量表。量表使用者若能准确判断所用量表的类型,才能对用量表收集到的数据进行科学的解释分析。

表 8-1　四种量表的比较

名　称	特　点	基本功能	数学特征	统 计 方 法
命名量表	分类符号	分类、描述	= ≠	次数、众数、百分比、卡方检验
顺序量表	分类符号 等级顺序	分类 排列顺序	= ≠ > <	中位数、百分比、等级相关分析、非参数检验
等距量表	分类符号 等级顺序 有相等单位	分类 排列顺序 差值确定和比较	= ≠ > < + −	平均数、标准差、T 检验和 F 检验等
比率量表	分类符号 等级顺序 有相等单位 绝对零点	分类 排列顺序 差值确定和比较 比值确定和比较	= ≠ > < + − × ÷	平均数、标准差、T 检验和 F 检验等 参数检验、几何平均数

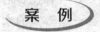

心理与教育测量的量表

心理与教育测量的量表属于顺序量表。这是因为：①所使用的参照点均为相对参照点。例如，在学期末的学科考试中，通常的做法是把学科上的成绩确定为 0～100 分。显然，这个0 分是人为假定的起点，因为即使某学生得了 0 分，我们也不能说该生在本学期内没有学到任何知识，或者说该生的知识水平为"零"。在智力测验中，假设某一儿童不会做任何一个题目，那么，他的成绩为 0，但这个 0 分并不表示他的智力水平为"零"。这就决定了心理与测量的量表不可能达到比率量表的水平。②所使用的单位远没有其他测量的单位成熟和完善。一是所使用的单位的意义不太明确。例如，在各种形式的考试中，虽然适用的单位都是"分"，但实际上，数学考试中的"分"和语文考试中的"分"的意义是不同的。学生在不同学科上的考试成绩所代表的不是同一个东西。二是其单位常常不等值。例如，同一次数学考试，学生做对一道简单的题目，得到 1 分，同样做对一道较复杂的题目，也得到 1 分。从表面上看，前者的 1 分和后者的 1 分是等值的，但实际上，它们所反映的学生的知识水平是不相等的。由于单位的意义不同，单位的价值不相等。因此各科的考试成绩不能直接相加而求出总分，也不能根据总分求各科平均分，这就决定了心理与教育测量的量表不是直接的等距量表。

由于顺序量表的参照点没有绝对零点，而且它的单位不等值，大量的统计方法不能直接运用到顺序量表的分数上去，因此在理论研究和实际应用工作中受到极大的限制。为了克服这些缺陷，心理与教育测量学家希望将顺序量表上得到的分数（原始分数）转化到等距量表上去解释。也就是说，希望采用统计方法把顺序量表的分数转化到具有相等单位的等距量表上。为此，教育与心理测量学家做了大量的研究工作，收到了一定的成效。目前，大多数心理与教育测量的分数解释工作是在等距量表上进行的。

（资料来源：戴海琦，张锋，陈雪枫．心理与教育测量[M]．广州：暨南大学出版社，2008:8-9）

等 距 量 表

鉴于学生的知识、技能的测验分数多属于等级、位次量表，测量学家总是试图把测验分数作为等距量表来处理,因为等距量表适用于大量的统计分析,但是等级量表和等距量表间差异的客观存在,又使得这么做可能会使分数的解释和推论发生错误,因此常常采用统计方法将教育测验分数转化到一个有相等单位的量表上去,最常用的方法就是把原始分数(测验分数)转化成标准分数。

(资料来源:张敏强. 教育测量学[M]. 北京:人民教育出版社,1998:22-23)

(三)教育测量的性质

教育、心理测量与物理测量同属测量,但是教育、心理测量比物理测量更加复杂。教育、心理现象非常内隐、抽象,因此进行客观科学的测量就比较困难。有人也因此曾对教育、心理测量的可能性产生怀疑。然而经过专家、学者们的努力,发展出来一套理论与技术方法,用于教育、心理测量,并使之具有独特的性质和特点。

1. 间接性

教育、心理测量的对象主要是人的内部心理过程和属性,它是不能直接测量的。人的心理通过行为表现出来,并且调控人的行为,因此我们可以通过对人的行为进行测量来推测个体的某种心理属性或特征,这使得人的心理测量具有了间接性特点。为了保证测量的准确性、科学性,测量实施者必须根据一定的理论,选用恰当的方法和工具,并严格按照要求有序地进行,以严格控制无关因素对测量结果的影响。关于测量的详细内容在后面介绍,在此不赘述。

2. 相对性

教育、心理测量的相对性是指测量结果的相对性。人的行为没有绝对标准,只是一个连续的行为,所测的结果只能说明每个个体在群体中的序列位置,那么根据行为测得的个体的能力、智力、人格等心理特点也是与他所在群体多数人的或某个人的心理特征为判断标准或参照而进行的比较。

3. 稳定性

教育、心理测量的结果具有稳定性。由于个体的行为具有前后一致性,因而测量的结果具有稳定性。心理、行为具有稳定性,使得我们对它们的测量具有了意义。然而,随着年龄的增长,个体的心理、行为也在不断地发展、变化,因此心理行为测量结果的稳定性只是相对稳定,而不是一成不变的。

4. 客观性

测量的客观性是指测量要追求一致性和标准化,即测量者要运用相同的测量工具、操作方法、程序对测量对象进行测量,对测量结果的解释也要采用一致的标准。客观性是测量的基本要求。

二、测验的类型

测验是教育、心理测量中使用的工具,它是由有关领域的专家经过长期的编制、使用、修订、完善而逐渐形成的标准化测量工具。标准化测验的详细内容将在第二节详细阐述。根据测验的分类维度的不同,有许多测验的类型。

(一)根据测验内容的分类

1. 智力测验

智力测验是用来测量被试智力的测验。智力直接影响个体的信息加工活动,影响个体的学习、发展水平,因此智力问题长期以来受到人们的高度关注。虽然到目前为止"智力"的概念并没有共识性的定论,关于"智力"的理论也有很多种,如智力的二因素理论、多因素理论、多元智力理论等,但是基于对智力的不同认识,已经形成了多个权威的智力测验。如韦克斯勒智力测验、瑞文推理测验等。智力测验也是心理测量领域涉及最早、相对比较完善成熟的一种测验。

2. 能力倾向测验

能力倾向测验用于测量个体的潜在能力,即预测个人的能力发展倾向。能力倾向测验包括一般能力倾向测验和特殊能力倾向测验。一般能力倾向测验主要测量个体在活动中所具有的多方面的潜在能力,如观察能力、思维能力、想象能力等。特殊能力倾向测验主要测量个体在特定专业活动中的特殊潜能,如音乐能力测验、绘画力测验等。

3. 人格测验

人格测验就是对兴趣、态度、动机、气质、性格等心理特征进行测量的测验通称。"人格"的概念含义甚广,具体的人格测验不可能涵盖人格的所有内容,因此一个人格测验的内容往往有所侧重。比较常用的人格测验有:卡特尔 16PF 测验、艾森克人格问卷、主体统觉测验、罗夏墨迹测验等。

由于测验的实施手段不同,又可以将其分为自陈量表和投射测验。自陈量表就是编制者针对人格的特征编制若干测验题目,由受测者作答,然后根据答案衡量其特征。投射测验是应用投射的原理(个人把自己的思想、态度、愿望、情绪、人格等心理会无意识地反映在对事物的解释之中),由测验编制者提供的一些未经组织加工、意义模糊的刺激情景或题目,在无限制的情况下引起受测者的反应,如续写故事、进行联想等,以考察、推测其人格特征。

4. 成就测验

成就测验也叫成绩测验,它是用来测量学习效果的测验。学习者经过一段时间的学习和训练,其知识、技能掌握的水平如何,则需要用成就测验来进行测量。成就测验是教育领域使用最广的一种测验。

(二)根据测验内容形式的分类

1. 文字(纸笔)测验

文字测验是指测验的内容以文字的形式表现,受测者也用文字的形式作答。文字测验方便实施、作答,但是其使用受个体的文化水平限制,如文盲识字很少,年龄太小的个体就不适合选用,而且由于个体的文化背景不同也会影响测验的有效性。

2. 非文字(操作)测验

非文字测验是指测验的内容是以图形、实物、模型、工具等形式表现,受测者要通过指认、记号操作等非文字形式作答。这种测验有效地避免了文化水平高低和文化背景对受测者的限制与影响,扩展了测量的受测者范围,提高了测量的效度,但是该测验的实施一般只能进行个别测验,比较费时费力。

(三) 根据同时受测人数的分类

1. 个别测验

个别测验就是一次只能对一个受测者进行测量的测验。一般情况都是一位主试(测验的实施者)用量表对一个受测者进行面对面的测试。罗夏墨迹测验、主体统觉测验、韦克斯勒智力测验就属于个别测验。个别测验优点是主试能对受测者在测验中的言语、情绪、行为等反应进行细致观察和有效的控制,可以提供测验的有效性;其不足就是在短时间内难以收集到大量的资料。

2. 团体测验

团体测验就是一次可以同时对多个被试进行测量的测验。有些测验就属于团体测验,如卡特尔 16PF 测验、瑞文推理测验。团体测验的优点是操作简单方便,能在较短时间内收集到大量的资料;其不足就是由于同时接受测试的被试比较多,主试很难观察被试作答时的反应并进行有效的控制,对测量的结果会产生不必要的影响。

团体测验可以用于个别测验,但是个别测验不适合于团体测验。另外对年龄较小的儿童不宜进行团体施测,因为他们的注意力、自控力、阅读能力等各种能力较差,需要主试的帮助和督促。因此对年龄较小的受测者一般采用个别测验。

(四) 根据测验工具的标准化程度的分类

1. 标准化测验

标准化测验是指由测验编制者(专家)按照严格的科学编制程序形成的测量工具。标准化测验如能严格遵照测验说明操作运用,测量得到的受测者心理特征通常有很强的说服力。但是由于标准化测验的编制成本很高,而且有的对实测者的要求也很高,因此实际研究中可以使用的标准化测验并不是很多,不能满足学前教育研究的所有需要。

2. 自编测验

自编测验是由研究者根据需要自行编制并进行测量的测验。一般来讲,由于研究者有明确的研究目的,测验内容针对性较强,其测验结果能很好地反应测验的内容。如果研究者在编制测验时,能够根据标准化的测验标准进行编制,其测量的科学性将会大大提高。由自编测验获得的测验结果受到质疑的重要原因就是其缺乏可信性,即该问卷能否测查出要测试的特性或内容,其测试结果是否有很好的一致性。

三、学前教育测量研究的优缺点

(一) 学前教育测量研究的优点

1. 测量结果比较准确可靠

测量研究中根据需要选用的测量工具(量表或测验)的编制,尤其是标准化测验的编制,均严格按照科学的程序进行,并经过反复的试用和修订而最终定型,可以确保测量出研究对象的心理特征,而且在实施测量的过程中,研究者严格按照要求操作,测量结果的可靠性则会增强。测量结果的准确可靠是进行科学研究的基础。

2. 较好的排除无关因素对测量结果的影响

量表都会有一定的操作要求,标准化的测验会有测验说明书,其对指导语、测验情景、作答要求、标准答案、评分方法等有严格的规定。在具体的实测过程中,研究者严格遵照操作手册进行测试,确保了测试场景的一致性,无关因素的干扰得到了有效控制,可以较好地排除其对测试结果的影响。

3. 测验结果的统计处理方便

测验题目的设计多为封闭性的问题,便于制定标准答案和评分标准,这使得测验的结果可以用分数的形式来表达,测量结果的量化使评分过程简单化、易于操作,尤其是可以利用相关的计算机软件进行评分及数据处理,使研究的成本大大降低、研究效率大大提高。

4. 常模的建立增强了测验分数的可比性

教育、心理测验为顺序量表,对顺序量表的测量结果只能简单地分类与排序,不能对其分数进行比较,即其测量获得的分数(原始分数)不能直接反映被试间的差异状况。为了使原始分数具有意义,增强测验分数的可比性,必须将原始分数转化成有意义并可以解释的分数,即转化成有一定参照点和单位的测量量表上的数值,该数值就是导出分数(量表分数)。标准化测验都会根据测验的性质、水平等,按照统计学的原理,对有代表性的样本进行测验,并将其测得的原始分数转化为导出分数,形成测量量表,即原始分数和导出分数的对应表,这就是常模表。

常模是对测验分数进行解释的依据。在测验的实施中,我们可以将测验的原始分数通过常模表来查到其对应的导出分数,这样实际就是把不同的原始测验分数放在单位和参照点相同的量尺上进行比较,具有了很强的可比性。

(二)学前教育测量研究的缺点

1. 对研究者要求较高

学前教育测量具有很强的专业性,必须具备相应的专业知识和能力才能很好地胜任测量工作。例如,选择合适的测验工具,在测量中可以很好地理解施测要求并严格按照要求操作,控制影响测量结果的不必要因素,对评分及分数的解释做到客观准确。而没有经过很好专业训练的施测者,测量的过程不能很好地加以控制,会使测验结果出现测量误差,即不能真实可靠地测量出受测者的心理特征。

2. 测验的灵活性差

一般来讲,一个测验只是对个体的某种心理特征或当前的心理进行测量,而且测验的题目、内容、方法等不能随意地变动,因此测验的种类或数量必须满足不同的测量需求,可是这有很大难度,几乎是不可能的。编制一个好的测验需要编制者有很高理论和技能,也有很大难度。另外测验在编制过程中会有一定的文化性、地域性或样本特定性等,这将影响测验的适用性范围等。这些方面的问题使测验法的使用受到很大的限制,缺乏灵活性。

第二节 标准化测验及其应用

一、标准化测验的含义与特点

(一)标准化测验的含义

测验的好坏取决于测验的标准化程度。标准化是指测验的编制、施测、评分以及解释测验分数的程度的一致性。标准化测验是指由专家根据测量理论编制并可以按照一致性的步骤施测的测验。

(二)标准化测验的特点

1. 标准化的测验编制

标准化的测验编制有必须遵循的基本步骤:确定测验的目的(对象、测量目标、用途),制订编制计划,编辑测验的题目并确定其难度和区分度,鉴定测验的信度和效度等。总之需要专家进行烦琐的反复修订才能编制出有良好效果的测验。

2. 标准化的施测

标准化测验中都明确规定了施测的方法,具体来讲,对适用的测验对象、测试的环境、试卷的收发、指导语、测试过程说明、计时方法、受测者作答注意事项、主试态度、意外事件处理等都有详细的要求和规定,以确保受测者对每个测验项目的测验方法完全相同,真实地反映受测者的心理特征属性。这些规定是编制者基于测量的目的和需要而进行的规定,任何一个测验的使用者在施测中都要严格地遵守,才能保证测量结果的科学性。

3. 标准化的评分

标准化的评分是指评分的客观性,即意味着两个或两个以上的评分者对同一测验的评定是一致的。只有评分客观才能将分数的差异归为受测者间的差异。要使评分客观,每个测验都要有明确、具体的评分标准和计分方法,来确保主试对受测者的评分标准和方法具有完全一致性。

4. 标准化的分数解释

测验的标准化也包括分数解释的标准化。当不同的主试对同一个测验分数做出不同的解释,那么该测验就无客观性而言。通过评分获得的测验分数是原始分数,虽然其客观、准确,但是其本身不能直接反应受测者的心理特征水平,应对原始分数按照一定的方法和要求转化为标准分数。标准化测验都会有常模(参照标准),每个测验的分数必须与该标准相比较,才能很好地解释说明受测者心理特征的水平。

例如,进行《卡特尔16种人格因素量表》测验后,可以根据其使用手册中常模表,首先将受测者各因素的原始分数对照常模表转化为标准分数,并将其登记在剖面图左侧的标准分数栏内,并在剖面图上找到各因素的标准分数,然后将各点连接,形成人格特征曲线图。最后根据剖面图对各因素的高分和低分的特征描述,又可根据使用手册中的描述来了解受测者的人格特征。

二、标准化测验的编制

标准化测验的编制是复杂、系统的庞大工程。其编制工作都要依据测验的原理进行以下的具体工作。

(一)明确测验的目的

明确测验目的具体包括明确测验的对象、测验的内容、测验的用途三个方面。

(1)明确测验对象,就是指要明确该测验可用于测量哪些个体或团体。一般会以年龄、职业、性别、受教育程度、民族、文化背景等特征来区分测验的对象。适合不同对象的测验有不同的特点。

(2)明确测验的内容,就是明确要测量哪些心理特征,如是要测查能力、兴趣、态度,还是测查人格。在此基础上还要进一步将测验内容具体化,如《卡特尔16种人格因素量表》测验,在测验编制中,心理学家卡特尔明确了该问卷要测查人格。根据其人格理论认为人格包括乐群性、聪慧性、稳定性、恃强性、兴奋性、有恒性、敢为性、敏感性等16种个性因素,这样将人格的测验内容进一步具体化为16种个性因素,确保编制的问卷可以测量个体的人格特征。

(3)明确测验的用途,就是明确测验将要用来干什么,测验的用途有:用以描述个体的心理特征、进行人员选拔、进行心理异常的诊断与鉴别等。其用途不同,测验编制的取材和测验题目的难易程度也不相同。

(二)制订编题计划

编题计划是测验编制的总体方案、构思,其中要对测验的内容范围进行全面周延的设计,对测验不同内容的重要程度进行规定,其通常用百分比来表示。

编题计划对测验内容选择及题目多少的明确,成为衡量检查已编制测验题目质量的依据,也使题目的计分有了标准。

(三)编制测验题目

编制测验的题目主要进行以下两个方面的工作。

1. 测验题目的形式

选择测验的形式时要考虑受测者特征(年龄、文化水平等)、人数、测验项目的性质等一些因素。如智力测验,对于幼儿、文化水平低或文盲,可以采用口头测验形式或非文字测验(操作性测验);人数过多的情况可采用团体测验形式等。

我国心理学家廖世承、陈鹤琴提出了测验项目确定的几个原则:使受测者容易明了测验方法;使受测者在完成测验时不会因为测验项目的形式不当而做错;测验过程省时;计分省时省力;经济。

2．测验题目的编写

编写测验题目不是一蹴而就的，需要反复修改。例如，订正意思表达含糊、不明确的词语，删除重复的题目、增加有用的题目等。

(四) 试测与项目分析

试测是在与正式施测情景一致并保证其有充裕的时间完成的条件下，对来自将来正式施测的群体中的少数代表性样本进行施测，以获得关于测验项目的资料。如通过试测可以发现哪个项目表述不清、易引起误解，为测验题目的质量提供反馈信息。

项目分析是对试测结果的分析，主要用于确定测验题目的难度和区分度。难度是指测验题目的难易程度。如果大部分受测者答对，则该题目的难度小，反之难度就大。区分度是指测验题目对受测者的心理特点水平的区分能力，区分度良好的题目可以将不同水平的受测者区分开。

测验题目的难度对区分度有一定影响，即二者有密切关系。在统计学上，为了使题目具有区分度，使题目的难度保持在中等难度是最理想的，但是在编制测验时为了更好地对各种水平的受试者进行细致的区分，应该使题目的难度分布广一些，整个测验的难度应该成正态分布，该测验的所有题目的难度平均水平应保持在中等水平。

(五) 合成测验

合成测验就是选择经过施测的有价值的题目进行编排，成为有组织结构的测验。首先测验编制者选择测验题目要看三个方面：题目能否测出所要测量的东西、题目的难度和区分度。之后，将题目按照一定的顺序进行排列。一般编排遵循从易到难的原则。

编制复本测验：为了提高测验的效用，一个测验通常会有等值的两份测验，有的会有多份。等值的测验是指各测验测量的心理特征相同，各测验题目形式、内容相同，各测验题目的数量相同而且其难度和区分度大致相同。注意各测验中的题目不能有重复。

(六) 测验的标准化

测验的标准化就是对测验的内容、施测过程、评分等进行严格的规定，使之在使用中具有高度的一致性。

(七) 鉴定测验

测验编制完成后要对其信度和效度进行鉴定。信度是指测验的可靠程度，具体是指用同一测验多次对同一团体或受测者进行测试，其测验结果的一致性程度。如果多次测验的结果一致就说明该测验有良好的信度。效度是指测验的有效性，具体来讲就是一个测验能测出想要测量的东西的程度，若测出的是所要测量的东西，则其效度就高。如本来编制的测验要测查的是智力，可是测得的却是知识或人格的东西，那就说明该测验是无效的。

(八) 常模的建立

测验常模的建立过程有：确定测验的群体，并通过抽样得到常模团体；对常模团体进行施测，获得测验分数及分数分布；制作常模表。

（九）编写测验使用说明书

说明书包括如下内容：测验的目的、功用，测验的理论依据，测验的内容即施测方法，测验的标准答案，测验评分，信效度的说明，常模表。

三、测量的一般步骤

（一）测量前的准备

测量前的准备是顺利实施测量的前提保证。准备工作有：制订测量方案，选择或制定测量工具，确定测量的方法、日程安排、实测程序，参与测量的人员选择和培训（熟悉测验的指导语、内容、步骤、记分方法和对分数的解释等）。另外也要有相关的物质准备，如准备足够的测验，并将施测所用的材料按照顺序放好，选择测量场地并进行布置等。

如果选用标准化测验进行测量，则需要考察该测验的适用性，具体应该从以下方面进行考查：①看量表的有效性。即量表要与所要研究的目的、内容一致。②看量表的标准化。一般专家修订的次数越多的量表越好，引进的外国量表最好是经过中国专家修订过的。而且最新修订版的标准化程度较高，是最佳的选择。③看测验的形式。测验的内容、材料和方法是否符合将要测试的研究对象。就是说，选用量表的适用对象与要研究的对象一致性越好，其越能保证测量的顺利进行。

（二）测量的实施

测量的实施是测量的核心工作，它关系到测量结果的可靠性和可信性。在实施测量的过程中，施测者一定要严格地按照操作要求进行操作。

（1）施测者严格根据操作手册进行施测，减少人为因素对被试的影响。如暗示被试应该选哪个答案，或由于不当的态度或行为引起被试的情绪紧张、焦虑等。另外施测者要及时、准确地对被试的反应进行及时、全面的记录。

（2）保持施测过程中的场景条件恒定不变，具有妥善、及时地处理偶发事件的应对策略与能力。

（三）测量结果的评定

实测结束后，要按照评分标准对测量的结果进行准确、客观的评分，并对分数进行慎重、合理的解释。一定要防止片面极端，对受测者造成人为的伤害。

第三节　学前教育研究的常用测验

一、中国比内测验

比内（A. Binet）是法国的心理学家、心理测验的鼻祖。1905 年他和西蒙编制成了世界上第一个智力测验,被称为比内—西蒙量表,又称 1905 年量表。其共有 30 个题目,可以用于鉴别儿童智力的高低,诊断、筛选低能儿童。比内、西蒙在 1908 年、1911 年先后进行了两次修订。其中在 1908 年对 1905 年量表进行了修订,被称为 1908 年量表,其题目增加到 59 题,测验结果用心理年龄(智力年龄)来表示。心理年龄用儿童通过年龄组的题目数量来计算,每通过一道题目则增加 2 个月。例如,4 岁的儿童通过了四岁组的所有题目,其心理年龄就是 4 岁,接着其又通过 5 岁组的 2 个题目、6 岁组的一个题目,那么该儿童的心理年龄就是 4 岁 6 个月。该量表是第一个年龄量表。

比内—西蒙被介绍到美国后,斯坦福大学的教授推孟(H. Goddard)先后 3 次对之进行了修订,将之称为斯坦福—比内量表。1916 年推孟将比内—西蒙量表的题目进行保留、删改,又增加 39 个新题目。其先后引入了比率智商(IQ)、离差智商(平均数为 100,标准差为 16)的概念。

自 20 世纪 20 年代,我国的心理学家陆志伟和吴天敏开始对斯坦福—比内量表进行中国版的修订。在 1924 年,陆志伟根据 1916 年的斯坦福—比内量表修订成《中国比内西蒙智力测验》。1936 年,陆志伟和吴天敏进行第二次修订并发表。1978 年,吴天敏主持了第三次修订,于 1982 年完成《中国比内测验》。该测验为个别测验,适用对象为 2～18 岁的城乡儿童和青少年。共有 51 题,按照从简单到复杂的顺序排列,每一题代表 4 个月的心理年龄,每个年龄段有 3 道题目。在施测的时候,首先要根据受测者的年龄对照测验手册中的附表查找要开始的题目编号,如:2～5 岁儿童从第一题开始,6～7 岁从第七题开始。计分方法是通过一题记 1 分,不通过记 0 分,如果连续 5 个题目未通过就停止测验。根据测验的总分和受测者的实足年龄(实足年龄＝测试日期－被试出生日期),查常模表得到智商。如 4 岁 3 个月的幼儿得分为 9 分,其对应的智商为 108。

为了方便测验,后来又从《中国比内测验》的 51 个题目中筛选出 8 个题目(11、18、27、28、29、34、38、42)组成《中国比内测验简编》,每个受测者仅用 20min 就可以完成该测验。

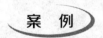

中国比内量表题目示例

试题 2 说出物名

对受试说,请告诉我:①爸爸写字用什么? ②妈妈切菜用什么? ③缝衣服用什么?(如果受试不回答,可重问一遍,接着问他。)

时限:10 秒不回答,往下问。

试题 3 比长短线

将图放在受试面前,问他:"你看,这两条线哪一条长? 你把长的一条指给我看。"指完一次之后,将图上下倒置,再照样问,然后再倒置一次。

试题 4 拼长方形

将预备好的长方硬白纸横放在受试面前,又将两个三角形放在长方形的下边,指着三角形对受试说:"我要你把这两块东西拼起来,拼成和这块(长方形)一个样子。"

试题 37 说出共同点

对受试说:"我说三样东西给你听,这三样东西有一个共同特点,你对我说,它们的共同点是什么?"

（1）蛇、牛、麻雀　　　（2）书、老师、报纸

（3）炒菜锅、钉子、铁丝　（4）玫瑰花、韭菜、柳树

时限：0.5 分钟不答往下问

成绩：全对通过

试题 40　说反义词（二）

对受试说："现在我说一个词，你也说一个词，你说的要跟我说的相反，比如我说'大'，你就说'小'，好，你听我说。"每说一个词，把事前写在纸片上的同一个词放在他面前。

（1）爱　　（2）残暴　　（3）光荣　　（4）狡猾　　（5）隆重

二、韦氏幼儿智力测验（WPPSI）

韦氏幼儿智力测验由韦克斯勒编制，适用对象是 4～6.5 岁的幼儿，共有 11 个分测验，其中的句子复述、动物房、几何图案为新增测验，另外常识、理解、词汇、算术、类同、填图、迷津、积木图案 8 个分测验和其编制的儿童智力测验相同。该测验可以得到受测者的言语智商、操作智商和总智商。

韦氏智力测验在 1986 年由我国的龚耀先主持完成了中国版的修订。该量表有 130 题和 10 道备用题目，包括言语和操作两部分，共 11 个分测验，其中知识、图片词汇、算术、图片概括、领悟这几个分量表属于言语分量表；动物下蛋、图画填充、迷津、木块图案、视觉分析（或几何图形）属于操作测验。该量表的具体内容结构如下。

1. 知识测验（城市 23 项，农村 21 项）

由有关儿童自己的身体、时间概念、日常生活常识、自然、人事关系、量度关系等方面的知识组成。

功能：用来测查儿童的知识、兴趣范围，反映早年环境的丰富与否。

2. 图片词汇（城市 44 项，农村 42 项）

功能：用于测验词语理解与表达能力。

3. 算术测验（21 项）

1～4：数的概念；5～8：计数多少；9 以后：心算题。

功能：测查心算能力、数推理能力、注意力及记忆力。

4. 图片概括测验（16 项）

功能：能测查儿童的抽象概括能力。

5. 领悟测验（城市 8 项，农村 15 项）

涉及内容包括：①一般常识的理解，如：为什么要洗脸、房子为什么要有窗户等；②社会判断与习俗，如：为什么不能与小朋友打架，为什么借别人的东西要还；③一些自然现象的理解，如：为什么顺水行舟比逆水快。

功能：可测查儿童的适应能力、对外界事物的理解能力及对社会习俗与规章的掌握。

6. 动物下蛋测验

功能:测验幼儿手眼运动协调能力、手的灵巧性、注意集中能力及记忆力。

7. 图画填充测验(25 项)

功能:测查儿童辨别能力、集中注意力、视觉组织及记忆力。

8. 迷津测验(10 项)

功能:测查计划能力、知觉组织能力。

9. 视觉分析测验(新增分测验)

功能:测量视知觉的分析综合能力。

10. 临摹几何图形(10 个,沿用原来项目)

功能:主要用来测量儿童的视知觉的分析综合能力。此外,还测量儿童手掌运动能力。

11. 木块图案测验(11 个,沿用原来项目,计分方式做了改变)

功能:主要测查儿童视觉—运动协调知觉组织能力及抽象概括能力。

测试时言语和操作量表轮换进行,每一个题目的作答时间、评分方法和评分标准有明确的规定。受测者有不明白的问题,主试可以重复一次;受测者连续 5 题不能通过即停止测试。将分测验的每题得分相加得到各分测验的原始总分,然后按照幼儿的实足年龄将原始分数转化为量表分,再把量表分转化为智商分数。

三、瑞文标准推理测验中国修订本

英国心理学家瑞文(J. C. Raven)编制了瑞文推理测验,该测验分为 3 级水平,分别是瑞文标准推理测验,为中等水平的测验;瑞文彩图推理测验,为最低水平的测验;瑞文高级推理测验,适用于智力高于平均水平的人。

瑞文标准推理测验用来测量从 5 岁半至成人的观察力和思维能力。该测验采用无意义的图形,使个体的语言、文化背景知识的影响减少。测验内容包括 5 个单元,分别是知觉辨别能力、类同比较能力、系列关系能力和抽象思维能力,每单元 12 题,共 60 题。

测验题目均由无意义的抽象图案构成,其中最大的图的右下角缺了一块,要求受测者从给定的一组小图中选出一个最合适的图形填补大图中的空缺,且要与大图图案或其横竖关系完全吻合一致。如图 8-1 的 35 题所示。

该测验可以进行团体测验,也可进行个别测验,限时 40min,采用 0、1 的计分方式。得出测试成绩后,通过查常模可知受测者的智力水平。

我国心理学家张厚粲在 1986 年主持瑞文标准推理测验中国城市版的修订。其基本保留了原测验的题目及指导语。测验常模团体是根据人口普查的资料来自中国大、中、小城市,注意了性别、文化、职业等人口的分配比例,分成了 4 个年龄组:5.5~16.5 岁,每半岁为一年龄组;20 岁以上,每 10 岁为一年龄组;17~19 岁为一年龄组;70 岁以上为一年龄组。

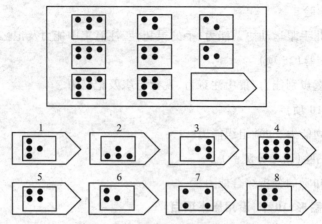

图 8-1　瑞文推理测验第 35 题示意图

四、绘人测验

绘人测验也叫画人测验,是最早由明尼苏达大学的古伊诺夫编制的非文字测验,用于测量 4～10 岁儿童的智力。该测验可以团体施测,测验过程简单,只需给受测者笔、纸、橡皮各一,自由画一个人像。测验不限制时间,一般都可以在 10～20min 完成。

该测验经过多次修订后,近年在我国的北京、河北等地重新修订了评分细则和方法。测验将人像分为 17 个部位,并根据其画的难易程度确定满分分数,画完后可以根据评分标准(表 8-2)计算每项的得分和总分,然后换成智商分数。

表 8-2　画人测验的评分标准

部分	1	2	3	4	5
1. 头	轮廓清楚,什么形状均可	形状基本正确	头<躯干长的 1/2 >身长的 1/10		
2. 眼	形状不论	有眉毛或睫毛	眼长度>眼开裂阔度,双眼一致	有瞳孔	双眼视线一致
3. 躯干	形状不论	长度>宽度	有肩,角或弧形均可	躯干轮廓正确	
4. 下肢	形状不论	长度>宽度,长度<躯干的 2 倍	有膝关节或膝盖		
5. 口	形状不论,需在面的下半部				
6. 上肢	形状不论	长>宽,长于躯干,短于膝关节	表示有肘关节		
7. 头发	形状不论,一根亦可	在头轮廓之上画有头发,要好些			
8. 鼻	形状不论	有鼻孔			
9. 连接	上下肢均从躯干出来	上肢从肩处,下肢从躯干下边出来	上下肢有轮廓,与躯干连接处不变细		

续表

部分	1	2	3	4	5
10. 衣着	1件,用纽扣、口袋、衣领表示亦可	2件,衣、裤、鞋、袜、书包、帽、领巾等	有衣及裤,均为4件,不透明		服装整齐,符合身份
11. 颈	有,能将头与躯干分开	必须有轮廓			
12. 手	有,形状不论	有手掌	有5个手指头(单侧)	手指轮廓长>宽	有拇指,短于其他指,位置正确
13. 耳	有双,形状不论	位置正确,小于面部横径的1/2			
14. 足	有脚后跟,鞋后跟或正面有鞋	足长度>厚度足<1/3下肢长>1/10下肢长			
15. 脸	清楚地表示出下颌	上颌与下颌各占脸部的1/2	口、眼、鼻需有轮廓	耳、眼、鼻、口均有轮廓,左右对称	
16. 画线	清楚、无重复交叉	画面干净,有素描风度			
17. 侧位	头、躯干、下肢都是正确侧位	更好一些			

(资料来源:陶保平 . 学前教育科研方法[M]. 上海:华东师范大学出版社,2006:194-195)

画人测验适用于有一定绘画技能的儿童,对绘画高水平或低水平的人进行测验要加以慎重。进行评价时要结合儿童平时的绘画表现,必要时可以与其他智力测验进行比照。

五、中国儿童发展量表

张厚粲主持编制了《中国儿童发展量表》(CDCC),其适用于3~6岁的儿童。该量表包括智力发展量表和运动发展量表2个分量表。

(一)智力发展量表

1. 看图命名

10个题目,要求在5s内用恰当的词汇对图片上的景或物命名。主要测查视觉辨别、记忆力和言语能力。

2. 量词使用

8个题目,要求在10s内准确使用量词说明图上有多少东西。主要测查视觉辨认和使用量词的能力。

3. 看图补缺

10个题目,要求在10s内指出图画中缺少的部分。主要测查观察力、记忆力及区分本质特征与非本质特征的能力。

4. 言语理解

7个题目,要求在10s内根据对句子的理解找到相应的图画。主要测查理解空间关系和言语的能力。

5. 按例找图

10 个题目,要求在 10s 内根据每组图片中几种图形间的关系,从备选答案中找到应放在空白处的图形。主要测查视觉辨别能力、图形比较、想象力、分析概括及类比推理的能力。

6. 袋中摸物

8 个题目,要求从一个装有各种小物品的袋中取出主试指定的物品,每题限时 20s。主要测查对舞台形状、大小、软硬等物理特性的认知与分类,词语理解,触觉和手的灵巧性等。

7. 拼摆图形

分为两部分,第一部分要求按照图纸拼出图形,第二部分要求在看过摆好的图形后,凭记忆用彩色木照样摆出图形。每部分 6 个题目,每题限时 30s。主要测查视—动协调能力、色彩分辨能力、记忆力、分析综合能力和空间知觉能力。

8. 数数算算

共 16 个题目,分为三类:1～4 题测试对数的认知;5～9、11 题为计数题;10、12～16 题为计算题。主要测查数的概念、数量推理和计算能力。

9. 分析错误

6 个题目,每题限时 20s。要求指出图上的人有哪些做得不对。主要测查观察力、记忆力和道德判断力。

10. 社会常识

8 个题目,每题限时 30s,要求回答有关日常生活的常识问题。主要测查对日常生活用具、场所及行为规范正确认知的能力。

11. 人物关系

2 张的图片,共提 14 个问题,每题限时 10s。要求指出图中人物的特征和关系。主要测查对人物性别、年龄、职业等特征的认知及对人物关系的判断能力。

上述的 1、2、4 项构成言语能力分测验,3、5、6、7、8 项构成认知能力分测验,9、10、11 项构成社会认知能力分测验。

(二) 运动发展量表

1. 单脚独立

要求单脚站立,记录能坚持的时间。测查儿童的平衡能力。

2. 立定跳远

要求从起点线使劲往前跳,记录所跳距离。测查儿童的爆发力。

3. 左跳右跳

要求双脚同时跳起,往一直线的左右来回不停地跳,不准踩线,限时 20s。测查儿童动作的灵活性。

4. 蹲蹲站站

要求先蹲下,再站直,又蹲再站,限时 20s。测查儿童的耐久力。

5. 快捡小豆

要求把黄豆一粒一粒地捡到小桶内,限时 20s。测查儿童手眼协调能力和手部动作的灵敏度。

六、社会测量法

社会测量是心理学家莫雷诺(J. L. Moreno)所创,其主要用于测量儿童的同伴关系。其最常用的方法是同伴提名法,即可以根据人际关系的标准,要求幼儿提名,提名人数可以限制在 3~5 人。如请你说出你最喜欢的小朋友的名字,也可以请他说出最不喜欢的小朋友的名字。另外,也可以准备班上幼儿的所有照片,请幼儿从中选出几个他最喜欢或最不喜欢的小朋友。对幼儿的关系测量适合进行个别测验,测试时间大概需要 5~10min。

社会测量的结果用同伴接受或拒绝的分数来表示。接受分数是每个幼儿被提名喜欢的次数总和。拒绝分数是每个幼儿被提名不喜欢的次数总和。接受分数越高说明该幼儿在同伴中的关系越好,同伴拒绝分数越高说明该幼儿在同伴中的关系越差。

我国能用于学前教育、心理测量研究的标准化测验很有限,并且主要集中于智力测量,这远远不能满足当前的学前教育研究的需要,也制约着以测量的方式获得的大数据对当代学前教育发展的促进作用。国外的标准化测验虽然比较丰富多样,但是我们又不能简单地采用拿来主义的做法,需要我国的测量专家进行中国版的修订,即完成适合我国幼儿特征的本土化的修订工作,或者直接进行我国的标准化测验的编制开发,以改变目前我国学前儿童标准化测验不足的现状。

案 例

心理测量学上,评定量表是用来量化观察中所得印象的一种测量工具,为心理卫生评估中收集资料的重要手段之一。

心理卫生评定量表分类可按量表编排方式,也可按评定者性质进行,而最常见的为按量表内容进行。此外还可按量表功能分为描述性量表和诊断性量表。由于心理卫生评定量表主要是对心理健康状态各个侧面进行评定,故前者居多,后者虽有包括,但适用范围有限。即使是诊断性量表,也主要是指"心理特点诊断"。例如,对受评者人格结构、尚保存的和受损的能力或心理功能加以评估,而不是临床医学的疾病诊断。

(资料来源:汪向东,王希林,马弘. 心理卫生评定量表手册(增订版)[M]. 北京:中国心理卫生杂志社,1999:4,5)

第四节　自编测验及其运用

标准化测验的测量质量高、误差小,是理想的测量形式。但是其编制的成本高、缺乏灵活性、测量范围有限以及测量工具的数量少,不能满足学前教育研究的需要,基于此研究者可以根据教育教学的实践和研究的需要自行开发。如可以开发幼儿绘画能力、音乐能力等

学习能力倾向的自编测验,帮助教师更加准确地掌握孩子的状况,以满足儿童发展需要。

一、自编测验的含义

自编测验是指研究者应用根据需要自行编制的测量工具,在特定的时间、场合对一定的研究对象进行测试。

(一)自编测验的优点

1. 针对性强

自编测验是根据需要编制的,专门为要研究对象的某种心理特征或品质而设计内容和测验方式,因此其有很强的针对性。

2. 灵活性好

研究者可以根据需要及具体受测者的文化、年龄等背景来自行编测验或修订已有的测验工具,很好地增强了测验的适应性、灵活性。测验如果编制科学合理,施测规范就可以获得较好的测量结果。

3. 操作简单方便

自编测验的内容、方法一般都比较简单,只要符合研究目的,可以简化测验的过程,使测验较方便操作。

(二)自编测验的缺点

1. 缺乏客观性

自编测验不像标准化测验一样经过严格的编制程序,而且也不会选用较大的受测样本进行测试,没有测验编制参数(难度、区分度信度、效度)的检验,因此自编测验的科学性往往会受到质疑,进而导致研究结果的认可度大打折扣。

2. 适用范围受限制

自编测验是针对特殊对象的心理特征的测量,因此该测验使用的测量范围有很强的局限性,若用于测量其他情况下的对象则要慎重。如研究者为研究某城市学前儿童人格的发展编制的《幼儿人格发展问卷》,不能直接用于农村学前儿童人格的测量研究,因为城市学前儿童和农村的学前儿童在生活背景、文化教育等方面有很大的不一致性,这些会影响测验的结果,如若使用,必须对该测验进行重新修订。

二、自编测验的编制步骤

自编测验和标准化测验的编制程序基本一致,只是自编测验在编制要求上没有那么严格。自编测验的编制步骤有如下 6 步。

1. 确定测验目的

编制测验时,研究者要对研究需要进行分析,明确研究对象、研究内容和研究的用途。

研究用途的不同,测验的编制要求也略有不同。如果测验为了描述幼儿的心理发展特点、获得详细的资料,测验编制时要注重测验内容的全面性、测验方法的多样性和评分标准的客观性。如果是为了选拔和鉴别,则需要测验具有一定的难度,能对不同的心理水平的儿童进行区分。

2. 制订编制计划

编制计划是对编制目的进一步具体化,其主要的工作任务有:首先,对测验的内容进行分析,就是要明确所要测量的内容具体分为哪几部分,每种心理品质的常见反应有哪些。其次,确定测验项目,就是确定测验从哪几个方面进行、包括哪些项目、每个项目在测验中的重要程度,以确保测验题目完整、全面,计分方便。

3. 编制测试题目,设计测试方法

测试题目编制是测验的关键,题目编制质量直接关系到测验的效果好坏。高质量的测验题目的要求有以下 3 点。

(1)准确,即准确反映测验的目的、内容。如要测查儿童的观察能力,就要选择和编制引起儿童观察并展示儿童观察活动的测验题目,如可以说出或指出图片中缺少的部分来测查幼儿的观察力。设计测试的方法不仅要考虑测验的内容和目的,还要考虑受测者的特征,来设计测验题目的呈现形式、作答要求等。

(2)恰当。恰当是指测验题目难易适度。

(3)趣味。就是题目设计符合受测者的兴趣需要,能够吸引受测者的注意力,使之专心完成测验。尤其是学前儿童年龄较小,不容易专心地长时间进行活动,所以更要通过题目内容、形式的趣味性保证测试的顺利进行。

4. 试测与分析题目

对初步编制的测验进行测试,来了解测验题目的易懂性与难易程度、受测者的兴趣度、测验的有效性等情况,并据此进行修订。

5. 合成测验

将经过进一步修订的测验,按照从易到难的顺序进行排列。

6. 鉴定测验

测验的鉴定方法可以采用专家评定法,就是由相关专家对该测验进行科学的评估。也可以采用测试结果分析法,就是用该测验相关的受测者进行测量,根据测验的结果资料进行分析评估,来确定测验的科学性。

案 例

幼儿人格发展教师评定问卷的编制

1. 问卷编制

在前期质化研究所得出的理论建构基础上,结合相关理论编制幼儿人格发展教师评定问卷,其具体步骤有三个。

首先,收集描述幼儿人格特点的词汇。把教师的自由描述和从王登峰的成人人格特质形容词中挑选出来的词汇结合起来,作为编制幼儿人格发展教师评定问卷项目的重要依据。

其次,对词汇编码,建立幼儿人格结构的理论建构。对两种途径得到的幼儿人格词汇进行编码、汇总与归类。同时在考察相关的人格结构理论基础上,以心理系统的构成,即自我意识、人格倾向性和人格心理特征为依据,建立理论建构。质化研究表明,幼儿人格结构由7个方面构成,包括自我、智能特征、意志特征、情绪特征、亲社会性、内外向和活动性。

最后,初始问卷的编制和修改。在前面理论建构的基础上,编制了150个项目的问卷。问卷编出后,请长期从事发展心理学研究的专家4名、博士3名、硕士7名、幼儿园教师35名对问卷项目的可读性和适宜性进行评定,删除表达晦涩、意义模糊的项目48个,把剩余的102个项目随机编排,采用5等级评分标准,形成幼儿人格发展教师评定问卷第二版,该问卷具有良好的内容效度。

2. 对初步编制的问卷进行预测以筛选项目

预测被试来自于大连市两所幼儿园共295名幼儿,其中男孩138名、女孩157名,被试在三个年龄段分布基本均匀。对初测结果采用SPSS 11.5统计软件进行项目分析。删除24个题总相关和多重相关的平方小于0.30的项目、26个因素负荷值小于0.35或共同度小于0.4的项目,把剩余的50个项目随机编排,形成问卷第二版(见附录1)。

3. 正式施测

第一,检验问卷的再测信度。首次正式施测半个月后,在同一所幼儿园,由同一个教师对已评定过的幼儿进行再次评价。共评定119名幼儿,有19名女性教师参加评定。

第二,检验问卷的评分者信度。在另一所幼儿园,由每个班的两位老师对该班的幼儿同时进行评价,回收有效问卷98份。共有23名女性教师参加评定。

第三,大范围施测。采用自制的幼儿人格发展教师评定问卷(第二版)施测于大连两所幼儿园,随机抽取1 104名幼儿,其中男孩573个、女孩531个,有71名熟悉幼儿半年以上的教师参加评定。

第四,统计处理。首先使用SPSS 11.5统计软件对数据进行探索性因素分析,初步确定幼儿人格结构的维度。再使用amos 6.0统计软件对数据进行验证性因素分析。

4. 问卷的信度、效度分析

5. 最终问卷(见附录2)

附录1:

幼儿人格发展教师评定问卷(第二版)

幼儿园名称:　　　　　班型:　　　　　评定者姓名:

幼儿姓名:　　　　　性别:　　　　　出生年月:　　年　　月

尊敬的老师:

您好!这份问卷是帮助我们了解幼儿在幼儿园的一些日常行为表现,每个问题都没有正确与错误之分。每个问题均有5个选项,分别表示某幼儿的某种行为"完全不符合""不太符合""有点符合""比较符合""完全符合",用1、2、3、4、5来表示,行为出现频率从低到高排列。

请您根据您最熟悉的一名幼儿的一贯行为表现,并与同班其他幼儿进行比较来做出判断。在各个题目中认为适合该幼儿的频率选项上画一个圈。请您认真回答每一道题目,不要有遗漏的题目。谢谢您的合作!

1. 喜欢表演节目、讲故事等。

2. 比较顺从、听话。

3. 画画或手工制作,很有创意。

4. 在日常生活中尽量做好,避免被老师批评

5. 小朋友吵架,能分辨出谁是谁非。

6. 接受新知识能力强。

7. 绘画或创编故事结尾时,想象力很丰富。

8. 玩玩具时,会自己想出多种玩法。

9. 敢于在众人面前发言或表演。

10. 能讲明白自己想说的事。

11. 动手操作能力强。

12. 很有号召力,能组织大家一起玩游戏。

13. 喜欢提问题,求知欲强。

14. 游戏时,能遵守游戏规则。

15. 入园较长时间后,对幼儿园还有抵触情绪。

16. 在比赛活动中,总表现出求胜的愿望。

17. 在各种活动中,都想表现得比别的小朋友好。

18. 老师不让做的事,能尽量控制自己不做。

19. 学习或做其他事时,不耍小聪明。

20. 能歌善舞。

21. 做事很有耐性。

22. 记东西记得快、记得牢。

23. 老师提问时,总能很快举手发言,并且答案正确。

24. 能认真倾听老师说话。

25. 在回答问题时,有自己的看法。

26. 打针或不小心摔倒时,会忍着不哭。

27. 无论干什么,都稳稳当当的。

28. 能有始有终地完成一件事。

29. 在拿饭碗和水杯时,总是轻拿轻放。

30. 喜欢把自己的东西整理得整整齐齐。

31. 和其他小朋友相比,悲伤或哭泣持续时间较长。

32. 看到别的小伙伴有困难,会及时给予帮助。

33. 常为小事哭闹。

34. 能主动与其他小朋友交往。

35. 从来不动其他小朋友的东西。

36. 总是生龙活虎,精力充沛。

37. 喜欢与小朋友分享自己的食品和玩具。

38. 能与小朋友合作游戏。

39. 总是高高兴兴的。

40. 活泼开朗。

41. 经常绊倒或推倒别人。

42. 班级来客人,会热情地跟客人打招呼。

43. 喜欢与小朋友交流。

44. 对老师交代的事情,总能尽责地完成。

45. 乐于参加各种活动。

46. 在室外活动时,动作总是很敏捷。

47. 在游戏活动中非常活跃。

48. 能主动安慰不开心的小朋友。

49. 与陌生的小朋友能很快熟悉起来。

50. 在回答问题时,声音响亮,很有自信。

附录2:

最终问卷

1. 喜欢表演节目、讲故事等。

2. 比较顺从、听话。

3. 在日常生活中尽量做好,避免被老师批评。

4. 绘画或创编故事结尾时,想象力很丰富。

5. 玩玩具时,会自己想出多种玩法。

6. 能讲明白自己想说的事。

7. 动手操作能力强。

8. 很有号召力,能组织大家一起玩游戏。

9. 喜欢提问题,求知欲强。

10. 游戏时,能遵守游戏规则。

11. 入园较长时间后,对幼儿园还有抵触情绪。

12. 在比赛活动中,总表现出求胜的愿望。

13. 老师不让做的事,能尽量控制自己不做。

14. 学习或做其他事时,不耍小聪明。

15. 做事很有耐性。

16. 记东西记得快、记得牢。

17. 能认真倾听老师说话。

18. 在回答问题时,有自己的看法。

19. 打针或不小心摔倒时,会忍着不哭。

20. 无论干什么,都稳稳当当的。

21. 在拿饭碗和水杯时,总是轻拿轻放。

22. 喜欢把自己的东西整理得整整齐齐。

23. 看到别的小伙伴有困难,会及时给予帮助。

24. 常为小事哭闹。

25. 能主动与其他小朋友交往。

26. 总是生龙活虎,精力充沛。

27. 喜欢与小朋友分享自己的食品和玩具。

28. 能与小朋友合作游戏。

29. 总是高高兴兴的。

30. 经常绊倒或推倒别人。

31. 班级来客人,会热情地跟客人打招呼。

32. 喜欢与小朋友交流。

33. 乐于参加各种活动。

34. 在游戏活动中非常活跃。

35. 与陌生的小朋友能很快熟悉起来。

36. 在回答问题时,声音响亮,很有自信。

智能特征/自我意识包括:13,25,22,12,10,11,7,8,50,16,1。

意志特征包括:18,4,27,21,2,29,24,30,14,19,41。

内外向包括:42,47,36,45,39,43,49,34。

亲社会性包括:37,38,32。

情绪性包括:33,15,26。

(资料来源:张金荣.3～6岁幼儿人格结构的验证性因素分析及其发展特点研究[D].辽宁师范大学,2008(5):25～26,55～58)

三、自编测验在使用中应注意的问题

自编测验是没有进行标准化的测验,要提高测验的科学性,使用中要注意以下几个问题。

1. 依照测验要求进行施测

自编测验在编制过程中缺乏参数的检验过程,即未进行难度、区分度、信度和效度的检验,其可靠性有待于在使用中进行验证。因此,研究者要高度注意测验是否可以满足需要,是否可以收集到有价值的资料。如果发现不能达到要求,就要及时进行测验内容、题目等的调整。

2. 全程记录测试的过程

为了收集更全面的资料，不仅要注意测试结果资料的完整性，也要对整个测试的过程进行全面监控或跟踪，收集受测者的言行、表情等信息资料，这些可以很好地对测验的结果进行解释，有利于研究的客观性、准确性。

3. 对测验结果要慎重解释与使用

自编测验可以基本满足特定对象和情境的需要，但在使用中有很大的局限性，所以对其研究所得的测验结果要慎重解释和使用。如不能将之作为对受测者的最终评价，对结果的解释要客观、谨慎，也不能将结果作为教育教学的干预依据，其仅具有一定的参考价值。

 案 例

Connors 儿童行为问卷

Connors 儿童行为问卷是筛查儿童行为问题，特别是多动症用得最广泛的量表。其主要有三种问卷：父母问卷、教师问卷及父母教师问卷。下面仅介绍前两种问卷。

父母问卷（表 8-3）在 1978 年修订后有 48 个题目，采用四级评分法（0、1、2、3），该问卷分为 6 个因子：品行问题、学习问题、心身障碍、冲动—多动、焦虑、多动指数。这 6 个因子基本概括了儿童常见的行为问题。其信度、效度已经过较广泛的检验，能满足一般需要。其计分方式比较简单，用 $\bar{X} \pm 2SD$ 来代表正常范围，如表 8-4 所示。

表 8-3　Connors 父母用量表（父母症状问卷）

儿童姓名*：　　　　　　　性别　　　　　　　年龄*：
填表日期：　　　　　　　　　　　　　　　　填表者：
请填齐全部项目：

项　目	程度				项　目	程度			
	无	稍有	相当多	很多		无	稍有	相当多	很多
1. 某种小动作（如咬指甲、吸手指、拉头发、拉衣服上的布毛）					17. 造成的麻烦比同龄多				
2. 对大人粗鲁无理					18. 说话与同龄儿童不同（像婴儿说话、口吃、别人不易听懂）				
3. 在交朋友或保持友谊上存在问题					19. 抵赖错误或归罪他人				
4. 易兴奋，易冲动					20. 好争吵				
5. 爱指手画脚					21. 撅嘴或生气				
6. 吸吮或咬嚼（拇指、衣服、毯子）					22. 偷窃				
7. 容易或经常哭叫					23. 不服从或勉强服从				
8. 脾气很大					24. 忧虑比别人多（忧虑、孤独、疾病、死亡）				
9. 白日梦					25. 做事有始无终				
10. 学习困难					26. 感情容易损害				
11. 扭动不停					27. 欺凌别人				
12. 惧怕（新环境、陌生人、陌生地方、上学）					28. 不能停止重复性活动				
13. 坐立不定，经常"忙碌"					29. 残忍				
14. 破坏性					30. 稚气和不成熟（自己会的事要人帮忙，依赖别人，常需要别人鼓励、支持）				
15. 撒谎或捏造情节					31. 容易分心或注意力不集中，成为一个问题				
16. 怕羞									

续表

项目	程度				项目	程度			
	无	稍有	相当多	很多		无	稍有	相当多	很多
32. 头痛					41. 胃疼				
33. 情绪变化迅速剧烈					42. 有睡眠问题(不能入睡、早醒、夜间起床)				
34. 不喜欢或不遵从纪律或约束					43. 其他疼痛				
35. 经常打架					44. 呕吐或恶心				
36. 与兄弟姐妹不能很好相处					45. 感到在家庭圈子中被欺骗				
37. 在努力中容易泄气					46. 自夸和吹牛				
38. 妨害其他儿童					47. 让自己受别人欺骗				
39. 基本上是一个不愉快的小孩					48. 有大便问题(腹泻、排便不规则,便秘)				
40. 有饮食问题(食欲不佳、进食中常跑开)									

注:1. 有*的项目为译者所加,原表无。

2."程度"项的计分法:无,记0分;稍有,记1分;相当多,记2分;很多,记3分。

表 8-4 Connors 父母用量表(1978)因子常模(部分)

年龄(岁)	性别	样本数	因子1:品行问题		因子2:学习问题		因子3:心身障碍		因子4:冲动—多动		因子5:焦虑		多动指数	
			X	SD	X	SD	X	SD	X	SD	X	SD	X	SD
3~5	男	45	0.53	0.39	0.50	0.33	0.07	0.15	1.01	0.65	0.6	0.61	0.72	0.40
	女	29	0.49	0.35	0.62	0.57	0.10	0.17	1.15	0.77	0.51	0.59	0.78	0.56
6~8	男	76	0.50	0.40	0.64	0.45	0.13	0.23	0.93	0.60	0.51	0.51	0.69	0.46
	女	57	0.41	0.28	0.45	0.38	0.19	0.27	0.95	0.59	0.57	0.66	0.59	0.35

注:因子1包括:2 8 14 19 20 21 22 23 27 33 34 39

因子2包括:10 25 31 37

因子3包括:32 41 43 44 48

因子4包括:4 5 11 13

因子5包括:12 16 24 47

多动指数包括:4 7 11 13 14 25 31 33 37 38

教师问卷用的更广泛,由原来39个条目后修订为28个条目(表8-5),采用四级计分法(0、1、2、3),包括4个因子:品行问题、多动、不注意—被动、多动指数。此问卷的信度、效度已基本通过检验,其计算方式同父母问卷,如表8-6所示。作者又设计了教师简明问卷(表8-7),共10条,主要用于筛查多动症。该问卷在我国已经有使用经验。在28条的教师问卷中,有一个因子称为多动指数,也包括10条,其中的9条内容与简明问卷相同,只有一条不同(讲明问卷的第八条"经常容易哭喊",换为"生气和噘嘴")。因此在使用28条的教师问卷后,就不需要用简明问卷。

表 8-5 Connors 教师用量表

项目	程度				项目	程度			
	无	稍有	相当多	很多		无	稍有	相当多	很多
1. 扭动不停					3. 提出要求必须立即得到满足				
2. 在不应出声的场合制造噪声					4. 动作粗鲁(唐突无礼)				

续表

项 目	程 度				项 目	程 度			
	无	稍有	相当多	很多		无	稍有	相当多	很多
5. 暴怒及不能预料的行为					18. 好像容易被其他小孩领导				
6. 对批评过分敏感									
7. 容易分心或注意力不集中成为问题					19. 缺乏公平合理竞赛的意识				
8. 妨碍其他儿童					20. 好像缺乏领导				
9. 白日梦					21. 做事有始无终				
10. 撅嘴或生气					22. 稚气和不成熟				
11. 情绪变化迅速或激烈					23. 抵赖错误或归罪他人				
12. 好争吵					24. 不能与其他儿童相处				
13. 能顺从权威					25. 与同学不合作				
14. 坐立不定,经常"忙碌"					26. 在努力中容易泄气(灰心丧气)				
15. 易兴奋,易冲动					27. 与教师不合作				
16. 过分要求教师的注意					28. 学习困难				
17. 好像不为集体接受									

表8-6 Connors教师用量表因子常模(部分)(1978)

年龄(岁)	性别	样本数	因子1:品行问题		因子2:多动		因子3:不注意—被动		多动指数	
			X	SD	X	SD	X	SD	X	SD
3～5	男	13	0.45	0.80	0.79	0.89	0.92	1.00	0.81	0.96
	女	11	0.53	0.68	0.69	0.56	0.72	0.71	0.74	0.67
6～8	男	60	0.32	0.43	0.60	0.65	0.76	0.74	0.58	0.61
	女	42	0.28	0.37	0.28	0.38	0.47	0.64	0.36	0.45

表8-7 Connors教师用量表(简化版)

项 目	程 度			
	无	稍有	相当多	很多
1. 活动过多,一刻不停				
2. 兴奋激动,容易冲动				
3. 惹恼其他儿童				
4. 做事不能有始有终				
5. 坐立不安				
6. 注意力不容易集中,容易分心				
7. 必须立即满足其需求,否则容易灰心丧气				
8. 容易哭泣、喊叫				
9. 情绪变化迅速激烈				
10. 勃然大怒,或出现意料不到的行为				

注:1."程度"项的计分法:无,记0分;稍有,记1分;相当多,记2分;很多,记3分。
   2. 本量表一般作多动症的筛查,大于等于10分为阳性,可做进一步检查。
(资料来源:汪向东,王希林,马弘. 心理卫生评定量表(增订版)[M]. 北京:中国心理卫生杂志社,52～55)

思考与练习

一、名词解释

测量　标准化测验　自编测验　信度　效度　难度　区分度

二、问答题

1. 测量的实施步骤有哪些?

2. 如何选择恰当的标准化问卷?

3. 自编问卷设计的一般步骤有哪些?

✦ 实践与训练

1. 根据自编问卷的设计步骤,设计一份学前教育研究的自编问卷。

2. 查找一篇用测量法进行的学前教育研究的论文并认真阅读,分析研究者是如何施测并进行研究的。

第九章
教育经验总结法

✎ 学习目标

知识目标
(1) 理解教育经验总结法的含义和特点;
(2) 了解经验总结法的类型;
(3) 掌握经验总结法的实施方法和要求。

能力目标
(1) 能够设计经验总结法实施方案;
(2) 能够科学地收集、整理、分析经验资料;
(3) 能够撰写经验总结报告。

◎ 问题导入

我们生活和工作在丰富多彩的大千世界中,在我们的工作实践中会遇到和感受到许多已知和未知的东西,其中蕴涵着丰富的思想内涵,需要我们去认真地发现、探索、思考和提炼。我们在实践中会积累一定的经验,我们通过学习他人的经验和自身的不断实践、总结和完善去积累经验,并以此指导自己的实践活动,使自己在实践和反思中成长。马克思曾指出:理论的概念必须要由大规模积累的实际经验来完成。没有教育经验,教育理论就没有生命力,所以现代教育家和教育工作者们研究教育,往往从总结教育经验,特别是总结自身的直接教育经验开始。幼儿园教育工作者在日常的保教工作中,对实践活动经验的积累和总结尤其重要,它有利于揭示教育现象的内在联系,有利于丰富和发展专业理论、指导教育实践活动,促进幼儿园教师的专业成长。我国现代著名儿童教育专家李跃儿总结自己的经验,树立了我国现代学前教育的品牌"李跃儿教育"。"李跃儿教育"已是国内幼儿教育及儿童艺术教育知名的教育品牌之一,在兼顾中国国情、融合西方教育的前提下,总结出了一整套集教育理论、儿童心理学、儿童成长机制、课程设置、课堂操作为一体的教育体系。"李跃儿巴学园"和"李跃儿教育网"在国内早已闻名遐迩,得到公众认可。

第一节 教育经验总结法的含义

在现代社会,经验总结成为教育实践工作者和教育理论工作者研究教育现象、揭示教育规律的一种基本方法。

一、教育经验

经验是人们在工作和生活实践过程中,通过自己的感觉器官直接与客观环境相互作用而形成的感性认识。

教育经验是指教育工作者在进行教育实践过程中形成的感性认识。教育经验是教育实践的产物,这种感性认识具有生动、具体、反思的特点,是教育实践向教育理论过渡的中介环节,没有教育经验,就不可能生成可以遵循的教育规律、产生具有指导意义的教育理论。我们在教育教学实践过程中的感悟、体验虽然是客观外界的真实反映,但他们只是表面的、生动而具体的。将这些潜意识的、朦胧的感悟和体验进行整理、归纳,用科学的方法进行加工改选、找出规律,这时那些实践中所积累的体验就升华为经验。教育经验下的教育理论虽然反映了教育的某一方面的具体现象,揭示了教育的一般规律,也可能直接或间接地对教育实践活动起到指导或示范价值,但要更好地发挥教育理论指导教育实践的作用,还需要从感性认识上升到理性认识。由感性认识上升到理性认识,即将抽象的理论具体化为生动的,可以直接模仿、学习,容易被接受的教育经验,这样才能为他人所采用并实现其价值。

教育经验是教育工作者长期以来的工作体验、感受的积累,教育研究需要这些经验的帮助;而经验型的研究深度不够,就必须要以理论来指导。那么,经过了相关理论的学习,研究教育实际问题,提高了认识,再去进行实践,获取了新的经验;而把新的经验进行分析、综合、比较、归纳后,又给理论提供新的元素,推动理论的发展。我们的学前教育事业、学前教育理论、学前教育科学研究,我们的幼儿园、教师、幼儿都会在一个良性循环的环境中得到发展。

二、教育经验总结法

教育经验总结法是教育工作者在日常的教育教学实践过程中,通过实践活动,对教育事实进行分析概括、总结、提炼使之上升到教育理论高度的一种研究方法。它所强调的教育经验总结是在自然的常态下、不受控制的状态下,以教育实践中发生过的教育事实为依据,按照内在的联系和规律进行的总结和提炼,是促进人们由感性认识转化为理性认识的一种教育科研方法。

教育经验有个体经验和群体经验,有成功经验和失败经验。无论是成功经验还是失败经验,对经验获得者的实践活动都具有重要的意义。这就要求经验获得者认真去审视所获得的各种经验,进行认真的疏理、研究和整合,使之客观地揭示教育规律、发展教育理论、促进教师教育教学水平和质量的提高。

教育经验总结法作为一种研究方法与其他教育科学研究方法有区别也有联系。它不同于实验法必须在控制实验对象与变量条件下进行;不同于调查法、观察法那样偏重于对事实材料的分析归纳;它也不同于教育行动研究法,它是在已知结果的基础上追溯形成结果的原因,而教育行动研究法是事先建立一定的研究假设,制订计划去验证假设。经验总结法的价值不仅是它来源于事实又超越事实,对实践活动更具有指导价值,而且它有助于丰富和发展教育理论,提高教育行政部门和研究人员的工作效益,有助于教育实践研究人员找准新的研究切入点,有助于促进教师专业素质的提高。

案 例

经验总结随人类社会产生而产生,没有经验总结就没有今天人类社会的文明和发展。随着世界各国学校教育的发展和教育实践活动的深化,经验总结成为教育实践者们记载教育历程、探讨教育问题、积累教育信息的主要方法之一。在现代社会,经验总结成为教育实践工作者和教育理论工作者研究教育现象、揭示教育规律的一种基本方法。例如:陶行知先生针对儿童教育束缚儿童的种种弊病,在教育实践的基础上提出了"创造的儿童教育",总结出解开束缚儿童发展、挖掘儿童创造力的具体办法。即活跃被禁锢的头脑,给孩子们想象的空间;解开被束缚的双手,给孩子们创造空间;鼓励孩子们多动口,让他们享受更多的话语权;让孩子走出教室,给他们了解社会的机会;留给孩子们更多的时间,让他们在快乐游戏中成长。又如:陈鹤琴先生突出以儿童为学习主体,使儿童处于主动学习的地位,总结出版了《活教育的教学原则》一书,体现了"活教育"理论全新的教育观念,概括为活动性的原则、儿童主体性原则、教学法的多样性原则、利用活教材的原则、积极鼓励胜于消极制裁的原则、教学相关的民主性原则。对学前教育工作者的实践活动起到重要指导作用,对我国学前教育事业的发展具有深远的意义。

第二节 教育经验总结法的特点与类型

一、教育经验总结法的特点

教育经验总结法作为一种教育研究方法有其自身的特点。

1. 追溯性

教育经验总结法的研究对象是教育实践工作者所积累的教育经验事实,一般不在教育实践活动中进行,而是在实践者完成一段实践活动后、在实践活动取得了一定进程的基础上进行的研究。所以相对于教育实践活动,教育经验事实的产生相应滞后,它总是先对实践活动进行回顾,在实践活动大量积累的基础上进行抽象和概括,并把回溯研究与对现实的观察结合起来。

2. 实用性

教育经验总结法是教育工作者普遍采用的一种教育科研方法。它相对于教育实验研究法、教育调查研究法、教育观察研究法在操作程序方面简单明了,易于掌握。它是在自然状态下进行的,不需要研究者严格控制各种研究中的相关因素以及特别的研究条件。研究者在教育实践中积累了丰富的资料,充分反映了研究者的感性认识、主观体验和感受,使得研究者在实践过程中积极主动地去总结经验,并以此来提高自己的工作质量。因此经验总结法特别适合于教育实践者在自己的教育实践中使用,并体现其特有的价值。

3. 常态性

教育经验总结法的研究条件是自然状况,是对已经掌握的在自然状态下产生的事实、材料、感悟、体验进行“回溯”研究。运用经验总结法进行教育科学研究,不受时间、地域、事件及人员条件的限制,不是用事物之间严格的数量关系来揭示事物的本质,而是以观察自然环境中的行为作为直接资料来源,因而具有较大的灵活性和广泛的适用性。由于经验总结法是从人的主观愿望出发去研究自然状态下的客观现象,研究所形成的结论只是对经验产生者、产生过程与条件的直接分析和概括,所以研究的结果在很大程度上取决于经验总结者的理论修养水平。不同的研究者对同一事实过程的认识程度不同,总结的深度就不同。

二、经验总结法的类型

经验总结法从经验创造者的角度可以分为个体的经验总结法和群体的经验总结法,从经验包含的内容上可以分为专题性的经验总结和综合性的经验总结,从经验反映的时间上可以分为历史的经验总结和现实的经验总结,从经验的科学性水平上可以分为实践性经验总结,一般性经验总结和科学性经验总结。

1. 实践性经验总结

实践性经验总结是以具体的实践事实为基础,对实践活动进行说明性的经验总结。它要求具体、系统地描述某次或某项教育实践的过程,归纳活动中获得的成果,揭示教育实践的初步经验,为进一步总结经验积累资料,更好地服务于教育实践。例如:“开展学前教育宣传月活动的几点做法”“提高幼儿园教师职业素养的主要方式”等。

2. 一般性经验总结

一般性经验总结是在实践性经验总结的基础上,概括出一种或一类活动的基本经验总结。教学方法总结就是教育实践者通常采用的一般性经验总结。如某一位教师对幼儿结构性游戏活动的教学经验总结,教育实践者通过自身的教育教学实践活动,总结对幼儿进行结构性游戏活动的支持与指导策略。通过明显的事例,说明具体的工作程序与方式;指出经验的优越性及其指导策略;指出运用经验时要达到最佳效果的工作条件,以及可能出现的问题和具体工作方法的建议,为开展好结构性游戏活动提供参考和经验借鉴。例如:“幼儿结构游戏中教师的指导策略”。

3. 科学性经验总结

科学性经验总结是具有高度科学性的最高层次的经验总结。是通过科学的手段对实践中积累的经验材料进行科学的分析,探究经验的实质,找出内容之间的相互关系与内在联系,揭示经验的内在联系与规律性,总结实践经验的新特点对理论发展的意义,阐述经验在整个教育过程中的地位和作用,准确地将感性认识上升为理性认识,将经验上升为理论并达到一定高度的科学研究过程。例如:蒙台梭利的专著《蒙台梭利育儿全书》。

蒙台梭利的经验总结对儿童早期发展的贡献

玛丽亚·蒙台梭利生于意大利,1907 年她在罗马圣洛伦佐区创办了第一所"儿童之家",创立了科学的幼儿教育方法,极大地推动了现代幼儿教育的改革和发展。她认为 3 岁决定孩子的一生,孩子的教育应尽量放在 3 岁前进行。根据"儿童之家"的实验总结,蒙台梭利提出了一系列有关儿童教育和发展的规律:①胚胎期是指儿童的心理胚胎和生理胚胎两个胚胎。婴儿通过不断吸收外界刺激来形成各种心理胚胎活动的能力,而心理胚胎是人类所特有的。②敏感期:这一时期的儿童对一切都充满活力和激情,他们学习什么就立即会什么。③发展阶段性:第一阶段(0~6 岁)是儿童各种心理功能形成的时期,3 岁之前的儿童是没有思维意识活动的,他们只能无意识地吸收外部给予的东西,这个时期称为"心理胚胎期";第二阶段(6~12 岁)的儿童心理方面的发展逐渐走向平稳;第三阶段(12~18 岁)的儿童身心都在经历着巨大的变化,思维开始逐渐成熟起来。④儿童是在"工作"中成长的:蒙台梭利将儿童使用教具的活动称为"工作",而将儿童在日常生活中玩耍玩具的活动称作"游戏"。她认为,儿童的身心发展必须通过"工作"来完成,而不是通过"游戏"。她还指出,游戏只会让儿童产生不切实际的幻想,是培养不出儿童严肃、认真、准确、求实的责任心和守纪律的行为习惯的,"工作"却可以。蒙台梭利的教育之所以能影响全世界幼儿教师和广大父母,不仅仅是因为她曾创办过"儿童之家",积累了大量的实践经验,最重要的是她总结和攫取了卢梭、福禄贝尔等自然主义教育家的思想精华。

(资料来源:蒙台梭利.蒙台梭利育儿全书[M].张劲松,译.北京:中国妇女出版社,2006,有改动)

第三节 经验总结法的基本操作步骤与要求

经验总结法在实施过程中可以按照基本的操作步骤进行:确定研究课题,收集与整理资料、分析与综合资料,提炼与验证经验,撰写经验总结报告。

一、确定研究课题

研究伊始,确定好适宜的研究课题与具有代表性的研究对象是进行经验总结的关键。研究者要根据经验总结的目的与任务,提出研究问题,以成功的教育经验为前提确定要解释的对象,围绕中心问题分析、提炼、总结经验(包括个体经验和集体经验)。一般情况下研究课题的选择主要来源于以下几个方面。

（1）教育领导部门根据教育教学改革与发展的需要而下达的研究课题。幼儿园要根据上级的目标意图来确定研究问题。如上级领导部门安排的贯彻落实《3～6岁儿童学习与发展指南》问题的研究，我们可以有目的地及时研究总结各级种类幼儿园在实施《3～6岁儿童学习与发展指南》中的经验，并及时进行交流推广，这样的经验可以有力地促进《指南》的实施。

（2）在已经立项的研究课题中就某一部分内容进行经验总结。我们可以选择事实材料掌握得比较丰富、认识清晰而且深刻、效果比较明显的某一部分内容问题进行总结，这样的问题容易考虑成熟、理出规律，也有说服力。如在《学前儿童科学素养养成教育的研究》课题中，对"幼儿园实施科学素养养成教育途径的研究"等。

（3）在教育实践过程中选择确定研究课题。由于实践者在教育实践过程中对某方面的内容掌握了非常丰富的材料，或对某些取得成功或失败的问题有感悟、体会深，愿意总结出来为他人提供启发和借鉴，所以这类问题的研究在幼儿园的研究工作中占绝大多数，而且以个人的经验总结为多。如某幼儿园教师在学习《幼儿园教师专业标准》后，进行的经验总结："对提高幼儿园教师专业知识有效途径的探索"等。

（4）有针对性地选择人们现实所关注的、急需解决的热点、难点问题。如"幼儿园教师专业成长保障体系的构建研究"等。

另外，实践研究者在研究过程中对同样的问题要有自己不同的研究总结角度，提出自己的观点和创新之处。明确同一问题如果从不同的侧面、不同的角度研究总结，就可以得出不同的结果。如"关于幼儿园教师队伍建设的研究"就可以从不同的角度进行总结，我们可以从管理制度建设的角度进行总结，也可以从教师培训的角度总结等。这些从不同的视角总结出的不同的观点和看法，体现了不同的见解和风格，可以使幼儿园教师队伍建设这个问题有了丰富的可以借鉴的经验。有时为了获得完整的经验，还需要总结正反两方面的经验与教训，科学选择对象的层次、研究范围及规模。

二、收集与整理资料

总结经验以具体事实为依据，因此，为了真实地揭示事物之间的内在联系，反映教育过程的客观规律，对具体教育事实资料的收集、整理与分析是进行经验总结的前提和基础。研究者要根据总结的要求事先计划需要哪些资料，需要多少同类资料，从哪些方面、哪些角度去收集才能达到要求。收集资料的重点包括教育活动的历史资料、背景资料、过程资料、结果资料。一般通过如下途径进行资料收集。

（1）通过研究者的观察和考察获得直接的感性资料，形成丰富、生动而真实的表现。

（2）采用问卷、座谈或访谈的方式收集资料。为保证所获得的资料真实、具体、全面，要设计好问卷、做好访谈提纲。在收集资料的过程中为了使获得的资料能够客观、全面地反映出真实的情况，无论用何种方法进行调查，调查者都要注意消除被调查者的顾虑。

（3）查阅有关资料。无论是总结群体的经验还是个体的经验，为了获得客观、翔实的资料，查阅相关资料是总结的重要环节。如幼儿园保存的各种书面和音像资料、教育教学活动计划、幼儿作品、会议记录、规章制度、活动方案、工作日志等等，都是学校工作过程的真实记录。

总结经验的内容不同,收集资料的范围、方式有所不同。如总结历史性的经验,应该以查阅资料的方式为主;总结群体性的经验就应以查阅资料与调查相结合;总结个体的经验,应以访谈或观察的方式为主。在整理资料时,对一些微小的、表面的、不易引起人们注意的材料不要盲目舍掉,不要以主观的好恶对材料进行取舍,要保证材料的客观性。另外,可以根据研究目的的需要,结合对象的特点,将资料按时间顺序或事物发展的顺序,或按事物的不同性质分门别类地进行归类,使这些资料能够较清楚、较明显地反映出事物的全貌或发展的全过程。

三、分析与综合资料

对收集的具体事实资料进行分析与综合是经验总结由具体事实上升到理论观点的重要环节,研究者只有将收集的原始资料进行科学的分析与综合,才能使获得的事实材料条理化、系统化,才能反映事物的实质,发现事物的本来面貌和发展规律。因此,研究者要以教育理论为指导,坚持实事求是的科学态度,以保证材料的全面性、真实性、客观性。以教育理论为指导,通常要做好如下工作。

(1)要按照经验总结的目的要求,对事实材料严格审核、去伪存真、去粗取精,保证事实材料真实地反映总结对象。

(2)对事实材料进行认真而深入的分析。从具体的事实材料中分析那些个别的、单独的事物之间的联系,从具有相同属性的事物中分析其共同的特征,从普遍意义和社会效果中分析其创新性。根据事实材料分析事物的发展变化、为什么会发展变化、发展的趋向和条件,为事实材料的综合提升提供科学的依据。

(3)对事实材料进行综合。研究者运用判断、推理、抽象、概括等科学方法,归纳出其内部的联系性、有序性、因果性的关系,进而概括、抽象出事物发展的规律,并寻求发现事物发展的内在机制,归纳出精练、正确的观点结论,以便进一步将丰富的实践上升到教育科学理论的高度。

四、提炼与验证经验

经过对经验材料的分析与综合,我们可以得出初步的经验,在此基础上进行提炼就可以得出经验性的命题。对获得的经验性命题要组织召开总结经验论证会,邀请教育专家、主管部门负责人、教育理论工作者、教师等有关人员参加,对总结经验进行理论验证,而后将经验再运用到实践中进行考察和评价。如某幼儿园教师的"学前儿童健康教育"活动课上,孩子们积极、主动参与,学习热情非常高。通过课堂观察,与教师、孩子交谈,查阅教学活动设计等方式收集材料的分析,发现这位教师运用多种方法引起孩子们的感官刺激、调动孩子的活动兴趣,"引起孩子感官刺激,提高学前儿童健康教育活动效果"就是这位教师的经验性命题。这位教师运用视频演示、教具模型操作、语言交流、肢体动作、角色扮演等方式引起孩子们的感官刺激,调动孩子的学习兴趣。经过验证,这些方法的运用,要求教师准确把握孩子的心理状态,发现哪些环节、运用哪些方法能引起孩子的感官刺激,以激发孩子的学习兴趣。因此,"发现关键环节,找准刺激点,抓住兴趣点"就成为调动孩子们学习健康知识积极性的

核心经验。

缓解小班新生幼儿焦虑情绪的策略
（题目说明主要做法）

小班幼儿初入园时因为交往对象（由父母变为老师）、交往环境（由家庭变为幼儿园）、交往习惯（由个人的生活习惯变为适应集体生活）的巨大改变而感觉到诸多的不适应，其最突出的表现就是幼儿的哭闹现象。哭闹又称"新生幼儿焦虑症"，是一种正常的现象。

（以上是已有认识）

我们将从小班幼儿初入园的哭闹现象入手，分析其哭闹的原因，并探讨解决或缓解幼儿哭闹现象的策略，让初入园幼儿在老师的引导下实现从家庭到幼儿园生活的顺利过渡，让幼儿快乐来园。

（以上是经验总结的目的）

1. 孩子哭闹的情境描述

（1）持续型哭闹（略）

（2）间歇型哭闹（略）

（3）感染型哭闹（略）

（4）分离型哭闹（略）

（以上是对事实材料整理）

2. 孩子哭闹的原因分析

（1）由于新生小班幼儿的年龄特点，其心理依恋性比较强，较情绪化，容易受感染，年龄越小体现得越明显。再是孩子以自我为中心，习惯家长围着自己转，而老师不可能时刻陪护他们。

（2）缘于幼儿的实际情况，如家庭带养问题，现在大多数孩子的带养人都是老人，导致孩子比较娇气；再如不同家长的接送，以及孩子自身性格的原因。

（3）幼儿自身情感、生活能力的需要也会影响孩子的情绪。

（以上是分析和综合）

3. 缓解新生幼儿哭闹的策略

孩子入园哭闹虽然是不可避免的，但在幼儿园和家长的相互配合下，能够将这种适应时间缩到最短，采用科学有效的方法，帮助孩子消除这种情绪，让孩子喜欢幼儿园这个大环境。

（1）要分析孩子入园哭闹的原因，采取不同的措施。孩子哭闹的原因有三个方面：一是孩子的年龄特点，造成孩子入园后紧张不安的情绪；二是孩子的生活处理能力较弱；三是孩子的交往能力欠缺。第二和第三个原因，需要家长在入园之前给予配合，入园后需要长时期的培养。教师在遇到这种情况时应迅速与孩子建立信任感和亲近感。教师不要只关注哭闹的孩子，对于并不哭闹的孩子，要注意避免其情绪受到影响。

（2）不要恐吓孩子。有很多孩子情绪不稳定，教师会恐吓他们，这样做可能会有短期效果，但难以与孩子们建立亲近感和信任感。

（3）要特别注意对哭闹的孩子不要太心急，解决孩子哭闹需要一个过程，教师不要急于规范班级常规。

（以上是总结经验）

（资料来源：杨艳.小班组现场教研活动：缓解新生幼儿焦虑情绪的策略分析[J].幼儿园老师,2013(2).有改动）

五、撰写经验总结报告

撰写经验总结报告是经验总结的最后阶段，是对验证的经验进行精心的加工修改，从内容到形式反复推敲，最终以正式的书面形式反映经验的过程。在撰写过程中应注意以下几个方面。

（一）报告的内容及要求

（1）经验总结是要为学习者提供可以借鉴的经验，因此，教育经验总结报告应包括如下内容：说明经验总结的目的、内容以及寻求经验的价值、意义；分析、归纳出事物的本质即经验；说明经验结果产生的过程及条件，阐明经验的因果关系；阐明研究者对经验及其产生发展过程的认识，提出对推广使用经验的意见和建议。

（2）经验总结报告的整体要求是：经验结合实际，明确、清晰；易于操作，让人知道应如何做、为什么这样做；经验有充分的理论依据，有自身的特点，可信度高，易于推广和使用。

（二）撰写报告的格式

经验总结报告的撰写一般采用如下顺序。

1. 题目

经验总结报告的题目要用最为简单明了的语句来表达因果关系。如说明经验内容的：《队伍建设是提高幼儿园保教质量的关键》；说明主要做法的：《加强家园共建，提高幼儿园管理水平》；说明经验意义或作用的：《幼儿园教师专业标准在幼儿教师专业成长中的作用》。

2. 介绍研究概况

在报告的前言部分说明研究的概况：问题产生或提出的背景，研究要解决的现实问题；对该问题已有的研究情况、成果水平及本次研究的特点及创新之处；本次研究的基本过程与结果，研究的价值，现实意义与长远影响。

3. 阐述主要经验

阐述主要经验是经验总结报告的核心部分，研究者要把从事实材料中所发现的规律、提炼出的观点清楚阐述出来。经验概括的思路要清晰，经验要准确，因果关系明确，与研究的实际情况相吻合，在理论上有坚实的支撑点。对经验的表述要明确、精炼、高度概括，要突出自身的特点，清晰体现研究的价值。

4. 说明存在的问题

研究者要以科学的态度对待自己的研究，对在研究过程中已经发现的不完善的方面、事实材料不充分的地方、问题解决的欠缺之处以及研究的困惑之处都应加以说明，为他人提供

借鉴。

5. 建议或小结

建议或小结写在经验总结报告的结尾部分，一是对所论述的经验再简要地进行总体概括，突出对效果的描述，强调经验总结的意义和经验的价值；二是表达研究者的体会及对经验发展的看法，并对今后经验的推广及使用提出建议，对经验的使用前景及效果做出推断。

经验总结报告其他部分的撰写以及作者、参考文献的标注均与其他研究论文、报告的要求相同，本文不再赘述。

（三）撰写时应注意的主要问题

（1）将工作总结与经验总结区分开。工作总结是对工作过程、工作方法的介绍，要回答的是"干的什么"和"怎么干的"的问题，可作为对一段工作进行评价的参考。而经验总结是对具体事实材料的分析与综合，揭示事物发展的内在联系，探究发展规律，是从感性认识到理性认识的过程，要回答的"是什么"和"为什么"的问题。

（2）不要从主观愿望分析选择材料。事实材料只有是客观的、总结的经验才具有真实性和可借鉴性。研究者切忌从自身的情感、好恶或美好的愿望出发，只接受好的事实或结果，从主观上将事实材料优化，导致对问题看法的片面性。无论是成功的经验还是失败的教训，都会对自己或他人起到借鉴作用。

（3）要明确阐明经验对教育教学改革所起的促进作用。总结经验就是要把我们在教育实践中获得的事实材料，进行分析、综合、归纳，使感性认识经过提炼上升为理论认识，进而指导我们的实践。要把从感性到理性的认识过程描述清楚，把研究者对经验总结过程的指导思想、思考过程、原因道理讲清说透。阐述成果时，要说明事实内容间的因果关系及经验对教育教学改革的促进作用。

撰写经验总结报告

《学生全学程思想教育机制的探索》

（题目说明经验的内容）

学生全程思想教育是指在学生从入校到毕业的全过程中，学校紧紧围绕人才培养目标，针对学生不同学习阶段的发展特点，立足学生课余时间，利用校内外德育资源，通过多种形式开展系列教育活动，对学生思想、学业、生活、就业等方面进行全面指导，促进学生道德素质、心理健康素质、社会能力和生活能力的全面提高。我院从2010年起实施"学生全学程思想教育计划"，实践证明，该计划的有效实施在促进学生思想素质的提升方面产生了积极的影响。

（报告的开头概括说明了经验的意义、内容和效果）

1. 问题提出

一直以来，大中专院校普遍重视学生的思想教育，积极利用课堂教学、课外活动等渠道开展思想教育，取得了一定的成效，但仍存在教育的针对性不强、计划性不够等突出问题，学生思想教育成效不显著，学生违法违纪率仍处于上升状态，学生毕业后不能适应社会要求、不能遵守职业道德操守现象时有发生。针对学前教育专业学生特点,对学生思想教育进行顶层设计,增强教育的计划性和针对性,提高思想教育实效尤为重要。

(1) 学前教育专业的培养要求较高。(略)

(2) 学前教育专业生源不理想。(略)

(3) 长期以来,高校思想教育缺乏计划性。(略)

(以上是用资料说明了历史经验的内容、产生背景及作用)

2. 实施策略

(1) 研究制订《学生全学程思想教育计划》

2008 年,我院开始组织力量开展了对学生思想教育活动体系构建的探索,初步研拟了《学生全学程思想教育活动计划》。2009 年,学院组织校内专家对计划进行论证,于同年 9 月定稿,并在全校试行。2010 年 5 月,该项目获得湖南省委教育工委、湖南省教育厅大学生思想政治教育特色项目立项资助,2012 年成功结项。

《学生全学程思想教育计划》包括基本原则、活动内容与形式、活动安排与要求和实施办法 4 个部分。

① 基本原则部分提出了适应性、整合性、多样性和全面性原则。

② 活动形式主要设计了专题讲座、竞赛展演、德育实践、主题文化活动、课外“两课”活动等形式。

③ 活动内容设计了思想政治教育、生活指导与健康教育、专业学业指导与就业指导和人文科学素质教育四大专题,每个专题下有小专题,共 18 个小专题。

④ 活动安排以内容和时间为主线设计,每个不同的专题设计若干个活动,全学程共有 92 次教育活动,按照学生发展特点将这些活动相对固定地分配在不同学习阶段的课外时间,主要安排在下午、晚上和周末进行。

⑤ 在实施方面明确了各项活动的组织主体、举办时间和地点,对职能部门、系部和学生班级三个层面承担的组织任务进行了分工,对全校的活动场馆、德育基地和师资力量等资源进行了有机分配,避免活动在参与学生、指导教师、活动场馆等方面的冲突。

(2) 加强对《学生全学程思想教育计划》实施的组织领导

① 2009 年,学院下发《关于实施好学生全学程教育计划的意见》。(略)

② 学院相应出台了《学生劳动课管理办法》《实验剧院、排练厅、体育馆与学术报告厅管理办法》《辅导员上晚班制度》《学生在校期间校外兼职管理办法》等。(略)

③ 2011 年,学院又出台新政策规定校内学者、教授均应为“荷花讲坛”承担讲座任务。(略)

上述系列文件的出台,为学生全学程思想教育计划的实施提供了组织保障和物质保障。

(3) 对照《学生全学程思想教育计划》组织开展系列活动

① 2010 年以来,组织开展了该计划所涉及的 18 个专题、92 个主题活动。(略)

② 举办“荷花讲坛”40 余场次;每周星期天开展主题班会活动,编印了《学生全学程主题班会教案集》;每周星期二下午组织学生劳动课等。

《学生全学程思想教育计划》实施三年来,大多数教育活动在内容和形式上受到学生欢迎,部分活动逐渐成为备受学生喜欢的品牌活动,为学生增强德育体验、展示自我搭建了较好的平台,在促进学生道德素质提升方面发挥了不可替代的作用。

（以上是《学生全学程思想教育计划》的具体内容及实施过程方面的经验。）

3. 实施成效

(1) 形成了学生思想教育长效机制。（略）

(2) 促进了学生思想道德素质的提升和学风建设。

《学生全学程思想教育计划》的实施，有效地推动了校风学风建设。近三年来，我院学生平均出课率逐年攀高，每年提高 2 个百分点，目前全校学生平均出课率保持在 97％以上。学生参加校外竞赛获奖成绩一年胜过一年，2009 年获奖人数为 129 人，获奖项目只有 97 项，2011 年则增加到 271 人、175 项。在校学生学员比例由 2009 年以前不足 3％增长到了 5％，绝大多数学生文明守纪，连续 10 年保持学生安全事故零记录。

(3) 推进了学生思想教育共管共育格局。（略）

(4) 拓宽了学生思想教育的时空。（略）

（以上几个方面说明经验的效果）

（资料来源：黄建春．学生全学程思想教育机制的探索[J]．幼儿园教师，2013(2)．有改动）

第四节　教育经验总结法的基本要求

运用教育经验总结法进行教育科学研究，必须遵循以下基本要求。

一、研究对象要有代表性

运用教育经验总结法进行教育研究时，研究者确定的研究对象必须要有代表性，这样才有利于总结经验的典型特点、揭示实质性特征，总结的经验才具有更多的共性；才能够上升到理论的层面；才能够起到指导实践的作用。研究对象的代表性主要体现在：所提供的主要内容具有广泛的群众基础，对现实中的问题给予比较全面的回答或说明，起到典范、推动整体的作用，经验具有实效性，有指导作用。

二、研究材料的客观性

研究者必须坚持辩证唯物主义的态度，尊重客观事实，实事求是地进行总结。实践活动提供了什么事实就总结什么经验，有什么经验就提供什么理论依据。否则，不仅收集的资料是不完整的例证，难以揭示出教育内部的必然联系，可能还会歪曲事实真相，缺乏实践基础，抽象地议论，形成错误的理论。

三、分析的深刻性

任何教育的成功都不是单因素作用的结果。研究者在整理和分析材料时，必须坚持科学的态度，遵循客观事实，树立整体观念，既要考虑到外部的影响因素，又要分析把握教育内部各要素之间的关系，掌握研究对象的各个方面以及它与其他事物的相互联系、相互依存、相互作用的情况。事物的现象与本质之间的关系有时是很复杂的,有的现象反映本质,有的现象却歪曲本质。研究者要注意正确区分现象与本质,并透过现象揭示问题的本质,总结出符合客观规律的结论。因此,研究者要把定性分析与定量分析结合起来,尤其需要重视事实的定量分析,尽可能用数据来说明问题,发挥资料、数据在经验总结法研究中的效能,以准确地把握与描述教育现象与规律。

四、经验的先进性

在总结经验时要坚持继承与创新相结合,避免重复劳动,原地踏步或走别人走过的老路,避免用已有的理论来剪裁经验。不要带着旧理论的框子去套新经验,而要有创新意识,改变思想观念去发现新的观念和理论,真正以经验创造者提供的素材概括、提炼教育理论,以揭示教育领域中的重要规律。教育中旧经验的不适应、新经验的可行性都需要随时间的发展不断地调整和完善,无论是成功的教育经验,还是失败的教育经验,总结它们时必须站在时代的前沿,以新的思维与视角来看待,要将教育实践中的感性认识上升为新教育理论,去指导教育实践。

五、经验的推广性

先进的教育经验是在实践中取得的,它揭示了教育现象的内在联系,有利于丰富和发展教育理论、指导教育实践活动,促进实践者的成长,应有组织、有计划地进行广泛推广。通过多种媒介和方式传播经验,使学习者有内容、模仿者有样板,使更多的人能更方便地学习、理解、掌握、借鉴总结出的经验。经验的推广是一个反复学习、反复研讨、反复深入的过程。在这个过程中,推广者和学习者都在实践、认识、再实践、再认识的循环往复中,对经验的认识越来越深刻,从而使经验不断产生新的社会价值,与此同时经验本身也得到不断地深化和升华。这样,总结出的经验才能不断地丰富,才更有价值、更有意义。

思考与练习

1. 教育经验总结法的特点是哪些?
2. 经验总结法的实施步骤有哪些? 每一步骤如何操作?
3. 教育经验总结法的基本要求有哪些?

实践与训练

一、个人经验总结
(1)实训目标
① 通过技能训练使学生掌握个人经验总结的基本操作步骤与实施方法。
② 培养学生逻辑思维能力,知识运用能力,进行个人经验总结的能力。

（2）内容与要求

以自己或同班级专业技能突出的一名学生为研究对象，就自己或他人的学习经验，按照经验总结法的实施步骤与基本要求进行个人经验总结，并写出经验总结文章。

二、集体经验总结

（1）实训目标

① 通过技能训练使学生掌握集体经验总结的基本操作步骤与实施方法。

② 培养学生逻辑思维能力、团结协作能力、创造能力、进行集体经验总结的能力。

③ 培养学生撰写经验总结报告的能力。

（2）内容与要求

学生分成几个研究小组，以小组为单位，深入教学实践基地学校，就学校在教育、教学及管理等某一方面的工作，运用经验总结法进行研究，总结教育经验，各研究小组从不同的研究角度写出经验总结报告。

三、案例与分析

某县总结数学教学经验实例简述

某县在大面积提高数学教学质量方面所进行的教育改革实践取得了很好的效果，其中一个重要的原因就是运用了教育经验总结的方法来筛选和推广数学教学的成功经验。该县的这项教学改革过程历经十余年，工作涉及范围广，在经验总结方面也创造了新鲜经验。

该县总结教学经验的基本做法如下。

1. 调查（1977 年 10 月—1980 年 3 月）：发现经验

研究者先在本县中、小学和幼儿园寻找教学的关键时期。结合城乡差异、师资力量和儿童的成长规律，根据该县实际情况，把学龄前、小学的中年级和中学的低年级定为基础教育的三个关键时期。接着组织教师对全县数学教学质量进行普查。在 20 世纪 70 年代的最后三年中，每次普查学生达千名，累计进行了 22 次，每次普查都有详细的数据统计和情况分析，采用谈话法深入了解优、中、差等生的不同学习水平和学习方法。经过普查，发现当时学生中有两个值得注意的问题：一是停留于模仿，独立思考能力较差；二是知识遗忘率很高。同时，又在两年时间内选择有代表性的农村学校 7 所，对 50 名数学教师进行听课分析，了解教师在知识水平和教学方法上存在的问题。还长期在几所有代表性的学校解剖"麻雀"，了解学生、班级、学校的真实情况，找出问题的症结所在，为制订有效的改革措施提供依据。经过三年的调查，研究人员积累了专题教学经验 160 余项，并形成了开展教学调查的一套方法，主要包括以下 5 点。

（1）通过听汇报、查教学计划、看历年教学总结、抽查学生作业和试卷、开座谈会、个别交谈等取得调查素材。

（2）根据教学目的、教学要求、内容组织、概念教学、能力培养、师生配合、方法特点和教学效果等 7 个因素综合考察课堂教学。

（3）测验并研究学生的学习分化的情况以及知识、能力的不同特征。

（4）专门的测量，如体质测定、思维测定、理解力测定等，通过分析比较取得资料。

（5）其他一些特殊方法，如借用社会关系调查方法绘制学生学习讨论关系图，由此进一步探讨如何发挥班级集体作用等。

从上述情况，我们可以看出，这一调查阶段实际上就是教育经验总结中的第一个步骤，即发现经验。该县的特色是从基层广泛搜寻了大量教学经验。

2. 筛选经验(1980 年 4 月—1981 年 8 月)

为了鉴别大量教学经验的实效,建立能大面积提高教学质量的经验系统,该县研究人员先以一所中学为基地,挑选两个试点班和两个对照班开展研究,并结合实际探索了一种筛选经验的方法。这种方法是在实际教学过程中,由执教人员和研究人员结成一体,对众多的经验进行淘汰、优化或者发展新的经验。这种筛选方法的一般顺序为以下 5 点。

(1)分析和总结优秀的教学经验,了解学科教学以及与它有关的其他学科如心理学、逻辑学和哲学认识论等的研究成果,然后运用这些经验和成果,结合施教对象的现状和要求提出计划。

(2)按预订计划在授课中实施这些经验。

(3)组织有经验的教师亲临教学现场,对执教情况进行系统的考察和评价。

(4)根据考察评价的结果,对原有的经验或成果进行淘汰、发展以及优化处理。

(5)再计划、再实施、再评价,多次往复,直至筛选出有效的教学措施。研究者还采取了一些措施探索教学措施与效果之间的逻辑联系,并注意了考察评价的系统性和有效性。

该县的数学教学经验筛选工作每星期半天汇总情况、制订计划,5 天听课评价。这样每星期循环一次,经过共约 50 次循环,选出 4 条比较有效的教学措施:一是让学生在迫切要求之下学习。二是组织好课堂教学的层次。三是指导学生亲自尝试。四是及时提供教学效果的信息,随时调节教学。这样筛选出的经验,直接来自教学实践,符合该县教育实际。

3. 实验(1981 年 9 月—1984 年 8 月):验证经验

为了探索筛选所得的主要经验在教学中的作用以及在不同类型学校、不同程度班级运用的可行性,研究者进行了为期三年的教学科学实验。实验以自然实验法为主。实验组和对照组各 5 个教学班,分布在城镇重点学校、一般学校和农村学校三种类型的 5 所不同学校。实验班的教学方法是将教材组织成一定的尝试层次,通过教师指导学生尝试来进行学习,同时又非常注意反馈学习的结果,以强化所获得的知识和技能。对照班用一般方法教学。实验中,除了单元和期末统一考试外,还每学年进行一次阅读能力与思维能力测验,并综合使用观察调查、行动研究等方法了解学习情况。三年中共积累了 4 万多个原始数据、数十万字的文字资料,最后取得了比较肯定的初步结论。

这个实验的阶段可以看作对筛选出的教学经验进行论证的一种形式。虽然实验有本身的相对独立性,但用在这里主要是为了验证所选出的教学措施的实效,在整个教育经验总结中增强了经验的可靠性和说服力。

4. 推广经验(1984 年 9 月—1987 年 8 月)

研究者认为,教育经验要得到推广和传播,首先要有正确的教学思想、知识来鉴别、认识他人的经验;其次要结合自己的特长、经验对他人的成果进行再创造,然后在自己的实践中修正、检验这种创造,同化为自己的东西。

为了推广教学研究的成果,该县做了大量的基础准备工作,并把学习理论与改革教学方法结合在一起,边研究边推广。他们通过专题讲座、备课辅导、读书报告会、培训班、成果陈列、教学观摩等活动来转变教师的教育思想。在此基础上分 3 个层次组织开展推广应用:

(1)把改革的某些措施制订进教学常规。这些常规实际、具体,要求全体教师遵行。

(2)逐步扩大积极分子的队伍,县内经常组织观摩交流、学术讲座等活动,提倡改革教学方法。

(3) 办好实验学校,在全县推广工作中起带头示范作用。

十年里,该县各校毕业生数学平均成绩逐步提高,数据指标表明,基本上达到了大面积提高教学质量的目标。并且,后来经验推广工作还从数学发展到其他学科,从智育发展到其他方面,逐步从单一趋向于整体。上述推广工作有两大特点:一是作了充分的准备,包括思想认识、教学研究活动等方面的长期准备,为经验的推广奠定了良好的基础;二是采取了多层次的推广措施,有全面的常规要求,也有典型示范;有队伍建设,也有具体可行的活动形式。

评价:

这个案例较突出的优点之一是步骤清晰、环节紧密。首先,在普查的同时,进行重点抽样调查,占有令人信服的充分的资料,积累了160余项经验和一套有效的教学调查方法;然后,以学校为基地,用对比研究的方式筛选经验,通过50余次循环"过滤"出最典型的4条经验;接着,又从4条经验中提炼出"尝试指导"和"效果回授"两个因子作为自变量开展为期三年的实验研究,使经验的内容进一步得到检验和升华。此案例的又一特点是工作扎实、细致,而且综合运用多种方法。发现经验花了三年,每次普查千余名学生的大容量普查进行了22次,进行了50余次循环筛选经验,在实验阶段又用了等组比较实验,积累了4万多个原始数据。在推广经验阶段也采用多种形式和各种办法,符合教育规律和经验内化、吸收的规律。在方法上,有问卷、谈话、现场观察、实验、培训、办示范点等,这些方法被恰当地运用于经验总结的不同阶段,充分发挥了它们的各自特长。

(资料来源:上海市顾泠沅数学教改实验小组.大面积提高数学教学质量的改革实践与理论探讨[J].教育研究,1989(9,10).有改动)

第十章
行动研究

学习目标

知识目标

(1) 了解行动研究的含义及与传统研究方法的不同;

(2) 了解并掌握行动研究法的研究步骤、形式和方法;

(3) 了解行动研究各阶段的工作及评价。

能力目标

能够按照行动研究的过程展开学前教育的行动研究。

问题导入

把"行动"和"研究"两者结合里起来表述为"行动研究"是20世纪30年代的事情。美国的柯利尔在1933年至1945年担任美国印第安人事局局长期间,安排专业人士和非专业人士一起研究改善印第安人和非印第安人关系的方案。在这一过程中他得到启发,认为专家研究的结果还须依靠实际工作者执行和评价,倒不如让实际工作者根据自身的需要,对自身工作进行研究,或许效果更好,他称此法为行动研究法。的确,专业性的研究需费较长时日,注重实际应用者等待不了取得研究结果后再来解决实际问题。所以对迫切问题的解决,难以采用全面研究的方式,更合适的是就已有资料提出改革措施,一边实施,一边观察分析结果,随时调整修改行为。行动研究法对实际问题解决的这种适宜性使它很快得到发展。

第一节　行动研究概述

一、行动研究的含义

行动研究是美国社会心理学家勒温(LeWink)于1946年创立的。行动研究不仅可以提高教师的实践能力,而且可以提高教师发现问题、分析问题和解决问题的科研能力。行动研究是教育实践活动和教育研究的结合,因此,行动研究可以概括为:"为行动而研究、对行动的研究、在行动中研究"。其中,"为行动而研究"是指行动研究的目的面向教育实践,把理解教育现实、解决教育实践中出现的问题作为研究的主要目标。"对行动的研究"则指出了行动研究的对象是教育教学实践中的现象和问题,是教师及有关人员具体的"行动"。"在行动中研究"指明了行动研究的环境就是教师工作与其中的教育环境,是教师在实践过程中对自我活动做出的观察和反思,而不是进行理论上的推演,研究者同时也是研究结果的使用者。①

我国学者普遍认为:行动研究是指在自然、真实的教育环境中,以教育实践工作者为主体进行的研究,是教育实践工作者按照一定的操作程序,综合运用多种研究方法与技术,以解决教育实际问题为首要目标的一种研究模式。行动研究是一种适应小范围内教育改革的探索性的研究方法,其目的不在于建立理论、归纳规律,而是针对教育活动和教育实践中的问题,在行动研究中不断地探索、改进和解决教育实际问题。行动研究将改革行动与研究工作相结合,与教育实践的具体改革行动紧密相连。

对这个定义,可以从以下几个方面理解:第一,行动研究是一种系统的反思性探究活动;第二,行动研究是由教师针对自己教学中的问题自己制订、亲自参与并展开调查与研究的;第三,行动研究要由一系列的步骤来完成;第四,行动研究的目的是不断改进教师自己的教学工作,使教学在最佳状态下进行并取得最佳效果。

二、行动研究的特征

1. 行动研究的目的是解决实际的问题

行动研究侧重于当时当地情境的改善,而不是理论的发展、普遍规律的发现。研究者基于实际工作情境发现问题,将它直接或间接地发展为研究课题,并将可能解决问题的各种方法作为变量,然后系统地在研究过程中逐个加以检验。研究的过程就是解决问题的过程,研究的结果也就是问题的初步解决。传统的研究重在新知的获得,行动研究不重视其是否获得新知。研究者的研究成果不必等到下一个循环才去改进,而是随着教学的推进就可以把前面的研究成果运用到新的教学活动中去,这样不断地将研究成果付诸实践,不断地探究,能够使整个教学活动不断地向前发展,从而提高教学效果。某一次的行动研究是否有价值主要由它对实际情况的改进而定,改进越多价值越大。

---

① 温忠麟. 教育研究方法基础[M]. 北京:高等教育出版社,2004:192-193.

2. 要求行动者参与研究

行动研究要求教师参与研究,将行动与研究融为一体。传统的研究中研究人员只负责研究,行动人员只负责工作的执行。应用研究结果的人只是应用而不去研究,在应用中机械照搬,依葫芦画瓢,不管其应用的理论是否符合自己的需要,反过来还要怪罪理论的"失效"。若无研究结果,实际工作者便故步自封,率由旧章,得过且过。行动研究避免了传统研究的这个缺点,将应用者和研究者合而为一。在行动研究中,课题是由教师根据自己在教学实践中遇到的问题提出来的,他们可以就教学中急需解决的问题进行研究,教师自始至终都是课题的主人并直接参与研究。这种合而为一的模式使研究者从"局外人"转变为"参与者",从只对"发现真理"感兴趣转变为负起解决问题的责任。这就使研究者能够深入到教育教学的主战场,以参与者的身份观察行动者和行动的过程,从而更加准确地把握问题,并用实际工作者能够理解的语言把共同研究的成果表达出来。对于实际工作者来说,参与研究过程可以使他们增强实践的科学性,学会观察实践活动、背景以及有关现实的种种变化,通过实践检验真理、方案、计划的有效性,在实践中理解和应用理论成果,不致因对理论的理解不深而导致理论的"失效"。这种双向的参与,也缩短了理论研究和实践活动、研究成果产出与应用之间的距离。

3. 研究的问题、对象具有特殊性

以往的研究多是研究者对客体的研究,如教材、教法、学生等,由于教育中诸多的不可预见因素,这些研究很难做到完全符合某一位具体实践者的需要,对解决教师教学中遇到的具体问题帮助并不明显。而行动研究则是教师针对自己教学实践中的问题进行的研究,包括教师的教学观念、活动组织、行为实施,也包括学生学习中遇到的问题,如学习意识、学习行为、学习习惯、学习策略、学习障碍等,研究结果可以直接用于改进教学实践。行动研究以一人、一事、一校为对象,解决行政管理、教学质量提高、课程设置、学生等问题,所得结论只适合于被研究的对象,不能无限制地普遍应用,这是因为研究对象的确定多是以问题为依据,抽样不是在随机的条件下而选择的。

4. 研究具有动态性

行动研究过程中可以随时根据研究情况边实践边修改,不断修改研究的假说与研究的方法,甚至更改研究的课题以适应不断变化的新情况、新问题。行动研究的动态性体现在:研究的题目可大可小,大的可以定出一个学期乃至一个学年所要解决的问题和研究方案,小的则可以是对于一节课中的某一个具体行动的研究和改进;参与研究的人员数量可多可少,可以全体教研室教师一起参与研究解决一个大问题,或是教师针对自己在教学中的问题进行研究。行动研究并不强调某一套专门的研究技术,某一种固定不变的程序原则,而注重建立研究者和实际工作者之间的相互信任、真诚合作的关系,建立起一套双方都认可并自觉遵守的研究准则,注重各种方法、技术的灵活和综合运用。

行动研究还具有许多特点,它表现的是一种对于新的理念、新的方法的开放性的态度。尼弗(Mc Niff)指出:行动研究最重要的意义在于它把教育看作一个整体的实践过程,不是仅仅从社会学的角度或心理学或哲学的角度来分析和解决问题,得出一般性的结论,而是把课程、教材、教法、学习过程、学生需求和评价有机地结合在一起,从人的需求和发展出发,分析问题、解决问题,促进教育的改进和学生的发展。

三、行动研究与传统研究的区别

行动研究与传统教育研究都是为了揭示教育规律、指导教育实践,但两种范式又有着显著的差异性。

1. 理论基础不同

行动研究的理论基础是反思理性,而传统教育研究的理论基础是科技理性。反思理性有三个基本假设:一是复杂的实际问题需要特定的解决办法;二是这些解决办法只能在特定的情境中发展出来,因为问题是在该情境中发生和形成的,实际工作者是其中关键的、起决定性作用的因素;三是这些解决办法不能任意地应用到其他的情境中进行检验。行动研究表达的是实践者的"实践理论"的显现过程。传统教育研究以科技理性作为理论基础。科技理性是以数学或逻辑以及实证知识为基础的思维方法、手段及信念,其运行模式是一种"研究—开发—推广"模式。在这种模式中,研究者和学校教师的关系是自上而下的,研究者负责教育规律的研究与开发,然后由学校教师实践推广。

2. 研究主体不同

行动研究的主体是教育实践工作者,同时也是教育研究的应用者。教育实践工作者通过将研究和行动相结合,直接应用于自身研究成果,改进教学,提高教育质量,从根本上塑造了教育实践工作者的新形象。而传统教育研究主体一般为教育理论研究者,通过对教育现象、教育问题、教育理论的研究,以形成一定的教育理论规范,并通过教育实践工作者将教育理论规范付诸实践。

3. 研究场域不同

行动研究的场域是学校和课堂情境。教育研究场域问题实际上是涉及在哪里做研究的问题。以学校作为行动研究的场域,将学校最真实性的一面展现给教育研究者,不去控制、调节学校各因素,目的是通过对学校现实的描述、分析、总结,最后得出真实情境下的学校场域研究成果。同样,教育研究者以真实的课堂作为研究场域,通过展现课堂真实的方方面面,就易得出真实情境下的课堂场域研究成果。与此对应的,传统教育研究场域往往是可控环境场域,通过对研究场域进行人为的设置与干预,得出普遍的教育规律。

4. 研究目的不同

行动研究关注的不是教育理论问题,而是教育实践问题,并针对教育实践问题提供改进措施。其目的是理解现实教育情境、改进教育实践、促进教育变革,最终实现研究成果的小范围推广。在教育实践中研究实践,能够更深入理解现实教育情境中的教育现象、教育问题,针对教育现象、教育问题做出具体的解释与指导。"改进"是行动研究的主要功能,它既能解决教育实践中产生的问题,也能提高教师的教育教学质量和研究水平。行动研究让教师成为研究者,改变了教育研究的现状,实现了教育变革主体与客体的统一。行动研究是现场研究,因针对的是教育实践问题,故其研究成果具有一定的不确定性和模糊性。这种特点决定了行动研究的成果定位为小范围推广,即将研究成果应用于当前的或相似的教育情境中。相对而言,传统教育研究的目的是发现教育规律、丰富教育理论、出版教育著作,实现研究成果的大范围推广。行动研究与传统研究除了在理论基础、研究主体、研究领域等方面有明显的差异外,还在研究设计、样本选择、资料收集与分析以及结果应用等方面有不同,如表10-1所示。

表 10-1　传统研究与行动研究的区别对照表

范　围	行 动 研 究	传 统 研 究
研究人员	实践工作者为主,并结合学者专家	学术研究为主
研究者知能	基本程度	具有相当程度知能
研究目的	改进实践	发展或检验理论
选择样本	现实样本	具代表性样本
研究设计	弹性	严谨
资料收集	立意收集	信效度资料
资料分析	简单分析	分析技术复杂
结果应用	实践改进	研究应用建议
测量	较不严谨	有效测量工具
报告形式	无统一格式	有学术论述规范

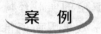

案　例

留白——归还属于孩子的时间[①]

有孩子说:"我很累!"我们发现孩子的累与教师的高控意识密切相关。活动一环紧扣一环,教师就像一个气喘吁吁挥舞着指挥棒的大统帅,时间变成计算机里设定的程序,而孩子便是教师指挥棒下一只只被动旋转的"陀螺"。教师过强的主导意识,根深蒂固的话语支配习惯常常掠夺了孩子的自主空间。基于这种情况,为保证孩子的自主活动时间,我们对大中小班做了活动密度方面的调控,适当延长过渡时间,为孩子们创造自由宽松的氛围,这段剔除教师主导痕迹的时间我们称之为"留白"时间,孩子们在"留白"时间享受着"我的时间我做主"的闲适与欢愉,这段时间也是师幼、幼幼会心互动的契机。"留白"时间还为孩子们带来了美妙的原创机会,生成了许多幼儿自发的游戏活动,如"悄悄话""晒宝贝""悠悠球"高手PK、"创意陀螺大赛"等。自主结伴,自主驾驭时间是孩子们最开心的时刻,这样一种状态的有序保持给孩子们带来了更多的愉悦体验。

四、行动研究的作用

1. 行动研究有助于转变教师的角色

按照行动研究的理念,教师是研究者,不再是单纯的执行任务者,具有了主动认识问题、解决问题的意识和对自己教育行为的反思意识。这种理念充分发挥了"以人为本"的思想,尊重了教师作为生命个体的生命活动,大大提高了教师的主动性和创造性,提高了他们生命存在的质量,有利于教师的自我完善和自我发展。同时,行动研究使研究成为教师最有效的学习,使课堂实践变为教师最实在的工作空间,在研究实践中教师树立了终身学习和创新学

① 陈莉莉,楼秀妮. 心怀美玉,润化童野——基于儿童关怀的"润璞"行动研究[J]. 浙江教育科学,2011(06).

习的新理念。

　　行动研究要求教师从传统的知识传授者与灌输者变为研究者和学习者。在研究和学习中，教师与专家、学生在平等民主的气氛中共同合作。教师是从事具体教育、教学工作的，他们最了解需要解决的教育、教学问题，对实际工作中面临的困境或疑惑有最深切的感受，进行合理、科学和有效的教育、教学以提高教育质量的愿望最为强烈，他们的工作性质和特点最适合在从事实际工作的过程中，将行动（教育、教学工作）与研究（探讨解决问题的方法）结合起来，探讨、解决日常教育、教学实践中出现的问题，使实践工作接近合理、科学、有效的目标。日渐深入的教育改革使得新的教育思想、新的课程计划、新的教学方法和设施等不断出现，要求教师在知识结构上更新、在情感与技能上适应，并需要教师对之做出评价，这种压力成为许多教师从事研究的动因。可以认为，行动研究是培养和促成"研究型"教师的重要途径。此外，行动研究还改变教师孤立教学的状态，形成同事相互支持的合作文化，帮助教师成为终身学习者。

2. 行动研究有利于教师解决教育实践的实际问题，促进教育教学改革

　　与自然科学研究不同，教育研究不是以客观的自然界为对象，而是以具有丰富潜能和无限生命力的人为对象。教育活动不是存在于一个没有任何干扰的真空的实验环境中，而是千变万化的。教师们感到实际教育、教学中有大量影响教育教学效果因而值得探讨研究的问题，如什么样的教学方法才能使教学效果最优；如何有效帮助幼儿养成良好行为习惯方面的问题；怎样在让所有学生都得到发展的前提下又照顾到学生的个别差异，等等。为了解决这些问题，保证实际工作的合理、科学和有效，广大教师都注重教育理论的学习，希望从教育理论中和书本上找到答案，然而理论的抽象性以及理论应用价值待强化和挖掘的现实又使教师感到理论学习、从书本上寻求答案并不能导向解决问题、改进实际工作的终点。在这种情况下，需要教师开展行动研究。教师具有最佳的研究位置和机会，对这些问题最有发言权。教师在充满不确定的教学环境中，通过实践不断开展行动研究，把所学的理论和教学实际结合起来，采取适合特定情景的教育教学行为，形成优化的教学实践模式。

3. 行动研究是促进教师专业发展的重要途径

　　行动研究促使教师探索专业知识，改进自身的教学，体现专业自主，为持续专业发展奠定专业基础。教师素质包括专业学科知识、教育科学知识、教学经验以及专业工作能力等方面。教育心理学的研究和教育实践证明，教师的专业学科知识与学生的成就之间并不存在统计上的相关性，丰富的学科知识并不是成为好教师的唯一条件；教师掌握教育科学是一回事，应用这些知识将教育、教学实践导向合理、科学和有效是另一回事；教师的教学经历或经验并不是教学质量的唯一衡量指标，事实上教学优秀的教师并不都是教龄长或者教学经验丰富的教师；教师在不断变化的教育、教学实践中积累和发展的专业工作能力对教育、教学的成败具有最直接的影响。可见，教师的专业能力对教师来说十分重要。教师的这种专业能力不是仅靠学习专业学科知识和教育科学知识就可以转化生成的，也不是仅靠教学经验积累、阅历的增多而自然积累的，而是需要教师在教育、教学工作中投入大量的精力进行研究，并将理论应用于实践中。也就是说，发展教师专业能力内在地要求教师在实践中进行在理论指导下的具体研究工作——行动研究，加深对理论的理解和辨识，分清理论的优缺点；

更完善地了解和更准确地把握教育、教学情境,更敏锐地洞察、更深入地分析、更恰当地解决教育、教学情境中的具体问题;形成改进教育、教学实践的方案或措施,促进实际教育、教学工作的合理、科学与有效以及专业能力的不断提高。

4. 行动研究有利于提高教育、教学水平,促进学生全面发展

行动研究以改进实际工作为目标,以教育时间问题为研究对象,便研究边行动,鼓励教师成为研究者,这些特点使研究与日常工作结合,是适合幼儿园教师实施的方法。行动研究可以增强教师发现幼儿问题的意识,针对课堂中存在的问题,教师结合行动,制定出促进学生发展的具体措施。

第二节　行动研究过程

一、行动研究的步骤

教师如何使用行动研究方法呢?这就涉及行动研究的程序过程问题。关于行动研究的过程,不同学者有不同的表述。"行动研究之父"勒温在20世纪40年代曾经用"步子""螺旋循环"等隐喻设计了行动研究的主题变化过程。在他看来,行动研究的第一步就是在情境中"探察",这一步将形成一个研究计划。第二步是执行已经确定下来的"总体计划"。第三步是"观察"行动的过程。第四步重新设计一个计划、执行和观察的进程,以便评价第二步的执行效果。20世纪80年代凯米斯将勒温的"螺旋循环"稍做改造,构成"计划—行动—观察—反思—再计划……"基于这样一个行动研究过程的经典性表述,我们设计较为适用的行动研究步骤如下。

1. 发现问题

行动研究始于行动者本人对自己的教育实践问题的敏感和持续的关注。对教育实践问题的敏感和持续的关注意味着:把教育实践中的问题提升为研究的课题,而且围绕研究的课题展开真实的行动。

行动研究者可以就其实际教育工作情境进行检讨,有何需要改进、解决乃至创新的地方。特别是学校教育发生的问题,有待行动研究者去发现问题所在,发现行动研究的问题。行动研究者可以就其实际教育工作情境进行检视,有何需要改进、解决乃至创新的地方。特别是幼儿教育活动中发生的问题,有待教师发现问题所在。幼儿教师选择的研究问题可参考以下标准。

(1) 解决这个问题对本人工作的改进具有重要意义。

(2) 解决这个问题对幼儿的发展具有重要意义。

(3) 解决问题会带来较多的进一步研究的机会。

(4) 是幼儿教师愿意努力探究并加以解决的问题。

(5) 所处环境中的制约因素不致影响问题的解决。

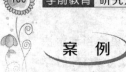

案 例

中班饮料吧[①]

饮料吧里的饮料有好几瓶,4 个小服务员各自选了一瓶。老师走过去提醒服务员:"你们还可以再做一瓶自己喜欢的饮料,可以用边上的彩色皱纹纸,把自己喜欢的颜色塞进空瓶子里。"说完老师为每人分了一盘彩色皱纹纸和一个空瓶子。一个女孩马上开始动手,只见她拿起黄色的皱纹纸往瓶子里塞。其他几个服务员看了她一会儿,也先后开始制作了。一个小男孩还主动和边上的同伴说:"我做的西瓜汁,很好喝的,等会儿请你喝!"整个游戏中,孩子们几乎没有什么争吵,都很开心地投入游戏。

中班幼儿的身心发展水平有了较大的提高,思维的直观形象性增强,认知范围扩大,想象逐渐变得活跃而丰富。尽管他们主动选择的角色是有限的,但幼儿在选择角色后还能简单地设计游戏情节,把某个角色的几个不同的活动(或动作)排列起来,使之具有一定的连贯性。教师通过观察分析和行动跟进丰富了幼儿游戏的连贯性材料,使幼儿能够积极连贯地将游戏开展下去,为幼儿的创造性游戏打下基础。

2. 进行初步的文献检索与讨论

行动研究者在发现学校教育的问题后,应广泛查阅相关资料,并与相关人员进行讨论,以求对问题的本质有一定了解。基本步骤有如下 4 步。

(1) 查找,就是检索、收集文献;

(2) 阅读,就是对所收集的文献进行有比较、分析的阅读,以便获得对问题有价值的信息和资料;

(3) 讨论,与相关人员进行深入的讨论;

(4) 叙述,就是对获得的有价值的信息、资料进行较为系统、全面的叙述。

3. 确定行动研究的问题焦点

经过初步的文献讨论后,行动研究者应设法界定问题的领域与问题的焦点所在,并讨论研究问题的主要目的。问题焦点至少应该符合两个条件:其一,这个焦点十分明确地指向实践,其研究结果必然对某种教育教学实践起到明显的作用;其二,这个焦点必须足够集中,是所要解决的问题无法避开的关键之处。

行动研究者需要将选题原则、选题线索、个人经验和多种有助于激发创造性思维的方法有机结合、灵活运用。在确定研究问题的范围与焦点后,应深入地从过去的文献中获得该问题的目的、方法、程序的启示。

4. 拟订行动研究计划

根据文献的探讨及研究问题,行动研究者应规划选择研究目的、方法、工具、程序,并确定协同合作进行研究的伙伴、样本及资料处理方法。

研究计划应包括:行动研究背景;对解决问题的需要和初步设想的表述;实地调查、文献研究结果的归纳;对采取行动的大致范围和实际情境的描述。

---

① 史悦蕾,河北省军区第二幼儿园教师。

第一行动步骤或包括第二行动步骤的计划方案。

考察措施:列出比较清晰而有弹性的时间表,根据研究的进展可以对时间表进行一定的修正。

5. 实施计划

根据研究计划,收集、分析及解释资料,执行行动研究计划,设法解答所要研究的问题。在实施的过程中,研究者可以根据行动效果随时调整行动研究方案。

6. 行动研究方案评估与撰写研究报告

行动研究方案设计是否完美,其执行是否正确,结果是否有效,均应加以评价,并指出评价方案的有效性、执行状况与可以改进处。依据评价结果提供修正行动研究方案的参考,决定是否进行下一步研究革新,如有必要可再进行第二回合的行动研究。

行动研究报告的撰写等相关内容见第三节。

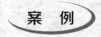

案 例

行动研究的过程①

1.发现问题

在某幼儿园工作的费老师,发现幼儿在幼儿园普遍不爱提问。于是想通过行动研究了解其原因,并设法解决此问题。

2.分析并确定问题

针对这一问题,费老师收集了影响幼儿提问的有关文献,了解到影响幼儿提问的多种因素,如幼儿园的学习气氛、教师的教学方法、师生关系、幼儿生活经历、幼儿语言发展水平等。在此基础上,费老师和其他教师进行了探讨,发现幼儿不爱提问的主要原因是不敢问和不会问。

3.制订并实施研究计划

在查阅文献和分析问题的基础上,费老师决定通过访谈和课堂观察进一步了解幼儿提问的具体情况。通过研究,费老师发现,教师对幼儿提问的态度不热情、幼儿园的精神氛围不理想、幼儿一日生活单调和封闭等是影响幼儿不提问的主要原因。

4.设计并实施行动方案

根据调查结果,费老师设计并推行了行动方案,即创设适于幼儿提问的精神氛围,鼓励幼儿发现问题,提出问题;丰富幼儿的生活,开阔幼儿的视野;帮助幼儿厘清思路,引导幼儿用恰当的语言表达疑问。

5.评价行动方案

在自己的班上采取新措施一段时间后,费老师再次对幼儿的提问情况进行了综合调查,用以评估活动效果。

6.修正行动方案并再次实施

如果评估证明,新方案取得了良好效果,就继续实施这一方案;否则就要分析问题的原

① 杨宏伟.幼儿教师怎样进行行动研究[J].学前教育研究,2004(06).

因,改进行动方案,重新实施和评价。

二、行动研究计划及其评价

行动研究计划的制订跟一般研究计划的制订没有什么本质区别,涉及的项目从表10-2可以看到。研究计划制订出来之后,一般还需要进行评价工作,评价标准也参见表 10-2,行动研究者根据此标准可自行完成研究计划的自我评定,根据评价结果,可进一步完善研究计划,之后再付诸实际行动。

表 10-2 行动研究计划的评价项目与标准

评价项目	评价标准	说明
研究题目	1. 文字清楚,具有概括性 2. 意义明确,研究对象明晰 3. 适度表达改善问题的意图或主要的行动构想	有副标题亦可
研究动机	1. 充分表达问题改善的必要性 2. 显示本研究的意义与价值	强调研究理由的说服力
研究目的	明确说明本研究的行动目的	采取列举方式说明,虽以行动目的的方式为主,亦可兼含了解目的
问题分析 问题性质 问题成因	1. 具体描述现状中的不理想而有待改善的问题 2. 合理推论各项问题的成因或相关因素 3. 根据相关理论或研究结果推论问题成因 4. 问题分析能启发改善的行动构想	问题的描述需具体、能检验;必要时可借鉴问卷、访谈及观察和测量
改善行动 基本构想 行动设计	1. 行动构想合理、有创意、符合教育价值且可行 2. 充分说明每一项改善措施的具体内容和做法 3. 能显示各项改善措施的关联性与整体性 4. 能预想各项改善行动可能遭遇的困难及对策	有创意的改善构想并非标新立异;从研究者的行动角色与实际职务来思考各项改善措施的可行性
实施程序	1. 有合理可行的实施期望与进度 2. 有清楚的实施步骤与程序能说明行动过程的检讨与修正机制 3. 能说明必要的配合措施	研究进度可采用阶梯图表示;实施程序要特别注意人力与资源的整合运用;行动研究的进行需要融入学校教育及班级实际教育教学活动
预期成效	1. 说明研究完成后的效果以显示研究的价值 2. 说明成效评价的方法与工具	可列举预期成效;成效评量可在行动设计部分说明
文献应用	能在问题分析及行动构想中引述相关文献	有专门的文献综述
参考书目	有丰富的参考书目	格式符合学术规范
附录	有清楚的细节内容,研究资料如问卷可作为附录	检验研究的信度和效度

行动研究的事实就是实际开展研究活动的过程,同时,实施离不开评价,甚至在行动研究实施过程中,评价显得更为重要。

三、行动研究各阶段工作及评价

行动研究的具体实施涉及各个阶段的工作落实,包括从研究缘起到研究报告的撰写。

在这个实施过程中,需要注意以下事项。

1. 要在实际情景中进行研究

行动研究所要解决的问题,都是实际发生在教育环境中的迫切问题。因此,行动研究必须在问题发生的环境中进行,才能看清问题、解决问题。

2. 要由实际从事教育工作的人来进行研究

实施从事教育工作的人,如教师及行政人员,平时负责教学及行政工作,对教育问题了解深刻,对教育问题了解最深,对问题解决的需要最感迫切。因此,行动研究应由实际从事教育工作的人积极参与,以协同与合作的方式进行。

3. 行动研究者应秉持客观的研究态度

研究态度对研究结果的正确性影响很大,行动研究者身处教育场景,对实际问题或教育对象难免会有主观看法或个人好恶,这对行动研究结果的正确性会有不利的影响。因此,行动研究者应设法摈弃主观成见,秉持客观、实事求是的态度。

4. 行动研究者要能充分运用各种资源

在规划行动研究时,研究者应考虑:研究中可能需要哪些资源?这些资源如何取得?然后在实际研究过程中,研究者应充分运用各种可得的资源来解决实际问题。

5. 研究人员应适当的分工合作

行动研究多采用团队合作的方式进行,小组成员往往包含学术机构的研究人员以及学校的教师和行政人员,成员之间的背景、特质、专长和能力可能各有不同。因此,在行动研究过程中,必须依个人状况进行合理分工,使成员各有适当的任务,并促成相互间有效的沟通,彼此支持、密切合作。

6. 研究过程必须保持充分的弹性

由于行动研究的对象具有动态性与变异性,在研究过程中,因实际情况的变化,有时需要弹性修正研究步骤、程序甚至研究假设,以保证研究过程能围绕关键问题进行,不致因状况改变而偏离主题。

各个阶段的行动研究工作评价标准,根据 Mcniff,Lomax & Whitehead(1996)的研究结果,设定如表 10-3 到表 10-8 共 6 个阶段。

表 10-3　阶段一:研究目的与问题的起始

意　图	理 论 基 础	评 价 标 准
(1) 行动研究是关注实际工作中所需要的改变 (2) 其主要的研究问题形式是:"我如何改善我的实务工作" (3) 如同寻找这个问题的答案,我将努力去探索问题本身的意义	(1) 解释为什么你的关注与你的专业相关是重要的,足以促使你参与和投入你的工作中 (2) 你所拥有的理论基础,将揭晓你个人的/专业的价值观,包括教育政策上的模糊和矛盾	(1) 所解释的研究脉络 (2) 所揭露的研究问题 (3) 所提供的理论基础

表 10-4　阶段二：计划

计 划	策 略	评 价 标 准
(1) 将最初的意图转化为可管理的计划，从小处着手 (2) 你必须在你的行动和为行动而发展的策略之间，建立一个清楚的联结 (3) 你必须学习从你的实际工作中退出来，以行动研究者的视点来审视	(1) 你应该从拟订一个明确的行动计划开始，包括"想象的解决方法" (2) 随着研究的进行，你应该准备好去修正这个计划。这个厘清意图的过程应该被记录和明确出来 (3) 你应该去确认你的实际工作中有哪些与你所持的价值观相矛盾	(1) 在反思和行动之间建立的联结 (2) 使研究的过程透明公开 (3) 在实际工作中表现出个人的价值观

表 10-5　阶段三：协同合作

合作的意图	你自己的角色	评 价 标 准
(1) 让同事参与成为协同研究者，而不是研究的对象 (2) 鼓励同事分享其作为行动研究者的教育经验 (3) 使你的同事成为你的批判性朋友，并请求批判性的回馈 (4) 当同事已准备好主导行动时，你需准备放弃行动的主导权	(1) 保持开放。行动研究的尊严取决于避免去控制他人 (2) 你需要准备好去"冒险"，并可能也会让别人去"冒险" (3) 你需考虑别人所扮演的角色，以及建立明确的伦理守则，来进行你的研究	(1) 研究角色透明公开 (2) 实现合作的意图 (3) 发展和应用的研究伦理

表 10-6　阶段四：行动

行 动	分 析	评 价 标 准
(1) 你应该清楚地描述所采取的行动，包括事件间的关系和事件本身 (2) 持续地监督行动过程。收集多样化的资料。你需要选取对同一事件的多种观点，以获得一个较综合的描述 (3) 你需要数据进一步反思和验证以鉴定研究的真实性	(1) 为了鉴别行动，你需要细究这些数据并确认数据的组型和主题 (2) 这些组型和主题是从你所描述之事件中发展出理论的"绿色嫩芽" (3) 你需要解释你如何将数据分类，以及还有哪些可分类数据的方式	(1) 所收集的综合性资料；不同来源的对照 (2) 组型和主题相互矛盾的借鉴 (3) 可受公评的分析 (4) 可考虑的选替方式，使研究角色透明公开

表 10-7　阶段五：评价问题

评 价	检证宣称	评 价 标 准
(1) 结果是否显著？为了谁和为什么？你喜欢此结果吗 (2) 已获得实践上的改变吗？可以被确证为教育的改变吗 (3) 你是否以促进个人专业的发展 (4) 作为实务工作者的行动研究，是否严守研究伦理	(1) 对于你宣称知道的事，你发现了其假定和矛盾吗 (2) 支持你的分析和解释的证据是否充分且得当？对你的同事而言，你的宣称是否"真实可靠" (3) 你是否能在一个重要的专业辩论中提出你的发现	(1) 宣称的重要性 (2) 解释的说服力和准确性 (3) 与专业人士讨论有关的个人发现 (4) 所产生的进一步问题

表 10-8　阶段六：报告

报　告	公平彰显	评价标准
(1) 谁将阅读你的报告？你是否了解用来判断报告的标准 (2) 你是否遵循呈现报告的指导原则？你的论述是简洁且面面俱到的吗 (3) 依时间顺序进行的论述是有用的，但"将情景带入生活"也是重要的。报告的语言和风格对读者是否适当	(1) 你是否已澄清你报告的目的 (2) 你的身份以及你的研究是关于什么的 (3) 你的论述是否达到阶段 1～5 所列的高标准 (4) 你是否已做出结论，并就结论和其他来源进行批判式的对话 (5) 你是否已给予读者足够的信息，去遵循引导并检核你的信息	(1) 报告有清楚的参考架构,组织良好且使用最少的专有名词 (2) 报告呈现一个简洁但面面俱到的论述,说明了研究的优点和局限 (3) 能详加说明研究意图,并与其他信息来源进行批判性评鉴 (4) 报告能为读者提供充足的信息,使读者能继续探究有兴趣的问题

四、行动研究的注意事项

鉴于行动研究具有翻印及时、易于应用的特点,它比较适合在幼儿教育研究中运用,在具体实施时应注意以下几个方面。

1. 客观收集分析文献

行动研究需要一方面系统整理文献资料,随时保存有价值的随机信息;另一方面在解释资料时,必须注意资料的客观性,不可主观做出适用于其他情境的推论。

2. 选好研究的问题

行动研究不回答普遍性的问题和一般的理论问题,它适于研究学校中足以引起实际工作者的困惑、影响教育教学某一方面工作的问题,所以确立一个具体可操作实施的问题是行动研究的良好起点。此外,要阐述清楚研究涉及的有关概念和术语,比如要研究"在'三生教育'中培养 3～4 岁幼儿良好行为习惯的行动研究",就要分析"观察法""访谈法"的具体概念。

3. 制订系统的研究计划

研究人员往往强调计划的简便使用,希望研究立即实施,而忽视计划的系统和周密,使研究结果缺乏说服力和可靠性,因此要在参考前人研究成果的基础上,依据此时此地的需要,制订周密可行的计划,这样,研究的结果才有可能在更大范围内推广应用。

行动研究简便易行,尤其适合于没有接受过严格教育测量和教育实验训练的中小学教师采用。行动研究的过程中是允许边行动边调整方案,不断修改,因此,具有很强的灵活性。行动研究强调评价的持续性,即诊断性评价、形成性评价、总结性评价贯穿整个研究过程。反馈的及时性从两个方面看:一是及时反馈总结,使教育实践与科学研究处于动态结合与反馈中;二是一旦发现较为肯定的结果,便立即反馈到教育实践中去。在教学反思过程中,教师通过行动研究直接参与方案的实施,从而获得第一手资料,可以对教学中实际存在的问题进行分析、研究和改进。

案 例

在"三生教育"中培养3～4岁幼儿良好行为习惯的行动研究

1. 问题提出、现状分析

（1）问题的提出

2010年我园遵照《中共云南省委高校工委、云南省教育厅关于实施生命教育、生存教育、生活教育的决定》以及区教育局的统一安排部署，在我园全面开展"三生教育"工作。在对实施过程中我们发现幼儿园的"三生教育"活动以"生活教育"为切入点，十分符合幼儿思维的直觉行动性和具体形象性，最易被幼儿理解和接受。为更好地推动"三生教育"的开展，我们围绕"幼儿生活行为习惯发展现状、幼儿家庭教育环境、家长对'三生教育'的态度"，以不记名问卷调查的方式对小班71名幼儿家长进行了问卷调查，结果不容乐观，我们认为很有必要培养幼儿的良好行为习惯，而"三生教育"就是很好的切入点。在当时还没有系统的、适于幼儿园操作的"三生教育"课程，我园的选题无疑会为"三生教育"在幼儿园的开展产生积极影响，并能同时培养我园幼儿的良好行为习惯。

（2）家长方面现状分析

我园位于昆明市西边，城乡结合部，外来人口居多，周边环境较差，加之许多家庭忽视对孩子的教育，幼儿身上一些不良的行为习惯往往带有家庭的印记。我园家长学历层次较低，初高中文化程度占69%，家住城乡结合部的幼儿占62%，孩子居住地外来人口较多，周边环境较差。幼儿家长对孩子行为习惯的培养虽有一定认识，但缺乏行之有效的教育方法，表现在：44%的家长从未给自己的孩子制定过必要的行为规则，95%的家长有过当着孩子的面吵架或反驳自己配偶的行为，41%的家长在节假日随意打乱孩子有规律的生活作息时间，这些因素非常不利于幼儿良好行为习惯的养成。

（3）幼儿方面现状分析

我园小班幼儿当前行为习惯表现也不容乐观：89%的幼儿在家中饭前便后不会自觉洗手；91%的幼儿不会自觉收拾整理玩具用具；41%的幼儿做事常磨蹭；38%的幼儿经常要赖；21%的幼儿有吮吸手指、咬被角的不良习惯；78%的幼儿不能保持衣着整洁；在与同伴发生冲突时，34%的幼儿会采取抓人打人的过激行动，只有28%的幼儿会主动谦让；在良好的行为举止方面，只有18%的幼儿会轻声说话做事，以免打扰别人；在学习习惯方面，34%的幼儿不会安静倾听；44%的幼儿不敢大胆发言；22%的幼儿不能认真完成作品；而孩子的站姿、坐姿和握水彩笔的姿势也有待进一步规范。

2. 研究的意义价值

通过对小班幼儿行为习惯现状的调查，结果令人担忧。作为幼教工作者，我们深感自己肩负的重任。小班幼儿良好行为习惯的培养迫在眉睫，它已引起了我园领导和教师的高度重视。经过反复探讨，我们决定以"三生教育"为依托，从幼儿一日生活活动入手，在幼儿入园、进餐、睡眠、盥洗、集体活动、相互交往中，培养幼儿良好的言谈举止和行为习惯，为其一生的发展奠定坚实的基础。

作为研究课题"在'三生教育'中培养3～4岁幼儿良好行为习惯"，具有如下深远的意义。

（1）幼儿健康成长的需要

幼儿期是人的社会性行为、情绪情感、性格和认知等方面发展的关键时期，也是可塑性最强的时期。尤其是对3～4岁的小班幼儿来说,他们刚从家庭个体生活转入幼儿园集体生活,在一个全新的环境中最有利于扭转和改变孩子以往不良的行为习惯,形成新的更有利于他们健康成长的行为习惯。而良好的行为习惯将会对他们一生的发展产生深远的影响,它是一个人成人成才的重要基石。

(2) 教师专业成长的需要

"三生教育"的提出,给幼儿园的德育工作增添了新的内涵,如何在"三生教育"中培养幼儿良好的行为习惯,将是我园全体教师关注和探索的全新课题,它能最大限度地激活教师的工作热情。在教育实践与课题研究中,我园教师的理论水平和专业素养将会得到很大的提升。

(3) 促进幼儿家庭素质提高的需要

家庭教育的影响对一个人的成长及其重要,而幼儿作为家庭中的个体,其良好的言谈举止、行为习惯,也可以反过来教育家长,使他们顿悟和反思。通过在"三生教育"中培养幼儿良好的行为习惯,使幼儿自身素质超越其家庭素质,以幼儿良好的行为举止来影响家长,促进其家庭教养素质的提高,也是我们课题研究的目的所在。

(4) 对幼儿园自身发展的需要

作为马街片区唯一的一所教办幼儿园,我园肩负着引领示范作用。在幼儿教育高度发展的今天,我们有着一种紧迫感和使命感,催着我们奋发向上。我们没有一流的硬件设施,但我们却有一支团结协作的领导班子和积极向上的教师队伍,我们愿意通过不断的努力,在"三生教育"与幼儿良好行为习惯培养的有机结合中走出一条具有本土本园特色的可持续发展的创新之路,使我园真正成为幼儿教育战线上一道亮丽的绿色风景线!

3. 研究的基础

(1) 国内外研究现状分析

关于孩子行为习惯的培养问题,一直是人们所重视和关注的焦点。江苏省盐城市盐都区幼儿园正在进行《外来人口家庭幼儿行为习惯的培养与指导》的课题研究,山西省长治市建乐机关幼儿园开展过《家园合作培养幼儿良好行为习惯》的课题研究。而"三生教育"的提出,给幼儿行为习惯的培养增添了新的内涵,也提出了更高的要求。自"三生教育"在我省开展以来,各个幼儿园都开展了"三生教育"集体教学活动,临沧市临翔区幼儿园已启动《在"三生教育"中培养幼儿自我保护能力的策略研究》。但到目前为止,还没有哪所幼儿园开展过在"三生教育"中培养幼儿良好行为习惯的课题研究,而我园部分幼儿在行为习惯方面存在的问题不容忽视,为此我们决定以"三生教育"为依托,从生活教育入手,加强幼儿良好的行为习惯的培养,我们的选题是符合幼儿实际发展需要,能有效改变幼儿不良行为习惯的。在本次课题研究中,我们将借鉴其他幼儿园在幼儿行为习惯培养方面已有的经验和他们在"三生教育"活动中一些好的做法:如从情感入手,发挥家长和社会的力量,关注环境融入时代,从身边做起,从小事做起,采用生动的多媒体课件,和丰富的亲子活动等形式来完成课题。我们也将发挥自己的聪明才智,创造性地开展此项工作,争取在教育实践中开发出大量的幼儿喜闻乐见的"三生教育"案例,以填补当前幼儿"三生教育"课本内容单调不易操作的空缺。

(2) 课题研究的理论依据

著名教育家叶圣陶曾说过:"我们在学校里受教育,目的在养成习惯,增强能力。我们离开学校,仍然要从多方面受教育,并且要自我教育,其目的还是在养成习惯,增强能力。习惯

越自然越好。"这其实是继承了孔子"少成若天性,习惯如自然"的思想精华。陶行知先生在《创设乡村幼稚园宣言书》中也明确指出:"儿童学者告诉我们凡人生所需之重要习惯、倾向、态度多半可以在六岁以前培养成功。"换句话说,六岁以前是人格陶冶最重要的时期。这个时期培养得好,以后只要顺其自然,自然成为社会的优良分子;倘使培养得不好,那么习惯成了不易改,倾向定了不易移,态度决了不易变。

近代英国教育家洛克在其《教育漫话》中说道:"儿童不是用规则教育就可以教育好的,规则总是被他们忘掉,你觉得他们有什么必须做的事,你便应该利用一切时机,给他们一种不可缺少的练习,使它们在他们身上固定起来。这就使他们养成一种习惯,这种习惯一旦养成以后,便不用借助记忆,很容易地很自然地发生作用了。"可见良好行为习惯的培养是教育的根基所在,而幼儿园为幼儿行为习惯的培养提供了最有利的环境和时机,抓住这一有利的环境和时机对幼儿进行良好行为习惯的培养,将会使他们受益终身。正如那位诺贝尔得主所说,他最重要的东西是在幼儿园里学会的。

《幼儿园工作规程》明确指出:要培养幼儿良好的生活习惯、卫生习惯。《幼儿园教育指导纲要》中也明确规定:幼儿园的品德教育应以情感教育和培养良好行为习惯为主。其健康、社会目标中明确规定:要培养幼儿健康生活的态度和行为习惯;能按基本的社会行为规则行动,在共同的生活和活动中,帮助幼儿理解行为规则的必要性,学习遵守规则。确实,幼儿期是一个人行为习惯发展的关键时期,抓住这一时期对幼儿进行良好行为习惯的培养,将为他们一生的成长奠定坚实的基础。"三生教育"作为品德教育的主题,已经引起我园教师的高度重视,如何把"三生教育"渗透到幼儿一日生活中来,是大家一直关注和积极探讨的问题。根据幼儿思维的直觉行动性和具体形象性,我们决定从生活教育入手,在幼儿入园、进餐、睡眠、盥洗、集体活动、走路、说话、交往等日常生活中,培养幼儿良好的行为习惯,使"三生教育"工作更贴近幼儿生活,从而能做细做实,转化为幼儿自觉自愿的良好的行为习惯,达到"三生教育"的真正目的。

4. 研究目标

(1) 探索在"三生教育"中培养 3~4 岁幼儿良好行为习惯的有效途径与方法。

(2) 通过集体教育活动,使幼儿形成良好的生活卫生习惯、文明礼貌习惯、交往合作习惯、学习劳动习惯,促进幼儿身心全面和谐地发展。

(3) 在实践中形成"三生教育"中 3~4 岁幼儿良好行为习惯培养的园本化教学活动,促进教师专业素养的提高。

5. 研究内容

(1) 子课题:在"三生教育"中培养幼儿良好生活卫生习惯的研究。

(2) 子课题:在"三生教育"中培养幼儿良好学习习惯的研究。

(3) 子课题:在"三生教育"中培养幼儿良好社交习惯的研究。

6. 研究方法

(1) 现状调查:分析我园小班幼儿行为习惯现状,找出幼儿不良行为习惯的表现及原因。

(2) 查阅文献:提高教师对"三生教育"内涵及课题研究本质的认识。

(3) 行动研究:在行动研究中,有针对性地确立以下三个子课题,利用家园合作、社区教育资源,促进幼儿行为习惯的培养。

以行动研究为主要方法,以调查、个案研究、文献查阅、观察分析、总结经验辅之,研究者与实践者一道深入教育实践,在充分调查研究的基础上,筛选出急需解决的、具有普遍性和代表性的幼儿不良行为习惯问题,更有针对性地进行教育,在解决问题的过程中形成切合本园实际的"在'三生教育'中培养幼儿良好行为习惯"的方法和教案。

7. 实施步骤

(1) 准备阶段(2010 年 9 月～12 月)

① 专家对课题组成员培训

② 查阅文献

③ 制作家长问卷及教师问卷

④ 做问卷调查、回收并做出问卷分析

⑤ 写立项申请书并请专家指导,修改

(2) 实施阶段(2011 年 1 月～12 月)

① 开展实验前的教师培训

② 聘请专家对课题研究方案进行修改

③ 接受开题论证

④ 以子课题小组为单位,完成子课题研究报告

⑤ 实施"三生教育",培养幼儿良好行为习惯

⑥ 组织研究课的观摩

⑦ 组织阶段研究汇报

(3) 总结阶段(2011 年 11 月～12 月)

① 各子课题整理、收集资料

② 评选学科优秀课例进行实录

③ 收集学科优秀课堂教学案例,整理遍册,建立小班三生教育教学案例库

④ 撰写结题报告,形成物化成果

⑤ 准备结题

第三节 行动研究报告的撰写

进行行动研究的目的,一方面是为了解决教育实际问题;另一方面也是为了拓展教育知识(Elliott,1998)。特别是进行行动研究的过程中,可以开创新的知识领域。因为通过行动研究报告,呈现行动研究的主要成果,就像在提出对于教育知识的宣称主张,公开地告诉听读者,您身为一位教育实务工作者已经做到了改进教育实务工作、改善教育实务工作情境。因此,行动研究的目的,一方面是为了改善某一个特定教育实务工作情境;另一方面更由于您身为一位教育实务工作者经由亲自与学者专家共同努力合作,和工作同人进行磋商交涉,不仅可以增进自己对教育实践工作的理解,更可以向合作伙伴进行沟通说明与澄清解释"进行行动研究的意义",还可以建构自己所获得的教育知识,并且通过实际行动增进拓展个人与集体合作开拓的教育知识(Mc Niff,1995)。行动研究报告的撰写,不但可以帮助行动研究者进一步厘清研究主题与目的,也可留给关心教育的相关人员一个可供参考的研究文献。

此外,完整详尽的书面报告和讨论记录,能够满足同行教师的求知需求。

就幼儿教师而言,部分教师之所以愿意做研究而不愿意撰写研究报告,主要是因为他们没有掌握撰写研究报告的基本规范和基本套路,以致感到为难、退缩。对于这些教师而言,他们需要专门的关于如何撰写行动研究报告的训练。掌握撰写行动研究报告的技术并不困难,对某些教师来说,也许只需要花费少量的时间就可以掌握撰写行动研究报告的技巧。

一、行动研究报告撰写的一般格式

行动研究报告的组成:标题部分(题目、署名、摘要、关键词、绪论/前言)、正文部分(研究问题、对策与方案、实施与结果、结论与建议)、结尾部分(参考文献、注释、参考书目、附录)。

(一)标题部分

标题:能反映研究的本质和主题,应切合实际,简明扼要并能说明问题。标题中可标明"行动研究"4 个字,也可以不标明。不宜超过 20 个字,并尽量使用学术性的语言。如标题语意未尽,可用副标题进一步补充说明。

署名:署真实的姓名和单位。如果是集体成果,可署集体名或课题组名称。

摘要:即整个研究报告内容的梗概,要求概括叙述,一般涉及研究问题、研究方法、研究结果、研究结论等,可以独立使用,字数在 200 字左右。

关键词:选取能概括全文主题内容的重要词语,是文章的核心概念;一般 3~8 个词,主要列出论文所涉及的主要概念、问题和想法。

标题、署名、摘要、关键词是一篇规范的研究报告应该具备的内容(需要时可以将摘要、署名两部分内容译成英文,中小学教师可不作要求)。教师在撰写行动研究报告时也应特别注意要有"摘要"和"关键词",这样更能体现出论文的严谨性、科学性。

严格的行动研究报告,标题部分除了以上四项之外还可以加上以下三项内容。

序或绪论/前言:序是作者对研究主旨、动机、经过等内容的简介,前言则是描述研究的背景、目的及其意义。

致谢:对研究过程中给予资助、支持、帮助的人员表示感谢。也可置于结尾之前。

目录:将研究报告的章节标题用页码排序,以显示文章的纲目结构。

(二)正文部分

正文是报告的主要部分。写作时,可以采用先列出一些小标题的方式,然后按小标题起草报告。行动研究报告字数一般是 3000~5000 字,典型行动研究报告正文部分的内容应大致包括问题的提出、问题的归因、措施与行动、评估与反思 4 个部分。具体包括以下几个方面。

研究问题:即问题的提出和诊断。

回顾、反思、提出问题:以批判性的、自我反省的形式,对学校或班级教育教学现实进行回顾、反思、评判。然后提出问题,对问题进行清楚的描述和论证。

筛选、提炼、概括问题:出现的问题往往不止一个,而是许多个,需要对幼儿园或班级在教育教学上存在的问题进行归纳、分类,进而筛选、提炼、概括问题,使研究的问题具有针对性和实践性,具有代表性、普遍性和研究价值。

诊断问题、提出假设:对问题的原因进行分析。诊断出问题存在的原因,为优选理论、采取适当的行动、有效地解决问题奠定基础。

也可在后面写入相关文献探讨或研究背景(如有"前言"则不需"研究背景")。要收集、查找相关文献资料、数据等,加强对所收集、掌握的资料、情况的洞察和分析。

对策与方案:拟订方案。制定出行动研究的具体目的、研究假设、研究对象或范围、研究方法、具体措施及步骤等。

实施与结果:行动方案的设计与实施:其中应包括对行动方案的理论论证,执行方案的设计、调整和改进等。

实施行动:在教育理论工作者、教科研人员的帮助指导下,按照拟定的研究设计,创造性地选用自己优选出的教育理论,尝试解决筛选出的具体问题。

效果监控:在研究过程中,重视观察、收集相关的数据和事实,同时又要关注新情况,研究新问题,并根据反馈信息及时调整行动,以补救研究偏差,使行动研究更有效。

总结反思:对实践的过程和效果得失做出总结和反思,为进行下一阶段的行动研究做问题筛选和理论优选的准备。结果如果没达成,或不如意,必须重新设计、修改实施。

要写报告研究的结果还要进行讨论。

结论与建议:说明研究解决了什么问题,得出了什么结论,发现了什么新的问题,本人对参与研究和对研究过程的反思有什么特别的收获,有什么特别的问题等。

(三) 结尾部分

参考文献或注释:参考文献是规范的论文必须具备的一项内容。它是补充说明文章内容、注目资料来源和引文出处,为读者提供查阅的线索。教师应将在报告中引用过的文献在论文末尾加以注明,包括对直接引用的、间接引用的和综合引用的内容。教师作书籍的引注时应标明:作者、书名、出版社、出版年月、页数;作期刊的引注时应标明:作者、文章名称、期刊名、期数或卷数、页数。

参考书目:进行该项研究工作所参考的各种资料的总目录。

附录:即文章最后所附的资料。这是研究者认为有参阅价值或必要,但不便于正文中描述的内容。通常研究工具如问卷、量表、测验,重要的统计数据、旁证性资料等都可以作为附录放在结尾部分。

—— 小贴士 ——

行动研究报告写作的基本格式如下。

(1) 标题、摘要、关键词。

(2) 绪论:研究背景、研究动机、研究目的;

(3) 文献研究:对现有文献进行研究以指导行动研究;

(4) 研究方法:确定研究者与研究对象,时间与进度,观察、记录手段与方法,对资料的思考与反思;

(5) 结果与讨论:研究目的的实现,研究者的成长;

(6) 结论与建议:对文献的补充、修改;

(7) 附注参考文献。

二、行动研究报告撰写的注意事项

教师行动研究最好先练习行动研究报告的经典格式,等到熟练掌握了行动研究报告的经典格式之后,再逐步自由写作、自由发挥。否则,教师很可能因为不知道如何撰写行动研究报告而丧失行动研究的信心,也可能因不知道如何撰写行动研究报告而败坏行动研究的名声。因此,撰写行动研究的报告,有其独特意义与无法被取代的价值与功能。但是,行动研究者撰写报告时,既要掌握一般的格式规范,还应该注意描述真实的行动研究、解释行动、确认行动研究的声明、呈现行动研究的要点等撰写纲领要点。

1. 描述真实的行动研究

行动研究的报告内容都是以事实的描述为根据,这些报告是以讨论、问卷或访谈的资料为基础,可以用录影带或录音带作为记录资料的工具。而且行动研究成果内容的描述,也可能是根据以日志、反思或观察为基础的主观报告,这些主观的报告可能显示出个别的行动研究者的独特观点。但是,许多行动研究者也会以其杜撰的人名与地点,呈现其所进行的行动研究实验的真实过程与实际结果,以保障匿名的参与者。

2. 解释教育行动

在仔细地描述教育行动之后,另一项重要的工作就是解释教育行动(Mc Niff,Lomax & Whitehead,1996,20)。行动研究相当重视研究者本身对实际情况的掌握,因为行动研究者在教育实际工作中进行研究,对问题的了解程度应该比情境外的学者专家还高,所以由教育工作者所做出的评价或反思将对问题的解决有相当大的帮助。行动研究也十分重视成员之间的团结合作度,合作团队客观的批评与意见,会更有助于行动研究所要完成的进步或改善。

解释的工作必须包含理论与实践工作的叙述评论。就行动研究的观点而言,理论是一种可以被否认而处于迈向成熟发展阶段的"概念架构",会随着实际工作情境的条件不同而改变。因此,行动研究的效度,必须置于教育实际工作的生活世界脉络情境中来加以考验,根据证据来评鉴并修正行动的先前概念架构(Elliott,1998)。

3. 确认行动研究的声明

确认行动研究的声明的步骤,包括发表声明、批判的根据证据来解释这项声明,以及虚心接纳他人所做的批评(Mc Niff,Lomax & Whitehead,1996,24)。行动研究报告的撰写,必须明确地指出此项行动研究的主要声明,考虑其分析的资料与方法,并且确定这些主要的声明是获得适当证据的支持。确认行动研究声明的目的,是为了能够充分检验证据的明确性,进而获得修改建议(Elliott,1998)。确认行动研究时,必须留意一些常见的问题,例如,忽略将陈述与解释分开;疏忽将行动自行动研究中区分出来;混淆了数据与证据间的分别;只呈现原始的资料,而不是总结的资料;欠缺将重要会议过程内容记录下来,或忽略将事件视为研究过程的一部分来加以描述。

4. 呈现行动研究的要点

撰写行动研究报告时,应该以特定的实际资料为基础,呈现行动研究的事实,将可以帮助解释行动研究的发展。但是，呈现整个行动研究过程，是一个具有相当高难度的挑战工作（Lomax & Parker,1995）。因此，行动研究者必须利用科学的方法描述行动研究的历程与结果，并且，选择最重要且确实的途径呈现行动研究的结果要点。例如，个案研究便是一种公开行动研究报告的方式（Elliot,1998）。理想上，个案研究报告必须根据分析的备忘录，作为撰写报告的基础，而且当行动研究者决定要结束一个行动研究的螺旋时，并且将研究焦点转移到一个截然不同的问题或议题之时，应该要写至少一篇完整的行动研究报告（Elliot,1991,88）。行动研究的个案研究报告重点可以包含下述的内容。

（1）行动研究的最初"一般的观念想法"，是如何随着时间而演变。

（2）研究者对工作情境问题的理解，是如何随着时间而变化。

（3）行动研究者在改变对工作情境问题的理解之后，采取何种行动步骤来进行行动研究。

（4）所拟议的行动方案之实际实施的情形与影响范围如何，行动研究者如何因应处理实施的相关问题。

（5）所拟议的行动方案之预期与未预期的效果如何，并且解释其发生的原因。

（6）说明行动研究者所选择有关收集信息的技术，特别是：①问题情境与其成因。②行动研究者所采取的行动与效果。③任何有关教育研究伦理的问题，特别是有关资料取得与流通应用的沟通协调问题，以及行动研究者如何解决这些研究伦理的问题。

（7）行动研究者和其他人员进行沟通协调的行动步骤当中，所涉及的任何问题，或者是行动研究过程当中有关时间、资源与合作的协调过程当中所产生的任何问题。

总之，行动研究者，应该设法具体地呈现随时间而变化的相关实际工作，说明研究者表达出对行动研究过程及进展的感想，包括现实与理想矛盾的反思、恳谈与讨论；事件的描述与故事经过、经验的技巧、行动研究螺旋（Mc Niff,Lomax & Whitehead,1996,20）。

—— 小贴士 ——

"教育行动研究报告"的参考提纲如下。

1. 课题的提出

对教学现状的描述分析/发现的主要问题/初步调查分析/确定研究课题

2. 研究步骤和过程

课题设计：确定研究方案和研究步骤/收集数据的方法及方法论证/叙述主要过程

3. 实施过程和实际效果

研究的过程与方案的效果/对所采取措施的评估/新的认识与启示

4. 数据分析

回顾研究的全过程并进行提炼和引证/研究的结论及现实意义/新的问题与下一步计划

5. 反思与启示

回顾研究的过程/研究的意义和用处/有哪些经验和教训

行动研究具有实践性的特点。我们既是教育教学研究者又是实践者。实施教育研究行动时，重视各人的差异和能动性，不强调研究过程中控制的严格性、研究计划的严密性，而要侧重在实际活动情境和在自然状态下进行研究；不追求作为研究结果之答案的正确与否，而是尽力寻求以参与者多样、多元的观点为基础的问题的尝试性或暂时性解决方法。基础教育课程改革促进了行动研究在中国的发展,行动研究不再被认为是单纯的解决问题的工具,而是教师将他人理论转化为个人理论,再转化为教学行为,从而促进学生学习和教师专业发展的过程。

思考与练习

1. 行动研究有哪些特点?
2. 行动研究可研究哪些具体的问题?
3. 如何撰写行动研究报告?

实践与训练

1. 实施一项教学方法的改革并提交一份行动研究报告。
2. 持久地研究幼儿,并撰写一份行动研究报告。

第十一章
叙事研究法

学习目标

知识目标

(1) 了解叙事研究的含义、特点及价值；

(2) 了解并掌握叙事研究的步骤、形式和方法；

(3) 懂得叙事研究评价的基本标准。

能力目标

能够按照叙事研究的过程展开学前教育的叙事研究。

问题导入

20 世纪 90 年代末，叙事研究进入我国，引发了我国教育研究者极大的兴趣。正是由于"教育研究领域中那种试图安排人类精神的宏大叙述以及实证哲学的研究范式都没有令教育研究摆脱一种困惑，即教育研究越精细与人类经验的联系越少，为克服这种弊端，以描述和解释社会经验现象为特征、关注教师日常教学生活以及反思的叙事研究便应运而生"。在我国的教育研究中，一线教师难以有足够的时间和精力对教育科学研究方法进行学习并加以掌握，能够真正达到专业研究水平的教师是极为个别的，因此，"那种能够表达教师个人思想观念、解决问题的方法和过程以及对其收到的效果进行反思的叙事研究成为能够为教师掌握的有效方法"。叙事研究正是基于教师实践及教师日常教育生活的研究，是教师可以参与并帮助教师发出自己的"声音"的研究，是促进教师自主专业发展和教育教学水平提高的研究。因此，叙事研究成为中国教育研究者和广大一线教师从事科研的主要方法之一。

第一节　叙事研究概述

教师每天都有可能面对一些新的教育教学或学生管理方面的问题和挑战,而对这些问题的处理和解决有时非常成功,有时则可能非常失败。不论怎样,其都可能成为典型案例。对其进行描述和反思也是一种研究,即所谓的叙事研究。

一、叙事研究的含义

(一)叙事研究的兴起

叙事研究的兴起是在 20 世纪六七十年代,是西方教师职业研究的发展成果。它一方面受到社会科学研究中后现代主义或结构主义所倡导的向"解释学""语言学""现象学研究"转向的影响。在后现代主义或结构主义的影响下,人们认为基于"二元分离"的客观主义对于真理和事实的认定是不科学的,也是不客观的,所有的社会事实都是建构的。另一方面受到心理学和社会学对教师教学研究的影响,提倡探讨教师或教育者的情境认知。叙事研究是作为教师的一种研究方法出现在教育领域的,最早是由加拿大的 D. 简·克兰迪宁、F. 迈克尔·康纳利等几位课程学者倡导的。他们认为,教师从事教学等实践活动的最好方式是在一定时间、一定地点,与周围环境的社会互动中进行,简言之,教育叙事就是讲述自己的经验和故事。关于叙事研究的兴起,主要有三种观点:第一种观点认为叙事研究是对当前教育科学实证主义的批判与反思。长期以来,科学实证主义在自然科学领域取得巨大成功,并逐步在社会科学研究中成为强势话语。受此影响,教育研究也一度追求这种科学化、精确化。结果越是科学实证的研究结果,与人类经验的联系就越少。于是,这种基于叙事或讲故事的研究方式就成为教育研究中的一条中间道路,"因为叙事主义者相信,人类经验基本上是故事经验。人类不仅依赖故事而生,而且是故事的组织者"。第二种观点认为叙事研究是人文社会科学发展中学科渗透与方法借鉴的结果。认为教育叙事主要是借鉴于文学的写作方法,但是叙事研究又"不仅体现在个体层面上,在社会层面上更是作为人类的一种基本思想模式和组织知识的方式,或者如有的学者分析的,叙事作为一种基本结构性的人类经验,具有整体主义的品质。"因此,这种源于文学的研究方法逐步在文学以外的学科如心理学、社会学、艺术学等领域得到广泛应用。第三种观点认为教育叙事研究是教师专业化发展的研究方法转变。这是因为对于教师专业发展而言,叙事研究来自于对教师声音的关注,是教师反思性实践的主要途径,越来越多的学者希望叙事研究能够提供一条倾听教师声音并从教师内部来理解其文化的途径。以上三种观点,虽然从不同角度及历史脉络总结了叙事研究的发展,但三者之间却有相似的地方,即开始对以往忽视人类经验的教育方法进行反思,使教育逐步回归到对人的内心状况的一种探究过程。

什么是叙事? 任何故事都包含一个叙述者。因此叙事研究必须分为两个基本部分:故事和叙事者。然而,正像人们所谈论的那样,任何谈话都天然地包括一个区别于谈话内容的陈述人。对于文学或者某种持续的陈述来说,叙事的特征是叙述者往往会引起特殊的注意。在一些长篇叙事之中,我们的注意力表面上随着情节的展开而为某个或某些人物强烈地吸引住了,然而,恰是在这时,故事的叙述者会令人意外地浮现及至出场。我们感到注意力分裂为两部分:故事中的人物和事件,某个在诉说这一切的人。有时,有的文本里包括不止一个叙述者。叙述者和故事是叙事的双重重点。叙述者有得到文本或讲述的权利。他们成了知情者、表演者或者生产者,与此相应,读者则成了接受者、消费者。事实上,叙事也就是企图得到某种类型的权力。有时,叙事将对我们的生活产生决定性影响:那些记者的话、敌人的话、父母的话、兄弟姐妹的话、孩子的话……简而言之,所有那些对于我们具有某种权力、权威或者影响的人的话。[①]

(二)叙事研究的特点

虽然不同研究者对于叙事研究的认识有所不同,但叙事研究都具有以下共同的特点。

1. 叙述事例是真实的、已经发生的

教育叙事必须是已经发生的事实,只有对已经发生的事例我们才可能去反思、分析和讨论,去预测教育将会发生什么样的事情并加以分析。教育叙事还必须是真实发生的事,没有真实性就没有教育叙事的生命意义。教育叙事不是为叙事而叙事,而是要从叙事中揭示某种现象,发现某种规律,从而提升自我或他人的教育感悟能力。

2. 教育叙事以人物及其所感所想为主线

教育叙事是在教育场域下人特有的活动的展开。教育叙事者可以是事件发生的本人,也可以是他人对其发生事情和反思进行记录和分析。在教育叙事当中,不论是自叙还是他叙,教育人物及其在事件发生时和发生后的一些所想所感,都应是教育叙事的主线。

3. 教育叙事的情节往往跌宕起伏、扣人心弦

教育叙事是以故事的形式存在的,对于情节的要求比较高,因此要对过程中的细节加以关注。叙述是为了讲清事情发生的因果关系,细节则增强了故事的生动形象性。这里的细节不仅是一些外在的过程细节,还包括故事人物的心理活动、表情、语言、动作等场景的表现,这会让叙事的阅读者产生身临其境之感。

4. 教育叙事在叙事过程中内含教育意义

如果只是记录自己的感受或一个事件,还不能成为教育叙事,只能算是一种生活日记或教学日记,或者说是一种教学日志。教育叙事不仅要记述故事,还需要对已经发生的故事进行反思和总结,挖掘其中的教育教学意义,来获得某种有利于个人职业或专业发展的教育实践性知识,形成教师个人的某种教育理论或教育信念。

二、叙事研究的价值

教师通过日常叙事研究可以增长教育智慧、改变教育生活状态、提升教育生活境界、提

---

① 迈克尔·J. 图兰. 南帆,译. 叙事·叙述者·文本[J]. 文艺理论研究,1992(5).

高教育效能、实现优质教育。叙事研究对于教师专业成长发挥着重要作用。

1. 叙事研究是对教师个人的教学实践经验的总结和反思

教师通过教育叙事,能认识到自己教学的真实情况。教师通过教学观察、访谈、收集资料、录像、自己或学生的回忆等手段,对每天在教学中所发生的事件、经典的教学案例和教学设计进行反思,就能发现一些平时难以发现的问题,产生新的想法,并认识到自己的不足。教师通过教育叙事,不仅能认识到自己的不足,更能改进自己的教育实践行为。教育叙事不是为叙事而叙事,而是要带着问题并借助于理论进行反思。教师每天在课堂教学中有什么样的教学行为,哪些行为是积极的行为,哪些行为是会产生不良后果的消极行为,要进行分析和反思,进行价值判断,形成正确的认识,进而去改善自己的教学行为。"事实证明,教育叙事这种研究方式符合中小学教师的教学研究实际,是为广大教师易于接受的一种研究方式。在实践中,第一,教师都具有比较强的叙事能力,能够清楚地描述某一件事情。相对于论文来说,教师在叙事中所运用的语言更为流畅、活泼,层次也更清晰;第二,教师在叙事中都觉得有'事'可写,有话可说。"因此,叙事研究方法更能够体现出中小学教师的研究特点与风格。

2. 叙事研究有助于教师形成个人的教育理论

一般来说,教师个人的教育理论是基于教师个人独特的教育经历而形成的。教师在日常的教学实践中,不断去反思和总结,形成自己关于教学的一系列的观点或看法。在一定意义上来说,这些观点或看法属于教师个人的实践性知识,也是教师个人的教育理论。有的教师在形成个人教育理论的过程中,也曾向专家学习,把专家的一些理论观点吸纳进来,建构成自己的教育理论,使自己的教育理论更加理性。

3. 叙事研究是教师获得专业成长的一种有效方法

有学者认为,教育科研对于教师专业能力的促进作用是明显的,通过做研究,教师改进了自己的教育教学方法,提升了自己的实际教学能力,从而提高了专业能力,同时也提高了自己发现问题和分析问题的能力。教师用专业的眼光去观察和审查工作中发生的各种教育现象,去发现其中不平常的问题,透过现象看到一些规律性的东西,也能提高自己的专业能力。有的教师通过长期的观察、反思和研究,逐步形成了有自己个人风格的教育理论,如著名特级教师李吉林形成的"情景教学"理论。对于教师来说,研究的方法是多种多样的,其中叙事研究是非常适合中小学教师进行研究的一种方法,这是因为中小学教师拥有丰富的日常教育素材。另外,叙事研究对于中小学教师来说也是擅长的和容易做到的。

当前,叙事研究作为一种教育研究的方式正在广大中小学校得到迅速推广。越来越多的教师运用这种方式投身于教学研究,通过教育叙事来总结自己的教学经验,反思教学中存在的问题,记录自己的教育教学生活。同样通过教育叙事,教师能够开展相互之间的交流活动,展示自己的教育教学研究成果。

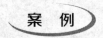 **案 例**

因为说了,所以有"小红花"①

这是一个小班"娃娃家"角色游戏活动。在教师的组织引导下,幼儿经过自由选择主题、

---

① http://www.jxteacher.com/japxh/column49061/8c2a65dd-0bc9-49ef-98ab-e31b2b63b1d5.html.

角色,进行了角色扮演后,教师一声"下班了",孩子们围坐在教师身边,游戏进入了最后的讲评环节。

师:娃娃家爸爸"小厨师"今天烧了什么菜? 很多幼儿举手。

教师请了一个男孩,他说:面条和辣椒。

师:好,奖你一朵小红花。男孩子笑嘻嘻地跑到老师那里,"小红花"贴在了手上,很得意地回座位给旁边小朋友看,很多孩子在下面纷纷喊叫:老师我也烧了面条和辣椒……

接着又奖励了两个扮演妈妈的孩子,孩子们就更加起劲喊了:我要小红花……

面对很多孩子讨要小红花的局面,老师说:我们去小便洗手。教师连着说了几遍后,孩子们也不再继续讨要小红花了。

讲评也不了了之,草草收场。

反思:奖励方式与小班游戏内容要匹配。

从这个游戏讲评片断中,我们可以看到"小红花"对孩子的吸引力是非常大的,很多孩子想得一个。第一个孩子是因为扮演"小厨师"烧菜而得到"小红花"的;后两个小朋友是因为想得到"小红花"而说自己烧菜的;而众多叫喊的孩子也是因为想得到小红花,索性就直接讨要了。给幼儿的感觉是:因为我说了,所以我有"小红花"。而教师奖励的真正意图是为了激发孩子对游戏情节的回忆,并用语言再现。教师奖励机制的运用不当,误导了孩子。

教师针对孩子们热闹的讨要小红花场面,采取回避的策略,显然是不恰当的。此时如果教师充分利用"小红花"对孩子的吸引力,来针对游戏重点指导内容进行恰当讲评,应该不会出现乱哄哄的喊叫场面。小班角色游戏是应该由教师来讲评的。

三、叙事研究的内容

1. 分享对所经历的具有教育意义的事件的感受

对于一个教师而言,在日常的教育教学活动中,总有很多做得比较成功的经历,这些就是教师的个人实践性知识,也是教师的教育教学经验。如一次学生和教师都感觉很不错的课堂教学,一次引发大家积极议论和思考的班级会议,一次带领学生们外出并顺利实施的活动等,这样一些教育的经历或经验,对教师来说,都是值得记忆和回味的,也是值得共享的资源。

教育经历中那些难忘的经验,对于我们认识教育的独特性,提升自我的教育能力是宝贵的。用心观察,学生们的一举一动、一言一行都会加深我们对于教育的理解,形成每个教师个人的教育理论。

2. 珍藏难忘的教育教学活动

教师每天都在工作,这种有意识有目标的教育教学行为,或是在一定的教育理论指导下从事的教育教学改革等行为,都可称为教育教学活动。但是,长久以来,人们只重视教育教学活动的结果,而对于教育教学研究过程的意义和价值重视不够。教育叙事要求教师不仅要重视结果,更需要重视教育教学过程给教师和学生带来的教育价值或意义。教育教学过程中发生的各种有意义的事件、遇到的困难以及为解决困难所做的努力等,都会为教师进一步的工作提供和积累资料,有助于教师最终找到方法,解决问题。另外,这些教育教学过程中的各种活动记事,与最后结果将共同形成一个良好的教育教学过程全貌。

这是一个班主任关于处理师生关系问题的日常班级管理活动,记录的是一次教师把一个照片撕碎后所引发的讨论。在这个教育叙事中,教师在与学生的对话和讨论中更加理解学生,明白了尊重学生、民主平等对待学生的意义;学生在这个班会中学会了如何平等对待师生关系。这个教师进行班级管理探索的事件,对促使班主任形成民主的管理风格具有重要意义。

3. 铭记有价值的教育教学经历

在学校,教师每天都会经历很多的人与事,这些人与事所形成的经历有的是烦琐小事,有的是值得铭记的重要事情。这些有价值的重要事情对教师的教育教学成长会产生积极的影响,帮助教师对自己的教育教学进行反思,形成自己教育教学的理念,从而促进教师的专业专长与职业发展。

教师要意识到理解现在的学生要关注其情感以及精神世界的成长,要善于抓住日常教育教学工作中出现的问题,并加以正确引导,会对学生甚至教师产生有益的影响。所以,教师经常对日常教育教学工作中有价值的事情加以观察和记录,逐步积淀丰富的教育经历,对于教师成长具有重要意义。

4. 探讨教师自我教育成长之路

南斯拉夫著名的政治家德热拉斯说过,每一个人的历史,都值得告诉大家。每一个教师的成长之路,专业和职业发展过程,都是一个独特的人生轨迹。每一个独特的人生轨迹,都深刻地阐释了教师的自我成长的因果。这种独特的人生轨迹对于其他教师也是有益的启发和借鉴。这种有关教师自我教育成长的教育叙事就是教育自传。教育自传是回忆自己做孩子、做学生的故事,以及自己做家长或做教师的故事。教育叙事是从研究自己开始,从自己最亲近的人和最熟悉的事开始,回到事实本身,使熟悉的地方陌生化,对自我进行反思。在教师的成长过程中,教师可能犯过一些错误,因为这些错误可能伤害了一些学生,这些事情过后或多年之后,教师回忆这些事时,都或多或少有一种"罪过感"或"忏悔感",从这个意义上来说,教育自传也是一种教师成长反思,是一种教育忏悔。当然,教育自传并不是仅停留在对自身错误的认识层面,还包括对自身经历的反思,从自身的经验中总结出正确的教育规律,帮助自己更好地认识教育真谛。教育自传关注"人的问题",对作为教育对象的学生、教师主体自我进行思考,以此帮助教师对自己的错误进行反思,获得一种心灵的宁静;也帮助教师认清自我,总结经历,积累经验,从而更快地成长起来。

第二节　叙事研究的过程

通过案例我们感悟了叙事研究的概貌,但是,如何具体做叙事研究? 关键是叙事题材的挖掘、叙事的形式与结构以及叙事的方法。

一、叙事研究的步骤

教育叙事首先必须是有值得记的事,而且这个事必须是真实发生过的,因此,我们必须留意观察日常生活中发生的事。同时,还需要了解叙事研究的一般性操作步骤,借助于其他学者研究成果,总结如下。

1. 确定所探究教育现象中的研究问题

这与其他学者所建议的"确定研究问题"的表达方式相似,不过特别强调研究者要学会在纷繁的教育现象中不断聚焦、凝练,最后确定所要研究的教育现象和内隐的研究问题。在这一阶段需要考虑三个因素:所探究的教育现象和内隐问题是否具有一定的教育价值;是否具有一定的心意;是否具备主客观等方面的研究条件。

2. 选择研究个体

这是选择研究样本的过程。叙事研究的特点决定了其需要采用综合抽样策略,即以目的的抽样方式为主,兼顾就近和方便的方式选择研究个体,将能够为研究问题提供丰富信息的个体作为研究对象。抽样的方法可根据研究需要采用极端个案抽样、强度抽样、最大差异抽样、分层抽样等方法。

3. 收集故事、构建现场文本

在叙事研究中研究者走进现场进行观察、记录、收集个体教育故事,构建现场文本是一件基础性工作,这一工作的完成有利于实现故事时间的连续性和内容的延续性。现场文本有利于研究者全面涉入教育情景,客观地对所探究的教育事件进行探索、描述和解释。叙事研究现场文本的种类较多,包括来自研究对象的教育故事、生活故事、札记、录音(像)材料、研究者与研究对象之间的讨论、对话、访谈文本、研究日记、研究者或参与者所做的现场笔记,有关文件,照片,记事簿,研究对象个人或者与他人、家庭、社会的交往中形成的作品、生活记录以及信件。不同类型的现场文本构建方式不同。

4. 编码并重新讲述故事

编码并重新讲述故事是对所收集的教育叙事资料进行加工的第一步。这对研究者来说是一项富有挑战性的工作,具体包括如下三个阶段:一是写出原始故事,意味着完成从现场到现场文本的建构工作;二是编码和转录故事,这一阶段研究者根据研究目的和研究问题首先建立一套编码体系,形成可以用来分析现场文本故事的基本结构,然后把收集到的现场文本的故事由研究者按照故事所包含的基本元素进行编码和转录,以此来改成一个反映原始故事精神实质的压缩的、精短的"骨架"型故事;三是利用故事的基本元素重新书写故事,使之成为一个清晰的包含故事基本要素的序列性文稿。

5. 确定个体故事包含的主题或类属

这是一个处理多个重新讲述的故事之间的关系的过程,有三种可供选择的途径:一是演绎思路,即基于某种理论框架将故事分为不同的主题或类属,将已有的故事对号入座;二是归纳思路,用类似扎根理论的研究方法,根据故事基本要素的特点将故事归类,同一类故事反映、支持共同的主题或类属——代表着从故事里反映出来的主要思想;三是归纳和演绎相结合的思路。一般而言,叙事研究倾向于后两种思路。这样,多个重新讲述的故事基于上述思路按照主题或类属得以组织,用来支持、理解和解释个体教育生活的经验和意义。

6. 撰写研究文本,确认与评估研究

建构研究文本是一项艰难复杂的工作。研究文本的呈现方式虽然灵活多样,但正文一般包括研究的背景和意义、研究对象的选择、研究实施过程、研究的结果与分析四个部分。研究文本中不要求进行专门的文献综述,重新讲述的故事要置于研究结果与分析部分的中心。确认和评估研究的准确性工作也非常重要,研究者要通过确认研究问题、研究过程、所表达的"声音"、研究主题、研究的时间、地点、背景等基本信息来保证研究结论真实可靠。

 案 例

由"香蕉皮"所想到①

活动室里,小朋友们正在叽叽喳喳地交流着什么,我走过去一看,高舒畅、候灏泽、王楚乔、芮子言4个小朋友正在讨论:皮影是用什么做的呢?(他们会怎么说呢?有了参观的经验,不会太离谱吧!)候灏泽说:"我觉得是用皮做的,我摸的时候,有点厚又有点薄。"高舒畅说:"是香蕉皮吧!我觉得……"(这种答案是猜测,而且是没有任何依据的猜测)话还没有说完,王楚乔急着说:"你真是瞎说,是用皮做的,有牛皮、驴皮,还有羊皮呢!"芮子言说:"楚乔说的是对的,我和妈妈上网查的,驴皮做皮影是最好的。"(听到高舒畅的猜测,我真想直接告诉他。但是听到后面小朋友说的,感觉这个问题他们是可以自己解决的。)

这时,我参与了他们的谈话。我说:"你们知道的真多。高舒畅,皮影是用什么做的呀?"高舒畅不好意思地说:"是用皮做的,有驴皮、牛皮。"(改得还真快,将同伴的经验转化为自己的知识了。)我点了点头,肯定了他的说法。我继续问:"那你们是怎么知道的呢?"芮子言举手说:"我是和妈妈一起上网查的,网上有许多皮影的资料。"王楚乔笑着说:"妈妈告诉我的,她是从书上看到的。"候灏泽说:"我是在看皮影戏的时候摸的。"(同样的一个问题,孩子们获取知识或经验的方法,还真是多种多样呢!)

以前获取信息的方式是单一的,是教师拿着图片讲解。现在,幼儿获取经验的方式更多了,可以是同伴间的相互学习;可以是结合自己的体验进行猜测;可以是上网、看书了解。从这个过程中,可以反映出两个问题:一、教师的观念逐渐改变,不是填鸭式地灌输知识,更加强调了幼儿的主体性,发挥幼儿的主观能动性,自主的探索、获得知识与经验;二是适当的改变我们教学的模式,可以是质疑——发现模式,也可以是引导——探究模式。教学的模式改变了,幼儿的学习形式随之丰富了,幼儿各方面的能力也随之提高了,这对于培养幼儿"终身学习"的理念又更近了一步。

二、叙事研究的形式

教师在教育叙事的过程中,通过对日常生活中发生的事情、活动等进行观察、访谈、记录,形成了丰富的素材。如何把握这些素材、不同内容的教育叙事在结构和形式上有哪些规律性的东西,对于中小学教师做好叙事研究来说是十分重要的。结合部分学者的观点,我们认为叙事研究的形式主要分为三种,即记课的叙事研究、记活动的叙事研究和记人的叙事研究。

---

① http://youer.7139.com/2432/18/58967.html.

（一）记课的叙事研究

在教师的教育叙事中,课主要指的是课堂教学。在课堂教学中,师生围绕教学所发生的一些意义的活动,引发了教师对于教学的深思。课堂教学是一个教师日常教学工作中最重要的活动,包括课堂教学的各个环节如备课、导入、讲课、总结等,以及一个课中的各个侧面如教材内容处理、教学语言调整、学生学习方式的引导等。对这些方面进行的反思、累计的课例经验,都对教师专业成长有积极的帮助。所以,记课的叙事研究是教师教育叙事的一个重要形式。需要指出的是,这种记课的叙事研究有的是一个教学片段,有的是由若干个片段组成的一堂完整的课,不管是大是小,都需要一个鲜明的主题,特别是由多个片段组成的整堂课更需要一个主题把它串联起来,成为一个完整的叙事研究。例如前面所举的《教育自传:保存自己教育信念的教育经历》就是一个记课的叙事研究。

（二）记活动的叙事研究

幼儿园教师的教育教学工作总是与活动连在一起的,如集体教学活动、区域活动、亲子活动等,可以说没有活动就没有幼儿园教育教学的展开。记活动的叙事研究需要注意的是活动的背景、活动的目的、活动的过程与活动的意义四者的衔接与处理。

当游戏玩不下去时①

中班时,我将民间游戏丢沙包引入了体育活动中。因为这一游戏不仅能锻炼幼儿的投掷能力、手眼协调能力和灵活躲闪的能力,还能促进幼儿交往能力与合作能力的发展。活动前,担心人数太多会使幼儿因分组不便而无所适从,我暂时规定幼儿四人一组参加游戏,以降低幼儿寻找游戏伙伴的难度。我还利用动画式的图示,形象地向幼儿介绍了游戏的主要规则:游戏分为两组,一组丢沙包,一组躲沙包。扔的一方站在场地两头,瞄准场内幼儿丢沙包,躲的一方可以在场内自由跑动躲开沙包。一旦躲的一方有人被击中,双方就要互换角色。

游戏开始了,幼儿你来我往地扔着沙包,玩得很兴奋。可仔细一看,却有很多问题:丢沙包的幼儿有的拿起沙包无目标地用力一扔,让沙包飞出场地老远;有的是朝地上重重地一摔;有的看到同伴扔过来的沙包,不知道快速捡起来追击,而是慢悠悠地捡起或是等待躲的幼儿退到另一头;有时候沙包飞出了老远,却没人去捡回来。躲沙包的幼儿,有的不辨沙包投来的方向在场地中间乱跑;有的毫无危机感地站在场地中间,局外人似地看沙包在他们眼前"飞行";有的躲到了场地的尽头,等到沙包扔过来,常常来不及转身。很快,幼儿在游戏开始时的兴奋劲就消失了,最后干脆放弃游戏自己玩了起来。第一次丢沙包游戏就这样以失败告终了。

从幼儿的表现来看,他们似乎不太明白游戏的规则,可一问,他们却讲得头头是道。难道是因为游戏难度太大,对幼儿动作的要求高于实际水平,所以兴趣最终被无法达到游戏水

---

① http://www.jxteacher.com.

平的挫败感所代替？幼儿是怎么想的呢？为了了解幼儿放弃游戏的原因，我组织了一次讨论。

师：为什么你们不喜欢丢沙包游戏了？

丽：我怕沙包打在身上会疼。

师：那什么东西打在身上不疼？

茅：纸张、布什么的扔在身上就不会疼了。（有的说，也可以用棉花；有的说可以用气球，它也很轻，打不疼人。）

师：嗯，要用轻一点的东西来扔才不疼，是吗？

晓：是呀，他们那么重地丢沙包，沙包一下子就飞过来了，我害怕。

师：哦，不但要轻的，还要让沙包"跑"慢一些。

宏：是呀，沙包扔得太快，捡起来很麻烦的。（有的说，沙包太小了，看不清楚到底扔出来了没；有的说要用大一些的东西才能看得清；有的补充说，大一点点就可以了，像球那么大，太大了拿不动。）

师：我明白了，要用轻一点的，"跑"得慢一点的，还要比沙包大一点的东西来扔。那你们觉得用什么东西来扔好呢？

我建议幼儿把各自认为合适的材料都找来，然后开展"谁能打中我"的探索活动，试试哪种材料最好用。最后，幼儿一致认为用"滚球"代替"丢沙包"进行游戏更好，他们觉得球的速度好控制，而且方便看到，滚动时即便碰到身上也不疼。于是，我让幼儿用球代替沙包，用滚代替扔，尝试改造版的丢沙包游戏。

"改版"后游戏渐入佳境，新的游戏开始了。雨豪准备滚球了，只见他观察了一下林雯的位置，将球用力地朝她滚去，凯丰见球滚过来，稳稳地接住后又滚了回去。球在场地中时快时慢地滚动着，场地中间的幼儿紧张而专注地盯着滚动的球，大范围地跑跳着躲避，时不时传来快乐的惊呼声。

可渐渐地，球再滚来时，中间的幼儿轻轻一闪就躲过了，滚球的幼儿总也打不中目标。雨豪泄气了，他说："我不来了。"四人一组的游戏因他放弃又无法继续了。还想继续游戏的另外三名幼儿在教师的引导下加入了欣然的一组，没料到他们的参与使这组的游戏气氛一下活跃起来。因为中间有五个幼儿，球滚过来时他们会同时跳起或跑开，增加了热闹的气氛，人多了，每个人躲避的空间相对小了，所以常有被击中的幼儿。幼儿愉快地变换着扔和躲的角色，热闹的游戏场面引来不少围观的幼儿。

由于游戏材料和方法都是幼儿自己提出的，这使他们在游戏中更有主人翁感，玩起来也更加兴致勃勃。客观上，体积较大的球看得清楚，而且球滚动的速度明显慢于扔出的沙包，便于幼儿判断方向及时躲避，"改造版"的游戏较之以前显然更接近幼儿的实际水平。但随着幼儿躲闪水平的提高，被击中的概率越来越小，造成了游戏的沉闷和疲沓。无意间的人数增加增强了游戏的热闹气氛，也使目标增多、被击中的概率增大，有效激发了幼儿的快乐情绪和积极参与的愿望。于是，在后面的游戏中我取消了人数限制，让幼儿自由结伴，规则调整为：谁被击中，谁就去滚球。

（三）记人的叙事研究

记人的叙事研究似乎没有必要单独成为一种形式，因为记课、记活动的叙事研究都与人分不开。事实则不然,记课的叙事研究重点在于活动教学给教师带来的启发,其中的人只是一个配角。记事、记活动也是如此。但在记人的叙事研究中,人是最为重要的主角,探讨的对象是在成长中的人(教师或学生),因此记人的活动可以是记幼儿的故事,也可以记教师个体的故事。如《我的教育选择》的叙事研究。记人的叙事研究不同于其他形式的根本原因在于这种形式的叙事研究更多地探讨人本身的发展,注重人的教育行为的因果关系,强调前期教育行为对后期教育行为的解释性。

幼儿园教师知道了叙事研究的形式后,接下来一个重要的问题就是如何来实施一个叙事研究,也就是需要掌握教育叙事的方法。有的教师认为教育叙事很简单,讲故事谁都会,而教育叙事就是把讲的故事写出来就行了。于是,教育叙事往往成为一个流水账,平淡无味。其实不然,掌握教育叙事的方法,是教师从事叙事研究的重要环节。

三、叙事研究的方法

一般来说,叙事研究主要有以下几种幼儿园教师需要并能掌握的方法。

1. 观察法

观察法是人们通过对现实生活中的各种事物以及事物发展过程的观察而获得信息资料的一种基本方法。对教育叙事来说,观察的意义有以下几个方面:第一,通过观察,发现可叙事的问题;第二,通过观察,了解事情的发展过程及相关的细节、结果;第三,丰富故事的内容,提高故事的生动性、可读性;第四,通过观察,记录一些观察者的心理活动,增加叙事的情感色彩。

一般来说,教育叙事有两种观察角度,一种是第一人称的叙事,作者就是教育叙事中的"当事人"和观察者;一种是第三人称的叙事,作者可能并不是教育叙事中的"当事人",而更多的是一个"旁观者"。"前者"是从故事中"我"的角度进行的观察,叙事的内容就是"我"的所见所闻,"我"也是事件中的一个角色;后者是从"第三人称"的角度进行的观察,是叙事者把自己所看到的事情记述下来,叙事者不是事件中的角色。陈向明教授认为,"在实地笔记中,研究者应该保持一种第三人称的角度,对'客观'实事进行如实的记载。如果研究者对观察到的事实有疑惑或猜忌,应该放到个人笔记的部分,而不应该放到实地笔记部分。否则会给读者一种错觉,好像这也是观察者看到的'事实'"。也就是说,实地笔记只是记录当时发生的事情,真实地还原事情的经过,并不需要记录自身的想法和感受。

观察对叙事研究很重要,观察者要善于从不同角度进行观察,善于从平凡的现象中发现不平凡的信息,发现有思考价值的东西。同时要关注细节,因为教育叙事不仅仅是叙述事件的发生过程,更需要描述事件发生过程中的具体内容,描述事件发生过程中的种种细节。在观察中,叙事者一定要清楚自己需要观察什么内容,要始终把观察的内容与所要研究的问题紧密联系起来,根据研究的需要去选择观察的内容。

2. 访谈法

叙述有关人物的真实想法,是研究应该必备的。叙事研究不仅要叙述人的行为活动及表现,而且要叙述、展示行为背后的动力机制、意图等内心的思想活动,而对这些内心世界的了解,就需要经过访谈才能获取。访谈就是去访问被研究者并与之交谈。与日常谈话不同的是,叙事研究中的访谈是一种有目的性的谈话。陈向明教授认为,"访谈发挥的不仅仅是一个简单的、访谈者向受访者'收集'资料的作用,更重要的是一个交谈双方共同'建构'和共同'翻译'社会现实的过程。因此,研究中的访谈不能仅仅依靠访谈者个人的技艺,还需要访谈者理解访谈的作用、把握访谈的情境、对研究关系有足够的意识。只有'心'与'心'之间进行交流,我们才有可能进入'心'的深处;而对'深处'进行探究才是访谈的真正使命。"

3. 记录法

记录法也称为现场文本记录,就是把叙事观察、访谈中获取的信息用文字记录下来,是收集和保存资料的一个基本方式。现场笔记作为深化叙事的方式,既可以由研究者自己进行观察或访谈时撰写,也可以由研究者草拟思路、由参与者撰写。它不是单纯的资料性记录,而是有多种形式,如描述性记录主要是指对于当时情景或氛围的理解性描述;理论性备忘录是由观察而联想到的相关理论观点,而这些当时的联想往往是一闪而过,因此及时记录下来会给以后的研究工作带来极大的便利。此外还有观点摘录,它是指能够及时地记录和梳理对方所呈现的观点和意见所做的选择性摘录。而一己之见和推论等,则往往是指在观察或访谈记录时,你所产生的感受和想法,这样一些即时材料对于未来的研究工作也会有重要的参考价值。

在信息技术发达的今天,为了记录所发生的事情,教育研究者有了更多的记录方式,如录音、录像等这些手段可以把现场的情境十分清晰、完整地记录下来,给我们一个更加直观的认识,不但让我们了解了事件是如何发生的,同时也可以从被调查者的语气、表情中感知其心理的变化。

4. 个案研究法

社会研究者经常运用的"个案研究",也是叙事研究中的一个重要方法。个案研究将注意力集中在社会现象的一个或者几个案例上,比如一个村庄、一个家庭、一个社区抑或是一个人的成长经历。这种对于某一事例进行近距离关注的研究,就叫作个案研究。美国学者查尔斯在其《教育研究导论》中说:个案研究的主要目的是对特定人物或时间进行比较系统、生动的"深度描述",并对此做出解释。由于研究人员想了解有关的人与事,还想了解环境中存在的导致个体产生某种行为的原因,个案研究本身就是探寻个体行为和程序上的特定模式,恰恰提供了这方面的信息,此外个案研究的另一目的就是为了对环境、计划、个体进行评估,进而指出计划的优点和不足,提出改进方案。

教育工作者关于自身的成长经历的叙述就是个案研究方法的集中体现。这种叙述更多的是以自己的教育自传来表达。"教育自传除了具备其基本要素外,更应当重视讲述'教育者的故事''受教育者的故事'。"教育自传是回忆自己做孩子、做学生的故事,以及自己做家长或教师的故事。刘良华教授的《教育自传》一书主要从生活、学生、教师三个方面来具体阐述其自身的教育经历抑或是生活经历,以期达到教育自己或他人的目的。作者提出的教育自传从"我"开始、教育自传有时候不过是一种"教育忏悔"的观点,对个案研究也是有启发作用的。

5. 扎根理论法

扎根理论也叫草根理论,是通过对来自观察资料的模式、主题和一般分类进行分析,进而得到理论的一种研究方式。社会学家施特劳斯认为草根理论可以让研究者在保证科学性的同时具有创造性——只要研究者遵循以下准则：时不时地进行反思，保持怀疑的态度，遵循研究的程序。在我国扎根理论通常被翻译为"扎根理论一定要有经验的、证据的支持，但是它的主要特点不是在其经验性，而是在于它从经验事实中抽象出了新的概念和思想。"其实，叙事研究是一种长期的观察、长期的体验，在积累大量的原始资料及丰富的经验事实后，对教育事件进行回顾、分析与反思，从而上升为一种具有实际用途的理论，用来指导教师具体的教学及生活实践。

四、叙事研究报告的撰写

在通过观察、访谈等方法取得一手的资料后，接下来的事就是撰写教育叙事的研究报告。研究报告的撰写并不是对材料的简单堆积和连接，而是一个对材料进行再加工的过程，是一个把与主题相关的各种各样的材料用一个关键的思想串起来，形成一个相对完整的叙事研究报告的过程。

在写作形式上，鼓励写作形式的多样化，任何一个研究报告在形式上都可以不同。但叙事研究写作有一些共同的、规律性的东西，我们了解后有助于教师更好地对叙事研究进行学习和运用。一般来说，叙事研究报告撰写主要有以下几个环节。

1. 拟定题目

拟定一个叙事的题目十分重要，一个好的题目能给读者一个良好的印象，唤起读者的兴趣，引发丰富的联想。一般来说，拟定叙事题目有很多种形式，可以揭示案例主题，如"俯身即是爱"等；可以概括案例主要内容，如"一次难忘的活动""一次特别的家长会"等；可以用案例中某个特别有意义的名称作为题目，如"从不会到会""你真棒""爱打架的幼儿"；也可以用课题的名称作为案例的题目，如"镜子的反光"等。

2. 确定主题

主题是一个叙事案例的核心和基本要素。它隐含在叙事研究案例中，通过案例的内容表现出来。叙事研究报告的撰写者在动笔之前，先要有一个明确的主题，以此为依据去选择和组织材料，并思考如何有效地体现主题。

在撰写叙事研究报告的过程中，确定主题总是与其他步骤结合在一起的。有时主题在访谈中想到，有时在材料的整理中发现等。确定主题的过程是一个不断分析、思考的过程，也是一个从模糊到清晰的多次反复的艰难思索过程，有时主题还会发生很大的变化，如确立后又推翻，另选其他甚至是最后又选择采用最早的主题等。最值得注意的是，一个案例报告只有一个主题，如果蕴含了多个主题，则需要对主题进行选择，寻找最合适的主题。

3. 选定材料

确定主题后，下一个重要的工作就是如何选择和组织材料。一般来说，有两个基本的原则：一是选择与主题相关的材料；二是去除与主题无关的材料。其判断的依据有两个方面："一是从逻辑的角度来看，各材料的内容有没有游离案例的主线，有没有明确的内在关系；二是从内容的角度判断，看各材料的内容是否具体充实、生动，是否具有新意和个性色彩"。把握好两个基本原则和两个基本角度，对材料的选择和组织就做到准确恰当了。

4. 构思报告形式与结构

在主题和材料都选好之后,就要进入研究报告的构思阶段。该环节是对叙事报告结构的规划阶段,具体包括案例的时间结构、叙述结构、说明结构以及情节结构。案例报告的背景写什么、案例出现的先后安排、写作是用顺序还是用倒序、如何插入一些相关辅导性材料、是否要用小标题、如何对结论进行提炼等,是构思的主要内容。当然,案例的形式与结构是为内容服务的,有些内容直接决定了它用什么样的顺序和写作方法。

5. 撰写初稿

撰写叙事报告就是在主题的指导下,对各种材料进行有序的组织,并对文字进行进一步的修饰与推敲。具体来说,背景写作中,可以直接提出值得探讨的问题,并提出对这个问题的看法,也可以从不同的背景中去选择最能反映主题需要的背景视角等;在过程写作中,也根据事件的特点来确定,不同的事件发展的过程不同,如写活动课的案例主要是围绕活动教学过程来展开,写事的案例主要是根据事情进展来写,写人的案例主要是根据生命历程来展开;在报告反思部分也有多种写法选择,如评价式反思、分析式反思、说理式反思、总结式反思,根据报告主题及材料特点来选择。此外,在案例后面还应加入评价,揭示成功的原因或科学的规律,以引起共鸣,给人以启迪。

6. 报告修改

叙事研究报告的修改是最后的工作。报告修改有很多方面,如错别字的校对、文字的润色、逻辑的检阅等,这些是最基本的修改。作为一个叙事研究报告来说,要特别在以下几个方面加以修改:一是题目的修改,一个题目在字数上不能太多,要求精练、言简意赅,题目要与内容相符;二是内容上的修改,内容是否鲜明地表达了主题,阐述的道理是否正确,材料的组织是否得当等,内容的修改可能是删减、可能是增补,也可能是调整,要根据报告的需要而定。

第三节　叙事研究的评价

一、叙事研究的评价标准

叙事研究被引入教育领域以来,就一直存在着有关其效度和信度的争议。批评方认为叙事研究缺乏应有的效度和信度:一是因为研究中所叙述的故事的真实性和客观性无法检验;二是因为教育叙事缺乏普遍的解释力和推广力;三是由于受到研究者个人倾向的影响,无法做到"价值中立"等。虽然辩护方对教育叙事的信度与效度问题加以辩护,但总体而言,作为如何评判叙事研究的标准仍在讨论之中。毋庸置疑,对于使用叙事研究的研究者来说,建立叙事研究的标准是很重要的。

目前对于教育叙事的研究,理论界已经提出了"貌似"和"逼真"的评价标准,认为这对于叙事研究而言比信度和效度更为重要。这是基于叙事研究的真实性原则提出的,它基于真实发生的教育事件来构建对于研究者而言的真实的研究意义,并深刻感染读者以引起读者的心灵共鸣。另外,考察叙事研究可以着重关注经验代表性、因果关系性、及时性、实践经验和时间讲述的差异性、叙事形式、在整个研究文献中的前后一贯性,研究文本的感染性、真实性、充分性和合理性等。纵观叙事研究的文献,结合其他质的研究的评价标准,维护叙事研究严谨性的基本标准应有如以下几点。

1. 明显性

以清晰而完整的故事形势,具体而准确地描述外在的可观察到的现象或事物。叙事研究主要采用的方法是讲故事,故事是对个人生活中重要事件的反思和再现,它包含着叙事者个人的实践经验及其实施情形。清晰完整的故事可以传达给听者一个完整形象的认识,通过这一形式,具体而准确地描述,才能够使研究者对自己可以观察到的教师日常工作行为有一个真切清晰的认识,从而确保研究对象的真实。同样,只有完整、清晰、准确地描述故事,才能真实地再现研究者的研究过程与成果,从而使读者认同研究的过程与结果。

2. 似真性

研究者站在被研究者的角度,从他们的经验中较为"确切"地推衍出他们看待世界及构建意义的方法。叙事研究方法中的研究者应该努力摆脱个人生活经验、价值观念、文化参照等束缚,以同情和理解的态度,认真感受和分析被研究者讲述的故事,力争站在他们的立场上,从他们的视角出发,将心比心地从被研究者自身提供的经验现象中推衍、清理、归纳出他们的真实思想。

3. 反思性

研究者自始至终地以反思性的态度对待自己的研究过程与决策行为。对自己的研究过程与决策行为,研究者必须时时以认真反思的态度,时时回顾自身的研究过程,明了个人的"前见"和"偏见",以随时弥补或纠正自己在研究中的疏漏和偏颇,使研究尽可能地接近真实。

4. 可转移性

叙事研究能够促使教师在平时浑然不觉的教学实践过程中发现全新的意义和内涵,从而促使其对教学的重新认定与深入反思,并进一步促进其与其他教师加强经验交换与互相学习,进而使整个研究结果在更大的范围内引发教师对自身知识更大规模的反思与重构。

叙事研究从研究缘起到实施过程再到产生研究文本是一个复杂的过程,确定教育叙事的评价标准也是一个艰难复杂的过程。但是无论如何,应该强调的是叙事研究必须要加强自身的方法建设和学术规范的训练,以便叙述研究真正发挥其意义诠释的独特作用。

二、叙事研究中应处理好的几对关系

叙事研究要真正成为教师自我认识、自我提高的有效方式,应处理好以下几对关系。

1. 叙事与研究的关系

叙事本来是一种文学样式。"叙"就是叙述,"事"就是故事。叙事研究离不开叙事,故事是研究的基础,研究是叙事的升华。它是指教师自己研究发生在真实情景中的教育教学生活,在故事的基础上进一步思考教育教学的问题,通过反思揭示教育教学的真谛。

首先,叙事研究需要故事,这个故事不是一般的故事,而是教师在教育活动实践中的具有"研究性"的故事,是含有问题或疑难情景在内的真实发生的教育教学事件。

其次,叙事研究不仅仅是讲述"研究性"的教育教学故事,还要有对故事的进一步研究和反思。它不仅体现在故事本身是教师"行动研究"的记录,而且还包括教师对教育教学故事进一步的反思和感悟。

2. 故事性与典型性的关系

故事性是叙事研究的典型特征。在教学生活中,不乏具有曲折离奇的故事情节的事件,然而是不是所有的"经历"都值得书写、值得研究呢?叙事研究离不开故事,具有很强的故事性,但这种对故事的记录并不是全盘实录,而是通过对教学事件进行深度描写来突出其典型性,从而引发进一步的联想和思考。

这里的典型性,首先具有一种鲜明的独特性,必须能通过对教育教学活动事件采用深度描写的写作方式,准确生动地写出故事发生的情景,以及师生在教育教学事件中的心理活动。其次,典型性还要求故事具有深刻的普遍性。所叙述故事要能透过个别事件,揭示出教育教学生活中某些本质特征甚至教育发展的必然规律。有了这种典型性,在阅读过程中,才能唤起读者的共鸣,引发广泛的联想和深度的思考,产生进一步探讨研究的愿望。

3. 描述与解释的关系

故事需要描述,没有描述就不能称其为故事。有了描述,故事才具有了形象性、鲜明性的特征,才可以把读者带进相应的教学情境中,才能使读者产生共鸣,也才能使读者在理解作者的基础上做出相关解释。当然,在叙事研究中对故事的描述不是沉溺于故事的自我陶醉,作为一项研究,它还需要对故事进行反思、领悟,这就是解释。解释是在已有经验基础上对教学实践的反思和领悟,是故事描述的自然升华。这种解释不在于理论的宏大,而在于恰如其分地表达为什么会"这么做"以及对"这么做"之后的理性思考和认识。

4. 局内人与局外人

在叙事研究过程中,研究者即是所叙述故事的局内人,又是局外人。说研究者是局内人,这是因为其本身就是故事的主人公和当事人;说研究者是局外人,这是因为其所叙述的是他人的故事,研究者本人并未参与到故事当中。在研究过程中,研究者必须以局内人的身份"进入"故事,挖掘教育教学活动现场当时的"内在真实",展示故事的本来面貌。同时还要以局外人的身份对故事进行审视、拷问和反思,思索其中的真实意图,不断梳理自己对教学活动的理解和认识,挖掘出其中的实践智慧。

思考与练习

1. 叙事研究在促进幼儿教师专业中的价值有哪些?
2. 叙事研究的方法有哪些?

✦ 实践与训练

1. 撰写幼儿成长的学习故事。
2. 观察幼儿一次活动或者游戏,并撰写一份叙事研究报告。

第十二章
个案研究法

学习目标

知识目标

(1) 了解个案研究的含义、特点及类型;

(2) 知道个案研究的基本原则与方法。

能力目标

能够根据个案研究的注意事项与要求,初步掌握个案研究的基本程序。

问题导入

它提供了关于真实情景中的真实人物的独特例子,比仅仅呈现一些抽象的理论或原则更能使读者清晰理解其观点。

——Nisbet and Watt

我们有一个要研究的问题,一个疑难的问题,一个需要对其建立一般性理解的问题。并且可以感到通过研究特殊的个案深入地认识这个问题。这个个案研究是对一些事情的理解。在这里个案是作为完成任务的工具,所解决的问题不是这个特殊的个案本身。

——Stake

个案研究是进行社会科学研究的方法之一,近年来在心理学、社会学、教育学、人类学、历史学、经济学以及社会工作、公共行政等多个学科领域得到广泛运用。通过个案研究能够提供对教育问题成因的理解,对复杂的关系作全面的涵盖,对动态变化的情境条件作适当分析。

第一节　个案研究概述

一、个案研究溯源

个案研究大约起始于 19 世纪中期。1870 年美国哈佛大学法学院最早使用个案研究法用于训练学生思考法律原理原则。后来,心理学家弗洛伊德运用此法于精神病学的研究。社会学家勒普累对工人阶级的家庭形态所进行的研究,以及人类学家马林诺夫斯基在超卜连群岛所进行的田野研究等都是著名的个案研究。此后,美国社会学芝加哥学派进一步将个案研究运用于对工业化都市移民相关问题的探讨,主张研究者应该进入研究的现象场域,运用个案研究对问题进行主观与全面式的理解。

教育学家采用个案研究比较晚,最初主要是作为一种辅助性研究方法,用于个别儿童成长的记录。在基础教育领域,随着素质教育的深入推进,重视在教育教学中充分发挥学生的主体地位,重视学生个别差异性日益成为人们的共识。在这种情况下,个案研究在教育领域中的应用范围不断扩大,成为一种较全面地了解学生的一种研究方法。

二、个案研究的含义

在探讨个案研究的基本内涵之前,我们首先需要明确"个案"的定义。所谓个案是一个封闭式系统,是研究的分析单位。如一名儿童、一个班级、一所学校、一个地区等,那么这个儿童、班级、学校、地区就是"个案"。换言之,个案所指并不仅限于一个人。个案研究的对象既可以是个人,也可以是个别团体或机构。

一定意义上说,个案研究是一个特殊实例研究,通常用于阐释更为普遍的原则。Merriam(1998)认为,只要是对一个有界限的系统,如方案、机构、个体、家庭、社区或村落等,做全貌式的描述和分析,就是所谓的个案研究。这一定义比较宽泛。Feagin 等人(1991)将个案研究定义为运用质性研究的方法,针对单一社会现象进行深度及全面式的探讨过程。我国台湾学者潘淑满(2003)认为,个案研究是一种个别的、深度的、描述的,且偏向质的一种研究方法,其所研究的单位不一定以个人为限,可以扩展至家庭、机构、文化团体,甚至整个社区。由于资料收集详尽深入,能提出具体而又有效的处理方法,是社会研究方法的一种。

我们认为,个案研究是指采用各种方法,收集有效、完整的资料,对单一的、典型的对象进行深入细致研究的方法,其任务是揭示研究对象形成、变化的特点和规律,以及影响个案发展变化的各种因素,并提出相应的措施以促进它的发展。个案研究法也称麻雀解剖法或个案历史研究法。

三、个案研究的功能

(1) 个案研究能够确立因果关系,找到问题的原因,有效解决问题或提出预防措施。个案研究更多是以研究主题和研究对象为特征,通过以时间顺序对个案的相关事件进行细致、形象的描述,既能突出与个案相关的特殊事件,又能全方位地对问题进行"深描"。如果不做个案研究,我们就很难了解事件或现象发生的真正原因。事实上,个案研究的优势之一在于背景是原因和结果的有力决定因素,在真实背景中观察结果。斯特曼(1999)认为,个案研究的显著特点在于:人类系统具有整体性和完整性,而非特征之间的松散结合,因此必须使用深度调查;而且,背景是独特的、不断变化的,所以个案研究需要研究独特实例中事件之间复杂的、动态的、逐步展现的相互关系,以及其中的人物关系和其他因素。

在深入分析探讨问题,发现问题的真正原因之后,就可以根据原因提出解决问题的对策,或提出有效的预防措施。

(2) 提升社会行动绩效。个案研究是行动中的一步,始于社会行动,又促进了社会行动。对个案研究的见解可以直接加以诠释,并用于员工或个人的自我发展,或制度反馈;或用于形成性评价;还可用于教育政策的制定。如以学校为研究单位时,可以通过个案研究诊断其经营管理上的缺失,进而提出改进方案,重振教师员工士气,提升办学水平。

四、个案研究的特征

个案研究常被看成自然主义的、描述性的、质化的研究,与实证主义的、验证性的、量化的研究相对应。事实上,个案研究是所有研究方法中最生动的,在学校教育教学生活中具有重要意义。一般说来,个案研究主要有以下特征。

1. 研究对象的个别性与典型性

个案研究的对象是个别的,个案研究者非常重视每个个案的独特性质,强调每个研究对象或行动,都有其独特性,所以研究者必须深入了解研究情境、事件、方案和现象,背后所呈现的意义。但个案并不是完全孤立的,而是与其他个体相联系的,是某一个整体的个别,因而对这些个别对象的研究必然在一定程度上反映其他个体和整体的某些特征和规律。个案研究的目的固然是了解、把握某个个体的具体情况,但也要通过一个个案的研究,揭示出一般规律。个案研究取样较少,其研究的结论代表性也就较小,因此不宜机械地推广到一般中去,需要谨慎地思考和分析,以免犯以个别代替一般的错误。

一般来说,作为研究对象的个案应该具有以下三个显著特征:①在某些方面是否有显著的行为表现;②与这方面有关的某些测量评价指标是否与众不同;③教师、家长等主要关系人是否都有类似的印象和评价。比如对某学生创造能力发展的个案研究,可以看一下他是否经常有些小发明、小创造、小制作;在创造力测验上的得分是否高于常人;教师及家长等对该学生在这方面的表现诸如脑子活、常提怪问题等是否有较深的印象等。需要注意的是,待解决的个案可以拥有研究者所要调查的所有或者大部分特征或特点,这种特征或特点比"正常"情况下表现得更充分、更显著。如关于学生破坏性行为的个案研究,可以在一个破坏性非常强的班级中开展,这种班级的学生具有极为严重的扰乱性和挑战性,而不会选择破坏水平不是那么显著的班级。

2. 研究内容的深入性和全面性

个案研究既可以研究个案的现在,也可以研究个案的过去,还可以追踪个案的未来发展。个案研究可以做静态的分析诊断,也可以做动态的研究。由于个案研究的对象不多,所以研究时就有较为充裕的时间,进行透彻深入、全面系统的分析与研究。简言之,个案研究不仅要有表面的观察,而且还要有深度的探讨。

例如,对一个学困生的研究,往往需要从多方面加以考察,诸如学生学习的智力因素和非智力因素、原有的知识基础和学习方法,以及教师的教学和家长的辅导情况,还要进行前后左右的对照和比较,这样就可以对该生进行比较全面而深入的了解和认识。

3. 研究方法的多样性和综合性

为能深入个案的研究,为了收集到更多的个案资料,从多角度把握研究对象的发展变化,就必须结合教育观察、教育调查、教育实验、教育测量等多种研究方法,综合运用各种研究手段。例如,研究超常儿童,首先需要对被试进行智力测验,看看其智商是否超常,还要对被试作系统观察,看看其各种智力操作是否杰出,同时要调查其成长环境,必要时还要做一些对照试验。

4. 研究过程的客观性和真实性

个案研究与其他研究方法最大的不同,在于研究者能够进入研究对象的生活场域,在不干扰研究对象的自然情境下进行有关研究或行动观察。所以说个案研究所得到的材料比较科学准确,具有较高的文献价值。教育的研究在很大程度上是一个不能复制的过程,对这一过程中所发生的一个个典型个案进行深入细致的分析研究,其中包括收集有关个案的背景、具体材料、调查访问结果及有关人员做出的评定和反映,如实地描述这一过程中发生的"故事",这本身所具有的文献价值就很大,而众多的个案汇集在一起便构成了一个进行教育科学研究的取之不尽的宝贵源泉。但个案研究的意义并不局限于"描述客观世界"。在个案研究过程中,研究者将会运用归纳、比较、对照等方式进行资料分析,最后发展出新理念或新思维,并作为建构理论的基础,进而力图解释、预测或控制客观世界的发展变化。因而,个案研究不属于缺乏理论深度的"收集事实"的经验主义方法论范畴。它的价值在于通过解剖"麻雀",从中总结或提取普遍性原理,即把个案一般化。

五、个案研究的类型

根据不同的标准,个案研究有多种类型划分。

1. 根据研究目的的不同进行分类

根据研究目的的不同,个案研究可分为探索型、描述型、解释型三种类型。

(1)探索型个案研究的研究目的主要是作为其他研究或研究问题的向导,着重于对问题的界定,或是决定研究步骤的可行性,它与处理"是什么"的问题有关。

(2)描述型个案研究的研究目的是对研究现象的脉络进行详尽的、完整的叙述性说明或描述,它与处理"谁""何处"的问题有关。

(3)解释型个案研究的研究目的主要是针对研究资料,进行因果关系的确认与解释,它与处理"如何""为何"的问题有关。

2. 根据研究对象数量不同进行分类

根据研究对象数量,个案研究可分为单一个案研究和多重个案研究。

（1）单一个案是指在整个研究过程中,研究者主要是针对一个个体、家庭、团体或社区,进行与研究有关的资料收集工作。

（2）多重个案是指在整个研究过程中,研究者同时针对两个或两个以上的个案进行与研究有关的资料收集工作。

此外,梅里安姆将个案研究分为四个常见的领域或类型:民族学的、历史学的、心理学的以及社会学的。斯特曼区分出四种个案研究:民族志个案研究——单个的深入研究,行动研究性的个案研究,评价性个案研究,教育个案研究。斯塔克(1994)区分了三类主要的个案研究:内在式个案研究(为了理解待解决的特殊个案而开展研究)、工具式个案研究(为了深入了解某一问题或理论而对某一特殊个案进行调查)、集体式个案研究(为了获得更生动的描述而开展一组单独的研究)。

六、个案研究的优点及局限性

(一) 个案研究的优点

（1）用事件和情境本身来说话,而非研究者对其解释、评价或判断。个案研究拥有许多吸引教育研究者的优点,个案研究资料具有极强的"真实性",这是一个很显著的特点。个案研究试图描绘某一特定情境"是怎么样的",试图对当事人就有关于某一情境的生活经验、观点和感受进行近景特写和"深描"。个案研究常常运用各种资料,在真实生活背景中研究某一个案或现象,这种研究是描述性的,关注面窄,极其详尽,且结合了主观资料和客观资料。

在这方面,个案研究类似于电视纪录片。但这并不等于说,个案研究不系统或者只是说明式的。实际上个案研究的资料收集是非常系统和严格的。做个案研究要避免以下做法:①个案研究不是新闻报道,不能为强调个案中一些相对显著的特点而歪曲整个报道;②个案研究不是奇闻逸事风格,不能以一系列没完没了、平庸乏味的低水平例证取代深入的严格分析,不能因过度强调细枝末节而损害到研究整个情境;③个案研究不能只选择能够支持某一特定结论的论据而导致对整个个案的表述不当。

（2）理论与实际有机结合。由于提供了详细的资料,个案研究还能够使其他粗线条的研究类型更为完善。个案研究提供了关于真实情景中的真实人物的独特例子,比仅仅呈现一些抽象的理论或原则更能使读者清晰理解其观点。而且,个案研究还能使人们了解观点和抽象原则之间是如何相互协调和配合的。从这个意义来说,个案研究能使理论与实际相结合。因而,个案研究不能只是毫无疑义地接受当事人的观点,或者只包括个案研究中人们都同意的方面,排除存有争议的内容;不能力图从低水平的资料中推论或形成高深的理论,或者用夸张的措辞来掩饰报告。

个案研究可以提供理论论述,但需要澄清其概括化能力。一般情况下,可以采取多种形式进行概括化,如从单个实例概括到它所代表的那一类实例;从单个个案的特点概括至具有相同特点的许多类个案;从个案某方面的单一特点概括到个案的所有特点。

个案研究所提供的典型材料为心理学、教育学理论观点提供具有说服力的具体佐证。现代教育学心理学的研究常常也要借助个案研究材料来丰富一般研究的基本结论。这使得个案研究既有概括性,又生动丰富,有助于推动教育研究成果的广泛应用,从而促进教育科学的发展。

（3）个案研究呈现或评价资料的方式比其他类型的研究报告更容易被公众理解。虽然从一定程度上来说，这个优点是以资料的冗长为代价而得来的。个案研究的语言和表现方式比传统的报告更浅显易懂，更少借助于专业化的解释途径。个案研究能够满足多种读者的需求，减轻读者对未说明的隐含假设的依赖程度，使研究过程本身更易于理解和操作。因此，个案研究可以促进决策制定的民主化。最佳的个案研究，甚至可以由读者自己得出研究的结论。

在一定意义上，每个教师都应该是一名教育研究者，但由于教师的主要时间和精力还是放在教学和教育工作上，开展大规模的教育调查和严格控制的实验，往往有一定的困难。而个案研究的对象少，研究规模也较小，同时个案研究一般都是在没有控制的自然状态中进行的，也不要在一定时间内突击完成。教师可以抓住一两个典型的学生，结合日常教育教学生活实践进行研究。因此，个案研究特别适合教师使用。

（二）个案研究的局限性

尽管个案研究有诸多优点，但它也有明显的局限性。主要表现在以下几个方面。

（1）个案研究有时无法进行概括化。个案研究常常缺乏严格控制，其处理也很少得到系统控制，在它们进行实际运用时，几乎不控制随机变量。这可能导致难以从个案研究中推断并得出因果结论，除非其他读者或者研究者理解如何运用其成果。此外，由于每个个案都有独特性，研究者虽然花费了许多时间和精力，所得到的研究结果也不适合推论到其他个案。

（2）个案研究可能具有偏见、个人性和主观性。个案研究虽试图解释反身性，但却容易出现观察者的偏见问题。一是研究者先入为主的观念；二是选择符合研究者预期结果的个案。由于某些个案研究中的实际参与者既是当事人又是观察者，这种身份会导致对个案的夸大或低估，因此也存在偏见的可能性。个案研究可能仅凭印象，当事人自我报告也可能存在偏见。

（3）个案研究的信效度问题。和其他研究方法一样，个案研究也必须证明信度和效度问题。而信度和效度却存在难度。即使不考虑信度和效度，个案研究在实施过程中也会面临一些重要问题，如如何界定和选择个案？什么是可靠论据？什么是客观论据？从大量已形成的资料中选择哪些合适的资料？什么是公平、精确的说明？怎么才能达到独特性和概括性两者之间的平衡？个案研究实施过程中暴露了哪些伦理问题？

第二节 个案研究的基本原则与方法

一、个案研究的基本原则

为了确保个案研究工作的可靠性、准确性、有效性，将个案的原始面貌及背后所代表的真正意义显现出来，研究者需要遵守以下原则。

1. 客观性原则

客观性原则是指个案研究应该采取科学的方法和手段收集客观事实，在大量客观事实和材料的基础上做出分析判断，而不能仅靠研究者的主观经验下结论。这需要通过长期的观察、访谈、任务分析、参与性活动等方法对个案进行全面评估,了解事件、活动或现象的特质。

2. 全面性原则

全面性原则是指既要收集与研究对象直接有关的事实和信息,也要广泛收集可能的相关信息,不能仅根据一小部分事实和信息做出判断。只有这样,才能对收集到的事实和材料进行全面和综合分析,找出问题的关键。

3. 综合性原则

综合性原则是指在研究过程中要综合考虑多方面的因素,如在研究方法的运用上,个案研究常常要综合运用调查法、测量法等多种方法进行综合性研究;在研究内容上,常常需要收集研究对象各方面的材料进行全方位的研究;在对材料的分析上,往往需要定性分析与定量分析的综合运用等。

4. 灵活性原则

灵活性原则是指研究者要灵活处理研究中出现的各种变化,尤其是在对研究对象进行个别访谈时出现的各种变化。对于不同的问题,不同研究阶段以及不同的研究对象,应根据需要和进展,调整研究进程和研究内容,选择或变换更为恰当的研究方法。

5. 伦理性原则

个案研究者一般要进入研究对象的私人空间才能收集到有价值的信息,由此可能会给研究对象带来暴露隐私、失去自尊或其他风险。总之,个案研究会涉及各种各样的伦理问题。因此,研究者必须征得研究对象的知情同意,要关注是否涉及个人的一些隐私和私密,是否触及或损害个人情绪。

二、个案研究的具体方法

中小学的教育个案研究可以根据研究目的、对象、内容的不同,采用追踪法、追因法、临床法、产品分析法、教育会诊法具体的个案研究方法。

(一)追踪法

个案追踪法就是在一个较长时间内连续跟踪研究单个的人或事,收集各种资料,揭示其发展变化的情况和趋势的研究方法。追踪研究短则数月,长达几年或更长的时间。如我国著名的教育家和心理学家陈鹤琴对他的长子进行了长达三年的追踪研究,逐日对其身心变化和各种刺激进行周密观察,并以日记和照片方式加以详细记载,最终据此撰写出《儿童心理之研究》。

个案追踪研究的实施一般分为以下几个步骤。

(1)确定追踪研究的课题。

(2)实施追踪研究。追踪研究一定要紧紧围绕内容进行,要运用规定的手段收集有关的资料,不能遗漏重要的信息,也不能被表面的现象迷惑。追踪研究需要较长时间,研究者一定要持之以恒,不能半途而废。

(3)整理和分析收集到的各种资料。对收集到的各种个案资料,要进行细心的整理和分析,做出合理判断,揭示出个案发展变化的特征和规律。

(4)提出改进个案的建议。研究者要根据对个案追踪研究的结果,进一步提出改进个案的建议,指导和促进个案的发展。

个案追踪对研究复杂教育现象的发展变化,某一教育理论的验证,某一教育措施的实施,某一新方法的探索,某些教育现象之间前后发展的关系等都具有重大意义。但是,它也有其自身明显的缺点,首先,费时且难以实施,想获得问题的答案,往往需要一段相当长的时间,有时还需要较多人力和物力的支持。其次,由于时间长,各种无关因素都可能介入,这将干扰甚至影响研究结果。此外,还由于时间太长,存在着研究对象能否长期合作以及研究对象流失等问题。

(二) 追因法

追因法是先见结果,然后根据发现的结果去追究其发生的原因。例如,某学生的学习成绩突然下降,我们去追寻他的成绩下降的原因,这就是追因法。

与个案追踪法先要确定个案对象,然后收集并分析资料的研究过程不同,个案追因研究的实施可以分下面几个步骤。

1. 确定结果和研究的问题

第一步工作是确立研究的问题,如果这一步搞得不够准确,那么在后面的研究中找出的原因也很难说是准确的。例如某校某班级某学科的教学质量特别高,某学习后进生最近有较大变化,学科成绩提高很快等,这些都是已形成的事实,我们可以把它们确立为研究的问题。

2. 假设导致这一结果的可能原因

明确了事实发生后的结果,接着就要寻找导致这一结果可能的原因。这些原因最初是假设的,还没有经过验证,这一步骤对于后面工作的进展具有决定意义。

3. 设置比较对象

为了追寻导致结果的原因,研究者可以采取两种途径设置比较对象。一种是设置结果相同的若干比较对象,从中找出共同的因素,即前面假设的原因。另一种设置结果相反的若干比较对象,找出相反的因素,从反面找出真正的原因。例如,我们研究某学生品德不良形成的原因,可以找出若干个品德不良学生,从中找出他们品德不良形成的共同因素;也可以找出几个品德优良学生与品德不良学生对比,探究两者成长过程中的不同之处,从而找到学生品德不良形成的真实原因。

4. 查阅有关资料进行对比

研究者可以从研究对象的有关资料中看看是否具有前面假设的原因。这一步骤非常重要,要做得特别细致,因为教育现象是复杂的,导致某项结果的原因往往是多方面的。对这些可能的原因又不能等量齐观,它们所产生的作用在程度上有差别,而且有时在单个考虑每一原因的情况下,原因所表现的作用是一回事,而在把几个原因综合地加以考虑的情况下,这个原因所形成的综合作用就会是另一回事。这种综合作用可能要比原来的两个或两个以上原因单独的力量之和大得多,这时就可以看出,在深入研究一些复杂的教育现象的过程中,有时还需要找出原因之间的关系。

5. 检验

找出的原因尚有待于进一步检验。最好的检验办法是看有同样原因存在的其他许多事例中是否有同样的结果发生。如果没有,这个假定仍然不能成立;如果有,二者因果关系的信度就大了。经过初步检验,就可能把那些假的原因淘汰掉,而导致此项结果的某个或某几个真正的原因就可以呈现出来,这时为了慎重起见,还可以多举一些事例反复验证。最后为了进一步验证得出的结论,还可把这一结论当作假设,有计划地组织新的试验,这样把个案追因法和实验法结合起来研究,所得结论的可靠性与学术价值就更大了。

(三) 临床法

临床法往往通过谈话的形式进行,故又称临床谈话法。临床谈话法的方式可以是口头谈话,即面对面地交谈;也可以是书面谈话,即问卷谈话。口头谈话时,教师一定要首先解除学生的紧张、焦虑、防御、冷淡的心理,要创造轻松自如的谈话气氛。谈话过程不能是教师问一句,学生答一句,要变学生的被动应答为主动回答。同时,教师的提问要以封闭性和开放性问题交替询问。书面谈话一般按问卷要求的程序进行,教师要向学生交代清楚做问卷的具体要求和注意事项,对问卷的评分要严格按照标准,做到公正、客观。

临床谈话法的一般应用过程是:①由教师、父母或学生本人提出具体的行为问题或学习问题需要帮助,然后观察他的行为。②根据学生的学习成绩、教育测量情况、同伴评价、家庭情况以及该生在各种环境中的表现,明确当前的情况。③根据这个学生的发展史、学校记录和家庭历史等材料,了解其过去的历史,找出行为的一贯性,如学生的问题行为是在所有情境中发生,还是只在一定的情境中发生,找出行为的模式,即使行为前后有不一致,也可能是一种有意义的模式,找出可能的动机。④根据可能的假设设置处理方案。⑤根据初步处理的结果判别假设是否正确,是否需要修改或者必须完全推翻。⑥为了提高研究的科学性,一般宜用实验法再加以检验。

(四) 产品分析法

产品分析法又称活动产品分析法、作品分析法,也是个案研究的一种方法。它是通过分析学生的活动产品,如日记、作文、书信、自传、绘画、工艺作品等,以了解学生的能力、倾向、技能、熟练程度、情感状态和知识范围。运用这种方法时,不仅要研究人的活动产品,而且还要研究产品制造过程本身以及有关的各种心理活动状况。例如,我们对儿童绘画作品的研究,可以反映出他们的许多心理特征;儿童的绘画可以反映他们的知觉特征和学生对所绘的物体形成的表象特征;通过儿童的绘画还可以在一定程度上判断其智力水平。

产品分析法作为个案研究的一种方法,往往需要实验法相结合,设置对照组,观察儿童创造产品的实际过程,这样可以获得更加科学的结论。

(五) 教育会诊法

教育会诊法是指教师通过集体讨论,就某一学生的行为作出鉴定,并制定出矫正改进和促进措施的一种个案研究方法。教育会诊法的适用范围比较广泛,不仅可以适用于发展方面存在问题的学生,而且可以适用于正常的学生,它通常针对的是学生的思想品质及学习方面的问题,而且研究者往往是教师,而不是专门的研究人员,因此它具有简便性和集体性的特征,是一种深受广大教师喜欢的方法。

依照原苏联教育家巴班斯基的划分,教育会诊法通常包括 6 个环节:①明确会诊目的;②确定会诊参与者;③由班主任或任课教师详细说明某一学生的情况和自己的看法,并列举理由;④组织集体讨论广泛交换意见;⑤为该生作出鉴定,提出有针对性的教育措施;⑥根据学生鉴定材料,对集体或个人的教育工作进行自我分析,加强自身修养,提高教育教学水平。由于教育会诊法充分发挥了集体的力量,采纳了集体的智慧,因而所得结论具有较高的科学性,也是现阶段比较合理有效的一种个案研究方法。另外,会诊不仅可以提供有关学生思想品德行为学习方面的比较客观的信息,而且会诊过程也是提高教师素质的过程。

第三节　个案研究的基本过程

一项完整的个案研究一般需要经过以下几个研究步骤。

一、确定研究问题

选择和确定研究问题是任何研究工作的首要环节,也是一个非常关键的环节。它不仅是教育研究的起点,反映了研究的目的,也会影响到对研究对象和研究方法的选择,影响到研究过程的组织和实施。因此,个案研究者首先要明确需要研究的问题是什么,研究的目的是什么。尽管个案研究的问题有多种来源渠道,但通常来说,个案研究一般主要是社会实践中急需回答的"怎么样"或"为什么"的问题。一线教师在日常教育教学工作中比较易于发现某一方面具有典型特征的学生或事例,可以以此作为追踪研究的对象,并明确要对学生或事件的哪些方面进行了追踪,要了解哪些情况。

二、选择研究对象

在个案研究中,如何选定个案是关键。一般来说,研究者要根据研究的问题和研究的目的,确定在某一方面具有典型意义的人或事作为研究对象。如研究智力超常儿童的教育问题,选择个案必然是高智商、具有创造力的个体;研究学困生教育问题,一定要选择智力滞后、改变教学方案和教学方法后仍然不能适应的学生。再比如,我们要了解小学生的攻击行为的特点和形成原因,那么就应该选择那些真正具有好争论、好打架、人际关系紧张的学生为研究对象,因为在他们身上才能体现出攻击行为的典型特征,研究他们所得出的结论才能符合研究目的,才有价值。如果选择平时温文尔雅,人际关系较为融洽,偶尔有打架、骂人行为的学生为研究对象,那么所得的结论也没有多少意义。另外,研究者在工作中发现或听说某个个体有与众不同的表现,再广泛收集有关教师、家长、同伴对他的评价,看其是否有研究价值,这样也可以确定为研究对象。例如,某学生近来一改以前学习不认真、厌学的一贯行为与态度,而表现出认真上课、积极主动思考和回答问题,成绩明显上升等状况,就可以将其作为研究对象,对为什么会出现这些行为进行探讨。总之,作为确定下来的有效的研究对象,应该具有作为研究对象的三个显著特征:即前面提到的具有某方面显著行为的表现,在某方面的测量评价指标与众不同,教师家长等主要关系人有类似的评价等。

为了选取具有能完成研究任务的特性及功能的样本,个案研究往往采用有目的的抽样,如关键个案抽样、极端型个案抽样、代表性个案抽样等。也就是说,所选择的个案必须能够提供丰富且满足需要的有关研究对象的信息。

三、收集个案资料

客观、准确、详细地收集有关个案的资料,对个案研究的有效进行和问题的最终解决起着至关重要的作用。

个案资料涉及的内容十分丰富,以个体个案研究为例,其内容主要包括个体的基本资料,如姓名、性别、年龄、民族、籍贯、信仰等;个案的身体健康状况,如身高、体重、病史等;个体成长及心理发展资料,如母亲妊娠及生产情况、出生后的发展情况、个性心理特征、历年来的学习成绩记录、作业、日记等相关资料;个案家庭背景资料,如父母年龄、职业、文化程度、家庭经济状况及居住环境,父母教养方式,亲子关系,家庭中的重大生活事件等;个案当前的问题与表现,如问题的发展史(首次发生的时间、在何种情况下发生、当时家庭与学校的背景事件、问题的处理及效果)、食欲、睡眠、情绪、行为以及社会适应等。

在收集个案资料时,一定要紧密围绕着研究目的进行,广泛收集研究得以进行下去所需要的、与研究对象相关的详尽资料。资料的收集应力求达到一定的深度和广度,要从不同角度、不同渠道并采取多种方法全面而详细地收集真实可靠的材料,不能遗漏重要的信息,同时要确保资料的真实性。对收集到的资料必须进行细致而有效的整理加工,将零碎的资料信息系统化、清晰化,以利于进一步的研究。此外,持续保持资料收集与研究问题的连续与关联是很重要的,可以使研究者了解个案问题发生的背景,帮助研究者做出合理的判断,揭示个案发展变化的特征和规律。特别需要注意的是,虽然记录典型的、具有代表性的事通常都很有效,但研究者并没有必要始终坚持代表性标准,那种不常见、不具代表性但关键的小事情或大事件,对理解个案也很重要。如一个主体可能只表现了一次特殊行为,但该行为相当重要,不能仅仅因为只发生过一次就被排除出去,有时单一事件的发生,可能会对深入了解一个人或情境极为重要。又如,可能有一个心理学个案研究偶然发现,某一成人的早期生活中曾有受虐经历的单个实例,但这个实例的影响非常深远,从而成了理解该成人的关键点。某个孩子可能突然发表一句对某位老师十分失望或非常害怕的评论,而这句评论极其重要,不能被忽略。个案研究不一定非得要求事情频繁发生,可以用质量和强度代替数量,把重要的少量行为实例和不重要的很多行为实例区分开来。个案研究的一个特点是重要性而非频繁性,因为重要性可以使研究者深入了解情境和人物的真实动态。

收集资料的途径有很多:一是文件,包括信件、公报、会议记录、行政文件、提案、新闻报告、各种正式或非正式的报告等。文件在任何个案研究的资料收集中都起到了重要作用。通过查阅文件有助于研究者了解现象的发生、发展的情境脉络。二是档案记录,包括服务记录,如一个学校的学生数;组织记录,如机构组织图表;地图和图表;名单和其他相关事项的信息;调查报告资料;个人资料等。档案记录是了解个案状况的重要资源,其精确性更高些,一般存于档案馆、资料室、图书馆等地方。三是访谈。通过个别访谈来收集个案资料具有重要的现实意义。一般分为开放式访谈、焦点访谈、结构式访谈等。其主要功能在于补充观察和文献缺乏的资料,扩展问题层次,确认信息等。在访谈过程中,要将访谈的重心置于个案研究的主题上,并要注意让受访者充分表达意见,使用适当的肢体语言,并耐心聆听,同时要能根据情况调整访谈内容,不拘泥于访谈架构中。四是观察,主要是直接观察和参与观察。通过直接观察可以作为个案研究另一种证据来源,如观察会议、街头活动、工厂作业、教室及其他类似的场所;参与观察的方法提供了收集个案资料某些特殊的机会,使研究者可以在个案研究的情境中扮演某种角色,并且真正地参与正在研究中的事件。在参与观察中,研究者要注意做到:①以诚恳的态度与参与者相处,取得其信任;②不妨碍事件的进行,如不妨碍会议或教学的正常进行,多听少说;③要同时不要预设立场,用开放的态度获取不同的观点;④做个有反省能力的听众,并学习所研究的情境的语言;⑤适时表达自我。五是人工制品,如工具、艺术品、技术发明等。通过人工制品可以了解文化的内涵。

个案的各种资料中有一些是比较容易获得和进行分析研究的,如个人承包的基本状况、学习成绩、父母的职业等,但也有一些是不容易界定和分析的,如个案在与父母的关系等,而有时恰恰是这些因素对个案的行为起着决定性的作用,因此值得研究者的格外关注。个案研究除了收集个案的相关资料完整外,还需要与个案本身进行沟通以深入了解研究对象。在沟通过程中,研究者要特别严重注意个案的非语言信息,如肢体动作、面部表情等,以确定个案反映情况的真实性。

最后,要做好个案资料的记录与整理。这既是资料收集的结果,又是资料分析的起点和基础。研究者在进入现场进行收集资料的过程中,忙于观察和访谈,不太可能在现场就能完成所有记录,即使有录像机、录音机的辅助也一样会有遗漏,因此在离开研究现场的时候要尽快整理访谈稿和做详尽的记录,这样才有真实的情境意义。个案资料的记录和整理一定要简便、清晰,可提前准备好制式表格,如访谈记录表、观察记录表等。

四、个案资料的分析

分析资料是个案研究过程中最困难也是最重要的步骤,需要研究者对个案资料进行全方位的谨慎而又深入的分析。

(一) 资料分析的原则与策略

面对所收集到的丰富而又详细的资料,如何分析,从哪些方面分析,都将直接影响到研究的质量。

1. 分析的原则

(1) 分析要以个案的真实情境和真实资料为基础,不能凭空臆造。

(2) 研究者要竭力保持客观中立的立场对个案的各种解释,尤其是矛盾和对立的解释都给予分析。

(3) 分析要以研究目的和命题为目标和导向。

(4) 分析需要借鉴文献和先前的知识。

2. 分析的策略

(1) 围绕研究目的和命题进行。个案研究目的与设计是形成资料收集计划的依据,也是形成资料初步解释的验证。

（2）促进个案描述的发展。个案研究的目的之一是通过对个案的描述来以小见大，以少见多，因此个案资料的分析也要促进个案描述性框架结构的完整和发展。

（二）分析的维度与模式

1. 分析的维度

（1）主观—客观维度

从研究对象的主观上分析，主要是了解行为发生的内在动力，如动机、态度、情感、世界观、人生观、价值观等与行为及其结果的因果联系；从客观上分析，主要是了解教育、社会环境、家庭等与学生的生理、心理特点以及学生的成长、发展存在的相适应或不相适应的地方，并找出这些适应或不适应的矛盾关键所在。

（2）现状—过程—背景维度

现状—过程—背景维度的分析主要是从个案的当前发展现状和水平来分析个案行为或现象的形成和发展过程与现有水平的动态关系，进一步分析影响个案行为或现象发生的背景因素，依此来了解个案发展变化的基本特点和规律以及影响个案发展变化的各种因素。

2. 分析的主要模式

美国学者伊恩提出了七种个案资料分析模式，其中前四种是主要的模式，后三种是辅助的、次要的模式。

（1）类型比对模式。这一模式先由研究者提出相关理论，再借研究过程加以验证理论，如果相符甚至又能进一步证明与其相反的理论为假，则更能增强其提出的理论。

（2）解释建构模式。其目标是要借由建立对个案的解释来分析个案研究的资料，其目的不是为了做结论，而是为了更进一步的研究，进一步发展研究设想。这种程序主要是跟解释性的个案研究有关。

（3）时间序列分析模式。这可以直接比拟作在实验或准实验中进行的时间序列分析，或者说是将实验研究与准实验研究中常用的时间序列分析直接类推至个案研究中。所遵循的类型越复杂和精确，时间序列分析也就越能提供个案研究结论。

（4）程序逻辑模式。这是一种类型比对和时间序列分析两种模式的结合，主要是探讨自变量和因变量之间的主要因果关系。这种模式对于解释性、探索性的个案研究会比描述性的研究更有用。

（5）分析次级单元模式。当个案研究设计包含嵌入的分析单元，也就是说，有一个比个案本身还小的分析单元，而且对这个单元也收集了很多资料，就可以从镶嵌在个案中的这些次级单元开始分析。

（6）实施重复观察模式。这一模式是指在相同的研究中，重复的观察现场或分析次级单元。

（7）实施个案调查模式。当分析的个案数量相当多时，可以使用这种模式。它是一种个案间的次级分析，类似个案背景资料分析。由于时间和费用等方面的限制，无法深入每个个案，而且这些个案都是经过选择的，所以这一模式无法做到统计处理。

五、个案的补救、矫正与发展指导

个案的补救、矫正与发展指导就是根据对个案资料的分析、诊断提出恰当的教育措施，进行矫正或发展指导教育，或对学生如何发扬成绩、克服缺点，设计一套因材施教的方案并加以实施。

个案的补救矫正、发展指导涉及两个方面的具体内容：①改善、疏导那些不利于发展的外部条件，使之更好地适应、满足学生发展的需要，如家庭气氛、父母的教养方式、学校的教育措施、学生人际关系、社会文化环境等影响学生发展的因素；②矫治或引导学生内在因素的健康积极发展，如通过心理咨询和治疗，提高学生的心理健康水平，改善和发展学生的良好情绪、情感和人格倾向及性格特征，克服过分焦虑和一些不良性格等。

对个案进行补救矫正和发展指导的具体方法视问题的性质而定，如矫正学生的问题行为，其矫正的方法就是要根据问题行为的性质而定，处理有偷窃行为的儿童的方法同处理学习行为异常儿童、情绪障碍异常儿童的方法就各不相同。一般来说，教师要矫正学生的不良行为，需要根据生理学、心理学、教育学、社会学的原理，进行综合运用，针对病源，有针对性地加以矫正。

六、撰写个案研究报告

个案研究往往有很多种报告形式，如书面报告、口头报告，甚至是一组图片或录像带、录音带等也可传递个案研究的信息，但大多数的个案研究到最后还是要以书面报告的方式来呈现，这就需要对个案研究报告的撰写有所了解。

个案研究报告一般应包括题目、作者与单位署名、摘要、文献研究、问题、假设、方法与过程、结果、结论、小结、参考资料等部分。这些部分在报告中并不要求一一点明，有些部分可以合并在一起交代，有些也可以省略，但不可缺少题目、作者、研究问题、研究方法与过程、研究结果与讨论等。如何将个案研究的资料按上述的结构组织起来，形成一份研究报告，有学者提出了 6 种组织研究报告的结构模式。

1. 线性分析结构

线性分析架构有标准的步骤，依序列出研究的争议问题、探讨相关文献、方法的运用、资料收集与分析而得的研究、到发现衍生的结论与应用等。这种撰写法是最容易让读者明了，也是最有系统的撰写法，所以一般的论文写作多采用这种方式。

2. 比较性的结构

使用比较的方式，通过两种或更多视角，如以解释性、描述性或是探索性视角呈现同一个个案，这样做既是为了对个案进行生动、全面的说明，也旨在使读者能够拥有足够的信息，并利用这些信息判断哪些解释、描述或理论与资料最相符。其主要目的在于表示事实有足够的丰富性，可以适用于任何一种模式的解释。

3. 时间顺序结构

按时间先后顺序的原则，呈现个案早、中、晚期的证据来撰写；也可以先起草整个研究的后半部，以避免前后研究事件注意力的不平衡。如此呈现，则时间的脉络很容易掌握，这样的写作结构既能够阐述因果关系，又具有允许事件不断发展的优势。同时这种结构虽然以时间顺序为组织原则，但其各个阶段却包含不同类型的内容。

4. 理论构建结构

依据特定的主题或是理论，建构其逻辑性，也就依照理论来建构资料的撰写，如此，则能达到个案研究的解释性或是探索性的目的。在这种结构中，个案研究的各个后续部分都有助于或者构成了发展中的"理论陈述"要素，在论证的整个链条中提供了一个链环，最终促成了完整的理论陈述。

5. 悬置性结构

直接将个案研究的结果和主要结论呈现于报告的开头部分里，然后再提供论据、分析、解释和判断，如选择了哪些内容、排除了哪些内容、做出了什么结论、排斥了哪些可供选择的解释等，把这些在报告中慢慢铺陈出以支持最先结果呈现的理由，也就是预留悬疑，而留推论的空间，较适用于解释性的研究目的。

6. 非顺序性结构

假设或结果不重要，章节排列没有一定的顺序，没有特定的结构，是一种较自由的组织方式。这种方法使人很难了解哪些是重要的或不重要的，也容易遗漏信息，存在导致人进行空想臆造的风险。

思考与练习

1. 什么是个案研究法？它有哪些特征？
2. 个案研究的方法有哪些？
3. 个案研究的基本程序是什么？

实践与训练

1. 假设你想对一名具有自闭症的幼儿进行个案研究，你将从哪些方面着手收集个案资料？
2. 根据个案研究的适用范围，讨论分析下列课题是否适合采用个案研究。若能，请试着说出研究设计；若不能，为什么？
(1) 幼儿合作学习研究。
(2) 幼儿教师专业化发展模式与策略研究。
(3) 3～6 岁幼儿心理压抑问题研究。
(4) 提高幼儿教师工作积极性的研究。
(5) 家园合作共育机制研究。

第十三章
研究资料的整理与分析

学习目标

知识目标

(1) 理解资料整理的含义及意义;

(2) 掌握资料整理的步骤;

(3) 掌握定性分析和定量分析的方法。

能力目标

(1) 能对获取的研究资料进行整理;

(2) 能对定性材料进行分析;

(3) 能对数据资料进行初步的统计分析。

问题导入

　　教师们针对幼儿园的课题研究进行了一系列的教学改革。在为期 3 年的实施过程中,他们按照研究设计在实验研究中,进行定期教学反思并形成文字,对幼儿也进行定期观察和个别访谈,同时也对幼儿不同阶段的成绩进行了测试等。他们收集到的反应教学改革效果的资料数量、种类非常多,为了得到令人信服的科学结论,研究者就要学会用科学的方法对繁杂的资料进行整理分析。

第一节　研究资料的整理

资料的整理是研究过程中的重要环节,并贯穿研究活动的始终。研究者通过文献法、观察法、调查法、实验法等不同研究方法获得了大量的原始资料,接下来就要对这些杂乱的资料进行系统地加工整理,发掘资料的价值、意义,以说明或解释研究的问题。

一、资料整理的含义

(一) 资料整理的定义

资料的整理是指研究者根据研究的目的,运用科学的方法,对收集到的原始资料进行核实、分类和汇总,使之条理系统化的过程。研究中收集到的资料大多数是零散、无序、不系统的,研究前必须按照研究的目的和要求对资料进行整理,确保进一步的资料研究工作的顺利开展。

(二) 资料整理的意义

1. 有利于提高研究资料的真实性

研究者虽然对研究资料的收集和获取工作做了详细的计划与安排,研究资料的收集过程又完全按照研究目的与计划展开,但是也可能由于来自研究者或被研究者的主客观原因,使获得的资料出现假、错、缺、冗等现象。如用测量法进行的研究中,受测者经常会出现不负责任的填答、猜测或空答现象,或者研究者在摘录文献以及抄写数据过程中发生错误等,由此造成的资料失真将严重影响资料的分析工作,进而影响研究结果的科学性和真实性。

另外,研究资料的获取是多途径、多方面的,研究者希望这些资料能彼此协调,因为研究对象是已经确定的,它的属性特征应该是确定的,而且也应是协调的、有组织的统一整体。然而多渠道得到的资料和信息有可能出现彼此不相协调,甚至相互矛盾的现象。因此在研究资料的整理过程中可以进一步核实,去伪存真,确保研究结果的准确性和真实性。

2. 有利于提高研究资料的效度,提高研究的效率

我们在收集资料的过程中常常有多多益善的想法。资料的收集阶段尚处于研究的初级阶段,研究者不能完全理性地思考问题,总担心收集到的资料太少、涉及范围不够大,从而会漏掉一些有价值的信息,这最终导致收集的资料显得杂乱无章、冗长烦琐、粗细兼容。因此,在资料整理的过程中就要采用分类、比较、筛选等方法,对资料进行果断的判断、取舍,去掉粗糙、虚假、难以说明研究主题的资料,而保留精华。资料整理的去粗取精的过程,不仅提高了研究资料的质量和精确性,并使资料条理化、结构化,还节省了研究时间,提高了研究的效率。

3. 有利于增加资料的充分性和完整性

对资料的去伪存真、去粗取精有助于提高研究资料的质量水平,但这并不能充分保证资料的高质量,因此在研究中,要有意识地、严格地进行研究资料质量的控制。研究资料质量

的控制包括研究中的目标控制、资料收集的过程控制和资料整理时的事后控制。目标控制是指研究者要在明确的目标、目的指导下收集资料;过程控制是指在资料收集过程中选择适当的研究对象、运用正确的研究方法和手段等;事后控制是指在研究资料的整理过程中研究者要积极观察、比较、反思、联想,不断地将整理过的资料与研究目的进行联系,思考资料的充分性、完整性与适用性,对资料收集的工作质量进行反思和评价。

资料整理中,对获得的资料进行评价与反思是必不可少的环节。对资料的评价与反思,可以及时发现还缺乏哪些资料,哪些方面的资料还需要完善,并及时采取"补救"措施,这将有利于资料研究工作的深入展开。强调资料的整理,并非说在资料分析阶段不能再补充一些资料或再收集一些新资料,"补救"在任何时候都是必需的,科学研究需要老实、严谨的工作态度和作风,不得有半点虚假。

4. 有利于把握研究的主导方向

资料整理不仅可以帮助我们形成最具典型性的材料,另一方面资料的整理还为研究工作提供有用的信息,即有助于我们了解每一个方向、内容范围的资料多寡,提高了资料的指向性,便于更好地确定下一步研究的方向和主题。

(三)资料整理的基本原则

1. 目的性原则

整理后的资料要与所研究的问题有较强的针对性和关联性,也就是整理留下的资料应是有用的信息。因此,在整理资料时,要明确研究目的,紧紧围绕要研究的问题删减资料。在按照严格的标准筛选资料中,要对材料进行果断的取舍,如一旦发现某个事实、观点、数据不符合要求,则应及时、大胆地将其删除。对资料的科学果断地取舍,减少了对资料进一步分析研究的压力和负担,又能有力地说明和论证研究的结果。

2. 客观性原则

资料的客观性是我们探究事物、认识事物本质的重要前提条件之一。因此,在收集和整理资料时,都要坚持客观性的原则。首先,为了避免收集的资料出现"系统误差"或"失真",在运用任何一种研究方法和手段时,都应严格遵循其操作规则和要求,例如运用访谈法收集资料时,如果接受访谈的人之间有矛盾冲突,一部分人可能会避重就轻,这势必影响资料的客观性。研究者要对其有基本的识别能力,不能有丝毫的侥幸心理和不负责任的态度,一定要全面查找、考量多种信息,辨伪存真,做到资料整理过程的客观和科学。再者,客观性原则体还现在研究者不能"先入为主",以自己已有的"定论"去理解、筛选资料;在整理资料时能否心平气和、冷静地去分析与归类,都会直接影响资料的客观性。

3. 全面性原则

对客观现象的全面把握是认识事物本质的前提条件之一。在研究中,研究者只有充分、全面地掌握研究资料,才能通过科学的分析、推理和判断形成科学、客观的研究结果。要保证研究资料的全面性,在对资料去伪存真、去粗取精后,要从不同的层面、时间、空间和不同的关系中对资料进行审核、分类和汇总,根据研究目的的需要对缺少或不足的研究资料进行及时补救,这样通过整理的资料充分且全面,有助于进一步的资料研究分析工作。

4. 有效性和准确性原则

资料的有效性是指研究资料对研究的问题是否有价值,也就是说要对研究资料进行是否有利于观点的提炼、是否利于研究论据的获得、是否有利于研究思路的形成等的判断,然后再进行资料的取舍。因此,有效性是资料整理时必须遵循的原则之一。另外,我们在整理资料时,要求尽可能保证研究资料的准确而不是大概的或过于模糊;要尽可能全面而不是片面;要尽可能深刻而不是肤浅;要尽可能是典型而不是偶然的。如果资料就是大概的,那么所得的结论只能是"可能的"或"也许的"。因此资料的有效性、准确性越高,才越有可能获得真正科学的结论。

二、事实性资料的整理

研究中获得的事实性资料很多,包括文献、观察记录和访问记录、调查记录等,事实资料的整理包括:审核、分类和汇总。

(一) 审核

资料审核就是指对所获得的研究资料进行审查和核实。审查是仔细研究和详尽考察事实材料的真实可靠性以及是否符合要求;核实是确认资料有无虚假、伪造。对事实资料的审核可以消除其中的虚加、错误、短缺、余冗等现象,可以保证资料的真实、准确及其有效、完整性。事实性资料的审核主要看资料是否真实、准确、适用和完整。

1. 文献资料的审核

对文献资料的审核主要是确定资料的真实性和准确性,否则即使再好的材料也不能利用。文献资料的审核要做以下的具体工作。

(1) 应搞清资料的作者及其背景。包括作者的政治态度、学术观点;作者描述事件发生时是否在场;作者是事件的参与者还是观察者;作者描述事件的资格等。

(2) 对重要的资料(重要的观点、事实、引文等),要考证其出处及来源,以审核资料的真实性、可靠性与准确性。如有的文献属于变异文献(由一次文献做了一些改动的资料),对该文献的疑问应该在研究中进行说明。

(3) 对初步整理过的资料进行印证。研究者可以根据已经确认为正确的其他方面的知识、规则、原理等,判断加工后的文献资料的可信度和正确性。

(4) 对资料进行理性分析,判断其是否合乎逻辑。

(5) 对文献资料的有效性进行审核。如果资料与研究目标的关联性很低,应该删除。

2. 观察记录的审核

由观察获得的资料一般比较真实可靠,但有时也会掺杂人为的成分。如由于观察者与教师在场等原因,被调查的对象会做出种种假象来掩饰事情的本来面目。同时,由于对教育现象的感知和解释受观察者自己的价值标准、经验及观察者期望效应的影响,这会导致观察资料不准确。因此,在审核资料时要注意以下几个方面。

(1) 要检查观察资料是否是严格遵循科学的方法和操作程序而获得的。

(2) 资料如果是通过多种方法收集的,应把观察获得的资料与通过其他方法获得的资料进行比较,发现问题再去审核。

(3) 观察研究由多个人进行,可将不同观察者获得的资料进行对照。若有差异,要进行讨论和验证。

(4) 对于较重要的问题要注意观察时间的长短。一般来说,长时间的观察要比短时间的观察真实可靠。

3. 对访谈记录的审核

用访谈法获得资料主要包括两种:一种是研究者直接访问研究对象获得的资料。另一种是利用访谈问卷收集到的资料。审核这两种不同的资料时的着眼点不同:第一种观察资料是否真实可靠,与访问者的谈话技巧和记录水平有关。如果访问者不擅于引导与提问,且记录水平较低,则容易出现错误,另外访问者与受访者能否建立信任、和谐的关系,也影响资料的真实可靠程度。因此,如果几个访问者访问相同的对象,最好将记录的资料进行比对、核实。第二种访谈资料的审核要注意资料是否完整,即是否有漏填项目;是否有逻辑错误,如年龄为 11 岁,文化程度是高中。

(二) 分类

事实资料审核后,留下的都是必不可少的准确的资料,但这些资料仍然是杂乱无章的,此时研究者必须运用一定方法将其条理化和系统化。资料分类就是根据资料的性质、内容或特征,将相同或相近的资料归为一类,将不同的资料进行区分。分类的正确性取决于分类标准的科学性。分类的标准很多,研究者可以根据研究的需要和研究的具体方向等选择适宜的分类标准。

研究资料的分类主要有现象分类和本质分类。现象分类就是按照事物的外部特征或外在联系进行的分类。如按历史年代划分文献资料,根据研究对象的性别、年龄进行资料分类,这都属于现象分类。现象分类的优点是简便易行,资料的存取与查找方便,但这种分类的缺点是比较肤浅,不能较好地揭示事物的内在联系及其本质。本质分类也叫科学分类法,就是根据事物的内在本质或内在联系进行的分类。例如,根据研究对象的社会经济地位、政治态度、智能及人格特征等社会属性进行的分类,就属于本质分类。整理的资料必须要从现象分类过渡到本质分类。

另外,对资料的分类还有一次划分、连续划分和系统划分。一次划分是划分一次便可达到分类目的。连续划分是一次划分之后再划分,形成多种层次的划分。系统划分是按研究对象本身的科学系统进行分类,它能更深刻地揭示研究对象的各构成元素之间的自然组合关系。

(三) 汇总

汇总就是根据研究的目的和要求,对分类后的资料进行汇总和编辑,成为可以客观地反映研究对象状况的完整、系统、简明的材料。进行资料汇总,首先要根据研究目的和研究对象的客观情况,确定资料的合理逻辑结构。汇总后的资料不仅要真实反映研究对象的情况,还能说明研究将要说明的问题。其次要对分类资料初次加工。如给不同资料加上标题,重要的资料标示上各种符号,将资料按照一定的逻辑结构编上序号等。最后使汇总的资料完整、系统、简明和集中。即将所有可用的资料汇总到一起,做到类属层级分明,能系统完整地反映研究对象的全貌,尽可能简短明了地集中说明研究对象的客观情况,并注明资料的来源与出处。甚至还可以对资料的价值和作用等进行简要的评述,以供后继研究参考。

案 例

定性资料的编码

分析资料可以从编码入手。编码就是对已有资料进行归类和整理。

我们从一些研究资料中择取该种类别的研究资料,说明每种编码类别的特性。

脉络编码:意指研究场所、主题或研究对象的一般资料,这些资料显示研究的大概趋势。

情景定义编码:意指研究对象如何定义场所或特定主题,研究对象对于场所或研究产生的一般整体观点和看法,他们希望完成什么,他们如何定义他们所做的,什么对他们是最重要的。

研究对象所持的观点,意指所有或有些研究对象对于现场特定方面的思考方式,其中包括共享的规则、标准和一般的观点。

研究对象对于人们和物体的思考方式的编码,意指研究对象对于彼此、局外人和形成他们的世界之物体的了解。如一师范院校学生试教实习的书面报告中,其中描述她对于儿童的了解和感想。

过程编码,意指事件随时间改变的顺序,或是从一种状态到另一种状态的变化。有关个人、团体或活动随时间的改变,这种改变至少形成两部分的顺序,其编码名称常是时期、阶段、步骤、生涯、年代或顺序的关键点(如特点、关键期)。学生生活史研究即经常使用过程编码显示研究对象的重要生活阶段。

活动编码,意指经常发生的行为种类。这些行为活动可能是不正式的。如编码名称可以是:学校作业、开玩笑、午餐等。

事件编码,意指发生在研究场所或研究对象生活中的特定活动,这些活动并不常发生或只发生过一次。

策略编码,意指人们完成各种事情的方法、方式和技巧,如教师运用策略进行教学或控制学生的行为,学生运用策略交朋友等,这些编码需注意区分其策略的认定,是出于研究对象自己的判断或是研究者的判断。

关系或社会结构编码,意指人们之间的通常程序的行为类型,这些类型并不是组织上所证实定义的;或是指教正式定义之社会角色和关系。

方法编码,意指研究的程序、问题、喜悦和困境等。

(资料来源:袁振国. 教育研究方法[M]. 北京:高等教育出版社,2001:184-185. 有改动)

三、数据资料的整理

数据资料是通过观察、调查、测验、实验等方法收集到的用数量形式表现的资料,如幼儿的智力水平、识字量、心理健康状况等均可以用数量的形式表现。数据资料的整理包括数据审核、数据资料的分类、数据汇总等工作。

（一）数据审核

数据审核就是对数据资料进行认真仔细的审查与核实，是数据资料整理工作的首要环节。数据资料的审核工作主要是对数据的客观性、完整性和有效性进行确认。

数据的客观性指收集到的数据要与事实相符，精确客观，不能有任何错误和篡改现象。要保证数据的客观性，首先，要检查数据收集的过程是否符合要求；其次，要检查数据本身是否符合要求，如数据是否呈正态分布、具有独立性等，这可以根据将要采用的数据分析方法的假设条件检查数据；再次，可以凭借经验对数据资料的客观性进行核查。最后，还要检查计算方法是否正确，用计算方法对数字的计算结果进行复计，并检查数据的单位是否清楚。发现错误、缺失要及时修正，确保每一个数据的准确与客观性。

数据的完整性是指描述研究对象的各个要素和基本方面的数据资料不能有遗漏，确保数据统计分析的全面性。如使用问卷法收集数据资料，就要检查抽取的样本能否满足研究的要求、问卷涉及的研究内容和项目是否全面完整、问卷的回收率情况等。

数据的有效性是指收集的原始数据必须具有代表性，与研究的目的相契合，能满足研究的需要。数据有效性的审核要从研究变量、研究变量的界定、指标体系的界定及其逻辑关系等方面进行检查。

（二）数据资料的分类

数据分类又称统计分类，是根据统计研究的需要，按照一定的标准，把数字资料划分为若干个性质或类型不同的组。根据资料统计分组的标志不同，有品质分类和数量分类。

1. 品质分类

品质分类是指按事物的某种质量属性进行分类。如按幼儿的性别、兴趣的有无、体质的强弱等对数据进行分类。这种分类能直接获得总体样本的构成情况，认识不同属性事物的数量及特征和其在总体中所占的地位与作用。

2. 数量分类

数量分类是以数量为标志进行的分类，其反映事物数量的大小差异。如按照年龄、成绩、身高、人数等进行分组。按照数量分组，可以从不同发展水平、速度及规模上认识事物，也可分析研究具有不同数量特征的事物间的相互关系。数量分类方法有顺序排列法、等级排列法和次数分布法。

顺序排列法是指将各数值从大到小或从小到大进行排列。这样就可以看出最高分和最低分以及各分数出现的次数和位于中间的数是多少。

等级排列法是指根据顺序排列划分等级。但又与顺序排列不同，它是根据数值所含的意义来确定以数值大的为第一级还是以数值小的为第一级。例如学习成绩的等级，则以分数高者为第一等级；而完成一项学习任务所用的时间，则以数值小的为第一等级。

次数分布法是指数据在各个分组区间的散布情况，根据次数产生方式有简单次数分布、分组次数分布等。如调查发现幼儿与家长一起阅读的时间情况：半个小时的有 5 人次，阅读

15 分钟的有 15 人次,从不阅读的有 10 人次。任何一种次数分布都可以用列表和图示来表示。

(三) 数据汇总

数据汇总是根据研究目的,对分类数据进行计算和汇总,以集中反应研究对象的总体情况。数据资料的汇总方式有统计表和统计图。

1. 统计表

统计表是数据资料汇总的重要方式,它可以直观、简明地将数字资料很好地呈现出来,便于发现数据中蕴含的规律和特征,便于比较各项目之间的相互关系;便于各种计算,也便于检查计算错误和项目遗漏。

(1) 统计表的构成

统计表一般由表号、标题、标目、表身和表注共 5 部分组成。

① 表号。表号是统计表的序号,写在表的左上方。表号要按照统计表在文章中出现的先后次序进行排列。

② 标题。标题是统计表的名称,要简约、明了地概括统计表的内容,将其写在表的正上方。

③ 标目。标目是分类项目的标称,分类的项目要按照分类的标志进行划分,分类要明确、具有互斥性,并且还要确保所有数据都有归属。标目分为纵向标目和横向标目。

④ 表身。表身占据了统计表的大部分空间,表身中包括统计数字(统计指标)、表线等。表中内容的书写位置要上下左右对齐。表中暂缺的数据可以用"…"或"—"来表示,数据为"0"应该据实填写。统计表的上下端线要画成粗线,中间表线可以用细线分开,一般表的左右两端不封闭(不画线),表线切忌过多。

⑤ 表注。表注写在统计表的下面。它可以对标题做补充说明,另外数据来源、附录等一些需要进一步说明的注解也可以作为表注的内容。

(2) 统计表的种类

统计表可以分为单项表、双项表、复合表、次数分布表。

① 单项表。单项表是只包括一项比较或只有一种分类的简单表格,如表 13-1 所示。

表 13-1　某幼儿园小(1)班幼儿家长学历情况统计表

初中以下	高中、中专	大学	研究生	合计
0	10	23	6	39

② 双向表。双向表是最常用的统计表,是指包括两种分类或两种事项的统计表,如表 13-2 所示。

表 13-2　实验组与控制组不同情境下幼儿助人行为统计表

情境 组别	无冲突情境助人(次)	冲突情境助人(次)	合计
实验组	80	95	175
控制组	55	68	133

③ 复合表。复合表是指两种以上的事项比较,如表 13-3 所示。

表 13-3 某幼儿园大、中、小班幼儿阅读时间统计表

		30 分钟以上	20 分钟左右	10 分钟以下	合计
大班	男	5	4	8	17
	女	8	11	2	21
中班	男	2	7	5	14
	女	9	12	5	26
小班	男	1	8	5	14
	女	6	8	6	20
合计		31	50	31	112

④ 次数分布表。次数分布表是资料定量分析的重要类型,其是在对数据资料分类整理的基础上,根据大小把数据分成若干个小组,并将数据归到相关的组内,即可得到各组区间内的数据分布的次数,从而清楚地显示出全部数据的分布情况,如表 13-4 所示。

表 13-4 某幼儿园大班幼儿身高统计表   单位:cm

分 组 区 间	组 中 值	次 数
130~140	135	5
120~130	125	30
110~120	115	60
100~110	105	11
90~100	95	1
合计		107

注:各组中的起点分数归入本组。

2. 统计图

统计图是指用点、线、面及色彩等元素绘制成整齐简明的图形,揭示数据资料关于研究对象的特征、结构及其相互关系等方面的情况。它具有直观、形象、生动等特点,还能准确地表现统计数据资料,便于对统计资料进行分析研究。

(1) 统计图的构成

统计图一般由图号、标题、图目、图形、图例和图注构成。图号是统计图的序号,写在图的左下方。标题是统计图的名称,要简要醒目,写在图序号后面。图目是图中的标目,是对图中每部分的说明,写在图的基线下面。图形,是表示统计数字大小的线条和图形,是统计图的主体部分。图例,是举例说明某部分图形所代表的内容部分,放在图中空白的适当位置。

制图时应该注意以下方面。

首先,统计图一般采用直角坐标系,即一个统计图要有横轴(x 轴)和纵轴(y 轴)。

其次,横坐标一般表示事物的组别或自变量(x),纵坐标表示事物的数量、出现的次数或因变量(y)。

最后,一般将坐标的交点设为 0 点,然后对纵横坐标的刻度进行选择,一般图形数据的高度是宽度的 3/4。

（2）统计图的类型

① 条形图。离散型的数据资料通常用条形图来表示。条形图是用条形的高度表示相应统计数据的数目以及各部分之间差异的图形。条形图分为单式和复式条形图分，如图13-1和图 13-2 所示。

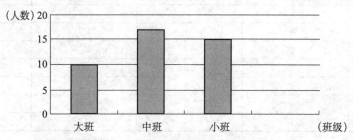

图 13-1　小班幼儿家长学历情况

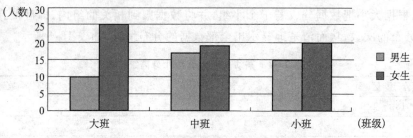

图 13-2　幼儿园各班学生人数统计情况

② 圆形图。其也用于离散数据资料的整理，即用圆形图显示各部分在整体中（圆形）中所占比重以及各部分结构的统计图，如图 13-3 所示。

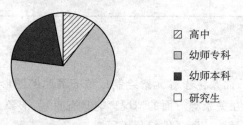

图 13-3　某幼儿园教师职称情况

③ 线形图。线形图用于连续型的数据资料的汇总整理。线形图是以折线表示事物的发展变化趋势的统计图。其通常用以描述某种事物在时间上的变化趋势，还可以表示变量的函数关系等，如图 13-4 所示。

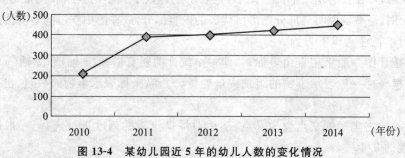

图 13-4　某幼儿园近 5 年的幼儿人数的变化情况

④ 直方图。直方图是用面积表示次数分布的统计图,用于连续性的数据资料整理,如图 13-5 所示。

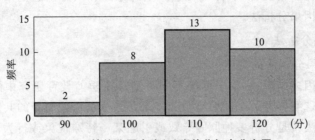

图 13-5　某幼儿园大班(1)班幼儿智商分布图

第二节　研究资料的定性分析

一、定性分析的内涵

(一)定性分析的含义

定性分析是对经过整理的资料进行质的分析,以揭示事物的本质,或解释某种现象变化的原因及变化发展的过程,并为研究结果的解释和理论的建构提供一定的依据。研究者按照公认的理论原理、演绎逻辑、大量的历史事实及个体的经验等分析研究资料,以揭示事物的主要特征及其相互关系。具体来讲就是要回答事物在性质上"是什么""为什么""怎么样""意义是什么"等问题。

教育规律则蕴含在教育过程、教育理论与实践人员的观点和看法以及研究者收集的各种资料中,对于其中的事实性、文字资料进行定性分析以揭示教育现象及其发展规律;另外获得的数据资料在整理分析的基础上,也要对其进行高层次的定性研究分析。因而,掌握一定的定性研究的方法和技术对教育教学研究工作者是必不可少的内容。

(二)定性分析的特点

(1)定性分析重在揭示事物的本质。
(2)事实性资料以及定量分析的结果均要进行定性分析。
(3)定性分析的研究步骤比较灵活。
(4)定性分析易受主客观因素(研究者、环境、研究对象)的影响。

二、定性分析的基本方法

(一)因果分析法

一切事物、现象以及其结构的多个要素间都是相互影响、相互制约的,其形成的联系是多种多样的,因果关系就是一种。因果关系是指原因与结果之间的联系,当一个事件或现象的发生导致了另一个事物或现象的发生时,就说它们之间存在因果关系。因果分析法就是通过对事物现象的分析,找出该事件或现象产生的原因和由之引起的结果的思维方法。下面介绍几种常用的因果分析法。

1. 解释性因果分析法

(1) 解释性因果分析法的类型

因果关系有一因多结果、一果多因等不同类型。在学前教育研究中的解释性因果分析有一果多因分析法("解释性的个性模型")和多果共因分析法("解释的共性模型")。

一果多因分析法就是分析多种原因导致或引起某一特殊现象或行为。该方法就是从一个结果(现象、行为)出发,寻找造成这一结果的多方原因,可采用列举某些原因试图解释某一行为。譬如,我们想了解幼儿教育小学化的原因,每位园长都可能用许多原因来解释为什么会这样。如果某园园长列举出的原因有 5 种,这 5 种原因不能用于解释所有具有幼儿教育小学化的幼儿园的普遍性问题,因为一些幼儿园如此做的原因基于它的个性考虑而非共性。

多果共因分析法是分析导致某些结果的共同原因的方法。它是有意识地查找可以解释一类行为事件(现象)的那些最为重要的原因,就是说该方法试图用最少的原因,最大限度地解释一类事物的因果关系。例如,某地幼儿园的幼儿教育小学教育化的原因中,假如"幼儿园升小学必须考察幼儿的识字和算数等情况"这一原因是幼儿园进行小学教育的最普遍、最重要的原因,那么当地的大多数幼儿园都可能会出现对幼儿提早进行小学化的教育现象。当然该原因不能对所有幼儿园的此种现象做全面的解释。

(2) 解释性因果分析法的使用

① 要特别重视分析因果关系中的必要和充分原因。

在研究中使用一果多因分析法和多果共因分析法时均要进行该原因是必要还是充分原因的分析。必要原因就是指该原因是某种结果出现的必备的条件。例如,必须加强户外活动,才能增强幼儿的体质,虽然并非参加户外活动的幼儿都能增强体质,但"户外活动"是"增强体质"不可缺少的条件。可以这样说,如果没有原因 X 的发生,结果 Y 则绝不会产生,即原因 X 对于结果 Y 就是必要、不可缺少的原因。充分原因是只要其出现某种结果就一定会出现的条件,也就是说只要原因 X 发生,结果 Y 就一定会发生,这里的 X 就是 Y 出现的充分条件。例如,只要全面贯彻幼儿教育方针,就一定会克服幼儿教育小学化的现象,虽然通过其他途径也可以杜绝幼儿园进行小学教育的现象,但"全面贯彻幼儿教育方针"已经是克服片面幼儿园进行小学教育的满足条件。

在考察事件原因时,应注意下面三种情况的区分。

首先,必要但非充分原因。必要而非充分的原因表达的内容是原因 X 必定发生在结果 Y 之前,但只依靠原因 X 并不一定导致结果 Y 的发生,而是结果 Y 发生前,除了必不可少的原因 X 以外,还必须要有其他的因素。如上例中,加强户外活动对增强幼儿的体质是必不可少的,但要增强幼儿的体质,仅仅加强户外活动是不够的,还要有良好的环境条件、幼儿的身体素质和幼儿的饮食营养、睡眠等因素。因此,加强户外活动,只是增强幼儿体质的部分原因。

其次,充分但非必要原因。充分但非必要的原因是说原因 X 的出现一定导致结果 Y 的出现,但是若反过来结果 Y 不一定是原因 X 所导致的,也可能是另外的原因所致,这时的原因 X 就是结果 Y 的充分但非要条件。例如,要杜绝幼儿教育小学化的现象,除全面贯彻幼儿教育方针外,也可通过采用行政命令的方法,这也是克服幼儿教育小学化的充分条件。这两种途径,只要选择其一就可以克服该教育现象,不必两种途径并用。但是只要选择其中一种途径;另外一种途径即可免除。

最后,充分必要原因。充分必要原因是指原因 X 对结果 Y 的存在既是必要原因也是充分原因,就是说如果没有原因 X 的存在,就没有结果 Y 的发生,而且只要原因 X 存在,则结果 Y 就一定发生,没有其他可代替的原因,它是因果关系的最理想的形式。例如,若假定从事学前教育工作是取得教龄津贴的充分必要原因,则所有学前教育工作者都可取得教龄津贴,而不从事学前教育工作的则不可能取得教龄津贴。即 X 是 Y 的必要原因,也是充分原因。

② 要善于发现构成因果关系的事物;确有因果关系的性质并对因果关系的程度做出适当的解释。

2. 推理性因果关系法

推理性因果分析法包括求同法、求异法、求同求异法和共变法等。

(1) 求同法

如果某一现象(a)分别在若干不同场合出现,在每个场合的具体情况中,只有一种情况(A)相同而其他情况都不相同,那么相同的情况(A)就可能是该研究现象(a)的原因,这种因果关系的分析方法就称为求同法。求同法用简单图示表达如图 13-6 所示。

场合	具体情况	被研究对象
1.	$AB_1C_1D_1$	a
2.	$AB_2C_2D_2$	a

所以, A ————————→ a

图 13-6 求同法图示

例如:两个平行的幼儿园大班(1 班和 2 班),幼儿的识字水平分别为 B_1、B_2,幼儿教师为 C_1、C_2,教学环境为 D_1、D_2,1 班和 2 班采用阅读教学方法均为 A,一年后幼儿的阅读水平都提高了(现象 a),那么可以认为阅读方法是幼儿阅读水平提高的可能原因。

注意:运用求同法分析得到的事件(现象)的原因只是可能的原因,因为我们只在有限的几个条件下进行了观察和分析,或者可能观察到的诸多条件中还存在着没有发现的共同条件,所以用求同法得到的结论具有或然性,一定要通过其他方法加以验证,以提高结论的真实性、科学性。

(2) 求异法

如果某一现象(a)在一种场合出现,在另外的场合不出现,在两种场合的具体情况中,只有一种情况(A)不同,而其他的情况都相同,那么,不同的情况(A)就可能是该现象(a)的原因,这种因果关系分析的方法就称为求异法。求异法用简单图示表达如图 13-7 所示。

例如:经过随机分组的两个平行教学班 1 班和 2 班,幼儿的识字水平(B)、授课教师(C)和教学环境(D)都相同,1 班采用阅读教学方法为 A_1,2 班采用阅读方法为 A_2,一年后幼儿的学习水平产生了差异(现象 a),则可以认为阅读方法是产生阅读水平差异的可能原因。需

场合	具体情况	被研究对象
1.	ABCD	a
2.	—BCD	—

所以，　　　　　A ——————————→ a

图 13-7　求异法图示

要注意的是求异法的结论也是具有或然性的。如上例中阅读方法的不同是产生阅读水平差异的可能原因，而在一年的阅读过程中，幼儿的阅读态度、兴趣等是否影响了阅读水平并不知晓。

（3）求同求异法

如果某一现象（a）在几个正面场合出现且在它们的具体情况中都只有一个共同情况（A），而在几个反面场合不出现且在它们的具体情况中都没有这个共同情况（A），就可以确定这个共同情况（A）可能是该现象（a）的原因，这种因果分析法就是求同求异法。用求同求异法得到的研究结论比较可靠，如图 13-8 所示。

先行情况	被研究对象
$AB_1C_1D_1$	a
$AB_2C_2D_2$	a
…	…

而且

$A'B_1C_1D_1$	—
$A'B_2C_2D_2$	—
…	…

所以，　　　A ——————————→ a

图 13-8　求同求异法图示

例如：两个平行教学班 1 班和 2 班，学生的识字水平分别为 B_1、B_2，授课教师为 C_1、C_2，教学环境为 D_1、D_2，1 班和 2 班的阅读教学方法均为 A。一年后幼儿的阅读水平都提高了（a）；同时作为控制组的平行班 3 班和 4 班，学生的识字水平分别为 B_1、B_2，授课教师为 C_1、C_2，教学环境为 D_1、D_2，3 班和 4 班的阅读教学方法分别为 A，一年后幼儿的阅读水平都没有提高。我们可以认为阅读教学方法（A）是使幼儿阅读水平提高（现象 a）的可能原因。

（4）共变法

共变法是指在某些场合的具体情况中的条件（B，C，D…）不变的情况下，某一现象（A）发生一定程度的变化，同时另外一种现象（a）也随之发生一定程度的变化，那么，前一现象就可能是另一现象的原因。其简单的表达图示如图 13-9 所示。

（二）归纳分析法

归纳是指从大量的个别事实推导出一般性的理论认识的方法。例如用量表测定幼儿 S_1 的绘画能力高于幼儿 A，S_1 绘画水平高于 A，幼儿 S_2 的绘画能力高于 B，S_2 绘画水平高于 B，学生 S_3 的绘画能力高于学生 C，S_3 绘画水平成绩高于 C……我们就可以归纳出学生的绘画能力越高，幼儿的绘画水平就越好，即幼儿的绘画能力与绘画水平成正比关系。归纳分析法如图 13-10 所示。

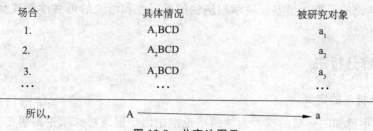

场合	具体情况	被研究对象
1.	A_1BCD	a_1
2.	A_2BCD	a_2
3.	A_3BCD	a_3
…	…	…

所以，　　　　A ——————————→ a

图 13-9　共变法图示

个别现象	一般性质
S_1	P
S_2	P
S_3	P
…	…
S_n	P

S　　　　　　　　　　　P

图 13-10　归纳分析法图示

归纳分析法可以分为完全归纳法、简单枚举法和科学归纳法三种方法。

1. 完全归纳法

完全归纳法是由某类事物中的每一具体对象都有(或没有)某种属性,而概括出该类事物中的所有对象都具有(或不具有)某种属性的归纳方法。该方法是在考察了一类事物(现象)的所有个体之后得出的概括性结论,由此推断出的结果是可靠的。但是使用该方法有一定的限制:即只有在样本的数量也就是选择的研究对象的数量有限时才可以用,如果样本数量很多或者无限量,并且个别的事实又非常繁杂时,应用完全归纳法进行研究就比较困难。

2. 简单枚举法

简单枚举法是指只对研究对象的部分事实或要素进行考察,进而得出一般性结论的方法,可见使用该方法进行研究,研究者不会基于科学抽样,对选取的有代表性的样本(具体事物)进行考察,而是只对几个具体事物的分析就概括出了它们的共同特性,显然简单枚举法进行归纳推理的依据仅是少数几个研究对象,缺乏代表性,由此得出的结论则不可靠。

3. 科学归纳法

要研究的对象数量如果是无限的,用完全归纳法考察每一个对象的特征或用单枚举法得到的结论可靠性会很差,基于此提出了科学归纳法,它是教育研究中经常使用的方法。

科学归纳法是根据事物间的因果联系,通过考察研究对象的一部分事实或要素的特征,推断出该研究对象的所有事实或要素都具有某种特征的归纳方法。此方法的科学性体现在,选择了具有代表性的部分事实作为研究对象,经过观察和实验研究得出一类事物中的部分对象与某种特性有必然的联系,就是说对可以代表"整体"的"部分"进行研究,以此推出的结论在统计学上的可靠性比较高。科学归纳法与因果分析法有很多相同之处,都是通过对事物的因果关系进行分析得出结论的思维过程,但是其具体的研究过程有所不同。

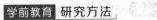

对以上三种归纳法进行分析可知：完全归纳法的结论最可靠，但可行性差。简单枚举法简单实用，但结论的可靠性很差。科学归纳法的可行性和结论的可靠性都较高，它是进行归纳分析的首选方法。

（三）演绎分析法

1. 演绎分析法的定义

演绎是指由已知的一般的或普遍性的结论推论出个别或特殊结论的思维方法。简单地说就是一类事物或现象都具有某一特征，某一事物或现象归属于该类事物，那么就可以推断出这一个别事物或现象也具有此特征。例如：

所有教育活动都要注意培养幼儿的规则意识，

幼儿的户外活动是教育活动，

所以幼儿的户外活动应注意培养幼儿的规则意识。

即：所有现象（S）具有性质 P，

个别现象 S_1 属于 S，

所以，S_1 具有性质 P。

2. 演绎分析法的分类

（1）公理演绎分析法

公理演绎分析法是指从一个具有普遍意义的公理或结论而进行的演绎分析。其由 3 个判断组成，前两个判断是前提，后一个判断是结论。如上例，"所有的教育活动都要注意培养幼儿的规则意识""幼儿的户外活动是教育活动"这两个判断是被公认的理论，构成推论的前提。"幼儿的户外活动应注意培养幼儿的规则意识"是在前提下的推论（结论）。

（2）假设演绎分析法

假设演绎是基于假设判断而进行的演绎，其是一种条件性的判断，或者说所提供的判断的条件中至少有一个是假设的判断，由假设判断的成立来推出结论。例如：

如果要增强幼儿的体质，就一定要加强体育锻炼。

我们要增强幼儿的体质。

所以，必须加强体育锻炼。

由于演绎是通过前提推断结论，假设演绎的大前提又是假设的，那么推出的结论更不可靠，因此假设演绎得出的结论是否正确要运用实践、理论和逻辑进行检验。尤其在运用假设演绎分析问题时，一定要先论证假设的前提的正确性。如上例中只有在"要增强幼儿的体质，就一定要加强体育锻炼"这一前提是正确的，才能进一步保证结论正确。

归纳分析法和演绎分析法是相互对立且又相互关联的推理方法，反映了两条截然相反的认识事物的思维方式，合理的运用有利于提高研究结论的科学性和研究过程的便利性。

（四）比较分析法

比较分析法就是对两个或两个以上的事物加以比较，从而找出事物间的相同点和差异的方法。事物间可比较的角度非常多样，可以从不同领域、不同过程、不同的阶段对两个事物进行比较，对同类事物的各个部分、细节进行比较找出差异，对不同类事物的各个部分、细节比较找出性质上的差异。比较分析法分为横向比较法、纵向比较法。

1. 横向比较法

横向比较法是指按照一定标准,对不同的各类事物或现象进行对照,以确认现象之间的异同,以把握事物本质的思维方法。要进行横向比较,事物或现象之间必须是有联系的,且一般都选择同一历史时期的或相对静止不变的事物或现象进行比较,找出其异同。

例如:运用比较分析法研究幼儿园的管理模式和运行机制对幼儿发展的影响,首先要选择同一层次的幼儿园,如同是农村或城市幼儿园,考察其管理模式和运行机制的差异及幼儿发展的差异,通过比较发现二者的共同点和各自的特色,从而找出幼儿园的管理模式、运行机制与幼儿发展间的关系。

2. 纵向比较法

纵向比较法也叫历史比较法,是指对事物(现象)发展过程中的不同阶段或不同历史时期的状况进行对照,确定事物发展的阶段性特点或发展规律的思维方法。它是对时间轴上的若干时段的横断面(事物的状况)进行对照,以动态的观点来分析资料,弄清其发展的来龙去脉,即从事物的发展变化过程来研究其发展变化的规律。

如考察幼儿园的管理模式与运行机制与幼儿发展之间的关系,运用纵向比较法,就要对同一所幼儿园在不同历史阶段的管理模式和运行机制进行对照,找出异同点,比较不同阶段的幼儿发展的差异,进而分析该园管理模式和运行机制与升学率之间存在的关系。再如对一所幼儿园的办园水平是否提高、幼儿的发展变化状况等的研究,都可以通过纵向比较分析法,对不同时期的情况进行对照研究,得到一定的结论。

(五)类比法

类比法是根据两个事物具有某些相同的属性的判断,从而推断出两者其他的某个属性也相同的结论。类比法可以进行如下表达:

A 有属性 a、b、c、d

B 有属性 a、b、c

————————————

B 可能有属性 d

要提高类比分析结论的可靠性,必须注意以下两点。

(1)类比所依据的相同属性(性质)越多,结论的可靠性越高。就是说在运用类比法时,要尽可能多地寻找事物之间的相似属性。

(2)类比所依据的相同属性之间的关联性越强,结论的可靠性越高。即 a,b,c,…,之间的联系越密切越好。

(六)分析综合法

分析是对事物(现象)进行分解,从而认识事物(现象)本质的思维活动;综合与分析相反,即是通过对事物要素的本质认识,从而达到认识事物(现象)整体的思维活动。可见分析与综合是两种互相关联且具有不同思维过程的分析方法。

1. 分析法

对研究资料的分析就是将研究对象分为各个部分、方向、因素、层次等,并对这些不同部分、层次等的资料逐一研究,以认识研究对象本质的思维方法。运用分析法,使最初仅存有感性认识的事物或现象,被分解为各方面的联系和特征,使我们的认识逐步深入到事物本质。例如,为了研究某一幼儿园的管理情况,我们可以暂时把它分解为教学管理、德育管理、教学设施管理、财务管理、后勤生活管理等部分,并分别考察认识、研究各部分的特点和功能。

分析法可以使复杂的事物(现象)变得简明、清晰,有利于抓住现象本质。但在运用该方法时应注意以下几个方面。

(1) 对事物的分解要基于总体目标和整体观念,不是简单机械的分割,即不能为了分析而分析。分析是为了更好地把握事物的整体属性,如果忽略事物部分间的相互联系,仅仅着眼于局部的分析研究,容易导致对事物的认识片面和割裂,歪曲事物本质;

(2) 必须按照一定的标准和规则进行分析。确定分析标准要考虑如何有助于认识事物的内在特点和本质属性;

(3) 要在一定的理论指导下进行分析,即分析要有一定的理论基础或前提框架。

2. 综合法

综合法是基于分析的结果,把事物的各个部分(要素)加以整合,从整体上把握事物的本质和特征的思维方法。也就是说综合首先必须以周密分析为基础,其次要对由分析取得的局部性认识进行综合,其关键是要借助特定的理论框架,如概念、范畴等来找出联结各个部分间的联系方式,将对象的各个部分联结为一个有机的整体,以力求形成对事物完整而深刻的认识,

分析与综合是辩证统一的。它们在资料研究中发挥着不同的作用。分析法着眼于局部研究;综合则着眼于整体研究,是在分析的结果上进行的,离开分析则无法进行,因此二者是不同但又相互依存、相互关联、相互补充、相互配合。资料研究的第一阶段,要分析的具体而深入,并且分析要以综合认识为目的;在第二阶段,要基于分析的结果加以综合,完成对研究整体的新的认识。

(七) 科学抽象法

科学抽象法就是透过现象以抽取本质,对事物进行科学解释的一种方法。具体来讲,科学抽象是对各种具体的经验、事实进行比较分析,排除非关键要素,抽取事物的重要、关键特征,以揭示事物的本质和规律。进行科学抽象,可以使我们对事物认识从感性或表面上升为理性,即对事物规律性的认识。

科学抽象过程有三个环节:分离—提纯—简略。分离,就是不考虑所要研究的对象与其他对象之间各式各样的联系,把研究对象分离出来。就是从科学的研究领域出发探索某一事物的规律,而避开研究对象同客观现象的总体联系。提纯,就是在排除干扰因素,能在纯粹的状态下对研究对象进行思考。简略就是撇开非本质因素,以把握事物的基本性质和规律。

定性分析的方法是形成科学理论的研究方法。形成科学理论的方法是指在已有事实材料或已有理论的基础上,进一步探索事物的本质与规律,或构建理论体系的研究方法。

案 例

观察资料的定性分析

在美术课上,小朋友们都在认真地画画,小强却在一旁捣乱,结果不小心打翻了阳阳的颜料盒,弄得四处都是颜料,阳阳伤心地哭了,见到老师走过来,小强连忙大声地告诉老师阳阳在纸上乱画,涂得到处都是。

从小强的行为我们可看出,当犯了错误的时候,幼儿其实内心很害怕,怕受到老师的批评。为了逃避批评,他会想办法推脱责任,而采用恶人先告状的行为方式。

第三节　研究资料的定量分析

定量分析就是对用数量描述的事物(内容),运用一定的统计方法进行数量分析,挖掘数量中所包含的事物特征及规律的方法。定量分析中最常用的分析方法是统计分析方法,即用统计学的原理与方法,整理和分析研究过程中得到的数据资料,并依此进行科学推断,以揭示事物(现象)的本质特征。按照不同的研究目的,可以将统计分析大致分为描述统计、推断统计和多元统计(略)三类。本节重点介绍前两种。

一、描述统计

对数据进行分析时,一般要对数据先进行描述统计。描述统计就是将研究中获得的数据通过图表和数学方法进行整理分析,对数据的分布状态、数字特征和变量间的关系进行描述的方法。描述统计分为数据的集中趋势、离散程度和相关程度等,其最常用的指标有平均数($\overline{X}$)、标准差(S)、相关系数(r)等。

(一)集中量数

集中量数是表示一组数据集中趋势的统计量或描述一组数据的典型水平。常用的集中量数有算术平均数、加权平均数、中数和众数。

1. 算术平均数

算术平均数是指一组数值的总和除以数据的总个数所得的商,其常被简称为平均数、均数或均值,用 $\overline{X}$ 表示,公式如下:

$$\overline{X} = \frac{X_1 + X_2 + \cdots + X_n}{n} = \frac{\sum X}{n}$$

式中:$X_1, X_2, \cdots, X_n$ 为具体的观测值,为收集到的原始数据;$\sum$ 为累加求和;n 为观测值的个数(数据的个数)。

例如:某幼儿园小 1 班 15 名幼儿的身高分别为:

89　90　91　95　99　87　92　93
94　87　89　92　91　94　97

其平均身高或者说身高的算术平均数为：

$$\overline{X} = \frac{89+90+\cdots+97}{15} = 92$$

2. 加权平均数

在计算平均数时，不仅要考虑数据的大小，有时也要考虑不同的数据或不同组的数据所起的作用大小或重要性程度，因此计算平均数时必须先对数据的作用大小有所区分。常用的数学方法就是对重要性不同的数据分别赋予不同大小的数值（权重、权数，用 W 表示），用数据乘以权重的总和除以权重的和所得的商，所得指标就称作加权平均数。计算公式如下：

$$\overline{X}_w = \frac{X_1 W_1 + X_2 W_2 + \cdots + X_n W_n}{W1 + W2 + \cdots + W_n} = \frac{\sum X_i}{\sum W_i}$$

式中：$W_1, W_2, \cdots, W_n$ 分别为各个数据的权重。

例如：对幼儿教师的评价采用同行、领导、教师个人相结合的评价方式，而且对每方面评价的重视程度不同，也就是权重不同，其分别为 0.40、0.30、0.20，某幼儿教师的各方面评分分别为：89、90、86，则该幼儿教师评价的平均得分为：

$$\overline{X}_w = \frac{89 \times 0.4 + 90 \times 0.35 + 86 \times 0.25}{0.40 + 0.35 + 0.25} = 88.6$$

3. 中数

中数是指按照大小顺序排列的一组数据中居于中间位置的数据，也叫中位数、中值、中点数，用符号 M_d 表示。当一组数据中有极端值或者数据两端的个别数值不清楚等情况下，需要快速估计一组数据的代表性值的时候，就会用到中位数。中位数的计算方法分如下两种情况。

(1) 如果数据的个数为奇数，就以处于中间的数据作为中位数。

(2) 如果数据个数为偶数，则计算位于序列中间的两个数据的算术平均数作为中位数。

注意上述两种中位数的计算都要先对数据进行排序，然后才可以计算位于序列中间的那个数值（中位数）。

例如：

(1)有 9 个数据，从大到小排列依次为：35,33,30,28,25,24,18,16,13。其中 16 就是中位数，即 $M_d = 16$。

(2) 有 8 个数据分别是 82,56,61,76,87,92,94,72。计算其中位数。

解：将数据依次从大到小排列为：94,92,87,82,76,72,61,56

数据个数为偶数，所以

$$M_d = (82+76)/2 = 79$$

4. 众数

众数是指在一组数据中出现次数最多的那个数，又称为密集数、范数、通常数，用符号 M_0 表示。众数只用于对一组数据的分布情况做粗略的了解。例如一组数据是 2,6,8,14,8,15,8,17，则其中出现最多的 8 就是众数。

众数的意义简明易懂，较少受极大值和极小值的影响，而且本身就出现在数据中，可以作为数据的代表。但是要注意:计算众数有一定的条件要求。当总体单位数较多而且有明显的集中趋势的数据资料才可以计算众数。如果总体单位数少或者单位数虽然较多但是没有明显的集中趋势时,不能计算众数。另外,即使总体单位数较多而且有明显的集中趋势,但是最多次数的标志不止一个时,则要慎重考虑总体单位是否为同一类型,然后重新分组后才可以找出众数。

案 例

在一组数据中,只有平均数乘以数据总个数与各数据的总和相对等,平均数与各数据之差(离均差)的总和为零,中位数、众数都不能满足这一点。每个数据与平均数之差的平方和为最小,即每个数据与任意常数包括中位数或众数的之差的平方和都大于每个数据与平均数之差的平方和。这就是平均数的"最小平方的"原理,这一点也决定了平均数是较中位数(M_d)与众数(M_0)都应用广泛的一个集中量数,三者之间的比较,见表 13-5。

表 13-5　平均数、中位数、中数之间的比较

比较项目	平　均　数	中　位　数	众　数
意义	与其两侧数据距离之和相等的重心等距、等比	与其两侧数据个数相等	出现次数最多的数,典型性质
适用类型	等距、等比	顺序、等距、等比	顺序、等距、等比
计算特性	需所有的数据	只需中间数	计算迅速
进一步运算	可以	不可以	不可以
受抽样的影响	较少	较大	较大
受分组的影响	不大	较大	最大
极端数的影响	最严重	最少	较少
使用场合	一般情况下都用平均数	有极端数据时;当两段数据或个别数据不清楚时;快速估计代表值时	有极端数据时;数据不同质时;快速估计代表值时,估计分布形态时

(资料来源:辛涛,等 . 心理与教育统计学[M]. 北京:中国人民大学出版社,2010:34-35.)

(二)差异量数

在研究中,我们要全面了解被研究对象的数量特征,可以用集中量数了解数据间典型的集中情况(数据的"相似"程度),还要了解数据的分散、变异情况(差异程度)。例如两组数据:

A　50　60　70　74　84　90　94
B　71　70　74　75　79　81　82

虽然 A、B 两组数据的平均数都为 76,但它们的离散程度不同。A 组数据比较分散、参差不齐、差异性大;而 B 组数据则比较集中、差异性小。由此可知对一组数据的全貌描述,只用集中量数来描述还不够,还要对数据的离散程度进行描述,这样才能很好地揭示数据的信息。

用来描述一组数据的离散趋势的统计量被称为差异量数。差异量越大,说明数据分布的范围越广,数据就越松散。集中量数的代表性与差异量数有很大关系。差异量数越大,则集中量数的代表性就越小;差异量数越小,则集中量数的代表性就越大。差异量数常用全距、离差、平均差、标准差和方差等来表示。

1. 全距

一组数据中从最大数到最小数的距离，称为全距，也叫两级差，用 R 表示。R 大说明离散程度大，反之则小，数据比较整齐。例如上例 A、B 两组数据，A 组数据的全距 $R=94-50=44$，B 组数据的全距 $R=82-71=11$。说明 A 组比 B 组数据的离散程度大。

2. 离差、平均差

离差是指某一变量与该组数据的算术平均数的差，用 d 表示，则 $d=X_i-\overline{X_0}$。

平均差指一组数据内的每个数据的离差的绝对值的平均数，也叫离均差。用 AD 表示。公式为：

$$AD=\frac{\sum |d|}{n}$$

3. 方差与标准差

（1）方差。方差是一组数据离差的平方和的算术平均数，用符号 S^2 或 σ^2 表示。

$$S^2=\frac{\sum (X_i-\overline{X})^2}{n}$$

例如：某幼儿园小 1 班 15 名幼儿的身高（cm）分别为：89、90、91、95、99、87、92、93、94、87、89、92、91、94、97，求该组幼儿身高的方差。

解： 幼儿平均身高 $\overline{X}=\dfrac{89+90+\cdots+97}{15}=92$

$$S^2=\frac{(89-92)^2+(90-92)^2+\cdots+(97-92)^2}{15}=11.066\ 666\ 7$$

（2）标准差又称均方根差、变异数，就是方差的平方根，具体是指一组离差数据的平方和的平均数的平方根，用 S（或 σ）表示，计算公式为：

$$S=\sqrt{\frac{\sum (X_i-\overline{X})^2}{n}}$$

上例中幼儿身高的标准差 $S=\sqrt{\dfrac{(89-92)^2+(90-92)^2+\cdots+(97-92)^2}{15}}\approx3.33$

统计分析中最常用的差异量数就是标准差。标准差的数值越大，则这组数据的离散程度越大；标准差的值越小，则这组数据的离散程度越小。

（三）地位量数

地位量数是描述某一观测值（数据）在整体中所处位置的统计量。标准分数是常用的地位量数。

标准分数又叫 Z 分数，是以标准差为单位表示某个原始分数在团体中所处的相对位置的量数。对一组数据的大小进行比较，可直接比较观察值（原始分数），但要对两组或多组数据进行比较，由于各组的平均数和标准差有所不同，或者由于获得数据使用的观测工具、特质不同，则难以进行比较。为了解决不同组的数据比较问题，引入了标准分数，是指原始数据距离平均数有几个标准差。计算公式为：

$$Z=\frac{X-\overline{X}}{S}$$

式中：Z 为标准分数；X 为原始分数；S 为标准差。

例1：幼儿红红的身高为 99cm，娟娟的身高为 89cm，已知全班幼儿的平均身高为 92cm，标准差为 4，红红和娟娟身高的 Z 分数分别是多少？

解：

$$Z_{红红} = \frac{99-92}{4} = 1.75$$

$$Z_{娟娟} = \frac{89-92}{4} = -0.75$$

红红和娟娟身高的 Z 分数分别为 1.75、-0.75。

说明红红的身高处在班内幼儿平均数以上 1.75 个标准差的位置，而娟娟身高处在班内幼儿平均数以下 0.75 个标准差的位置。

例2：幼儿苗苗的故事叙述的得分为 28 分，全班平均分为 26 分，标准差是 5；她的舞蹈得分 88 分，全班平均得分 83 分，标准差是 8，问苗苗的哪种成绩好，表现更突出。

解：

$$Z_{故事} = \frac{28-26}{5} = 0.4$$

$$Z_{舞蹈} = \frac{88-83}{8} = 0.625$$

因为 $0.625 > 0.4$，虽然苗苗的各项分数都高于全班平均分，但她的舞蹈成绩距离均分比叙述故事距离均分要远，所以她的舞蹈表现更突出。

（四）相关系数

1. 相关的含义

相关是指两种事物或现象之间的关系，它不像函数关系表示事物之间严格的一一对应的依存关系，即一个变量的每个值都和另一个变量的值有对应，如圆的面积与半径就存在这种关系，而相关关系表达的是一种不确定的关系。在学前教育研究中，我们经常要分析变量间的关系，如教师的学历水平与教学效果之间的关系，学生的智力水平与学习之间、幼儿的人格与家庭教养方式的相关关系。

2. 正相关、负相关和零相关

相关关系有多种分类，我们在此仅讨论正相关、负相关和零相关。

正相关，是指两个变量的变化方向相一致，即一种变量的数值增大时，另一种变量的数值也随之增大；一种变量数值变小，则另一种变量的数值也随之变小。如幼儿的言语表达能力与复述故事的成绩之间的关系。

负相关即两种变量的变化方向相反，当一种变量数值增大时，另一种变量的数值随之减小；而一种变量数值变小时，另一种变量的数值则增大。如解题能力与解题花费时间之间的关系。

零相关，也叫无相关，是指两种变量之间不存在相互关系，即两种变量的数值变化没有一定方向或规律，当一种变量的数值变大时，另一种变量数值变大变小的机会均等。如幼儿的身高与成绩、相貌与行为习惯之间的关系等。

3. 相关系数

两个变量之间的相关程度用相关系数表示。相关系数是关于两个变量间相互关联的程度与方向的数量指标。用字母 r 来表示，r 的取值范围是 $-1.00 \sim +1.00$。相关系数为正，表示呈正相关，数值越大，相关度越高；相关系数为负，表示呈负相关，数值越小，负相关程度越高；相关系数为 0，表示无相关。由此可知，数值的变化方向用"+""−"表示，但其相关程度用数值的绝对值来表示大小。例如 $r_1 = -0.6$，$r_2 = 0.3$，r_1 为负相关，r_2 为正相关，但是 r_1 的相关程度却高于 r_2。$r_1 = -0.76$，$r_2 = 0.76$，r_1 为负相关，r_2 为正相关，但是 r_1 与 r_2 的相关程度相同。

4. 相关系数的常用计算方法

（1）积差相关（r）（也叫皮尔逊积差相关）

该方法适用于两个变量为连续数据，且都服从正态分布。由于教育研究中产生的数据大都为连续变量，而且在样本较大的情况下（样本容量一般 $n \geq 30$），变量均服从正态分布，因此积差相关是教育研究中最常用的一种方法。

积差相关系数的计算公式为：

$$r_{XY} = \frac{\sum (X_i - \overline{X})(Y_i - \overline{Y})}{n S_x S_y} = \frac{\sum x_i y_i}{\sqrt{\sum x_i^2}\ \sqrt{\sum y_i^2}}$$

计算积差相关系数的步骤有：①求两列数据的平均数 $\overline{X}$ 和 $\overline{Y}$；②计算两列数据的离差 x_i（$X_i - \overline{X}$）和 y_i（$Y_i - \overline{Y}$）；③计算两列数据离差的平方和 x_i^2 和 y_i^2；④计算两列数据离差之积 $x_i y_i$；⑤代入积差相关公式，求积差相关的数值。

如某幼儿园大班 10 名幼儿故事叙述成绩与阅读兴趣得分如表 13-6 所示，求积差相关系数。

表 13-6　10 名幼儿阅读兴趣与故事叙述成绩的相关系数表

幼儿	故事叙述 X_i	阅读兴趣 Y_i	x_i	y_i	x_i^2	y_i^2	$x_i y_i$
1	86	83	1.70	−3.20	2.9	10.24	−5.44
2	75	80	−9.30	−6.20	86.49	38.44	57.66
3	89	85	4.70	−1.20	22.09	1.44	−5.64
4	92	94	7.70	7.80	59.29	60.84	−60.06
5	83	92	−1.30	5.80	1.69	33.64	−7.54
6	89	91	4.70	4.80	22.09	23.04	22.56
7	79	81	−5.30	−5.20	28.09	27.04	27.56
8	88	84	3.70	−2.20	13.69	4.84	−8.14
9	82	89	−2.30	2.80	5.29	7.84	−6.44
10	80	83	−4.30	−3.20	18.49	10.24	13.76
合计	$\overline{X} = 84.3$	$\overline{Y} = 86.2$			$\sum x_i^2 = 260.1$	$\sum y_i^2 = 217.6$	$\sum x_i y_i = 148.4$ $r_{XY} = 0.642$

（2）等级相关（r_R）（斯皮尔曼等级相关）

如果两个变量中的一个或两个变量为顺序变量（比赛或成绩的排名），或者两个连续变量数据，但不符合正态分布的条件，可以先将其转化为等级变量，这些情况下均可以应用等级相关的方法。

等级相关的计算公式为：

$$r_R = 1 - \frac{6\sum D^2}{n(n^2 - 1)}$$

式中：D 为两列数据对应等级差。

例如，8 位幼儿的单腿跳比赛和扔球比赛，他们所得名次如表 13-7 所示，求幼儿这两种比赛成绩的相关程度。

表 13-7　幼儿单腿跳比赛和扔球比赛名次表

幼儿编号	单腿跳比赛名次 R_X	扔球比赛名次 R_Y	等级差 $R_X - R_Y = D$	差数的平方 D^2
1	3	5	−2	4
2	1	2	−1	1
3	4	1	3	9
4	6	4	2	4
5	8	7	1	1
6	7	8	−1	1
7	2	3	−1	1
8	5	6	−1	1
$\sum$	—	—	—	22

表 13-7 中，第四列和第五列分别为按照已知名次等级，逐个计算等级差数 D 和 D^2；左下角数值为等级误差平方和 $\sum D^2$。

将表中的数值代入公式：

$$r_R = 1 - \frac{6\sum D^2}{n(n^2 - 1)} = 1 - \frac{8 \times 22}{8 \times (8 \times 8 - 1)} \approx 0.65$$

（3）点二列相关

当两列变量其中的一列变量为连续变量，另一列变量为二分变量时，要计算其相关程度所用的统计方法，叫点二列相关。其计算公式为：

$$r_{pb} = \frac{\overline{X}_p - \overline{X}_q}{S} \sqrt{pq}$$

式中：p 为二分变量中第一类变量值的比率；q 为二分变量中第二类变量值的比率；$\overline{X}_p$ 为连续变量 p 部分的数据的平均数；$\overline{X}_q$ 为连续变量 q 部分的数据的平均数；S 为连续变量的标准差。

点二列相关常用于分析试卷中是非题与整个试卷的相关性的研究，或者说是是非题的区分度指标。

例如：随机抽取 10 名考生数学考试的卷面总分和一道是非题的得分，如表 13-8 所示，试求该是非题的区分度。

表 13-8　10 名考生的点二列相关分析计算表

学　生	得　分	总　分　数	变　化　率
1	0	75	$S=6.02$
2	1	68	$p=7/10=0.7$
3	1	74	$q=3/10=0.3$
4	1	69	$\overline{X}_p=69$
5	1	68	$\overline{X}_q=66$
6	0	59	
7	1	64	
8	1	60	
9	0	64	
10	1	76	

由表 13-8 可知,是非题的得分只有两种 0 和 1,是二分变量,卷面总分为连续变量,而且来自正态分布的总体,因此可以用点二列相关进行计算。

$$r_{pb}=\frac{\overline{X}_p-\overline{X}_q}{S}\sqrt{pq}=\frac{69-66}{6.02}\times\sqrt{0.7\times0.3}\approx0.227$$

可以说,这道是非题和卷面总分之间存在着 0.227 的正相关,是非题的区分度为 0.227。

二、推断统计

推断统计就是用概率的形式来推断数据之间是否存在某种关系,即用样本的统计值,在一定可靠程度上(置信水平或显著性水平上)来推测总体特征的一种重要的统计方法。推断统计主要包括参数估计、假设检验。

(一) 参数估计

参数估计就是用样本统计量估计总体参数的方法,具体来讲是利用样本信息描述参数总体均值或总体百分率区间范围的过程。通常样本的平均数、标准差、相关系数可通过样本的数据直接求得;但是总体的平均数、标准差和相关系数等参数不能直接计算求得,就要通过对样本的统计量进行推断得到。参数估计的方法有很多,下面进行介绍。

1. 点估计

样本统计量为数轴上某一点的值,估计总体参数的结果也可以用一个点的数值来表示,这就是点估计。例如,估计某市 10 000 名幼儿身高,抽样测得 500 名幼儿身高,平均身高为 92cm。这一次抽样的样本平均身高是 92cm,可以作为总体 10 000 名幼儿身高的平均值。这种方法就是点估计。当然点估计是一种很不精确的粗略的估计方法,只有样本容量足够大,其总体估计才更精确。

2. 区间估计

区间估计就是估计量在一定可靠程度上推断出总体参数所属的区间范围,具体来讲它是用数轴上的一段距离表示未知参数可能落入的范围,它不能得出总体参数的具体值,但能说明未知总体参数落入某一区间的概率有多大。区间估计,不仅给出一个总体参数所在的范围,还能得到估计精度并说明对估计结果的把握程度。例如,估计某地小学一年级数学平均成绩,估计平均成绩在 85～88 分。如果估计 100 次,96 次都在此区间,则其正确率为 96％。

(二)假设检验

在教育研究中常常要确定统计量之间是否存在真正的差异。导致两个统计量之间的差异原因有,一种是它们来自两个总体,两个总体间存在真正的差异;另一种就是它们来自一个总体或总体参数相同的总体,它们之间的差异是由随机误差(抽样误差)引起的。如果经检验存在显著差异,说明两个统计量(代表样本特征的量数,如样本平均数、标准差等)是由样本算得的,来自两个总体,标志着两个总体之间有差异;如果经检验不存在显著差异,说明两个统计量可能来自一个总体或两个参数相同的总体,两个统计量之间的差异是由随机误差或抽样误差造成的。可见,统计检验就是要回答这种差异是偶然因素引起还是由实验因素引起的。

假设检验也叫显著性检验,是以小概率原理为理论基础,对某一假设进行保留或拒绝的判断。小概率事件是指在一次试验中几乎不可能发生的事件。若我们假设某事件是小概率事件,则它在一次抽样中几乎是不可能发生的,这时可以接受原假设;反之,若在一次抽样中该事件就发生了,则该事件就不是小概率事件,说明原先的假设有问题,原假设则被拒绝。在统计学上把概率小于 0.05(或 0.01)的事件称为小概率事件,可以分别表示为 $P<0.05$ 或 $P<0.01$。

假设检验包括参数检验和非参数检验。对平均数的差异检验是常用的参数检验,卡方检验(x^2)则为最常用的非参数检验方法。下面分别进行介绍:

1. Z 检验

Z 检验是用正态分布的理论来推断差异发生的概率,来推论两个平均数间的差异是否显著。连续性随机变量的分布一般都是正态分布,教育心理测量的变量都服从正态分布,如学习成绩、智商、体重等得到的数值等。Z 检验适合于 $n \geqslant 30$ 的大样本资料。Z 检验有以下两种不同的方法。

(1)独立样本 Z 检验

独立样本是指两个变量来自两个彼此独立的样本(两个样本不存在任何关系)。独立样本的 Z 值计算公式为:

$$Z = \frac{\overline{X}_1 - \overline{X}_2}{\sqrt{\dfrac{S_1^2}{n_1} + \dfrac{S_2^2}{n_2}}}$$

式中:Z 为检验统计量;$\overline{X}_1$、$\overline{X}_2$ 分别为样本的平均数;S_1、S_2 分别为两样本的标准差;n_1、n_2 为样本容量。

例如:某地区 6 岁幼儿中随机抽取男生 40 人,平均体重 24.9kg,女生 40 人,体重 22.3kg,该地区 6 岁幼儿男生体重的标准差为 5.6,女生体重的标准差为 5。问该地区 6 岁男女儿童的体重有无显著性差异?

检验步骤:

① 提出虚无建设 H_0:男女体重无显著性差异(零假设);

② 计算检验统计量:$Z = 2.19$;

③ 确定显著性水平(0.05 或 0.01),本统计采用 $a = 0.05$,理论 Z 值(临界值)$= \pm 1.96$;

④ 统计推断:因 $|Z| = 2.19 > 1.96$,则 $P < 0.05$,在 0.05 显著水平上拒绝零假设,即 6 岁男女幼儿的体重存在显著性差异。

（2）相关样本 Z 检验

相关样本是指两组数据不是来自两个独立的样本,而是来自同一组被试实验前后的测量分数或者是重复测验结果,抑或是配对样本。相关样本的测验结果存在着某种程度的相关,即相关系数起着一定的作用,因此,相关样本 Z 检验不同于独立样本 Z 检验,其计算公式为:

$$Z = \frac{\overline{X}_1 - \overline{X}_2}{\sqrt{\frac{S_1^2}{n_1} + \frac{S_2^2}{n_2} - 2r \cdot \frac{S_1}{\sqrt{n_1}} \cdot \frac{S_2}{\sqrt{n_2}}}}$$

式中:r 表示相关系数,其余同上。

例如:抽取某幼儿园中班学生 30 名做实验,实验前测识字量平均成绩为 76.5 分,标准差为 8 分;该 30 名学生的实验后测的识字量平均成绩 86.5 分,标准差为 7 分,两次测验的相关系数为 0.6。问前后两次测验成绩有无显著性差异?

检验步骤如下:

① 提出虚无建设 H_0:实验前后两次测验成绩无显著性差异(零假设);

② 计算检验统计量:$Z = 8.01$;

③ 确定 $a = 0.01$ 显著性水平,理论 Z 值(临界值)$= \pm 2.32$;

④ 统计推断:因 $|Z| = 8.01 > 2.32$,则 $P < 0.01$,在 0.01 显著水平上拒绝零假设,说明实验的前后测验成绩存在显著性差异。

2. t 检验

当总体成正态分布,但是总体方差未知时,要用 t 检验来检验差异。

t 检验就是用 t 分布的理论来推断差异发生的概率,从而比较两个平均数是否存在显著性差异。t 检验适用于小样本资料(即 $n < 30$)的显著性检验。

t 分布的密度函数比较复杂,因而编制了 t 分布表。t 分布表是用 t 变量的分布密度,根据自由度 n 和 a(即显著性水平)的不同而计算得到的 t 变量的临界值,所以,我们知道了自由度 n 和 a 的大小就可以查 t 分布表找到临界值。

用 t 分布检验平均数差异,将 t 值(样本平均数差的标准值)与理论临界值($t_{0.05}$ 或 $t_{0.01}$)进行比较时。当 t 值大于理论临界值时,拒绝接受虚无假设,认为两个平均数之间存在显著性差异;当 t 值小于理论临界值时,接受虚无假设,认为两个平均数之间不存在显著性差异。

（1）独立样本 t 检验

当两个平均数来自独立小样本时,其计算公式为:

$$t = \frac{\overline{X}_1 - \overline{X}_2}{\sqrt{\frac{n_1 S_1^2 + n_2 S_2^2}{n_1 + n_2 - 2}\left(\frac{1}{n_1} + \frac{1}{n_2}\right)}}$$

式中:各符号意义同 Z 检验公式。

例如:为了比较 5 岁幼儿男女正在社会性方面的差异,随机抽取 5 岁男孩 25 人,女孩 30 人,进行社会认知测验,结果男孩的 $\overline{X}_1 = 25.5$,$S_1 = 6$;女孩的 $\overline{X}_2 = 29$,$S_2 = 10$。试问 5 岁幼儿的社会认知能力在性别上是否存在显著性差异？

检验步骤如下：

① 提出虚无建设 H_0：幼儿的社会认知能力在性别上无显著性差异（零假设）；

② 计算检验统计量：$t = -1.507$；

③ 确定 $a = 0.05$ 显著性水平，根据自由度 $df = n_1 + n_2 - 2 = 53$，理论 $t = 2.021$；

④ 统计推断：因 $|t| = 1.507 < 2.021$，则 $P > 0.05$，在 0.05 显著水平上接受零假设，即 5 岁幼儿的社会认知能力在性别上无显著性差异。

（2）相关样本 t 检验

当两个平均数来自相关小样本时，其显著性差异检验公式为：

$$t = \frac{\overline{X}_1 - \overline{X}_2}{\sqrt{\dfrac{S_d^2}{n-1}}}$$

式中：d 代表每对对应数据的差，$d = X_1 - X_2$；S_d^2 是 d 的方差；n 代表对应样本的个数。

相关样本 t 检验的步骤：

① 提出虚无假设 H_0；

② 计算检验统计量；

③ 确定 $a = 0.05$（或 0.01）显著性水平，根据自由度 $df = n_1 + n_2 - 2$，查表得到理论 t 值；

④ 统计推断。

教育研究中的平均数差异的显著性检验的，一般都可以采用 t 检验。因为当样本足够大时，其理论 t 值会越接近 Z 值。t 检验比 Z 检验更常用。

3. 方差分析（F 检验）

影响事物的原因很多、很复杂，而且这些原因的不同水平对事物都会产生不同的影响，研究就是要厘清这些因素对事物影响的程度及其所发生的作用。方差分析就是可以找出众多因素中对研究结果具有显著影响的因素的一种适用方法。方差分析分为单因素方差分析和多因素方差分析。

（1）单因素方差分析

实验的结果（因变量）只是由于一个因素影响而发生变化（该因素可以有若干不同水平），而其他的因素保持不变的实验，被称为单因素实验。

例如：为了寻求最佳的数学教学方法，研究者选取了 4 种教学方法，分别对 4 个平行班进行为期半年的教学，期末对 4 个班进行统一考试。数学成绩如表 13-9 所示。

表 13-9　4 个班选用 4 种教学方法的统一考试

教学方法 成绩 序号	方法 1（X_1）	方法 2（X_2）	方法 3（X_3）	方法 4（X_4）
1	68	94	71	83
2	75	79	54	77
3	80	82	67	87
4	83	91	80	93

续表

教学方法 成绩 序号	方法 1(X_1)	方法 2(X_2)	方法 3(X_3)	方法 4(X_4)
5	96	88	84	64
6	82	78	62	79
7	66	96	55	88
8	75	87	50	77
9	83	99	63	91
10	60	92	78	98
$\sum$	768	886	664	837
$\overline{X}_i$	76.8	88.6	65.1	83.7

该实验中只有教学因素在发生变化，而且教学因素分为了 4 种不同的水平，因变量是学生的数学成绩。研究者想弄清楚 4 种不同教学方法下的学生数学平均成绩是否存在显著性差异。这时要采用的方差分析就是单因素方差分析。

单因素方差分析的计算公式如下：

$$F=\frac{MS_A}{MS_E}=\frac{SS_A/df_A}{SS_E/df_E}$$

其中 $SS_A = n\sum_{i=1}^{k}(\overline{X}_i-\overline{X})^2$；　$SS_E = \sum_{j=1}^{n}\sum_{i=1}^{k}(\overline{X}_{ij}-\overline{X}_i)^2$；　$SS_T = SS_A+SS_E$

式中：MS_A 为组间均方差；MS_E 为组内均方差；SS_A 为组间离差平方和；SS_E 为组内离差平方和；SS_T 为总离均平方和；df_A 为组间自由度；df_E 为组内自由度。

计算上例中的 SS_A、SS_E、SS_T 等，列出表 13-10。

表 13-10　4 种教学的方差分析表

方差来源	离差平方和	自由度	均方差	F 值
教学方法（SS_A）	2 777.875	3	925.958	9.431
随机误差（SS_E）	3 534.500	36	98.181	
总计	6 321.375	39		

注：$F=9.431>F_{0.01}(3,36)=5.25$，所以可以认为 4 种不同的教学方法的效果有显著性差异。

如果想进一步知道哪一种方法的效果更好，可以进行多重比较，具体来说就是对每 2 组教学水平下的数学成绩均值进行显著性检验。

（2）多因素方差分析

实验研究中有两个及两个以上因素（自变量）发生变化的实验就是多因素实验，对该研究结果进行的方差分析就是多因素方差分析。

例如：某幼儿园进行幼儿阅读的教学实验研究，其有两个自变量，其中的教学方法又分为 A1、A1 共两个水平（方法）；幼儿在教学过程中的阅读兴趣也有高、低 2 个水平。随机抽取幼儿园大班的 30 名学生并随机分组，每 5 人一组，经过一学期教学后，对所有参加实验的幼儿进行同样的阅读效果测试。得到的数据如表 13-11 所示。

表 13-11 幼儿阅读成绩统计表

阅读兴趣 教学方法	高	低
A1	73,72,91,81,78	66,76,84,79,61
A1	85,98,88,87,94	68,77,79,75,80

多因素试验中,影响实验结果的因素并非独立,往往存在交互作用。多因素方差分析就是研究各个因素的主效应(即某因素水平的改变造成实验结果的改变)以及各因素之间的交互效应对实验结果的影响是否存在显著性差异。

多因素方差分析的基本思想与单因素方差分析是一致的,但是其计算更加烦琐,因此在此不再介绍其计算公式,其数据的统计分析通过 SSPS 实现将会非常快捷。

4. 卡方检验

上述三种假设检验都属于参数检验,使用参数检验有比较严格的条件要求,其基本条件是数据必须是连续数据,且服从正态分布。但是在研究中,可能得到的数据是称名数据(如性别、血型、国籍)、顺序(等级)数据(如及格或不及格,赞同或不赞同),这些数据都不是连续数据,其不能进行数字运算,只能进行频次(百分比)统计,因此不能对它们进行参数检验,只能进行非参数检验。非参数检验的方法比较多,在教育研究中常用的就是卡方检验(χ^2)。

卡方检验(χ^2)可以处理一个因素两项或多项分类的观察次数与理论次数分布是否相一致的问题,即是否存在显著性差异。观察次数也叫实际数,是在试验中得到的计数资料;理论次数又叫期望次数,是根据概率原理、某一理论或经验次数分布计算出的次数。其基本公式:

$$\chi^2 = \sum \frac{(f_0 - f_e)^2}{f_e}$$

式中:f_0 为观察次数;f_e 为理论次数。

卡方检验因研究的问题不同,可以细分为很多的类型,如为配合度检验、独立性检验和同质性检验等,下面仅介绍常用的方法。

(1)配合度检验

配合度检验主要用于检验观察次数与理论次数是否存在显著性差异。

理论次数一般是按照概率相等的原则进行计算,等于总次数乘以分类项数的倒数。

例如:随机抽取幼儿园大班 60 名幼儿,询问他们喜欢画画还是唱歌,要求每人只选一种,结果幼儿选择画画的 36 人,选唱歌的 24 人,问他们对画画、唱歌的喜好是否有显著差异?

解:此题只有两项分类,其理论次数

$$f_e = 60 \times 1/2 = 30$$

提出虚无假设 H_0:选择唱歌、画画的人数相等。(无显著差异)

计算统计量:

$$\chi^2 = \sum \frac{(f_0 - f_e)^2}{f_e} = \frac{(36-30)^2}{30} + \frac{(24-30)^2}{30} = 2.4$$

$$df = 2 - 1 = 1$$

查 χ^2 表,当 $df = 1$ 时,$\chi^2_{0.05} = 3.84$;

故 $\chi^2 < \chi^2_{0.05}, P > 0.05$。

答:幼儿对画画、唱歌的喜好没有显著性差异。

(2) 独立性检验

独立性检验主要用于两个或两个以上因素的多项分类计数资料的分析,即研究变量间是否关联的问题。如性别与吸烟是否有关联;学生社会经济地位与其学业成绩是否有关联。

例如:为了调查男性和女性对公共场合禁烟的态度,随机抽取了 100 名女性和 80 名男性。女性赞同吸烟的有 44 人,不赞同的有 56 人;男性赞同的 55 人,不赞同的 25 人,问男女对公共场所禁烟的态度是否存在显著性差异?

独立性检验一般均采用列联表来记录观察的结果,如上例。因为分类的不同列联表可以分为多种形式。例如两个因素而且均有分为两项,则成为 2×2 表,若一因素分为 2 项,另一因素分为 k 项,则为 2×k 表。鉴于独立性检验的列联表的复杂性,在此仅对上面的例题即 2×2 表进行数据呈现。该题中涉及两个因素分别是性别和态度,而且每个因素又分为 2 个水平,可以用 2×2 列联表来呈现数据,如表 13-12 所示。

表 13-12　性别与公共场所禁烟态度的频次统计

	赞成	不赞成	行总和
女性	44	56	100
男性	55	25	80
列总和	99	81	180

独立性检验的理论次数:可以运用列联表提供的数据进行推算。因此上述例题的理论次数:总体上赞成的比例为 $\frac{99}{180}$;不赞成的比例为 $\frac{81}{180}$。若男女在调查中所持的态度相同,则男女赞成和不赞成的比例也应与总体比例相等,因此可以计算期望次数:

女生赞成吸烟的期望次数:$\frac{99}{180} \times 100 = 55$;

男生赞成吸烟的期望次数:$\frac{99}{180} \times 80 = 44$;

女生不赞成吸烟的期望次数 $\frac{81}{180} \times 100 = 45$;

男生不赞成吸烟的期望次数 $\frac{81}{180} \times 80 = 36$。

统计量的检验:

$$\chi^2 = \sum_i \sum_j \frac{(f_{0ij} - f_{eij})^2}{f_{eij}}$$

$$= \frac{(44-55)^2}{55} + \frac{(55-45)^2}{45} + \frac{(55-44)^2}{44} + \frac{(25-36)^2}{36} = 9.2$$

自由度 $df = (R-1) \times (C-1) = (2-1) \times (2-1) = 1$

式中:R 为列联表行数;C 为列联表列数。

查表:当 $df = 1$ 时,$\chi^2_{0.01} = 6.63$;

故 $\chi^2 > \chi^2_{0.05}, P < 0.01$。

答:男女对公共场所禁烟的态度存在显著性差异。

各种量的分析方法均可用计算机进行计算,包括使用 SPSS、MPLUS 等软件,其操作非常快捷、方便。研究者只要通过统计原理的学习,能准确掌握不同的统计方法的使用条件,根据需要正确的选择统计分析方法,利用统计软件进行数据统计与分析将大大提高研究的速度和能力。

思考与练习

一、名词解释

资料的整理　定性分析　集中量数　差异量数　描述统计　推断统计

二、问答题

1. 定性分析的方法有哪些?

2. 描述统计的统计量数的类型有哪些?

3. 推断统计的类型有哪些?

实践与训练

1. 某幼儿的故事叙述得了 80 分,全班平均成绩是 77 分,标准差为 5,拼图得分 78 分,全班平均成绩是 81 分,标准差为 10,问该幼儿的哪项成绩比较好?

2. 为了比较 5 岁幼儿男女正在言语表达方面的差异,随机抽取 5 岁男孩 25 人,女孩 30 人,进行言语表达测验,结果男孩的 $\overline{X}_1 = 75.5$,$S_1 = 5$;女孩的 $\overline{X}_2 = 80$,$S_2 = 8$。试问 5 岁幼儿的言语表达能力在性别上是否存在显著性差异?

3. 查阅一篇幼儿教育定量研究的文献,分析其中应用的数据分析方法,并说明其应用的理由(条件)。

第十四章
教育科研成果的呈现

学习目标

知识目标

(1) 了解研究成果表述的目的与意义；

(2) 掌握研究成果的表述类型；

(3) 明确研究成果表述的基本特点；

(4) 掌握教育研究成果的结构与要求；

(5) 了解教育研究成果的评价指标体系；

(6) 掌握学术论文写作规范要求。

能力目标

(1) 能按照教育研究成果的结构与要求撰写研究论文；

(2) 能利用研究成果的评价指标体系来衡量论文写作的质量与价值，并按照学术论文写作规范要求对论文进行修改、完善。

问题导入

如何将教育现象转化为教育研究成果并实现交流和共享？

当面对纷繁的教育现象时，我们不断地进行着思考、实践与探索，围绕不同的主题，开展形式各异的调查活动，将思考、实践与探索的内容转化为文字成果，研究成果如何才能实现交流和共享呢？这就体现在教育研究成果的呈现上，即研究和撰写论文的过程。研究论文是研究成果的文字表述，是研究者运用科学的方法、对教育理论或实践中相关问题进行研究所形成的成果。其中，幼儿教育论文则是通过对保育、教育和保教反思中存在的问题进行深入的思考和实践探索形成的成果。本章就将学习几种研究成果的呈现方式。

第一节 教育研究成果的表述

教育研究成果是指通过调查研究、实验研究或思辨分析，对当前某种教育现象、某种教育问题或某种教育理论进行分析与探究，得出新的教育观点、教育思想、教育方法与教育理论等内容的表述，即教育研究成果的表述。具体而言，教育研究成果的表述是指以教育现象、教育活动、教育规律、教育成果为表述对象，运用书面语言（文字、数据、图表、公式等）对其进行总结、记录、描述、贮存、交流、传播的创造性认识和书写实践活动。由于研究成果是通过科学研究的方式、方法获取的，因此，具有一定的理论价值和应用价值。

一、教育研究成果表述的目的与意义

任何一项教育研究工作按计划完成后，都需要对整个过程及其结果进行分析与总结，形成一份研究的书面文本资料，将研究成果形成书面文本资料的过程即是教育研究成果表述的过程。这种对教育研究成果进行文字加工的过程，既是教育研究的重要环节，又是呈现教育研究成果的重要形式，可以直接影响到教育研究成果交流的和运用的效果。

教育研究成果是教育研究的结晶，不仅能够科学地总结阶段性的研究成果，还能够向教育工作者、研究者与社会提供教育研究信息，为研究成果的交流与传播提供条件；为教育教学的发展形成推动力，为丰富教育教学理论的成果提供支持；为促进教育教学实践工作的改进奠定基础。具体表现有如下三方面。

1. 深化成果理解，提升学术科研综合素质

教育研究成果的表述需要对整个教育研究过程进行高度概括和科学总结，提炼新观点，揭示新规律。教育研究成果的表述是一个严密的思维过程，需要具备发现、分析、综合、概括的能力，具有准确运用语言文字的能力和技巧。教育研究成果的表述，有助于锻炼研究者的思维能力和表述能力。

2. 记录科学研究的成果，增进学术和技术交流

教育研究过程是获得直接经验的过程，这种经过精心设计、精心探索而获得的直接经验，不仅对直接参加者来说是十分宝贵的，而且对于所有经验工作者、对于人类整体认识的调高和发展都是十分宝贵的。教育研究成果表述最直接显著的功能即有条理地记录研究者认知、思考与实践后创造的成果，借助此种方式将成果记录并储存在人类知识宝库中。教育研究成果的公开发表，能够使得科研成果获得交流与推广的机会，推进理论学术向社会实践转化进程的加速发展，同时，由于其能克服时间和空间的限制，因此，它对增进学术和技术交流具有重要作用。

3. 丰富教育理论资源，推动教育改革实践

教育研究成果的创新性、科学性、前沿性使成果具有理论意义和实践意义。通过研究成果的表述，如实地将教育调查的基本情况准确、系统地呈现出来，为制定教育政策和丰富教育理论资源提供必要的数据和资料；同时，能够及时地提供教育实践中的典型经验、典型事例,作为指导教育工作、解决教育问题的现实依据,推动教育改革实践。

二、教育研究成果的基本表述形式

教育研究成果有以下三种基本表述形式。

(一) 教育研究报告

教育研究报告是指通过事实的描述和数据说明来解决问题的过程,即对研究过程和研究成果的概括与总结。此类文章具有较为固定的结构,要求清晰、具体地描述研究方法和相关材料,客观地反映研究过程,合理地解释研究结果。通常,教育研究报告包括教育课题研究报告、教育调查研究报告和教育实验研究报告等。

1. 教育课题研究报告

教育课题研究报告即教育研究课题按照研究计划完成后,将有关的事实和数据材料进行统计、分析与整理,在此基础上,研究者对整个研究过程与研究结果进行归纳总结,形成一份关于该课题研究的文字表述材料。教育课题研究报告是对教育过程和结论的概括与总结,是教育研究工作理论升华的关键步骤,具有学术价值和社会意义。

2. 教育调查研究报告

教育调查研究报告是对教育现象中的客观事物或问题进行深入细致、全面客观地调查研究基础上,经过分析与整理的阶段将获取的成果形成一份书面报告。它既是教育调查研究成果的概括与总结,又能够帮助人们正确认识客观事物,了解客观事物发展的规律,为指导今后实践的方向和促进理论的发展提供有利的条件,有效地构建起理论与实践互通的桥梁。

3. 教育实验研究报告

教育实验研究报告是一种以书面形式反映教育实验过程及其结果的研究报告。教育实验研究报告与其他类型的研究结果相比,最为显著的特点即为客观性,必须是客观实际的展现。因此,实验研究报告需要准确、清晰、简明地阐述问题,表述结论。教育实验研究报告根据实验研究的基本方法可分为定量研究的实验报告与定性研究的实验报告。前者是定量分析,强调通过严格地控制实验条件来获得定量的研究数据,分析论证各研究变量之间的内在关系,从而对实验假设进行科学的验证,多数的实验研究都属于定量研究的实验报告;定性的实验研究报告则是强调对对象进行质的分析,如教育改革实验报告、德育实验研究报告及个案实验研究等属于此类定性研究的实验报告。而许多教育实验中,两种调查方法是结合使用、互相补充的。

(二) 教育研究学术论文

教育研究学术论文是指对某种教育学术问题在理论性、实验性或预测性等方面形成的创新见解或成果的科学记录,是对某种理论应用与实践后获得新进展的科学总结,是可以用于交流、谈论或在学术刊物上发表的文字资料,是衡量个人教育学术水平和科研能力的重要标志。按照研究内容不同,教育研究学术论文可分为理论性研究论文和应用性研究论文,其中,理论性研究论文主要是针对教育的基本概念和原理进行研究;而应用性研究论文则重点探讨教育理论对教育教学实践的影响。教育研究学术论文成果的价值主要体现于其理论来源与选择是否正确,其实践推广与应用是否可行。由于,学术论文需要具备论证色彩,论文的内容必须以客观性、科学性和创造性为基础,形成结构严谨、逻辑清晰、表述准确的学术研究成果。

(三)专著与编著

专著是指对某一学科或某一专门课题进行全面系统论述的著作,一般是对特定问题进行详细、系统考察或研究的成果表述。通常,专著侧重于作者的"一家之言",即围绕某问题进行深入的探讨和全面地论述,形成个人的认识和观点,具有论述系统、内容广博、观点创新等多种特点。专著是一种重要科学研究成果的体现,具有较高的学术参考价值。

编著是指把现成的文字材料经过选择加工而写的著作。编著与专著相比,不强调创造性,而强调采用最新的研究成果,采用科学的体例编撰成书,它有一定的理论性、学术性,但更强调应用性。

专著与编著都是对于教育问题的论述,但在其独创性表现上存在不同。专著的独创性高,是研究者最新的学术研究成果;而编著则是文稿中包含对已有文献资料的汇集与改写,独创性低于专著。

三、教育研究成果的基本特点

1. 科学性

科学性是教育研究成果的灵魂。文稿中运用的概念含义应准确、清晰,符合科学理论的阐述;采用科学的理论思想、调查统计方法和数据分析,文中观点正确、数据准确、材料真实、论证严密、结论客观;撰写研究成果时,应注意推敲斟酌词句,避免出现错误或混淆不清的概念与词句。因此,研究者在具备良好科学素养和理论水平的基础上,还需具备严谨的治学精神。

2. 创新性

教育研究成果要求研究者具有独特的见解,有创造性。科学研究是一种创造性的劳动,需要不断开拓新领域、探索新方法、阐述新理论、发现新问题、形成新见解和得出新结论。同时,教育研究成果的创新性还表现在其探索性上,寻求改革的突破口,开拓未知领域。

3. 逻辑性

教育研究成果通常需采用逻辑推理的方式,结合作者自身的经验和收集到的资料,运用科学的概念、判断、推理、证明或反驳等手段进行思维加工,从而得出新的理论、新的见解或解释自己提出的新观点。因此,教育研究成果的表述必须经过周密详尽的思考、严谨而富有逻辑性的论证。

4. 可读性

教育研究成果是为了将研究者的指导思想、学术观点、研究方法与过程以及研究成果等内容,与他人进行交流,为教育实际工作提供实践的依据与建议,是研究者与实践者之间的重要沟通渠道。因此,教育研究成果为了适应不同的读者对象的理解,文字应力求言简意赅、深入浅出,尽量避免晦涩难懂的词句。在呈现数据分析结果时,可利用简明、直观的图表,形象化、总结性地辅助读者获取相关的信息,并注意用易于理解的文字解释统计分析结果所表示的含义,帮助读者正确地理解文章的观点和结论。

四、教育研究成果的结构与要求

教育研究成果的表述既是一个文字加工的过程,又是一个逻辑思维加工过程,还是一个再创造的过程。一般而言,由于研究课题、研究方法和研究时间等方面的差异,教育研究成果即研究报告或研究论文无统一结构和格式,但总体来说,研究报告或研究论文一般包含题目、作者与单位署名、摘要、关键词、引言、正文、结论与建议、参考文献、附录、致谢等部分。

1. 题目

题目又称标题,是论文内容的高度概括,是论文精髓的体现。标题要以最恰当、最简明的词语反映出论文论述的主题、范围和内容的逻辑整合。按照功能角度来看,题目通常分为总标题、副标题和分标题三类;按照表现形式来看,题目可以划分为问题式、叙述式、比较式等。常用的写法有三种:一是类似文章标题的写法,在标题中呈现出调查研究涉及的对象和研究的主要问题,如《幼儿园教师专业自觉现状与发展特点》;二是类似公文标题的写法,如《幼儿园教师专业技能发展状况的调查报告》;三是用正副标题的写法,如《城乡结合部留守儿童的行为问题:亲子分离或家庭教育的影响——基于定量分析的研究》,副标题是对正题的补充和说明,只在正标题不能完全表达论文主题时使用。

题目对于读者了解论文全貌、吸引读者的注意和兴趣有着重要的作用。因此,拟定论文题目的基本要求如下:第一,论文题目要具体明确,直接揭示论点或课题,准确反映论文的内容,避免出现过于笼统或文题不符的情况;第二,论文题目的选择宜小不宜大,应注重从小切入点入手来增强论述的深度;第三,论文题目要简短精练、规范鲜明,题目不宜过长,一般以不超过 20 个字符为宜,若字数超过 20 个字,应尽量通过增加副标题等方式转化;第四,论文题目以具有新颖性与独特性为宜。

2. 署名

论文署名者指参与研究课题和制订研究方案,直接参与研究工作并做出主要贡献以及参与撰写论文的人员。通常,署名位于论文题目下方,包含作者姓名、单位及其邮编,是作者拥有版权的声明、发表文责自负的承诺,同时也便于读者同作者进行联系和文献检索。个人的研究成果,个人署名;集体的研究成果,集体署名。一般集体署名时,会根据对研究工作贡献的大小排列名次。署名应注意事项如下:第一,多数课题对于主要参与者的人数限定为5~8 人,如有需要,其他参与者可以备注于正文末致谢的部分;作者单位署名应写标准全称,内容包括作者单位的名称、单位所在市(县)和邮政编码,基本格式如下:

公平与质量视角下的学前教育发展(文章题目)

作者姓名

(作者工作单位名称,地址,邮政编码)

3. 摘要

摘要,又称内容提要,是指以提供文献内容梗概为目的,简明扼要地陈述文献内容的短文,包括研究目的、方法、结果和结论4个重要因素。摘要主要分为报道性摘要、指示性摘要和报道——指示性摘要三种。其中,报道性摘要即资料性摘要或信息性摘要,指明文献的主题范围、学术论文的目的、方法及结果与结论等信息。因此,学术期刊采用报道性摘要,篇幅一般不超过400字,以200～300字为宜;指示性摘要即概要性摘要或简介性摘要,简单地介绍论文的论题或概括论述论文研究的目的、内容及取得的进展,使读者对论文内容有一个概括的了解。综述性论文应撰写指示性摘要,篇幅一般不超过200字,以50～100字为宜;报道——指示性摘要即以报道性摘要的形式表述论文中的核心内容,其他部分则以指示性摘要形式表达,篇幅一般不超过200～300字,以100～200字为宜。

根据有关规定,摘要的写作要求如下:第一,使用第三人称进行写作,摘要中若将"作者""本文""笔者""我或我们"作为陈述的主语,会在一定程度上削弱表述的客观性,且在逻辑上也呈现混乱的情况。摘要应采用"对……进行了研究""进行了……调查""报告了……的现状";第二,摘要不得简单重复题目中已有的信息;第三,摘要应具有自明性和独立性,即不阅读文献的全文,就能获得必要的信息;第四,摘要不论长短均不分段;第五,摘要应排除本学科领域方面已成为常识的内容;第六,摘要应结构严谨、表达准确、简单明了;第七,要采用规范化的符号和名词术语,不使用非公知、非公用的符号与术语,若遇新术语或无适合汉语表述的术语,可采用原文或译文加括号注释原文的方式处理。

例如,《幼儿园初任教师组织社会化的含义、内容及影响因素》中将摘要总结归纳为:"初任教师的入职需要经历一个组织社会化的过程,探索幼儿园初任教师组织社会化对于了解教师专业发展、提升学前教育质量具有重要意义。幼儿园初任教师组织社会化是初任教师进入幼儿园后重新塑造自己的组织角色以及成为幼儿园各种团体成员的过程,其内容主要包括幼儿园组织文化社会化、幼儿园工作胜任社会化、幼儿园人际关系社会化和幼儿园政治社会化。影响幼儿园初任教师组织社会化的因素可以分为情境因素和个体因素,出任教师组织社会化的完成是其自身和幼儿园共同努力的结果。"①

4. 关键词

关键词是为了文献标引与检索工作,从论文中提取能够反映论文研究方向与研究领域的重要词汇。通常情况下,关键词应按《文献叙词标引规则》(GB/T 3860—1995)的原则和方法,参照各种词表和工具书选取,使用规范词或术语。每篇论文通常列举3～5个关键词,位于摘要之后。

例如,《师资配置:当前农村学前教育发展的要务》②一文中,关键词选定为:"师资配置、农村学前教育、教师管理";《澳大利亚幼小衔接中多元合作的实施策略》③一文,将关键词选定为:"幼小衔接、教育合作、教育管理"。

5. 引言

引言也称为绪论、导言、序言或前言,是论文的开头。引言的作用在于补充和强化主题,引言的内容即介绍论文的写作背景、缘由及目的,强调论文的理论依据、实验基础和研究方法,并预测论文结果、地位、作用及其意义。

---

① 路晨. 幼儿园初任教师组织社会化的含义、内容及影响因素[J]. 学前教育研究,2015(6).
② 徐群. 师资配置:当前农村学前教育发展的要务[J]. 学前教育研究,2015(6).
③ 刘磊. 澳大利亚幼小衔接中多元合作的实施策略[J]. 学前教育研究,2015(6).

学前教育研究方法

引言的写作要求主要包含：言简意赅、重点突出、客观评价；开门见山、不用套话、不绕圈子；避免与摘要雷同；遵循首尾呼应原则。尤其应注意，在综合论述前人的研究现状、进展或存在问题时，切忌随意否定，或轻易断言，如"此问题尚无人研究""针对此问题研究的人较少"和"此问题西方学者研究不足"等。总之，引言对文章起到提纲挈领的作用。引言要写的紧扣主题、简明扼要。既要突出中心，又要考虑正文需要，为展开研究提供基础和方便。

例如，在《幼儿家长感知保教价值的量表开发》的论文中，引言为："本研究试图通过剖析感知价值理论及研究进展，从学前教育利益主体之一的幼儿家长视角，研究家长在参与幼儿园活动中的合理需求与主观感知，探讨家长对幼儿园保教价值的感知构成，构建家长感知保教价值的结构模型，实证研究以武汉市部分幼儿园为例，检验模型假设，尝试研制幼儿家长感知保教价值测评量表，为幼儿园管理实践提供实用测量工具，不断促进幼儿园保教质量检测提供决策咨询服务。"①

6. 正文

正文是一篇论文的本论，即是论文的主体部分，是作者表达研究成果的部分。正文应包含论点、论据、论证三个基本要素。由于论文所体现的创造性成果或新的研究成果将在此部分中呈现，因此，正文应确保内容充实，论点明确具体，论据充分、可靠，论证主题明确，符合逻辑规则。一般来说，正文包含调查与研究对象、实验和调查方法、材料原料、实验和调查结果、计算方法与分析、整理的数据资料、经过加工形成的图片、形成的论点以及得出的结论等。

正文写作方法可以归结为五种主要形式，分别为标题式写法、中心句式写法、理论论文写法、实验论文写法和描述论文写法。其中，标题式写法即把在论文总标题下分别设计出若干小标题，然后将收集的资料分别按照小标题进行归纳整理，形成论文；中心句式写法是指在拟定论文提纲时，先根据论题与论据提炼出表达论文主要内容的中心句，然后按照层级，结合论文的逻辑顺序排列中心句，列出句子式写作提纲；理论论文写法其中文没有固定的形式，完全以抽象理论为研究对象的理论型论文，其正文结构形式为证明式、剖析式和运用式。而已观测资料或文献资料为研究对象探讨规律的理论型论文，形式则为时间式、空间式和现象本质式；实验论文的正文一般包括"材料和方法""结果与分析"和"结论与讨论"三个部分；描述型论文的结构形式，相对较为固定，由描述和泰伦两个部分组成。

正文写作时，需做到条理清晰、数据确凿、材料可靠、观点明确、事例典型。具体注意事项如下：第一，写作应做到先后有序、主次分明、详略得当；第二，概念明确、语言表达流畅、规范；第三，为科学、准确、生动形象地表达研究成果，使人一目了然，提高说服力和可信性，减少不必要的文字叙述，增强论文的可读性，应合理地采用图、表、照片来集中反映数据和关键事例；第四，若论文篇幅较长时，为了使论述层次分明、思路清晰，可以分节或冠以大小标题，或使用不同的序号加以显示。

7. 结论与建议

结论又称结语、结束语，是研究者在理论分析和实验结果的基础上，通过推理、判断得出的富有创造性、指导性或经验性的结果与讨论。结论将反应论文研究内容的价值，与摘要和

---

①　俞文,高云. 幼儿家长感知保教价值的量表开发[J]. 教育研究与实验,2015(3).

引言相呼应。结论不是将论文前述部分简单地重复,也不是研究成果地简单罗列,它是作者在理论分析和实验结果基础上经过分析、整理、推断、归纳总结的过程后形成的深入、概括性的认识和观点。结论部分内容主要应重点、集中论述研究结果说明了什么问题,揭示了何种规律,解决了哪些理论或实践的问题,检验了前人的哪些结论,阐述了怎样的独特见解,遗留了哪些尚待解决的问题,未来解决这些问题的设想等。

结论的写作要求为:结论措辞严谨、逻辑严密、词句准确,对尚不能确定的内容留有余地;结论的语句制作一种解释,即一句话只总结一个认识、一个概念、一条规律或一个结论;必须建立在事实数据和资料的基础上;适用范围与取样范围始终保持一致;语言简洁明了、准确,避免使用"大概""可能"和"也许"等词语;在写作格式上,若内容较多,每项内容可分条论述,每一条单独成段;而当内容较少时,可以将内容相互整合,特别是,重要的数据也可以作为结论出现。

8. 参考文献

研究都是建立在前人已有成果基础上进行的,为了能反映出真实的科学依据;体现严谨的治学态度以及尊重前人的科学成果,涉及与课题有关的资料或摘录引用已发表的文献资料,均需注明出处,编排于正文之后。参考文献的数量和质量间接地反映出作者对课题的了解和把握情况。参考文献要标明序号、作者姓名、著作或文章的名称,应按文章参考或引证文献资料的先后顺序,依次排列。参考文献的两种体系即顺序编码制和著者出版年制。参考文献中包含多为作者时,列出前3位作者,超过的则需在第三位作者后面加"等"字。随着论文种类的不同,参考文献数量也不同。

9. 附录

附录是学术论文的补充项目,应附于参考文献之后。被纳入附录的资料通常包含:研究者设计的调查测量工具,如调查问卷、访谈提纲、观察记录或测验量表等;调查研究过程中所收集的重要一手资料;与论文密切相关且具有旁证性的文献等。

10. 致谢

对在课题研究和论文写作中提供指导、帮助的老师、同事、朋友等人员都可以在正文末致谢。同时,在此过程中,对研究提供人力、财力和物力的支持和帮助的人员、组织或机构也应该表示感谢。

一般教育研究成果的表述会有所不同,但从格式上来说,标题、作者及其所在的单位、摘要、关键词、引言、正文和参考文献是必不可少的部分。

第二节 教育研究成果的评价

教育研究成果的评价是一个复杂而困难的问题,由于其性质和类型的不同,如人文社会科学论文与自然科学论文、理论性论文与应用性论文、学术论文与学位论文等,评价的方式与标准也有所不同。尽管对其进行量化十分困难,但是也应基于学术价值和应用价值两大核心来构建评价体系并确定评价标准。

一、评价指标

(一)毕业论文

毕业论文的考核必须通过"审阅""评阅"和"答辩"三个环节,对其进行综合评定。审阅的内容主要包括:任务的难度、分量及完成情况;综合运用所学理论知识进行实践的能力;创新性;查阅资料、获取信息的能力;工作态度和工作能力;存在的问题及错误等方面。评阅的内容则主要包括选题是否符合专业培养目标,深度和广度是否恰当;逻辑结构和语言表述是否正确、严密,有无独创性;调查方法设计是否合理等;答辩即是根据论文质量和答辩情况进行评定,主要考核指标为文献综述、业务水平、论文质量、工作量和工作难度等。合理地运用毕业论文的各质量指标,合理分配各评价指标的权重,对毕业论文质量进行客观、准确的评价。毕业论文最终具体评价指标如表14-1所示。

表 14-1　毕业论文(设计)质量评价指标体系

一 级 指 标	分值	二 级 指 标	权重	各指标得分
毕业论文选题	20	指导思想 难度 工作量 综合实际的程度	25 25 20 30	
运用基础理论和专业知识能力	20	论文是否与专业紧密相关 是否综合运用了专业知识	40 60	
研究内容与研究成果	40	研究理论、内容与方法的创新性 是否有确定的科研成果 研究分析深度与广度 研究成果的实用性	30 20 20 30	
文献引用	10	参考文献数量是否达标 参考文献格式是否正确 是否引用研究的最新成果	30 30 40	
写作能力	10	论文是否语句通顺 表述是否完整准确 图、表、文是否规范	70 30	
毕业论文(设计)总得分	100		100	

资料来源:周新年.科学研究方法与学术论文写作——理论技巧案例[M].北京:科学出版社,2012.

(二)其他类型研究成果

其他类型研究成果的评价指标,主要是指在评价研究报告的各个主要成分时,可以提出的各项问题。读者可将这些问题作为评价的指标,来评价报告质量的优劣,评价指标如表14-2所示。

表 14-2　教育研究成果质量评价指标

一级指标	二级指标
标题	是否能简明扼要地概括全文主要内容
	关键词是否能提示研究方向和领域
摘要	用词是否简明准确
	是否使读者对研究目的、方法、结果有大致的了解
文献综述	所包含的内容是否恰当切题，叙述的结构是否易于理解
	是否包含有关领域中新近的重要发现
	是否容纳了与当前研究的结果相反的发现
	引用他人的研究与文字的方式是否恰当
研究问题	是否阐述清楚、范围合理、价值明确
	是否与所阅读的文献资料的内容有联系
	对重要的名词术语有无必要的解释
研究假设	是否完整清晰、易于理解
	能否在文献综述部分得到其支持理由
	是否可能受到检验
研究方法	取样是否恰当
	是否对研究被试、情境或环境等特征做出说明
	是否清楚交代了研究步骤，测量工具是否适宜
	操作定义是否合理，研究设计是否恰当，统计处理方法选择是否恰当
	对无关变量是否做了适宜控制
研究结果	是否呈现了与问题有关的所有主要结果
	所附图表是否恰当有效，统计分析是否合乎逻辑、针对问题
	对统计结果是否做出简明准确的解释
讨论	是否围绕研究问题与假设
	是否有新的发现或进展
	是否提出有待进一步研究的问题
	是否说明结果的理论与实践意义
结论	证据是否重复
	分析是否客观
	阐述是否清楚简洁
结语	是否综合叙述研究问题、方法、结果与结论
	是否简短概括
参考资料	是否呈现了所有引用过的资料
	是否包括了所有必需的信息来源
	有无错误之处

二、教育研究成果质量标准

研究报告的质量标准，即是对研究报告进行价值判断。为了较为细致、精确地评价报告的质量；还可对每一项指标进行等级评定，如评为优、良、中、差；或好、中、差；或仅简单地分为较好、较差等。要达到所有这些质量标准的较高层次，实际上是不大可能的。对研究报告的质量评价，也并无绝对的标准。本节介绍这些质量标准，是向报告作者与读者提供启示：

作为研究成果的作者,可以参考上述质量标准,作为努力的方向,或进行自我评价的依据;而作为研究成果的读者,则可对别人的报告加以鉴定和评价,以判断其科学性与有用性价值。

第三节　教育研究学术规范概述

教育研究学术规范,即学术论文写作规范,是指在写作学术论文时所要遵守的明文规定和约定俗成的"规定"的标准。

一、常用标准的分类与使用

撰写学术论文时,通常采用的国家标准有《量和单位》(GB 3100—3102)、《科学技术报告、学位论文和学术论文的编制格式》(GB 7713)、《论文参考文献格式》(GB 7714)、《文献序词标引规则》(GB/T 3860)、《校对符号及其用法》(GB/T 14706)、《标点符号用法》(GB/T 15834)和《出版物上数字用法的规定》(GB/T 15835)等。1992 年以后发布的国家标准中,代号为 GB 的是强制标准,代号为 GB/T 的是推荐性标准。了解正式出版物的出版规范方面的知识对于论文的发表具有重要的意义。

二、学术论文写作规范要求

(一) 文献的规范

1. 引用文献

通常,教育研究成果的生成需建立在阅读大量文献的基础上。在写作过程中,为了增强其论述的科学性与合理性,我们经常会引用其他书籍、杂志、学术论文和会议论文等资源中的内容,称为文献的引用。引文应用时应注意以下 4 个方面。

(1) 引文必须来源于公开发表的著作、报纸、学术论文或会议论文等;

(2) 引文的观点必须与个人文章中阐述的观点保持一致,能有效、充分地补充个人的观点;

(3) 引文的内容由于常是在特定的时间和条件下,针对特定的问题或对象发表的,使用时需做出必要的解释;

(4) 引用文献的标示不得出现在标题处。正确的引用文献标示应置于所引用内容最末句的右上角,引文编号即将阿拉伯数字置于方括号"[ ]"中。例如,"幼儿分离焦虑[5]"。

2. 参考文献

参考文献是指为撰写或编辑教育研究成果而选用的相关图书资料。根据规定,在各类出版物中,凡是引用他人的观点、数据和材料等内容时,都需在文章中出现的地方进行注明,且依次列于研究成果的末尾,即参考文献著录。由于其所处于的位置,也可称为"文后参考文献著录"。

参考文献作为研究成果中必不可少的一部分,具有以下极其重要的作用:①参考文献著录能真实地反映出研究者的态度。我们的研究都是在继承前人研究工作基础上获得发展的,列出相应的参考文献,体现出作者严谨的学科态度和尊重他人研究成果的态度;②参考文献著录能反映出论著的研究水平。引用参考文献,既可以有效地反应、提升论著的科学性,又可以显示出论著的起点、深度与广度等多方面的研究基础;③参考文献著录有利于节省论文篇幅。论著中涉及参考文献的内容只需标明出处,这可以在保证论著的观点与结论创新性的基础上,同时有效减少文章的篇幅。④参考文献著录为他人研究提供便利条件。读者可以通过参考文献的出处去查阅资料,详细了解研究的具体内容、调查方法及成果等。

由于参考文献具有上述重要的作用,因此,参考文献在呈现时,既需保证其著录项目要完整齐全,又需按照著录标准执行中华人民共和国国家标准《论文参考文献格式》(GB/T 7714—2005)、《文后参考文献著录规则》及《中国学术期刊(光盘版)检索与评价数据规范(试行)》,还需注意采用顺序编码制。除此之外,还需注意只有公开发表的文献可以著录,而对于未发表的资料则不可进行著录,例如保密文件、内部文件及政府内参等资料。

常见参考文献著录的格式如下。

(1) 期刊文章(文献类标识:J)

形式1:[序号]作者.题名[J].刊名,年,卷(期):起止页码.

形式2:[序号]作者,作者.题名[J].刊名,年,卷(期):起止页码.

例如:

[1] 李召存.以儿童为本:走向"为了儿童"与"基于儿童"的整合[J].学前教育研究,2015,(7):9-13.

[2] 左瑞勇,杨晓萍.在文化哲学视域下重新审视幼儿园课程内容的选择[J].学前教育研究,2010,(9):31-35.

[3] S. H. Hsu,K. Huang. Effects of word spacing on reading Chinese text from a video display terminal[J]. Perceptual and Motor Skills,2001,(1):81-92.

(2) 专著(文献类标识:M)

形式1:[序号]作者.书名[M].出版地:出版社,出版年:引用的起止页码.

形式2:[序号]作者,作者.书名[M].出版地:出版社,出版年:引用的起止页码.

形式3:[序号][国籍]作者.书名[M].翻译者.出版地:出版社,出版年:引用的起止页码.

例如:

[1] 姜勇.国外学前教育基本文献讲读[M].北京:北京大学出版社,2013:57-58.

[2] 陈时见,何茜.幼儿园课程的国际比较——侧重幼儿园课程设置的经验、案例与趋势研究[M].重庆:西南师范大学出版社,2011:148-154.

[3] [英]约翰·洛克.教育漫话[M].杨汉麟译.北京:人民教育出版社,2006:7.

(3) 论文集(文献类标识:C)中显示文献(文献类标识:A)

形式1:[序号]析出文献主要责任者.析出文献提名[A].论文集主要责任者.论文集题名[C].出版地:出版社,出版年:析出文献起止页码.

形式2:[序号]析出文献主要责任者.析出文献提名[A].论著主要责任者.论著题名[M].出版地:出版社,出版年:析出文献起止页码.

例如:

[1] 李季湄.《幼儿园教育指导纲要(试行)》解析[A].见教育部基础教育司组织编写.《幼儿园教育指导纲要(试行)》解读[C].南京:江苏教育出版社,2002:50.

［2］刘焱,潘月娟,孙红芬．中国大陆二十年幼儿园教育改革的历程回顾与现状分析 ［A］．见朱家雄主编．中国视野下的学前教育［C］．上海:华东师范大学出版社,2007:18.

（4）学术论文（文献类标识:D）

形式:［序号］作者．题名［D］．授予学位单位,出版年．

例如:

［1］龚文进．双语双字词听觉词汇识别进程中词频效应和多义词效应研究［D］．华南师范大学硕士学位论文,2007.

［2］施汶倩．中国台湾师资培训制度中幼稚园教师资格检定之研究［D］．台北市立教育大学硕士学位论文,2011.

（5）电子文献

形式:［序号］作者．电子文献题名［EB/OL］．电子文献出处（或可获得的地址）,发表（或更新）日期/引用日期．

例如:

［1］教育部．2013 年全国教育事业发展统计公报［EB/OL］．http://www. moe. edu. cn/ publicfiles/business/htmlfiles/moe/moe_633/201407/171144. html,2014 - 10 - 19.

［2］National Association for the Education of Young Children. Developmentally appropriate practice in early childhood programs serving children from birth through age 8 (adopted 2009)［EB/OL］．http://www. naeyc. org/files/naeyc/file/positions/PSDAP. pdf, 2014 - 08 - 05.

（6）技术报告（文献类标识:R）

形式:［序号］主要责任者．报告题名［R］．出版地:出版者,出版年．

例如:

［1］P. Boersma,D. Weenink. PRAAT ［R］. Amsterdam:University of Amsterdam,2009.

（7）国际、国家标准（文献类标识:S）

形式:［序号］标准编号,标准名称［S］.

例如:

［1］GB 7714—2005,论文参考文献格式［S］.

（8）未定义类型的文献（文献类标识:Z）

形式:［序号］主要责任者．文献题名［Z］．出版地:出版者,出版年．

如果需要两行的,第二行文字要位于序号的后边,与第一行文字对齐。

（二）数字的规范

1. 数字用法

文章中汉字数字和阿拉伯数字的使用应按照国家标准《出版物上数字用法的规定》执行。总体原则为凡是可以使用阿拉伯数字的地方,均使用阿拉伯数字。如遇特殊情况,可以相对灵活变通,但应注意全文保持一致性。同时,学术论文中的计量单位必须采用国务院颁布的《中华人民共和国法定计量单位》和《国家标准国际单位及其应用》,表述量值时,一律使用单位的国际符号,且单位符号与数值间要空出 1/4 个字长。

2. 数字书写注意事项

（1）年份书写时不能简写，如 2012 年不能写成 12 年。

（2）引文标注中版次、卷次、页码，除古籍应与所据版本保持一致外，通常均使用阿拉伯数字。

（3）文中的数值应尽量避免使用分数，需转化为小数。

（4）5 位以上的数字或尾数零较多时，可采用以万、亿为单位。例如，教育经费投入 123 000 000 就应改写为教育经费投入 1.23 亿元。

（三）表格的规范

表格是为辅助文字表达的重要手段，内容始终需与文字叙述有直接地联系，表格应位于正文首次出现处最近的地方，不应过分的超前与拖后。表格还应该具有清晰明了的特点，即通过标题、表格的内容就能理解其含义。

1. 表格类型

按照表格的结构形式来划分，可将表格分为圈框表、卡线表、横线表和无线表等。卡线表是由表号、表题、表头和表身四部分构成的，如表 14-3 所示；若将它的左右两边形成闭合的状态，即为圈框表；若表内只保留横线，去除掉所有竖线，则为横线表，如表 14-4 所示；若将表内部的横线也去掉，则形成无线表，如表 14-5 所示。当前，较为提倡使用三线表，如表 14-6 所示。

表 14-3 家长基本情况

	北京		邯郸	
	父亲	母亲	父亲	母亲
家长平均年龄/岁	38.5	32.5	34.8	33.5
家长平均学历（中值）	本科	本科	大专	大专
家庭平均月收入（中值）/元	15 000～20 000		5 000～8 000	

资料来源：刘丽伟，李敏谊. 在家努力还是参与学校：家长参与幼小衔接情况调查[J]. 教育研究，2015(6)：33.

表 14-4 三种实验条件举例

无切分条件 一只小羊被大灰狼抓住了
词块切分条件 一只小羊 被 大灰狼 抓住了
词切分条件 一只 小羊 被 大灰狼 抓住了

资料来源：赵微，周硕，王庭照. 词切分对学前儿童早期阅读影响的眼动研究[J]. 教育研究，2015(7)：18.

表 14-5 儿童在无切分条件和词间空格条件下的注视结果（标准差）（$N=25$）

呈现条件	首次注视时间(ms)	单次注视时间(ms)	凝视时间(ms)	总注视时间(ms)	注视次数
无空格	296(35)	301(37)	395(74)	581(142)	2.4(0.5)
词间空格	288(33)	293(33)	347(45)	495(124)	2.0(0.3)

资料来源：赵微，周硕，王庭照. 词切分对学前儿童早期阅读影响的眼动研究[J]. 教育研究，2015(7)：14.

表 14-6 男、女幼儿在 5 个维度上的平均得分

性别	身体自发性	社会自发性	认知自发性	明显愉悦性	幽默感
男幼儿	2.31	2.40	2.41	1.81	1.22
女幼儿	2.10	2.27	2.08	1.22	0.98

资料来源：高洁，王春燕，秦元东. 教学区域活动中幼儿的游戏性表现[J]. 教育研究，2015(7)：37.

2. 制表规则

要科学精选表格,表格内容需要主题明确、重点突出、简单明了。选择适合的表格形式,科学安排表格内容,使表格保持其逻辑对比功能。具体规则有如下 5 点。

(1) 文章中的表格必须具备表序和表题,其中,在论文中,表序按照全文前后顺序依次排列,如"表 1 幼儿园教师专业自觉各维度平均数比较";而若在论著中,表序则需按照章来进行分别排序。例如,"表 1-1 幼儿园教师专业自觉各维度平均数比较",横线前的数字代表章的编号,后面的数字则表示其在这一章中的顺序号,即第 1 章第一个表。表号后面需空一格写表题,然后居中放在表格的上方;

(2) 表格内的数字统一采用阿拉伯数字,同一项目保留小数位数应一致,表中的小数点应尽量对齐;

(3) 表格内若出现相同数字时,不得用类似"同上"的词汇来代替;

(4) 表内不设立"备注"的项目,若需注释,可标记于表格的下方,表内相应位置需用"(1)、(2)…"来表示;

(5) 使用表格时,还需注意上下和左右各项对比。

(四) 插图的规范

论文中常用线条图,包含示意图(图 14-1)和频数分布图两大类。其中,频数分布图中包含直条图、饼状图、直方图和折线图等种类。制图规则是:①图表位置不能远离正文,其大小能准确、清晰、全面地反映出插图所要表达的内容。图号和图题应放置于图下方且居中;②凡能用表格表述清楚的内容,尽量避免使用插图;③图序应统一编号,并用阿拉伯数字进行标注。例如,图 14-1 即表示第 14 章第 1 图。写法上,图序与图题间应空一格字符。

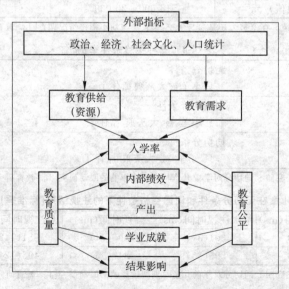

图 14-1 UNESCO 教育指示框架

资料来源:徐方. 大连市义务教育均衡发展状况评估——全域城市化的视角[D]. 大连理工大学,2013.

1. 直条图

直条图是利用宽度相同的直条的长短表示性质相似却无连续关系的数据次数的图

形。按照数据分类标志的多少,可分为单式与复式两种。若仅表示一个分类标志的数据,称为单式直条图,如图 14-2 所示。若表示的是两个及其以上分类标志的数据,则称为复试直条图,如图 14-3 所示。按照排列的方向,又可分为纵条图和横条图,如图 14-2 和图 14-4 所示。

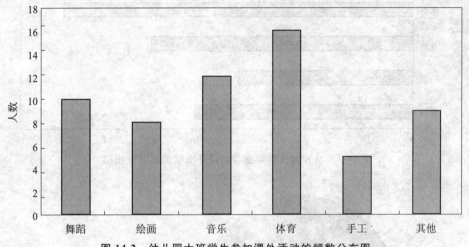

图 14-2　幼儿园大班学生参加课外活动的频数分布图

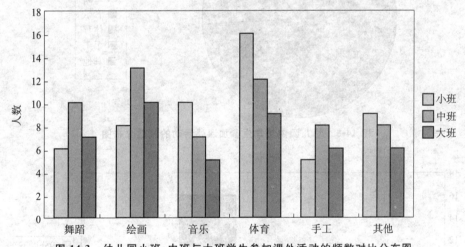

图 14-3　幼儿园小班、中班与大班学生参加课外活动的频数对比分布图

2. 饼状图

饼状图是通过圆内扇形面积来表示数值大小的图形。它适用于表示总体中各部分所占的比例,即研究结构性的问题,如图 14-5 所示。

3. 直方图

直方图是指利用直条的面积显示次数分布的图形,通常,直方图的宽度表示组距,而高度则表示次数,适用于连续性数据的频数分布统计,如图 14-6 所示。

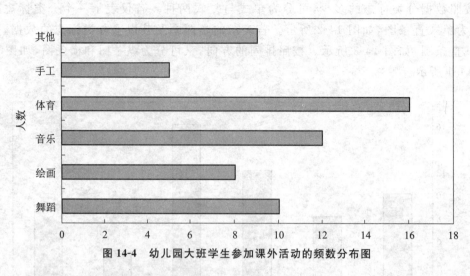

图 14-4　幼儿园大班学生参加课外活动的频数分布图

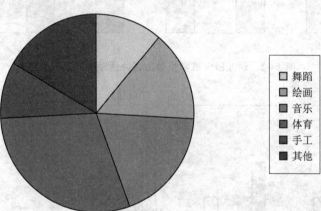

图 14-5　幼儿园中班学生参加课外活动的频数分布图

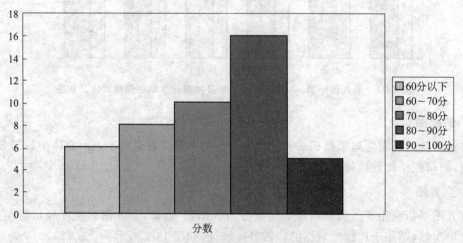

图 14-6　幼儿园大班学生体能测试分数分布图

4. 折线图

折线图是用直线段将各数据点连接起来而组成的图形,以折线方式显示数据的变化趋势。折线图可以显示随时间而变化的连续数据,因此,非常适用于显示在相等时间间隔下数据的趋势,如图 14-7 所示。

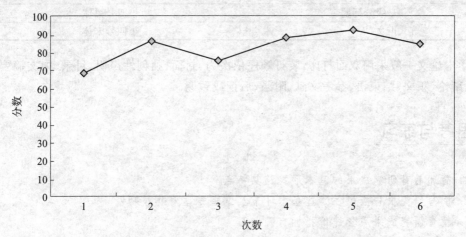

图 14-7 幼儿园大班学生体育测试成绩均值分布图

(五)标点符号的规范

标点符号简称标点,是现代书面语中不可缺少的组成部分。但是,各个国家对于标点符号的习惯、用法不同,查阅翻译外文资料以及撰写外文文献摘要和参考文献时需注意。

(六)名词术语规范

学术名词术语是由全国科学名词审定委员会审定的为依据。具体规则如下:①新兴的学科术语或尚无通用翻译名称的术语,可在文中第一次出现时加以注释或附原文,并力求统一。而由缩写的外文字母组成的术语,可以保留外文缩写,如联合国教育、科学及文化组织(United Nations Educational,Scientific and Cultural Organization,UNESCO);②国内学校、单位、机关等名称,应写全称,不要写简称。外国的学校、单位、团体等名称,应按全称译成中文,且文中首次出现时要用括号附注原文或缩写外文,后文中再次出现时可直接使用外文缩写;③外国人名,若有通用译名时,直接使用常用译名,如裴斯泰洛齐、马斯洛、卢梭、洛克等。若无通用译名时,则将姓译成中文而名不译,且第一次出现时要用括号注明原名。写法为先写姓,后写名的大写缩写字母,加缩写点,且将姓和名之间用逗号隔开。其中,首字母大写,其余小写。William George Harkins 应写为哈金斯(Harkins,W. G.);④所有的名词、术语、人名等名称,均需保证在文稿中的一致性。

(七)打印与装订规范

文稿定稿后,需调整格式与打印。论文常用字体和字号,如表 14-7 所示。

表 14-7　论文常用字体和字号

标　　题	字 体 字 号
论文标题	小二号黑体
一级分标题	小三号黑体
二级分标题	四号黑体
三级分标题	小四号黑体
正文	小四号宋体

　　学术论文一般采用双面打印，装订顺序依次为：封面、独创性声明、目录、中文摘要、英文摘要、绪论、正文、结束语、参考文献、附录、后记或致谢。

思考与练习

　　1. 简述教育研究成果的基本形式及其特点。

　　2. 撰写研究报告应抓住哪些基本环节？掌握哪些写作技巧？

　　3. 教育研究成果质量评价指标有哪些？

实践与训练

　　选取研究课题，用定量或定性研究方法进行调查，按照研究论文的结构与要求，撰写一篇研究论文。

参考文献

[1] 刘易斯,科恩,等.教育研究方法[M].程亮,等,译.6版.上海:华东师范大学出版社,2013.

[2] Carole Sharman.观察儿童[M].单敏月,等,译.上海:华东师范大学出版社,2008.

[3] Sheile Riddall-Leech.观察:走进儿童的世界[M].潘月娟,等,译.北京:北京师范大学出版社,2012.

[4] 陈伙平,等.教育科学研究方法[M].福州:福建教育出版社,2008.

[5] 华国栋.教育研究方法[M].南京:南京大学出版社,2007.

[6] 李方.现代教育研究方法[M].广州:广东高等教育出版社,2010.

[7] 刘晶波.学前教育研究方法[M].北京:人民教育出版社,2006.

[8] 刘俐敏.幼儿发展评价研究[M].北京:人民教育出版社,2004.

[9] 宁虹.教育研究导论[M].北京:北京师范大学出版社,2010.

[10] 裴娣娜.教育研究方法导论[M].合肥:安徽教育出版社,1995.

[11] 钱在森,等.教育经验总结的原理和方法[M].上海:上海科技教育出版社,1996.

[12] 秦金亮,等.幼儿教师学做研究——学前教育研究方法新视野[M].北京:新时代出版社,2008.

[13] 邱小捷,茹荣芳.中小学教育科研方法[M].北京:高等教育出版社,2013.

[14] 王铁军.中小学教育科学研究与应用[M].南京:南京师范大学出版社,2004.

[15] 温恒福.中小学教育科研与论文写作教程[M].哈尔滨:黑龙江教育出版社,1997.

[16] 辛涛,等.心理与教育统计学[M].北京:中国人民大学出版社,2010.

[17] 叶澜.教育研究及方法[M].北京:中国科学技术出版社,1991:198.

[18] 袁振国.教育研究方法[M].北京:高等教育出版社,2002.

[19] 张宝臣,李兰芳.学前教育科学研究方法[M].2版.上海:复旦大学出版社,2012.

[20] 张厚粲,徐建平.现代心理与教育统计学[M].北京:北京师范大学出版社,2009.

[21] 张燕,等. 学前教育科学研究方法[M]. 北京:北京师范大学出版社,2000.

[22] 赵新云. 教育科学研究方法[M]. 北京:中国人民大学出版社,2009.

[23] 郑金洲,陶保平,孔企平. 学校教育研究方法[M]. 北京:教育科学出版社,2003.

[24] 中国大百科全书·社会学[M]. 北京:中国大百科全书出版社,1992.

[25] 周兢,王坚红. 幼儿教育观察方法[M]. 南京:南京大学出版社,1900.

[26] 乔伊斯·P. 高尔 M.D. 高尔 沃尔特·R. 博格. 教育研究方法实用指南[M].5 版. 屈书杰,等,译. 北京:北京大学出版社,2007.

[27] 阿特莱奇特,等. 行动研究方法导论[M]. 夏林清,等,译. 台北:台湾远流出版事业股份有限公司,1997.

[28] 高尔. 教育研究方法实用指南[M]. 屈秀杰,译. 北京:北京大学出版社,2007.

[29] Carr,W. & Kemmis,S. Becoming Critical:Education,Knowledge and Action Research[M]. Deakin University Press,1986.

[30] Elliott,J. Action Research for Educational Change[M]. Open University Press. 1991.

[31] James H. McMillan, Sally Schumacher. 教育研究——基于实证的探究[M].7 版. 曾天山,译. 北京:教育科学出版社,2013.

[32] 哀能先. 中小学教育科研选题研究[J]. 西华师范大学学报(哲学社会科学版),2005(6):122-123.

[33] 蔡清田. 教育行动研究[M]. 南京:南京师范大学出版社,2005.

[34] 陈桂生. 到中小学去研究教育[M]. 上海:华东师范大学出版社,2003.

[35] 陈立. 行动研究[J]. 外国心理学,1984(3).

[36] 陈琦,刘儒德. 当代教育心理学[M]. 北京:高等教育出版社,2007:353.

[37] 戴海崎,张锋,陈雪枫. 心理与教育测量[M]. 广州:暨南大学出版社,2008.

[38] 费广洪,汪文娟,赵嘉茹. 观察学习对幼儿提问的影响[J]. 学前教育研究,2014(12).

[39] 韩映虹,赖洁,梁霄,等. 布质书和纸质书对 2～3 岁幼儿阅读效果的影响[J]. 学前教育研究.2012(5).

[40] 韩映虹,姚珍,段大鹏. 幼儿使用点读笔自主阅读与传统伴读效果比较研究[J]. 天津师范大学学报(基础教育版),2015(1).

[41] 李幼穗,韩映红,陈淑芳. 不同情境下移情训练对幼儿助人行为的影响[J]. 学前教育研究,2013(2).

[42] 刘良华. 校本行动研究[M]. 成都:四川教育出版社,2002.

[43] 邱小捷,等. 中小学教育研究方法[M]. 北京:高等教育出版社,2014.

[44] 邱燕,邓伟. 开展幼儿足球运动的可行性[J]. 学前教育研究,2013(4).

[45] 孙葆春. 诚论教育科学研究选题的基本原则[J]. 教育科学,1994(2):22-25.

[46] 王坚红. 向幼教科研工作者推荐行动研究[J]. 教育研究,1987(1).

[47] 由显斌,等. 学前教育研究方法[M].2 版. 北京:高等教育出版社,2014.

[48] 周钧. 行动研究在我国的发展:回顾与反思[J]. 天津师范大学学报(基础教育版),2012(1).

[49] 左志宏,席居哲,石静. 图画书指导阅读对幼儿挑战行为的改善[J]. 学前教育研究,2012(6).